2023 届硕士研究生招生考试法律硕士联考

Criminal Law

刑 法 学

通关宝典

卢　杨◎编著　厚大出品

中国政法大学出版社

图书在版编目（CIP）数据

刑法学/卢杨编著.—北京：中国政法大学出版社，2022.2

（法硕联考通关宝典）

ISBN 978-7-5764-0178-3

Ⅰ.①刑… Ⅱ.①卢… Ⅲ.①刑法－法的理论－中国－研究生－入学考试－自学参考资料 Ⅳ.① D924.04

中国版本图书馆 CIP 数据核字(2022)第 022043 号

出 版 者	中国政法大学出版社
地　　址	北京市海淀区西土城路 25 号
邮寄地址	北京 100088 信箱 8034 分箱　邮编 100088
网　　址	http://www.cuplpress.com（网络实名：中国政法大学出版社）
电　　话	010-58908285(总编室) 58908433（编辑部） 58908334(邮购部)
承　　印	北京铭传印刷有限公司
开　　本	787mm×1092mm　1/16
印　　张	24
字　　数	555 千字
版　　次	2022 年 2 月第 1 版
印　　次	2022 年 2 月第 1 次印刷
定　　价	75.00 元

法硕的刑法可谓独树一帜，既有深度理解型的题目（拔高题），又有简单记忆型的题目（送分题），但整体来看，又全又细，如果平常复习不全面、不细致，考试中很容易"丢盔卸甲"。那种觉得刑法简单背一背就能得分的看法，是完全错误的。

2022届的法硕考研刚刚结束，刑法的试题再次鲜明体现了最近几年一直展现的特点：

1. 热点知识必考。比如，《刑法修正案（十一）》的内容在客观题、主观题多次出现。

2. 基础知识难度不大。本部分题目历来是送分题，比如，犯罪形态、未成年人犯罪等。

3. 题目案例灵活多变。比如，涉及网络犯罪、日常生活常见情形均需要考生运用刑法的基本原理进行分析判断。

4. 考点全面、细致，反押题倾向明显。比如，非法学的法条分析题目、法学的论述题让很多考生倍感意外，如果平常复习知识点不全面的话，那就很惨！

5. 《全国硕士研究生招生考试法律硕士（非法学）考试分析》（以下简称《考试分析》）不能完全涵盖知识点。比如，很多涉及分则的题目，《考试分析》中完全没有涉及，需要考生通过其他资料才能掌握。

基于法硕刑法的上述考试特点，本书的编写具有如下特点：

1. 考点全覆盖。本书涵盖2023届考试中有可能涉及的所有考点。只要把书内知识点完全掌握，考试完全够用！

2. 考点大整合。本书编写时在参考《考试分析》的基础上，对相关知识点进行了重新细化、梳理、整合，尤其是刑法分则的部分，有利于考生复习。[1]

3. 考点大训练。本书在讲解知识点的同时，搭配最近几年尤其是2021、2022届的客观题真题训练，让大家贴近实战，感知真题的考查方式。同时，本书也包含部分模拟题，帮助大家拓展知识点的维度，以期全面掌握知识点。

4. 考点大标注。本书中对于以主观题的形式考查过的知识点进行了特别标注，因为考过的知识点再次以主观题形式考查的概率极低。同时对于2023届可能考查的主观题考点专门标注了"★"，提示大家注意备考主观题。

最后送大家一句话，"与其用泪水悔恨昨天，不如用汗水创造明天！"祝愿大家2023届法硕考研成功上岸！

卢 杨

2022年2月

---

　　[1]　特别说明：本书编写时2023年的大纲尚未公布，因此，如果新大纲公布，届时会带来极少量知识点的增补，作者会专门出"增补说明"，请各位同学勿忧。

C 目 录
ONTENTS

第二部分　刑法分则

第一部分

刑 法 总 则

第一章 绪 论

第一节 刑法概述

一、刑法的概念

（一）刑法的定义

刑法是规定犯罪及其法律后果的法律规范的总和。

> **小贴士** 法律后果＝刑事责任＝刑罚＋非刑罚的法律后果。

（二）刑法的形式 ★

在中国，刑法有以下几种存在形式（或表现形式、形式渊源）：

1. 刑法典。现行有效的是 1997 年 10 月 1 日生效的《刑法》，截至目前一共颁布了 11 个刑法修正案，其中《刑法修正案（八）》于 2011 年 5 月 1 日生效、《刑法修正案（九）》于 2015 年 11 月 1 日生效、《刑法修正案（十）》于 2017 年 11 月 4 日生效、《刑法修正案（十一）》于 2021 年 3 月 1 日生效。

2. 单行刑法。是指规定某一类犯罪及其后果或者规定某一事项的法律。在 1997 年刑法典之后，我国也曾颁行过一部单行刑法，即 1998 年 12 月颁布的全国人民代表大会常务委员会《关于惩治骗购外汇、逃汇和非法买卖外汇犯罪的决定》。

3. 附属刑法。如在《海关法》《环境保护法》《票据法》中规定的有关追究刑事责任的条款。目前，我国的附属刑法一般只重申刑法典的内容，没有确立新的犯罪与法律后果的具体内容。但国务院行政法规中关于"构成犯罪的，依法追究刑事责任"的类似规定不属于附属刑法。

（三）刑法有广义和狭义之分

1. 广义刑法包含上述一切形式的刑法，狭义刑法特指"刑法典"。

2. 刑法典也被称为"普通刑法"，"单行刑法"和"附属刑法"被合称为"特别刑法"。

3. 当犯罪行为同时触犯"普通刑法"与"特别刑法"的条文时，应适用"特别刑法"优于"普通刑法"的原则；当犯罪行为同时触犯两个"特别刑法"的条文时，应适用"新法优于旧法"的原则。

练一练

下列法律法规中，属于我国刑法渊源的有：（   ）[1]

A.《中华人民共和国刑法》

B.《关于惩治骗购外汇、逃汇和非法买卖外汇犯罪的决定》

C.《票据法》中关于票据诈骗的刑事责任的规定

D. 国务院行政法规中关于"构成犯罪的，依法追究刑事责任"的规定

（四）刑法的特征（2016 年法硕法学专业基础课简答题）

1. 调整范围的广泛性。刑法保护社会生活中至关重要的利益，从国家安全、公共安全、经济秩序到公民个人的人身权利、财产权利，而其他法律可能仅涉及社会生活的某一方面或某一层面的利益与关系。

2. 调整对象的专门性。刑法主要规定犯罪，以及运用刑罚的方法同犯罪作斗争、追究犯罪人的刑事责任，而其他法律则各有自己的任务和实现的方法。

3. 刑罚制裁的严厉性。刑法的强制力度较其他法律的强制力度严厉得多。刑法的特点集中体现在其对犯罪行为的法律后果上，这种法律后果的严厉性是其他法律如民法、行政法所不能比拟的。违反刑法的后果是刑罚制裁，刑罚制裁的方法包括剥夺生命、自由、财产、资格等重要的权益。

4. 刑法发动的补充性和保障性。正因为刑罚制裁的严厉性，决定了刑法需要遵循明确性和谦抑性原则、罪刑法定原则，要求适用刑罚的前提（构成要件）具体化、明确化，尽量限制刑罚的适用。作为保护社会的"最后手段"，只有当其他部门法不能充分保护某种社会关系时，才由刑法调整。所以，刑法是其他法律的保障法。

二、刑法的任务和机能 ★

[法条引述]

第1条 为了惩罚犯罪，保护人民，根据宪法，结合我国同犯罪作斗争的具体经验及实际情况，制定本法。

第2条 中华人民共和国刑法的任务，是用刑罚同一切犯罪行为作斗争，以保卫国家安全，保卫人民民主专政的政权和社会主义制度，保护国有财产和劳动群众集体所有的财产，保护公民私人所有的财产，保护公民的人身权利、民主权利和其他权利，维护社会秩序、经济秩序，保障社会主义建设事业的顺利进行。

1. 我国刑法的任务包含两方面内容：

（1）惩罚犯罪，即用刑罚同一切犯罪行为作斗争；

（2）保护人民、社会和国家。

---

[1] ABC

2. 刑法的机能，是指刑法能产生的积极作用。一般来说，刑法具有三种机能：

（1）规制机能（行为规制），是对人的行为进行规制或者约束的机能。其方式是对犯罪规定刑罚，向国民显示该行为为法律所不容许，或者要求国民不要实施类似行为，从而避免犯罪。

（2）保护机能（法益保护、惩罚犯罪），即保护国家、社会和个人法益的机能。

（3）保障机能（人权保障），即保障公民不受国家刑罚权的非法侵害，并保障犯罪人不受刑法规定之外的刑罚处罚的功能。

练一练

甲挪用公款炒股亏损无力归还，被检察机关以贪污罪起诉，人民法院依法认定甲的行为构成挪用公款罪。人民法院对本案罪名的变更体现了：（   ）[1]

A. 规制机能 　　　　　　　　　　　　B. 保护机能

C. 保障机能 　　　　　　　　　　　　D. 威慑机能

三、刑法的体系和解释

（一）刑法的体系

1. 我国现行刑法采用大陆法系的法典模式，刑法（刑法典、狭义刑法）分为"总则"和"分则"两编，此外还有一条附则。总则分5章，各章的内容依次为：刑法的任务、基本原则和适用范围，犯罪，刑罚，刑罚的具体运用，其他规定。分则共10章，分别规定了各种犯罪的罪状和法定刑。

2. 总则规定的是犯罪与刑罚的通用性规则，分则规定的是各种具体犯罪的罪状和法定刑。总则与分则的关系是一般与特殊、抽象与具体的关系，二者密切联系、相辅相成，共同组成了刑法规范的体系。

3. 刑法条文结构。刑法的总则与分则的条文结构存在着明显的差别。刑法总则的条文主要是对相关刑事法律规则的规定，主要内容是有关刑法的基本原则、适用范围、犯罪构成的一般要件、刑罚的种类、各种具体刑事法律制度及其适用条件的一般性规定。在分则条文中，一般在前半部分作为罪状表述了一定的法律要件（构成要件、犯罪构成）；在后半部分规定了（具备前半部分法律要件所应承担的）法定刑（法律后果）。

（二）刑法的解释 ★

刑法的解释，是指对刑法条文含义的阐明。社会生活是多样和多变的，而法律条文是抽象和多义的，为了正确理解、适用法律，需要对法律的含义进行阐释。

1. 根据解释的效力，刑法解释可划分为立法解释、司法解释和学理解释。

（1）立法解释。在我国，全国人民代表大会及其常务委员会对刑法条文的解释属于立

---

[1] C

法解释。立法解释通常有以下几种：全国人大常委会以决议形式对刑法条文含义的解释；在刑法中对有关术语的专条解释；在刑法的起草说明或修订说明中所作的解释。

（2）司法解释，即我国最高司法机关对刑法条文进行的解释。

（3）学理解释，是指有权对刑法进行立法解释和司法解释的机构之外的机关、团体和个人对刑法条文含义的阐释。

> **小贴士** 立法解释、司法解释有法律上的约束力，属于"有权解释"。学理解释没有法律上的约束力，所以又称"无权解释"，其"以理服人"。

2. 根据解释的方法，刑法解释可分为文理解释和论理解释。

（1）文理解释是根据条文的字面含义进行的说明。

（2）论理解释是根据立法的精神与目的对条文进行说明。一般认为，论理解释包括扩大解释（原则上反对类推解释）、缩小解释、当然解释、反对解释、补正解释、目的解释、比较解释、历史解释等。

> **小贴士** 任何一种解释方法得出的结论并不必然符合罪刑法定原则，因此，对刑法条文的解释，必须同时符合两个要求：①不能超出刑法用语可能具有的含义；②必须符合条文的目的。

练一练

1. 下列说法属于类推解释的是：（   ）[1]

A. 将盗窃"燃气"解释为盗窃"财物"

B. 将"侮辱"无名英雄烈士解释为"侵害"无名英雄烈士名誉

C. 将使用电子干扰手段劫持"小型无人机"行为解释为劫持"航空器"

D. 将"以个人名义将公款供其他单位使用"解释为"挪用公款归个人使用"

2. 某刑法教科书提出"盗窃行为并不限于秘密窃取"。这种解释属于：（   ）[2]

A. 无权解释　　　　　　　　　B. 文理解释

C. 类推解释　　　　　　　　　D. 论理解释

3. 针对吸毒后在道路上驾驶汽车的现象，有人认为，虽然刑法未规定吸毒驾驶构成犯罪，但是吸毒驾驶和醉酒驾驶具有相同的社会危害性，故而应以危险驾驶罪论处。这种观点属于：（   ）[3]

A. 扩大解释　　　　　　　　　B. 文理解释

---

[1] C
[2] AD
[3] C

C. 类推解释　　　　　　　　　　　　　D. 当然解释

4. 甲使用暴力劫取国有档案，人民法院根据我国《刑法》第329条"抢夺、窃取国家所有的档案的，处……"的规定，判决甲犯抢夺国有档案罪。本案中，法院的解释属于：(　　　)[1]

A. 司法解释　　　　　　　　　　　　　B. 文理解释

C. 目的解释　　　　　　　　　　　　　D. 扩大解释

第二节　刑法的基本原则

刑法的基本原则，是指刑法明文规定的、在全部刑事立法和司法活动中应当遵循的准则。刑法规定的基本原则有三个，即罪刑法定原则、刑法适用平等原则和罪责刑相适应原则。

一、罪刑法定原则的基本内容与体现 ★

[法条引述]

第3条　法律明文规定为犯罪行为的，依照法律定罪处刑；法律没有明文规定为犯罪行为的，不得定罪处刑。

1. 罪刑法定原则的基本内容

（1）法定化，即犯罪和刑罚必须事先由法律明文规定（事前的罪刑法定）。这里的法律，是指全国人民代表大会及其常务委员会制定的法律、法令，通常是指当时有效的法律。对于已废止的法律，根据"从旧兼从轻"原则，犯罪行为发生之后生效的法律，对其生效前发生的犯罪行为，只有在其处罚轻于犯罪行为发生时生效的法律的场合才能适用。

（2）明确化，即对于什么行为是犯罪以及犯罪所产生的法律后果，都必须作出具体的规定，并用文字表述清楚。根据明确化的要求，禁止采用习惯法（成文的罪刑法定）、类推解释（严格的罪刑法定）、不明确的罪状、不确定的刑罚（确定的罪刑法定）等。

（3）合理化，即罪刑法定原则要求合理确定犯罪的范围和惩罚的程度，防止滥施刑罚，禁止采用过分、残酷的刑罚（适正的罪刑法定）。

2. 罪刑法定原则主要体现的两个方面

（1）在刑事立法方面，《刑法》总则规定了犯罪的一般定义、共同构成要件、刑罚的种类、刑罚运用的具体制度等；《刑法》分则明确规定了各具体犯罪的构成要件及其法定刑，为正确定罪量刑提供明确、完备的法律标准。

（2）在刑事司法方面，废除了刑事司法类推制度，要求司法机关严格解释和适用刑法，依法定罪量刑。

---

[1]　D

二、罪责刑相适应原则的基本内容与体现 ★

[法条引述]

第5条 刑罚的轻重，应当与犯罪分子所犯罪行和承担的刑事责任相适应。

1. 罪责刑相适应原则包含的两方面内容

（1）刑罚的轻重与客观的犯罪行为及其危害结果相适应，按照犯罪行为对社会造成的实际危害程度决定刑罚轻重；

（2）刑罚的轻重与犯罪人主观恶性的深浅、再次犯罪危险性的大小相适应。

2. 罪责刑相适应原则主要体现在：

（1）《刑法》总则第61条中规定量刑原则："对于犯罪分子决定刑罚的时候，应当根据犯罪的事实、犯罪的性质、情节和对于社会的危害程度，依照本法的有关规定判处。"

（2）《刑法》总则还规定：

❶ 对累犯从重处罚、不得假释、不得缓刑；

❷ 对未成年人、又聋又哑的人、限制刑事责任能力人、自首、立功的人从宽处理；

❸ 对中止犯的处罚明显宽大于未遂犯、预备犯；

❹ 对过失犯的处罚明显宽大于故意犯等，体现了刑罚与犯罪人主观恶性、人身危险性相适应。

（3）刑法分则对每一个罪都根据犯罪分子犯罪的性质、情节和对社会的危害程度规定了相应的法定刑，对重罪适用重刑，对轻罪适用轻刑。

三、刑法适用平等原则的基本内容与体现

[法条引述]

第4条 对任何人犯罪，在适用法律上一律平等。不允许任何人有超越法律的特权。

1. [制刑阶段] 刑法适用平等原则意味着对所有的人，不论其社会地位高低、民族、种族、性别、职业、宗教信仰、财产状况如何，在定罪量刑以及行刑的标准上都平等地依照刑法规定处理，不允许有任何歧视或者优待。

2. [量刑阶段] 任何人犯罪，无论其身份、地位等如何，一律平等对待，适用相同的定罪标准。同时，犯相同的罪且有相同的犯罪情节的，应做到同罪同罚。但犯罪情节不同，比如有的具有法定从重处罚的情节，有的具有法定从轻、减轻或者免除处罚的情节，从而同罪不同罚，这是合理的、正常的，并不违背量刑平等原则。

3. [执刑阶段] 在执行刑罚时，由于罪行轻重不同、主观恶性不同、改造表现不同而给予差别处遇，这也是行刑平等的应有之意。

练一练

1. 甲在街头摆气球射击摊，因向顾客提供的六支枪形物被鉴定为枪支，被法院以非

法持有枪支罪判处有期徒刑同时宣告缓刑。法院的做法符合：（　　）[1]

A. 罪刑法定原则
B. 罪责刑相适应原则
C. 从旧兼从轻原则
D. 主客观相统一原则

2. 原铁道部部长刘某因受贿罪、滥用职权罪被追究刑事责任。有人认为，在对刘某量刑时"应考虑他对中国高铁建设的贡献"。这种说法违背了我国刑法中的：（　　）[2]

A. 罪刑法定原则
B. 刑法适用平等原则
C. 罪责刑相适应原则
D. 主客观相统一原则

3. 下列选项中，体现罪责刑相适应原则的是：（　　）[3]

A. 刑法关于空间效力范围的规定
B. 刑法关于怀孕的妇女不适用死刑的规定
C. 刑法关于享有外交特权的外国人刑事责任的规定
D. 刑法关于放火罪与失火罪构成要件及法定刑的不同规定

第三节　刑法的效力范围

一、刑法的效力范围的概念和种类

刑法的效力范围又称刑法的适用范围，是指刑法在空间、时间方面的适用范围，分为刑法的空间效力和时间效力。

二、刑法的空间效力（按照顺序）★

（一）属地管辖

根据《刑法》第6、11、90条的规定：

1. 凡在中国领域内犯罪的，除法律有特别规定的以外，都适用中国刑法。所谓"除法律有特别规定的以外"，是指：①民族自治地方的变通或者补充的规定；②享有外交特权和豁免权的外国人的刑事责任，通过外交途径解决；③香港、澳门特别行政区发生的犯罪由当地的司法机关适用当地的刑法。

2. 凡在中国船舶或者航空器内犯罪的，也适用中国刑法。

3. 犯罪行为或者结果有一项发生在中国领域内，就认为是在中国领域内犯罪。

（二）属人管辖

根据《刑法》第7条的规定：

1. 中国公民在中国领域外犯罪，适用中国刑法。但是，按照中国刑法规定的最高刑为3年以下有期徒刑的，可以不予追究。

---

[1] ABD

[2] C

[3] D

2. 中华人民共和国国家工作人员和军人在中国领域外犯中国刑法规定之罪的，一律适用中国刑法。

（三）保护管辖

根据《刑法》第 8 条的规定：

外国人在中国领域外对中国国家或者公民犯罪，而按我国刑法规定的最低刑为 3 年以上有期徒刑的，可以适用我国刑法；但是按照犯罪地的法律不受处罚的除外。

（四）普遍管辖

根据《刑法》第 9 条的规定：

对于中华人民共和国缔结或者参加的国际条约所规定的罪行，中华人民共和国在所承担条约义务的范围内行使刑事管辖权的，适用中国刑法。

> **小贴士** 针对此罪行要么适用中国刑法定罪处刑，要么按照我国参加、缔结的国际条约实行引渡（或起诉或引渡）。

（五）对外国刑事判决的消极承认

根据《刑法》第 10 条的规定：

凡在中华人民共和国领域外犯罪，依照中国刑法应当负刑事责任的，虽然经过外国审判，仍然可以依照中国刑法追究，但是在外国已经受过刑罚处罚的，可以免除或者减轻处罚。

练一练

1. A 国公民甲将 B 国妇女拐卖到我国境内被查获。关于本案，下列说法正确的是：（   ）[1]

A. 我国没有刑事管辖权，应由 A 国管辖

B. 我国没有刑事管辖权，应由 B 国管辖

C. 我国有刑事管辖权，应当按照我国刑法追究刑事责任

D. 我国有刑事管辖权，适用普遍管辖原则

2. 下列选项中，符合我国刑法关于空间效力规定的是：（   ）[2]

A. 我国国家工作人员在我国领域外犯我国刑法规定之罪的，应适用我国刑法

B. 犯罪行为没有发生在我国领域内，不应认为是在我国领域内犯罪

C. 外国人在我国领域外，对我国公民犯罪，而按我国刑法规定，最低刑为 3 年以上有

---

［1］ C
［2］ A

期徒刑的，应适用我国刑法

    D. 凡在我国领域外犯罪，依照我国刑法应当负刑事责任，虽然经过外国审判，依然应按照我国刑法追究

3. 无国籍人甲在美国通过网络对正在中国旅游的英国人乙实施诈骗，骗得巨额钱款。对甲的行为，我国司法机关：(　　　)[1]

    A. 没有刑事管辖权　　　　　　　　B. 依属地原则享有刑事管辖权

    C. 依保护原则享有刑事管辖权　　　D. 依普遍原则享有刑事管辖权

4. 甲国公民比尔等人，在乙国领海劫持了一艘悬挂丙国国旗的货轮后，驾驶该货轮途经我国领海回甲国时，被我国警方抓获。我国参加了惩治海盗行为的国际公约，据此，对于比尔等人的海盗行为，我国司法机关：(　　　)[2]

    A. 应按国际条约的规定追究其刑事责任

    B. 可按照我国刑法的规定追究其刑事责任

    C. 应将犯罪嫌疑人引渡给有关国家追究其刑事责任

    D. 可适用甲国、乙国或者丙国刑法追究其刑事责任

5. 2012 年 5 月，缅甸籍毒贩糯康在泰国境内制造"湄公河惨案"，杀害了十余名我国船员，后被老挝移送到我国受审。我国司法机关对于糯康进行刑事审判的依据是：(　　　)[3]

    A. 属地管辖权　　　　　　　　　　B. 保护管辖权

    C. 普遍管辖权　　　　　　　　　　D. 属人管辖权

三、刑法的时间效力

[法条引述]

第 12 条　中华人民共和国成立以后本法施行以前的行为，如果当时的法律不认为是犯罪的，适用当时的法律；如果当时的法律认为是犯罪的，依照本法总则第四章第八节的规定应当追诉的，按照当时的法律追究刑事责任，但是如果本法不认为是犯罪或者处刑较轻的，适用本法。

本法施行以前，依照当时的法律已经作出的生效判决，继续有效。

（一）刑法的溯及力 ★

我国《刑法》对溯及力采取"从旧兼从轻原则"。

1. 对于现行刑法生效以前的未经审判或者判决尚未确定的行为，适用行为当时有效的法律。但是按照现行有效的法律不认为是犯罪或处刑较轻的，适用现行有效的法律。依据行为当时有效法律已经作出的生效判决，继续有效。

2. 所谓"处刑较轻"，是指刑法对某种犯罪规定的刑罚即法定刑比修订前刑法轻。

（1）一般而言，法定刑较轻，是指法定最高刑较轻。如果法定最高刑相同，则指法定

---

[1]　B

[2]　B

[3]　B

最低刑较轻。

（2）如果刑法规定的某一犯罪只有一个法定刑幅度，法定最高刑或者最低刑是指该法定刑幅度的最高刑或者最低刑；如果刑法规定的某一犯罪有两个以上的法定刑幅度，法定最高刑或者最低刑是指具体犯罪行为应当适用的法定刑幅度的最高刑或者最低刑。

3.《刑法修正案（九）》的时间效力

（1）对于 2015 年 10 月 31 日以前因利用职业便利实施犯罪，或者实施违背职业要求的特定义务的犯罪的，不适用修正后《刑法》第 37 条之一第 1 款的规定。其他法律、行政法规另有规定的，从其规定。

（2）对于被判处死刑缓期执行的犯罪分子，在死刑缓期执行期间，且在 2015 年 10 月 31 日以前故意犯罪的，适用修正后《刑法》第 50 条第 1 款的规定。

（3）对于 2015 年 10 月 31 日以前一人犯数罪，数罪中有判处有期徒刑和拘役，有期徒刑和管制，或者拘役和管制，予以数罪并罚的，适用修正后《刑法》第 69 条第 2 款的规定。

（4）对于 2015 年 10 月 31 日以前通过信息网络实施的《刑法》第 246 条第 1 款规定的侮辱、诽谤行为，被害人向人民法院告诉，但提供证据确有困难的，适用修正后《刑法》第 246 条第 3 款的规定。

（5）对于 2015 年 10 月 31 日以前实施的《刑法》第 260 条第 1 款规定的虐待行为，被害人没有能力告诉，或者因受到强制、威吓无法告诉的，适用修正后《刑法》第 260 条第 3 款的规定。

（6）对于 2015 年 10 月 31 日以前组织考试作弊，为他人组织考试作弊提供作弊器材或者其他帮助，以及非法向他人出售或者提供考试试题、答案，根据修正前《刑法》应当以非法获取国家秘密罪、非法生产、销售间谍专用器材罪或者故意泄露国家秘密罪等追究刑事责任的，适用修正前《刑法》的有关规定。但是，根据修正后《刑法》第 284 条之一的规定处刑较轻的，适用修正后《刑法》的有关规定。

（7）对于 2015 年 10 月 31 日以前以捏造的事实提起民事诉讼，妨害司法秩序或者严重侵害他人合法权益，根据修正前《刑法》应当以伪造公司、企业、事业单位、人民团体印章罪或者妨害作证罪等追究刑事责任的，适用修正前《刑法》的有关规定。但是，根据修正后《刑法》第 307 条之一的规定处刑较轻的，适用修正后《刑法》的有关规定。实施前述行为，非法占有他人财产或者逃避合法债务，根据修正前《刑法》应当以诈骗罪、职务侵占罪或者贪污罪等追究刑事责任的，适用修正前《刑法》的有关规定。

（8）对于 2015 年 10 月 31 日以前实施贪污、受贿行为，罪行极其严重，根据修正前《刑法》判处死刑缓期执行不能体现罪刑相适应原则，而根据修正后《刑法》判处死刑缓期执行同时决定在其死刑缓期执行 2 年期满依法减为无期徒刑后，终身监禁，不得减刑、假释可以罚当其罪的，适用修正后《刑法》第 383 条第 4 款的规定。根据修正前《刑法》判处死刑缓期执行足以罚当其罪的，不适用修正后《刑法》第 383 条第 4 款的规定。

（二）刑法解释的效力

由于刑法的解释并非刑法的渊源，其溯及力问题采取"从新兼从轻"原则：

1. 司法解释自发布或者规定之日起施行，效力适用于法律的施行期间。

2. 对于司法解释实施前发生的行为，行为时没有相关司法解释，司法解释施行后尚未处理或者正在处理的案件，依照司法解释的规定办理。

3. 对于新的司法解释实施前发生的行为，行为时已有相关司法解释，依照行为时的司法解释办理，但适用新的司法解释对犯罪嫌疑人、被告人有利的，适用新的司法解释。

4. 对于在司法解释施行前已办结的案件，按照当时的法律和司法解释，认定事实和适用法律没有错误的，不再变动。

练一练

1. 关于我国刑法溯及力的适用，下列表述中正确的是：（　　）[1]

A. 司法解释应适用从新兼从轻原则

B. 处刑较轻是指法院判处的宣告刑较轻

C. 应以"审判时"作为新旧法选择适用的判断基础

D. 按照审判监督程序重新审判的案件适用行为时的法律

2. 1998 年最高人民法院《关于审理非法出版物刑事案件具体应用法律若干问题的解释》中规定，以营利为目的实施侵犯著作权行为，个人违法所得数额在 5 万元以上的，构成犯罪。2004 年 12 月 22 日起施行的最高人民法院、最高人民检察院《关于办理侵犯知识产权刑事案件具体应用法律若干问题的解释》中规定，以营利为目的，侵犯著作权违法所得数额在 3 万元以上的，构成侵犯著作权罪。对这两个司法解释的适用，正确的是：（　　）[2]

A. 2004 年 12 月 22 日以后审理侵犯著作权刑事案件，一律适用 2004 年司法解释

B. 司法机关可以根据打击相关犯罪的需要，择一适用

C. 上述司法解释都只有参考价值，司法机关可以不受其约束

D. 上述 2004 年司法解释关于侵犯著作权犯罪的规定，不溯及既往

---

[1]　D

[2]　D

第一节　犯罪的定义

[法条引述]

第 13 条　一切危害国家主权、领土完整和安全，分裂国家、颠覆人民民主专政的政权和推翻社会主义制度，破坏社会秩序和经济秩序，侵犯国有财产或者劳动群众集体所有的财产，侵犯公民私人所有的财产，侵犯公民的人身权利、民主权利和其他权利，以及其他危害社会的行为，依照法律应当受刑罚处罚的，都是犯罪，但是情节显著轻微危害不大的，不认为是犯罪。

一、犯罪的本质

1. 从法律意义上讲，犯罪是刑法明文规定的应受刑罚惩罚的行为；从实质意义上讲，犯罪是一种严重危害社会的行为。

2.《刑法》第 13 条规定的犯罪定义既含定性要求又含定量要求，对于合理认定犯罪及处罚犯罪具有重要的意义。该犯罪定义不仅从性质上明确了犯罪具有危害性和违法性，而且还设置了定量要求，即"情节显著轻微危害不大的，不认为是犯罪"，被称为犯罪定义的"但书"。

二、"但书"的意义 ★

1. 该"但书"表明认定犯罪不仅仅需要正确"定性"，还需要合理确定危害的"程度"或"量"。"但书"的基本理念是通过对犯罪的实质特征提出定量的要求，赋予司法机关酌情排除犯罪的权力，避免过分拘泥于法律形式而作出刻板教条的判决。

2. "但书"是区分"违法行为"与"犯罪行为"的宏观标准，也是适应我国法律结构需要产生的。

3. "但书"的刑事政策意义在于：可以缩小犯罪或刑事处罚的范围，避免给一些轻微的危害行为（或违法行为）打上犯罪的标记，有利于行为人改过自新；还可以合理配置司法资源，集中力量惩罚严重的违法行为即犯罪。

三、"但书"的体现

1. 分则条文对有些犯罪特意规定了程度方面的限制要件，如盗窃、诈骗、抢夺、敲诈勒索、故意毁坏财物罪等，在通常情况下有"数额较大"的限制。

2. 侮辱、诽谤罪等，有"情节严重"的限制；寻衅滋事、遗弃、虐待罪等有"情节恶劣"的限制。

3. 在经济犯罪中，往往有"销售金额""逃避缴纳税款数额""非法经营数额""违法所得数额"等数量的限制。与外国刑法中的犯罪相比，中国刑法中的犯罪构成门槛较高。

练一练

下列对于我国《刑法》第 13 条中"……但是情节显著轻微危害不大的，不认为是犯罪"的理解，正确的有：(　　　)[1]

A. 避免给轻微的违法行为打上"犯罪"的标记

B. 表明认定犯罪需要正确"定性"及合理"定量"

C. 是区分"违法行为"与"犯罪行为"的宏观标准

D. 合理配置司法资源以集中力量惩罚"严重违法行为"

第二节　犯罪的基本特征

根据《刑法》第 13 条对犯罪的定义，可以分析出我国刑法规定的犯罪具有以下三个基本特征：(2018 年法硕法学专业基础课论述题)

1. 犯罪是严重危害社会的行为，具有严重的社会危害性。

(1) 犯罪必须是人的具体行为。即使人的思想观念、主观素质再邪恶，只要它没有外化为行为，也不是犯罪。不能把人的道德、宗教信仰、思想观念作为犯罪。可以说，一切犯罪在道德上都是邪恶的，但是并非一切道德上邪恶的东西都是犯罪。

(2) 犯罪不是一般意义上的行为，而是必须具有严重社会危害性的行为。所谓"严重社会危害性"，是指对我国刑法所保护的重要利益的侵害，但某种行为即使具有一定的社会危害性，"但是情节显著轻微危害不大的"，也不认为是犯罪。

(3) 严重的社会危害性是犯罪的实质特征。国家之所以要禁止、惩罚犯罪行为，就是因为它违反了社会基本伦理规范，侵犯了国家、社会和个人的法益，破坏了公共秩序，妨害了社会生活的正常运行。

2. 犯罪是触犯刑法的行为，具有刑事违法性。

这是在罪刑法定原则制约下，犯罪不可或缺的基本特征。具有严重社会危害性的行为只有同时被刑法明文规定为犯罪时，才是犯罪。具有刑事违法性作为犯罪的基本特征，则是社会主义法治原则的必然要求。

3. 犯罪是应受刑罚惩罚的行为，具有应受刑罚惩罚性。

某种危害社会的行为同时又触犯刑法，就应承担受刑罚处罚的法律后果。因此，应受

---

[1]　ABCD

刑罚惩罚是犯罪的基本特征之一，但是法院可依法裁量对犯罪人不实际适用刑罚。

练一练

1. 下列行为可以构成犯罪的是：(   )[1]

A. 参加传销组织

B. 多次敲诈勒索他人财物

C. 雇佣童工清理客房

D. 15 周岁的男孩出卖自己的肾脏

2. 下列情形可以免除处罚的是：(   )[2]

A. 犯罪中止

B. 从犯

C. 避险过当

D. 犯罪情节轻微

---

〔1〕 B
〔2〕 ABCD

第三章 犯罪构成

第一节 犯罪构成概述

一、犯罪构成的概念和内容

1. 概念

犯罪构成，是指刑法规定的成立犯罪必须具备的主观要件和客观要件的总和。

2. 内容

（1）犯罪构成是成立犯罪的必备要件；

（2）犯罪构成的诸要件是由刑法规定的；

（3）具备犯罪构成要件是适用刑罚法律后果的前提。

二、与犯罪概念的联系和区别

犯罪概念是犯罪构成的基础，犯罪构成是犯罪概念的具体化。犯罪概念回答什么是犯罪以及犯罪具有哪些基本属性等问题。犯罪构成则进一步回答了犯罪成立需要具备哪些法定的条件，并通过犯罪构成主客观要件具体确立什么样的行为是犯罪。

三、犯罪构成的意义 ★

1. 犯罪构成作为法律规定的确立犯罪的要件，它是定罪量刑的法律准绳。

（1）成立犯罪的标准。在司法实践中，某人的行为事实只有完全具备犯罪构成，才能成立犯罪，依法追究刑事责任。

（2）成立一罪还是数罪的标准。行为人的行为具备一个犯罪构成的，成立一罪；具备数个犯罪构成的，成立数罪。对数罪通常合并处罚。

（3）区别此种犯罪与彼种犯罪的标准。每一种犯罪都有其特有的构成要件，不同的犯罪，其犯罪构成是不同的。

（4）通过确定是否犯罪、一罪与数罪、此罪与彼罪、罪轻与罪重，为正确量刑提供根据。

2. 强调依据犯罪构成定罪量刑，有利于贯彻法治原则，保护公民的合法权益，准确地惩罚犯罪。

3. 在刑法理论中，犯罪构成是刑法理论的核心和刑法理论体系的基础。犯罪构成作为研究法定的犯罪成立要件的理论，它把刑法总则和分则规定的犯罪成立的要件加以归纳、抽象，使其系统化、条理化，形成了犯罪论的理论体系。

四、犯罪构成的共同要件 ★

一般而言，任何一种犯罪都必须具备四个方面的构成要件：

1. 犯罪客体。即行为侵害了刑法所保护的社会关系或利益。

2. 犯罪客观方面。即行为人在客观上实施了法律所禁止的危害行为等。

3. 犯罪主体。即具有刑事责任能力的自然人或者符合条件的单位。

4. 犯罪主观方面。即行为人在主观上有故意或者过失等。

五、犯罪构成的分类 ★

（一）基本的犯罪构成和修正的犯罪构成

1. 基本的犯罪构成，是指《刑法》分则条文就某一犯罪的基本形态所规定的犯罪构成。

2. 修正的犯罪构成，是指以基本的犯罪构成为基础并对之进行补充、扩展所形成的犯罪构成。通常包括犯罪预备、中止、未遂、共同犯罪等。

（二）标准的犯罪构成和派生的犯罪构成

1. 标准的犯罪构成，又称普通的犯罪构成，是指刑法条文对具有通常社会危害程度的行为所规定的犯罪构成。因为刑法通常以此为基准设置处罚，所以也作为处罚的基准形态。

2. 派生的犯罪构成，是指以标准的犯罪构成为基础，相对于标准犯罪构成的处罚基准形态而言属于处罚减轻或加重的形态，包括减轻的犯罪构成与加重的犯罪构成。

练一练

1. 以下关于犯罪构成要件的理解，正确的是：（　　）[1]

A. 刑法总则规定了犯罪构成的一般要件

B. 因果关系是所有犯罪的必备构成要件

C. 法条竞合的数罪具备完全相同的犯罪构成要件

D. 刑法分则中犯罪主观方面仅包括故意和过失

2. 下列选项中，属于犯罪构成必备要素的有：（　　）[2]

A. 罪过　　　　　　　　　　　　B. 犯罪动机

C. 危害结果　　　　　　　　　　D. 危害行为

3. 甲教唆乙伤害丙，不料丙受伤严重而死。甲、乙的罪行属于：（　　）[3]

A. 基本的犯罪构成　　　　　　　B. 修正的犯罪构成

C. 派生的犯罪构成　　　　　　　D. 复杂的共同犯罪

---

[1] A

[2] AD

[3] BCD

第二节　犯罪客体

一、犯罪客体概述

1. 概念

犯罪客体，是指犯罪活动侵害的、为刑法所保护的社会利益。犯罪客体是犯罪构成的必备要件之一。行为之所以构成犯罪就是因为侵害了法律保护的社会利益。

2. 内容★

（1）犯罪客体是某种社会生活利益。

（2）犯罪客体是刑法所保护的社会生活利益。刑法保护的社会生活利益即刑法法益是一种公共利益而非私人利益。

应当注意，刑法保护的利益会随着社会生活的发展而变化，例如，夫妻间的忠贞曾普遍为刑法所保护，但现在一般不属于刑法保护的利益。过去，环境保护并未普遍成为刑法保护的利益；但在现代，人们认识到自然资源、野生动物资源的重要性，普遍将其作为刑法保护的利益，使用刑罚惩治破坏资源、环境的犯罪。

（3）犯罪客体是犯罪行为所侵害的社会生活利益。刑法所保护的利益作为单纯的客体存在，并不是犯罪客体。只有这种利益既为刑法所保护又被犯罪所侵害，才是犯罪客体。

应当注意，刑法对其所保护的社会利益遭受侵害的样态、程度具有一定要求。《刑法》第13条在列举犯罪对刑法法益侵害的同时，还特别指出，违法行为必须是达到了"依照法律应当受刑罚处罚"的严重程度才构成犯罪。如果对利益的侵害不严重，"情节显著轻微危害不大的"，不构成犯罪。

3. 犯罪客体的意义

研究犯罪客体有助于正确理解、适用法律，有助于认识犯罪的本质特征、准确定罪和量刑。因为犯罪的客体是刑法保护的社会利益，它能反映或者揭示出某一刑法条文的目的或者宗旨，这对于正确理解、适用该条文具有指导作用。

例如，《刑法》第245条规定的非法侵入住宅罪，如果该条的客体（该条保护的社会利益）是住宅权（财产权），则侵入他人住宅即侵害了该条所保护的利益，应当构成犯罪；如果该条的客体是公民的居住安宁（人身权利），则还需要带有犯罪意图或者有其他令人不安、恐惧的举动才能构成犯罪，一般侵入不足以构成对居住安宁的侵犯，不构成犯罪。

再如，《刑法》第256条规定的破坏选举罪，因为该条限于保护公民行使宪法赋予的选举权利，所以该条规定的破坏选举的犯罪行为只限于破坏"各级人民代表大会和国家机关领导人员"的选举，不包括此外的诸如公司、企业厂长经理，农村村主任、村委会的选举等，这类"选举"并未纳入刑法保护的范围。

二、犯罪客体的种类（2019年法硕非法学、法学专业基础课简答题）

对犯罪客体可按其范围大小划分为三种：一般客体、同类客体和直接客体。

1. 一般客体，是指一切犯罪所共同侵害的社会利益，即社会主义社会利益的总体。

2. 同类客体，是指某一类犯罪共同侵害的社会利益。

3. 直接客体，是指某一犯罪所直接侵害的某种特定的社会利益。根据犯罪行为侵害的直接客体的数量，可以把直接客体分为两种：

（1）简单客体，即某一犯罪只侵害一个利益的情形；

（2）复杂客体，即某一犯罪侵害两个以上利益的情形。

三、犯罪对象的概念和内容

1. 犯罪对象，是指刑法规定的犯罪行为所侵犯或直接指向的具体人、物或信息。犯罪对象是犯罪构成客观方面的选择性要素。

2. 犯罪对象与组成犯罪之物不同：用于贿赂、赌博的财物，是组成贿赂罪、赌博罪之物，不是贿赂罪、赌博罪的犯罪对象。

3. 犯罪对象与犯罪所生之物不同：伪造的公文对于伪造国家机关公文罪而言、制造的毒品对于制造毒品罪而言属于犯罪生成之物，不是犯罪对象。

4. 犯罪对象与犯罪所用之物（犯罪工具）不同：使用伪造的信用卡诈骗，该伪造的信用卡属于用于犯罪之物，不是犯罪对象。

四、犯罪客体与犯罪对象的联系和区别 ★

1. 联系

犯罪对象是刑法规定的犯罪行为所侵犯或直接指向的具体事物（人、物、信息），而犯罪客体是法律所保护的为犯罪所侵害的社会利益，二者是现象与本质的关系。犯罪客体寓于犯罪之中，揭示犯罪的本质，而犯罪对象是它的载体。犯罪行为对犯罪客体的侵害，往往是通过侵犯犯罪对象来实现的。

2. 区别

（1）犯罪客体是犯罪构成的一般要件之一，而犯罪对象仅是犯罪客观方面的选择性要素之一。犯罪对象虽然是绝大多数犯罪构成的必要要素，但在极少数犯罪中犯罪对象不是其犯罪构成的必要要素。

（2）任何犯罪行为都必然侵害犯罪客体，但是犯罪对象不一定受到犯罪行为的侵害。

练一练

1. 下列关于犯罪客体的理解中，正确的是：（　　　）[1]

A. 一般客体是指社会主义社会关系的整体

B. 重婚犯罪侵害的直接客体是婚姻自由权利

C. 犯罪客体与犯罪对象之间是本质与现象的关系

---

[1] ACD

D. 我国刑法分则体系主要以同类客体为基础加以构建

2. 下列选项中，属于犯罪对象的是：（   ）[1]

A. 赌博的筹码   B. 抢夺的财物

C. 行贿的财物   D. 运输毒品的车辆

<h2 align="center">第三节　犯罪客观方面</h2>

一、犯罪客观方面概述

犯罪客观方面，是指刑法所规定的，说明犯罪活动外在表现的诸多客观事实。一般包括危害行为、行为对象、危害结果、因果关系以及时间、地点和方法等要素。其中危害行为是必要要素，其余的则是选择性要素。

二、危害行为

（一）危害行为的概念和特征

1. 概念

危害行为，是指行为人在意识支配之下实施的危害社会并被刑法禁止的身体活动。

2. 特征★

（1）危害行为是人的身体活动或动作，包括积极的活动与消极的活动。（有体性）

（2）危害行为是人的意识支配的产物和表现，如果没有人的意识支配，则不能认为是危害行为。人的无意识动作、身体受外力强制形成的动作、在不可抗力的情况下形成的动作等，都不是危害行为。（有意性）

（3）危害行为侵犯的是刑法所保护的社会利益，这是它的实质内容。（有害性）

（二）危害行为的分类★

危害行为可以划分成作为与不作为两种形式：

1. 作为，是指积极的行为，即行为人以积极的身体活动实施某种被刑法禁止的行为。

（1）从表现形式看，作为是积极的身体动作。

（2）从违反法律规范的性质看，作为直接违反了禁止性的罪刑规范。刑法绝大多数是禁止性规范，所以最常见的犯罪行为形式是作为。

2. 不作为，是指消极的行为，即行为人消极地不履行法律义务而危害社会的行为。

（1）从表现形式看，不作为是消极的身体动作；

（2）从违反法律规范的性质看，不作为直接违反了某种命令性规范。

（三）不作为犯的分类★

1. 纯正不作为犯（或称真正不作为犯），是指行为人成立某一犯罪只能以不作为的方

---

[1]　B

式实施。

2. 不纯正不作为犯（或称不真正不作为犯），是指行为人成立某一犯罪通常情况下须以作为的方式实施，但是在少数情况下可以以不作为的方式实施。

（四）不作为犯罪的成立条件（2021年法硕非法学、法学专业基础课简答题）

1. 行为人负有某种特定的义务（当为、应为）。这种义务主要来自以下几个方面：①法律上的明文规定；②行为人职务上、业务上的要求；③行为人的法律地位或法律行为所产生的义务；④行为人自己先前行为具有发生一定危害结果的危险的，负有防止其发生的义务。

2. 行为人能够履行义务（能为）。如果行为人虽有防止结果发生的义务，但是由于缺乏必要的能力或其他原因而不可能防止危害结果发生的，也不成立不作为犯罪。

3. 行为人不履行特定义务（不为），造成或可能造成危害结果，即要求具有结果的回避可能性（结果具有回避可能性）。

4. 不纯正不作为犯是适用法律认定犯罪的非常态（或特殊）问题，因为在行为形式方面存在不一致，应当特别慎重（要求不作为与作为具有等价性）。

练一练

1. 下列选项中，既可以由作为实行，也可以由不作为实行的是：（　　　）[1]

A. 洗钱罪　　　　　　　　　　　B. 遗弃罪

C. 玩忽职守罪　　　　　　　　　D. 拒不履行信息网络安全管理义务罪

2. 下列选项中，构成纯正不作为犯罪的是：（　　　）[2]

A. 甲将生活不能自理的母亲锁在家中，外出数天致母亲饿死

B. 乙（纳税人）做假账，少缴纳税款数额巨大且占应纳税额的20%

C. 丙（司机）驾驶时，离开公交车驾驶岗位与乘客斗殴，造成交通事故

D. 丁（医生）在飞机上目睹乘客心脏病突发未予施救，该乘客不治身亡

三、危害结果（2014年法硕法学专业基础课简答题）

（一）广义的危害结果和狭义的危害结果

1. 广义的危害结果，是指犯罪行为所造成的一切损害事实，包括属于构成要件的结果和不属于构成要件的结果，分别亦被称为危害行为的直接结果与间接结果。

2. 狭义的危害结果，特指刑法规定作为犯罪构成要件要素的结果。

（1）标准犯罪构成的结果和派生犯罪构成的结果；

（2）物质性的、有形的、可以具体观测的结果和非物质性的、无形的、难以具体观测

---

[1] C
[2] B

的结果；

（3）实害结果和危险结果。

（二）危害结果在刑法中的意义

1. 绝大多数过失犯罪都要求发生实害结果才成立犯罪。
2. 实害结果作为某些犯罪构成要件要素、既遂条件，如实害犯。
3. 危险结果作为某些犯罪构成要件要素、既遂条件，如危险犯。
4. 出现某种危害结果作为法定刑升格的条件，如结果加重犯。

练一练

下列犯罪的成立，需要存在实害结果的是：（　　）[1]

A. 煽动分裂国家罪　　　　　　　B. 投放危险物质罪

C. 滥用职权罪　　　　　　　　　D. 妨害传染病防治罪

四、犯罪的时间、地点和方法

任何犯罪行为都是在一定的时间、地点、以一定的方式方法（工具）实施的。但是在一般情况下，刑法对犯罪的时间、地点、方法不做特别的限定，所以它们通常不是犯罪构成的客观要件。但是，如果刑法把时间、地点、方法明文规定为某种犯罪的构成条件时，它们就成为构成该罪不可缺少的条件。因此这些条件的有无也就成为区分罪与非罪的标准。

[例1] 非法狩猎罪，是指自然人或者单位违反狩猎法规，在禁猎区、禁猎期或者使用禁用的工具、方法进行狩猎，破坏野生动物资源，情节严重的行为。

[例2]《刑法》第345条第4款规定，盗伐、滥伐国家级自然保护区内的森林或者其他林木的，从重处罚。

强迫交易罪	以暴力、威胁手段
强迫劳动罪	以暴力、威胁或者限制人身自由的方法
妨害公务罪	以暴力、威胁方法
袭警罪	暴力袭击正在依法执行职务的人民警察
阻碍军人执行职务罪	以暴力、威胁方法

练一练

下列关于犯罪地点在刑法中的作用的表述中，正确的有：（　　）[2]

A. 犯罪地点是犯罪的共同构成要件

---

[1] C
[2] BCD

B. 犯罪地点是犯罪的选择构成要件

C. 犯罪地点是某些犯罪的法定量刑情节

D. 犯罪地点是某些犯罪的酌定量刑情节

五、刑法中的因果关系

1. 我们只研究实行行为（作为或者不作为）与危害结果之间的因果关系。

（1）刑法中的因果关系不包括预备行为与危害结果之间的因果关系。

（2）行为犯的既遂不要求造成危害结果，因此，行为犯中不研究因果关系问题。

（3）危险犯的既遂虽然要求造成危险结果，但是相对而言，解决实害犯中的因果关系问题则更具有意义。因为，实害犯的既遂必须以实害结果的发生为要件，并且这一实害结果必须与危害行为之间存在因果关系，如果某一结果的发生与行为人的行为之间没有因果关系，则不能要求其对这一结果承担责任。

2. 刑法中的因果关系的特点★

（1）客观性。危害行为与危害结果之间的因果关系也是不以人的主观意志为转移的客观存在。承认刑法因果关系的客观性具有两个实际意义：

❶因果关系的认定，不受行为人主观认识的影响。行为人是否料想到自己的行为可能导致该种危害结果，对因果关系的有无不发生任何影响。

❷有因果关系只能说明行为人具备对该结果承担刑事责任的客观性条件，不是充分条件。即使认定因果关系有所扩大，也不会导致刑事责任扩大化。

（2）相对性。刑法研究因果关系的目的是解决行为人对危害结果是否应当承担刑事责任，所以，在认定因果关系时应当抽取危害行为与危害结果这对现象，研究其因果关系。

（3）必然性。因果关系一般表现为两种现象之间有着内在的、必然的、合乎规律的引起与被引起的关系。这是因果关系基本的和主要的表现形式。

（4）复杂性。在有些场合，因果关系会呈现出复杂的形态。主要表现为：一果多因或者一因多果。

［例1］甲在穷乡僻壤致乙受伤，乙走了2天的路程才找到一所简陋的医院，最终乙不治身亡。乙的死亡与甲的行为具有因果关系。

［例2］私设电网遇到被害人钻电网触电身亡。被害人的死亡与私设电网具有因果关系。

［例3］驾车劫持人质时，人质从疾驰的车上跳下逃生摔死。人质的死亡与劫持人质具有因果关系。

［例4］甲投放一份未达致死量的毒药，乙也投放一份未达致死量的毒药，甲、乙投放的毒药共同作用导致死亡结果。死亡结果与甲、乙的行为均具有因果关系。

练一练

下列关于刑法因果关系的说法中，正确的是：（ ）[1]

---

[1] D

A. 因果关系的认定必须考虑行为人的主观认识

B. 因果关系的存在是行为人承担刑事责任的充分条件

C. 危害行为与危害结果之间存在条件关系即可认定因果关系的存在

D. 不作为犯罪中不作为与危害结果之间的因果关系是客观存在的

3. 因果关系的认定

（1）若单纯采取因果关系客观说（条件说），在多个条件导致结果发生时，所有条件与结果都存在没有前者就没有后者的关系，那么因果关系中的原因则太宽泛，因此，提出了因果关系的中断理论（相当因果关系说）。

（2）相当因果关系说认为当存在介入因素时，需要判断其是否中断前行为与危害结果之间的因果关系。

（3）介入因素从时间的顺序上晚于前条件，有可能是自然力、第三人的行为等。

（4）介入因素要中断前行为与危害结果之间的因果关系，必须符合如下两个条件：

❶介入因素必须是异常的、小概率的因素（介入因素不依附于前条件）——质的要求。如果介入因素是正常的、大概率的因素，那么，介入因素与前行为共同导致了危害结果的发生，不发生因果关系的中断问题。

❷介入因素必须独立地引起危害结果的发生——量的要求。如果介入因素是异常的，还要看它是否能够独立地引起危害结果的发生，即去除前面的条件来看，介入因素是否能够单独导致危害结果的出现。否则，即使介入因素是异常的，也不能中断前行为与危害结果之间的因果关系。

[例1] 甲欲杀害乙，将乙打成重伤，乙昏迷在海滩上，甲离去。海潮来临，将乙吞没，乙死亡。甲的杀人行为与乙的死亡有因果关系。

[例2] 甲看到乙站在路边，将一枚炸弹扔到乙脚下，乙赶紧踢开，炸弹落到3米外的丙脚下，丙被炸死。甲的行为与丙的死亡有因果关系。

[例3] 甲欲伤害乙，将乙打成重伤，甲后悔，便送乙去医院，途中遭遇第三人导致的车祸，致乙死亡。甲的行为与乙的死亡没有因果关系。

[例4] 甲以杀人故意对丙实施暴力，导致丙重伤，濒临死亡。丙在医院接受治疗时，医生乙存在一定过失，未能挽救丙的生命。甲、乙的行为均与丙的死亡有因果关系。

4. 应注意的因果关系的几个问题

（1）有因果关系不一定承担刑事责任，承担了刑事责任也不一定具有因果关系；

（2）被害人的特殊体质（不属于介入因素）不影响因果关系的认定；

（3）介入因素是不作为时不会中断因果关系（对危害结果的发生没有新的贡献力）；

（4）因果关系的认识错误不影响因果关系的认定。

练一练

1. 下列情形中，成立不作为犯罪的是：（　　）[1]

---

[1] C

A. 某法院院长甲目睹身为财政局局长的妻子收受其下属巨额贿赂，不予阻止

B. 乙见室友在门口遭遇持刀抢劫，因害怕将房门反锁导致室友无处躲藏被刺重伤

C. 收养人丙发现所收养的 2 岁小孩患有先天性心脏病，将孩子独自留在家致其饿死

D. 丁在妻子难产时拒绝在剖腹手术单上签字，妻子难忍剧痛从病房跳楼身亡

2. 甲基于杀人故意实施的下列行为，与乙的死亡之间具有刑法上因果关系的是：
(   )[1]

A. 甲劝乙乘坐长途汽车去山区旅行，乙旅行时因汽车坠崖死亡

B. 甲在家中"作法"诅咒与其有矛盾的乙，后乙突发急病死亡

C. 甲殴打乙致其轻伤，乙在去医院途中被高楼上坠落的花盆砸中死亡

D. 甲持木棍对乙穷追不舍，乙迫不得已跳入冰冷的河中因痉挛而溺水死亡

3. 李某遭甲强奸后逃离时滑落河中，甲看到李某在水中挣扎，仍离开现场，李某溺水身亡。甲的行为应认定为：(   )[2]

A. 强奸罪　　　　　　　　　　B. 故意杀人罪

C. 强奸罪和故意杀人罪　　　　D. 强奸罪和过失致人死亡罪

第四节　犯罪主体

一、犯罪主体概述

我国刑法中的犯罪主体包括自然人和单位。

二、刑事责任能力

1. 刑事责任能力的概念

刑事责任能力，是指认识自己行为的社会性质及其意义并控制和支配自己行为的能力。简言之，就是辨认和控制自己行为的能力。因此，达到一定的年龄且具有正常的辨认、控制能力，是自然人具备罪过心理的生理条件。

（1）通常，达到刑事责任年龄的人也就具备了刑法意义上的辨认和控制自己行为的能力，或者说被法律推定为具备这种能力，即具有刑事责任能力。但是有些人由于精神或生理上的缺陷而丧失或减弱辨认或控制自己行为的能力。

（2）法律认为，自然人年满 16 周岁的，推定其对刑法中规定的所有犯罪具有承担刑事责任的能力。

（3）年满 12 周岁不满 16 周岁的人，推定其对法律明文规定的几种犯罪行为具有承担刑事责任的能力；对法律规定的其他犯罪不具备承担刑事责任的能力。

（4）自然人不满 12 周岁的，推定其不具备法定的辨认和控制能力，尚不具备承担刑事责任的能力。

---

[1] D

[2] A

2. 精神病人的刑事责任问题（《刑法》第18、19条）

（1）精神病人在不能辨认或者不能控制自己行为的时候造成危害结果，经法定程序鉴定确认的，不负刑事责任；但是应当责令他的家属或者监护人严加看管和医疗；在必要的时候，由政府强制医疗。（完全无刑事责任能力）

（2）间歇性精神病人，在精神正常的时候犯罪，应当负刑事责任。（完全刑事责任能力）

（3）尚未完全丧失辨认或者控制自己行为能力的精神病人犯罪的，应当负刑事责任，但是可以从轻或者减轻处罚。（减轻刑事责任能力）

3. 醉酒的人犯罪，应当负刑事责任。也就是说，醉酒的人犯罪，与普通人犯罪一样承担刑事责任。（具有完全刑事责任能力、原因自由行为）

4. 又聋又哑的人或者盲人犯罪，可以从轻、减轻或者免除处罚。（减轻刑事责任能力）

> **小贴士**　认定精神病人无刑事责任能力须同时具备两个条件：
> （1）医学标准，行为人患有精神病；
> （2）心理学标准，行为人在行为时完全丧失了对自己行为的辨认能力或者控制能力。

练一练

甲患抑郁症欲自杀，但无自杀勇气。某晚，甲用事前准备的刀猛刺路人乙胸部，致乙当场死亡。随后，甲向司法机关自首，要求司法机关判处其死刑立即执行。对于甲责任能力的认定，下列选项正确的是：（　　　）[1]

A. 抑郁症属于严重精神病，甲没有责任能力，不承担故意杀人罪的责任

B. 抑郁症不是严重精神病，但甲的想法表明其没有责任能力，不承担故意杀人罪的责任

C. 甲虽患有抑郁症，但具有责任能力，应当承担故意杀人罪的责任

D. 甲具有责任能力，但患有抑郁症，应当对其从轻或者减轻处罚

5. 行为与责任同时存在原则

只要行为人在实施与结果的发生具有因果关系的行为时具有责任能力，而且具有故意或者过失，就具有非难可能性，应当追究责任，而且不能适用从轻或者减轻处罚的规定。但是对丧失责任能力后造成的另一构成要件行为不承担责任。

[例1]　甲醉酒驾驶，撞死一行人后逃逸，在被追赶时精神病复发。对甲应当追究刑事责任。

[例2]　乙将毒药投入被害人的茶杯后精神病突然发作，被害人在乙丧失责任能力时

---

[1]　C

喝下毒药后死亡。对乙应以故意杀人罪既遂论处。

[例3] 丙在精神正常时着手实行故意伤害犯罪，伤害过程中精神病突然发作，在丧失责任能力时抢走被害人财物。对丙应以故意伤害罪论处，丙对劫取财物的行为不承担责任。

6. 原因自由行为

是指具有责任能力的行为人，故意或者过失使自己一时陷入丧失或者尚未完全丧失责任能力的状态，并在该状态下实施了符合构成要件的违法行为。原因自由行为属于行为与责任同时存在原则的特殊情形。

（1）使自己陷入丧失或者尚未完全丧失责任能力状态的行为，称为"原因行为"；在该状态下实施的客观构成要件的违法行为，称为"结果行为"。由于行为人可以自由决定自己是否陷入上述状态，故称为"原因自由行为"。

（2）在原因自由行为的场合，要使行为人对结果承担责任，要求其结果行为实现了故意或者过失的内容，即要求实行原因行为时的故意或者过失支配了危害结果。常见的情形有醉酒后犯罪、吸毒后犯罪等。

[例] 甲第一次吸毒产生幻觉，误以为伍某在追杀自己，用木棒将伍某打成重伤。甲的行为成立过失致人重伤罪。

三、刑事责任年龄

1. 我国《刑法》第17条对刑事责任年龄的规定

（1）已满16周岁的人犯罪，应当负刑事责任。（完全刑事责任能力、完全负刑事责任年龄阶段）

（2）已满14周岁不满16周岁的人，犯故意杀人、故意伤害致人重伤或者死亡、强奸、抢劫、贩卖毒品、放火、爆炸、投放危险物质罪的，应当负刑事责任。（相对无刑事责任能力、相对负刑事责任年龄阶段）

> **小贴士** 已满14周岁不满16周岁的人有上述法定8种性质的"行为"就应该负刑事责任，而不管他所涉及的"罪名"是什么。对此，全国人大法工委曾给最高人民检察院答复：《刑法》第17条第2款规定的8种犯罪，是指具体犯罪行为而不是具体罪名。

（3）已满12周岁不满14周岁的人，犯故意杀人、故意伤害罪，致人死亡或者以特别残忍手段致人重伤造成严重残疾，情节恶劣，经最高人民检察院核准追诉的，应当负刑事责任。

（4）不满12周岁的人，不负刑事责任。（完全无刑事责任能力、完全不负刑事责任年龄阶段）

（5）不满18周岁的人犯罪，应当从轻或者减轻处罚。已满75周岁的人故意犯罪的，可以从轻或者减轻处罚；过失犯罪的，应当从轻或者减轻处罚。（减轻刑事责任能力）

（6）因不满16周岁不予刑事处罚的，责令其父母或者其他监护人加以管教；在必要的时候，依法进行专门矫治教育。

> **小贴士** 已满12、14、16、18周岁，是指过了该周岁生日第2日起认为已满12、14、16、18周岁。

[例1] 未满14周岁的甲安放了定时炸弹，而发生爆炸时，甲已满14周岁。根据行为与责任同时存在原则，甲成立爆炸罪（不作为）。

[例2] 15周岁的乙实施敲诈勒索，但是直到已满16周岁才取得财物。根据行为与责任同时存在原则，乙不成立敲诈勒索罪，但是拒不返还财物的，可构成侵占罪。

2. 司法解释中对未成年人刑事责任的规定

（1）对于没有充分证据证明被告人实施被指控的犯罪时已经达到法定刑事责任年龄且确实无法查明的，应当推定其没有达到相应法定刑事责任年龄。相关证据足以证明被告人实施被指控的犯罪时已经达到法定刑事责任年龄，但是无法准确查明被告人具体出生日期的，应当认定其达到相应法定刑事责任年龄。

（2）已满14周岁不满16周岁的人实施《刑法》第17条第2款规定以外的行为，如果同时触犯了《刑法》第17条第2款规定的，应当依照《刑法》第17条第2款的规定确定罪名，定罪处罚。

（3）已满14周岁不满16周岁的人偶尔与幼女发生性行为，情节轻微，未造成严重后果的，不认为是犯罪。

（4）已满14周岁不满16周岁的人使用轻微暴力或者威胁，强行索要其他未成年人随身携带的生活、学习用品或者钱财数量不大，且未造成被害人轻微伤以上或者不敢正常到校学习、生活等危害后果的，不认为是犯罪。已满16周岁不满18周岁的人具有前述规定情形的，一般也不认为是犯罪。

（5）已满16周岁不满18周岁的人出于以大欺小、以强凌弱或者寻求精神刺激，随意殴打其他未成年人、多次对其他未成年人强拿硬要或者任意损毁公私财物，扰乱学校及其他公共场所秩序，情节严重的，以寻衅滋事罪定罪处罚。

（6）已满16周岁不满18周岁的人实施盗窃行为未超过3次，盗窃数额虽已达到"数额较大"标准，但案发后能如实供述全部盗窃事实并积极退赃，且具有下列情形之一的，可以认定为"情节显著轻微危害不大"，不认为是犯罪：①系又聋又哑的人或者盲人；②在共同盗窃中起次要或者辅助作用，或者被胁迫；③具有其他轻微情节的。

（7）已满16周岁不满18周岁的人盗窃未遂或者中止的，可不认为是犯罪。

（8）已满16周岁不满18周岁的人盗窃自己家庭或者近亲属财物，或者盗窃其他亲属财物但其他亲属要求不予追究的，可不按犯罪处理。

（9）已满14周岁不满16周岁的人盗窃、诈骗、抢夺他人财物，为窝藏赃物、抗拒抓捕或者毁灭罪证，当场使用暴力，故意伤害致人重伤或者死亡，或者故意杀人的，应当分别以故意伤害罪或者故意杀人罪定罪处罚。

（10）对未成年罪犯适用刑罚，应当充分考虑是否有利于未成年罪犯的教育和矫正。

❶ 未成年人犯罪只有罪行极其严重的，才可以适用无期徒刑。对已满14周岁不满16

周岁的人犯罪一般不判处无期徒刑。

❷除刑法规定"应当"附加剥夺政治权利外,对未成年罪犯一般不判处附加剥夺政治权利。如果对未成年罪犯判处附加剥夺政治权利的,应当依法从轻判处。

❸对未成年罪犯实施刑法规定的"并处"没收财产或者罚金的犯罪,应当依法判处相应的财产刑;对未成年罪犯实施刑法规定的"可以并处"没收财产或者罚金的犯罪,一般不判处财产刑。对未成年罪犯判处罚金刑时,应当依法从轻或者减轻判处,并根据犯罪情节确定罚金数额,但罚金的最低数额不得少于 500 元人民币。

❹对被判处罚金刑的未成年罪犯,其监护人或者其他人自愿代为垫付罚金的,人民法院应当允许。

练一练

1. 下列关于未成年人犯罪的说法,正确的是:( )[1]

A. 已满 14 周岁不满 16 周岁的人一般不适用无期徒刑

B. 对未成年人犯罪判处附加剥夺政治权利的,应当依法从轻判处

C. 对未成年人适用刑罚,应当充分考虑是否有利于未成年罪犯的教育和矫正

D. 对未成年人的减刑假释,在掌握标准上可以比照成年罪犯依法适度放宽

2. 甲(15 周岁)实行的下列行为,构成犯罪的是:( )[2]

A. 为勒索财物绑架同学,并将其打成重伤

B. 打破汽车玻璃,拿走车内贵重物品

C. 积极参加其堂兄领导的黑社会性质组织

D. 在燃放爆竹时不慎引燃邻居住宅,造成重大经济损失

3. 下列行为中,已满 14 周岁不满 16 周岁的人应当负刑事责任的有:( )[3]

A. 聚众斗殴致人死亡

B. 盗窃病人财物致病人无钱治病死亡

C. 非法拘禁他人过程中使用暴力致被害人重伤

D. 抢夺他人财物,为抗拒抓捕而当场使用暴力把被害人打死

4. 关于处理未成年人犯罪案件,下列表述中正确的是:( )[4]

A. 对未成年人罪犯不得判处罚金

B. 对罪行极其严重的未成年人罪犯,可以适用无期徒刑

C. 对犯罪时不满 18 周岁的罪犯,应当减轻或者免除处罚

D. 对罪行极其严重的未成年人罪犯,可以判处死刑缓期二年执行

---

[1] ABCD

[2] A

[3] ACD

[4] B

四、一般主体与特殊主体

1. 一般主体，是指具有一般犯罪主体所要求的法定构成要件的自然人，即达到法定责任年龄、具有责任能力的自然人主体。

2. 特殊主体（身份犯）★，是指除了具有一般犯罪主体所要求的成立条件外，还必须具有某些犯罪所要求的特定身份作为其构成要件的自然人主体。可以分为：

（1）真正身份犯。以特殊身份作为犯罪客观构成要件要素的犯罪，不具有特殊身份就不成立某一犯罪的实行犯，但教唆犯与帮助犯则不受特殊身份的限制。例如，职务侵占罪；贪污罪；受贿罪；挪用公款罪；利用影响力受贿罪等。

（2）不真正身份犯，也称加减身份犯。特定身份不影响定某罪实行犯，但影响量刑的情况。例如，非法拘禁罪（国家机关工作人员）；诬告陷害罪（国家机关工作人员）；非法侵入住宅罪（司法工作人员）；妨害作证罪，帮助毁灭、伪造证据罪（司法工作人员）；虚假诉讼罪（司法工作人员）；故意泄露国家秘密罪（非国家机关工作人员酌情处罚）等。

3. 身份与实行行为同时存在原则

［例1］甲是某民营企业会计，乙是该企业出纳，某日，甲趁乙下班之际，潜入乙的办公室撬开保险柜，拿走即将发放的工资款20万元。甲成立盗窃罪而非职务侵占罪。

［例2］甲是某国有公司会计，某日，甲趁其他同事下班之际，将自己的办公室保险柜用斧头劈开，拿走企业刚刚收回的货款20万元。甲成立贪污罪而非盗窃罪。

［例3］甲是公立高校普通任课教师，在学校委派其招生时，利用职务便利收受考生家长10万元。甲成立受贿罪。

［例4］甲（国家工作人员）与妻子乙（非国家工作人员）共同将某妇女打倒在地，甲在乙按住被害人的情况下，顺利与其发生了性关系。甲、乙均成立强奸罪的正犯。

［例5］甲是国有医院副院长（国家工作人员），收受医药代表10万元，承诺为病人开处方时多开相关药品。甲成立非国家工作人员受贿罪。

练一练

1. 下列罪名属于真正的身份犯的是：（   ）[1]

A. 强奸罪
B. 非法行医罪
C. 非国家工作人员受贿罪
D. 生产、销售、提供假药罪

2. 甲与国有公司仓库保管员乙合谋后，由甲在乙值班时将库存物资运出。销赃所得3万元由二人平分。在本案中：（   ）[2]

A. 甲、乙都构成贪污罪
B. 甲、乙都构成盗窃罪

---

［1］ BC
［2］ A

C. 甲构成盗窃罪，乙构成贪污罪

D. 甲构成掩饰、隐瞒犯罪所得罪，乙构成盗窃罪

五、单位犯罪主体

[法条引述]

第30条 公司、企业、事业单位、机关、团体实施的危害社会的行为，法律规定为单位犯罪的，应当负刑事责任。

第31条 单位犯罪的，对单位判处罚金，并对其直接负责的主管人员和其他直接责任人员判处刑罚。本法分则和其他法律另有规定的，依照规定。

(一) 单位犯罪的概念 （2019年法硕非法学专业基础课法条分析题）

单位犯罪，是指公司、企业、事业单位、机关、团体实施的依法应当承担刑事责任的危害社会的行为。

(二) 单位犯罪的成立要件★

1. 单位犯罪的主体包括公司、企业、事业单位、机关和团体，既包括国有、集体所有的公司、企业、事业单位，也包括依法设立的合资经营、合作经营企业和具有法人资格的独资、私营等公司、企业、事业单位。

2. 单位犯罪只有法律明文规定的，才负刑事责任。

> **小贴士**
>
> 1. 2014年4月24日立法解释规定：公司、企业、事业单位、机关、团体等单位实施刑法规定的危害社会的行为，《刑法》分则和其他法律未规定追究单位的刑事责任的，对组织、策划、实施该危害社会行为的人依法追究刑事责任。
>
> 2. 单位犯罪中所谓"以单位名义实施犯罪"，是指单位的决策机构按照单位的决策程序来决定实施危害社会的行为；是否为单位谋取非法利益，是区分单位犯罪与个人犯罪的明显标志之一。
>
> 3. （1）对单位犯罪中的直接负责的主管人员和其他直接责任人员，应根据其在单位犯罪中的地位、作用和犯罪情节，分别处以相应的刑罚。
>
> （2）主管人员与直接责任人员，在个案中，不是当然的主、从犯关系。有的案件，主管人员与直接责任人员在实施犯罪行为的主从关系不明显的，可不分主、从犯。但具体案件可以分清主、从犯，且不分清主、从犯，在同一法定刑档次、幅度内量刑无法做到罪刑相适应的，应当分清主、从犯，依法处罚。

(三) 对单位犯罪的处罚

1. 对单位犯罪一般实行"双罚"原则。

2. 《刑法》分则有特别规定只实行"单罚"的，依照规定。即，只处罚主管人员和其他直接责任人员。

（四）其他问题

1. 单位犯罪中直接负责的主管人员和其他直接责任人员的认定

（1）直接负责的主管人员，是在单位实施的犯罪中起决定、批准、授意、纵容、指挥等作用的人员，一般是单位的主管负责人，包括法定代表人。

（2）其他直接责任人员，是在单位犯罪中具体实施犯罪并起较大作用的人员，既可以是单位的经营管理人员，也可以是单位的职工，包括聘任、雇用的人员。

（3）应当注意的是，在单位犯罪中，对于受单位领导指派或奉命而参与实施了一定犯罪行为的人员，一般不宜作为直接责任人员追究刑事责任。

2. 单位共同犯罪的处理。2个以上单位以共同故意实施的犯罪，应根据各单位在共同犯罪中的地位、作用大小，确定犯罪单位的主、从犯。

3. 特殊情况的认定

（1）个人为进行违法犯罪活动而设立公司、企业、事业单位实施犯罪的，或者公司、企业、事业单位设立后，以实施犯罪为主要活动的，不以单位犯罪论处。

（2）盗用单位名义实施犯罪，违法所得由实施犯罪的个人私分的，依照刑法有关自然人犯罪的规定定罪处罚。

（3）以单位的分支机构或者内设机构、部门的名义实施犯罪，违法所得亦归分支机构或者内设机构、部门所有的，应认定为单位犯罪。不能因为单位的分支机构或者内设机构、部门没有可供执行罚金的财产，就不将其认定为单位犯罪，而按照个人犯罪处理。

（4）人民检察院起诉时该犯罪企业已被合并到一个新企业时，仍应依法追究原犯罪企业及其直接负责的主管人员和其他直接人员的刑事责任。人民法院审判时，对被告单位应列原犯罪企业名称，但注明已被并入新的企业，对被告单位所判处的罚金数额以其并入新的企业的财产及收益为限。

（5）涉嫌犯罪的单位被撤销、注销、吊销营业执照或者宣告破产的，应当根据刑法关于单位犯罪的相关规定，对实施犯罪行为的该单位直接负责的主管人员和其他直接责任人员追究刑事责任，对该单位不再追诉。

练一练

1. 下列关于单位犯罪的理解中，正确的是：（   ）[1]

A. 依法成立的一人公司，不能成为单位犯罪的主体

B. 以单位内部机构名义实施犯罪的，不应认定为单位犯罪

C. 个人为进行违法犯罪活动而设立的企业实施犯罪的，不以单位犯罪论处

D. 符合我国法人资格条件的外国企业犯罪的，不应按照单位犯罪的规定追究刑事责任

2. 下列关于单位犯罪的表述，正确的是：（   ）[2]

A. 没有可执行财产的单位分支机构不会构成单位犯罪

---

[1] C
[2] D

B. 我国刑法中有关单位犯罪的规定不适用于外国公司、企业

C. 两个以上单位以共同故意实施犯罪的可不区分主犯、从犯

D. 对单位犯罪直接负责的主管人员和其他直接责任人员可不区分主犯、从犯

3. 下列情形中，可以成立单位犯罪的有：（　　　）[1]

A. 甲设立公司，主要从事为他人虚开增值税专用发票活动以牟利

B. 乙与公司股东商议后，以公司名义走私香烟，所得收益归公司所有

C. 丙为使其公司承建工程，向国有投资公司主管人员支付巨额回扣

D. 丁以公司名义吸收公众存款，并将违法所得用来购买豪华别墅

第五节　犯罪主观方面

一、犯罪主观方面概述

（一）犯罪主观方面的内容

犯罪主观方面是犯罪行为人对其实施的危害社会的行为及其造成的结果所持的心理态度，它包括犯罪故意和犯罪过失（合称罪过）、犯罪目的、犯罪动机等心理因素。其中故意或者过失是犯罪构成主观方面的必要要素；犯罪目的是某些犯罪成立所必须具备的要素；犯罪动机一般不是犯罪的构成要件要素，但它对量刑起着重要的作用。

（二）犯罪主观方面与犯罪客观方面的关系

根据主客观相统一的原理，确定行为构成犯罪必须具备：

1. 主观方面和客观方面的要件。既不得主观归罪，也不得客观归罪。

2. 罪过（故意或者过失）与犯罪行为必须具有同时性，即行为与责任同时存在原则，其特殊情形是原因自由行为。

［例］甲意图在次日的集体狩猎活动中伪造意外事件杀害其妻，但是，在当天擦枪时，却因为走火而致其妻毙命。甲构成故意杀人罪预备与过失致人死亡罪（或者意外事件），想象竞合。

（三）无罪过事件：意外事件、不可抗力（2018年法硕非法学专业基础课法条分析题）

［法条引述］

第16条 行为在客观上虽然造成了损害结果，但是不是出于故意或者过失，而是由于不能抗拒或者不能预见的原因所引起的，不是犯罪。

可见，无罪过事件可以分为"意外事件"和"不可抗力"两种情况：

1. 意外事件

（1）意外事件，是指行为在客观上虽然造成了损害结果，但不是出于行为人的故意或者过失，而是由于不能预见的原因引起的一种现象；

---

[1]　BC

（2）所谓"不能预见的原因"，是指行为人没有预见，而且根据当时客观情况和行为人的主观认识能力，也不可能预见的原因。

2. 不可抗力

（1）不可抗力，是指行为在客观上虽然造成了损害结果，但不是出于行为人的故意或者过失，而是由于不能抗拒的原因引起的一种现象；

（2）所谓"不能抗拒的原因"，是指行为人遭遇到集全部智慧和力量都无法抗衡、不可能阻止危害结果发生的原因。

3. 不可抗力事件和意外事件的共同之处在于：①行为人都对危害结果的发生持反对态度；②主观上都没有故意或者过失。

4. 不可抗力事件和意外事件的区别在于认识因素上，不可抗力事件中的行为人已经认识到自己的行为会发生危害社会的结果；而意外事件中的行为人没有认识到自己的行为会发生危害社会的结果。

[例] 甲、乙是马戏团演员，甲表演飞刀精准，从未出错。某日甲表演时，乙突然移动身体位置，飞刀掷进乙胸部致其死亡。甲的行为属于意外事件。

练一练

1. 下列情形，不存在故意的心理态度的是：（   ）[1]

A. 醉酒的人犯罪　　　　　　　　　　B. 精神病人犯罪

C. 防卫过当　　　　　　　　　　　　D. 不可抗力

2. 甲与素不相识的崔某发生口角，推了他肩部一下，踢了他屁股一脚。崔某忽觉胸部不适继而倒地，在医院就医时死亡。经鉴定，崔某因患冠状粥样硬化性心脏病，致急性心力衰竭死亡。关于本案，下列选项正确的是：（   ）[2]

A. 甲成立故意伤害罪，属于故意伤害致人死亡

B. 甲的行为既不能认定为故意犯罪，也不能认定为意外事件

C. 甲的行为与崔某的死亡结果之间有因果关系，这是客观事实

D. 甲主观上对崔某的死亡具有预见可能性，成立过失致人死亡罪

二、犯罪故意

[法条引述]

第14条 明知自己的行为会发生危害社会的结果，并且希望或者放任这种结果发生，因而构成犯罪的，是故意犯罪。

故意犯罪，应当负刑事责任。

（一）犯罪故意的概念和特征

犯罪故意，是指明知自己的行为会发生危害社会的结果，并且希望或者放任这种结果

---

[1] D

[2] C

发生的心理态度。成立犯罪故意，必须具备以下两个特征：

1. 认识因素，就是行为人明知自己的行为会发生危害社会的结果。"明知"（认识）的范围包括：对行为、结果、行为对象这样的客观事实的明确认识，具体而言是对犯罪构成事实所属情况的认识。

> **小贴士** 对于行为及其结果的社会危害性（违法性）、因果关系只需要具有认识的可能性即可，不要求认识到（明知）。

练一练

关于故意的认识内容，下列选项中正确的是：(　　　)[1]
A. 成立受贿罪，要求行为人认识到自己是国家工作人员
B. 成立聚众淫乱罪，要求行为人认识到自己行为的违法性
C. 成立故意毁坏财物罪，要求行为人认识到毁坏财物的数额较大
D. 成立传播淫秽物品罪，要求行为人认识到传播的是淫秽物品

2. 意志因素，是指行为人希望或者放任这种危害结果发生。

（二）犯罪故意的种类：直接故意和间接故意

1. 直接故意，是指明知自己的行为会（必然会或者可能会）发生危害社会的结果并且希望这种结果发生的心理态度。

2. 间接故意，是指明知自己的行为会发生危害社会的结果，并且放任这种危害结果发生的心理态度。在现实生活中，故意犯罪大多数是直接故意。间接故意为数不多，它包括三种情形：

（1）行为人为实现某个犯罪意图或目的，而放任另一犯罪结果发生；
（2）行为人为实现某个非犯罪的意图或目的，而放任犯罪结果发生；
（3）突发性故意犯罪，行为人不计后果，放任结果发生。

3. 应注意的几个问题

（1）如果明知自己的行为必然会发生危害社会的结果，主观上不可能是放任，而是希望。

[例] 甲与张某有仇，张某与李某在 20 层楼挂在一根绳子上擦窗户，甲剪断绳子致张某与李某坠楼死亡，则甲对张某、李某的死亡均持直接故意。

（2）如果行为人自认为可能发生危害结果并放任这种结果发生，而客观上必然发生危害结果的，也仅成立间接故意。间接故意的认定以主观认识与意志因素为准，而不是客观的。

[例] 甲想杀死乙，在乙丙同坐一条船出去游玩时，甲把船破坏了。甲希望乙死，但他

---

[1] D

不知道丙是否会游泳，由于杀乙心切，甲对丙的死亡结果持间接故意，即使丙根本不会游泳，必死无疑，也不影响间接故意的认定。

（3）犯罪故意应当与一般生活意义上的"故意"相区别。犯罪故意具有特定内容，具体表现为对自己实施的法益侵害行为及其结果的发生持希望或放任态度。一般生活意义上的"故意"只是表明行为人"有意识"地实施某种行为，但不具有犯罪故意的内容。

［例］故意违反交通规则，造成事故，还是过失犯罪，因为刑法上的故意指的是对危害结果的态度。

练一练

1. 黄某意图杀死张某，当其得知张某当晚在单位值班室值班时，即放火将值班室烧毁，其结果却是将顶替张某值班的李某烧死。下列判断不符合黄某对李某死亡所持的心理态度的是：（ ）[1]

A. 间接故意　　　　　　　　　　B. 过于自信的过失

C. 疏忽大意的过失　　　　　　　D. 意外事件

2. 甲贩运假烟，驾车路过某检查站时，被工商执法部门拦住检查。检查人员乙正登车检查时，甲突然发动汽车夺路而逃。乙抓住汽车车门的把手不放，甲为摆脱乙，在疾驶时突然急刹车，导致乙头部着地身亡。甲对乙死亡的心理态度属于：（ ）[2]

A. 直接故意　　　　　　　　　　B. 间接故意

C. 过于自信的过失　　　　　　　D. 疏忽大意的过失

（三）直接故意和间接故意的异同 ★

1. 相同点

（1）从认识因素看，都是"明知自己的行为会发生危害社会的结果"。

（2）从意志因素看，都不排斥危害结果发生。由此说明和决定了二者都具有故意的性质。

2. 不同点

（1）从认识因素看，二者对危害结果发生的认识程度有所不同。在直接故意的情况下，行为人认识到危害结果发生的可能性或者必然性；在间接故意的情况下，行为人认识到危害结果发生的可能性。

（2）从意志因素看，二者对危害结果发生的态度明显不同。直接故意是希望这种危害社会结果的发生，行为人对结果是积极追求的态度；间接故意则是放任这种危害社会结果的发生，行为人不是积极追求的态度，而是任凭事态发展。

（3）特定的危害结果是否发生对二者具有不同的意义。在直接故意的场合，即使追求的特定危害结果没有实际发生，通常也应当追究预备、未遂的罪责；在间接故意的场合，如果没有实际发生特定危害结果，就无所谓犯罪的成立。

---

［1］　ABCD
［2］　B

练一练

甲喜新厌旧，欲杀害妻子乙后与情妇结婚，虽然明知其儿子丙有与乙在同一饭碗里吃饭的习惯，由于杀乙心切而不顾丙的死活，仍在乙的饭碗里投放毒药。结果乙、丙均中毒身亡。本案中甲对丙死亡的心理态度是：（   ）[1]

A. 直接故意   B. 间接故意

C. 过于自信的过失   D. 疏忽大意的过失

三、犯罪过失

[法条引述]

第 15 条　应当预见自己的行为可能发生危害社会的结果，因为疏忽大意而没有预见，或者已经预见而轻信能够避免，以致发生这种结果的，是过失犯罪。

过失犯罪，法律有规定的才负刑事责任。

1. 犯罪过失的概念和特征★

犯罪过失，是指行为人应当预见自己的行为可能发生危害社会的结果，因为疏忽大意而没有预见或者已经预见而轻信能够避免，以致发生危害结果的心理态度。犯罪过失具有以下两个特征：

（1）没有犯罪故意。具体而言，行为人对危害结果的发生既不具有希望的态度也不具有放任的态度。

（2）没有保持必要的小心谨慎的态度。表现为两种情形：

❶ 没有履行法律、规章、社会生活准则所要求的注意义务，极端马虎草率、疏忽大意，以致对应当预见并且能够预见的危害结果没有预见；

❷ 极端轻率、过于自信，以致对已经预见的危害结果，在应当积极避免并且能够避免的情况下，竟然没有能够避免。

2. 犯罪过失与犯罪故意在主观恶性程度上具有本质的差别，所以刑法规定犯罪过失的罪责与犯罪故意的罪责明显不同。具体表现为：

（1）对过失犯罪，法律有规定的才负刑事责任。刑法是以惩罚故意犯罪为主，以惩罚过失犯罪为例外。

（2）对过失行为，只有造成严重后果的才负刑事责任。

（3）过失犯罪的法定刑明显轻于故意犯罪。

3. 犯罪过失的种类：疏忽大意的过失和过于自信的过失

（1）疏忽大意的过失，是指行为人应当预见自己的行为可能发生危害社会的结果，由于疏忽大意而没有预见，以致发生危害结果的心理态度。

（2）过于自信的过失，是指行为人已经预见到自己的行为可能发生危害社会的结果，但轻信能够避免，以致发生危害结果的心理态度。

---

[1]　B

（3）两种过失的区别是：疏忽大意的过失事先对危害结果的发生没有预见，故又称"无预见的过失"；过于自信的过失事先对危害结果的发生有所预见，故又称"有预见的过失"。

练一练

1. 朱某因婚外恋产生杀害妻子李某之念。某日早晨，朱某在给李某炸油饼时投放了可以致死的"毒鼠强"。朱某为防止其 6 岁的儿子吃饼中毒，将其子送到幼儿园，并嘱咐其子等他来接。不料李某当日提前下班后将其子接回，并与其子一起吃油饼。朱某得知后，赶忙回到家中，其妻、子已中毒身亡。关于本案，下列说法正确的是：（　　　）[1]

　　A. 朱某对其妻、子的死亡具有直接故意

　　B. 朱某对其子的死亡具有间接故意

　　C. 朱某对其子的死亡具有过失

　　D. 朱某儿子的死亡属于意外事件

2. 卡车司机甲在行车途中，被一吉普车超过，甲顿生不快，便加速超过该车。不一会儿，该车又超过了甲，甲又加速超过该车。当该车再一次试图超车行至甲车左侧时，甲对坐在副座的乙说，"我要吓他一下，看他还敢超我。"随即将方向盘向左边一打，吉普车为躲避碰撞而翻下路基，司机重伤，另有一人死亡。甲驾车逃离。甲的行为构成：（　　　）[2]

　　A. 故意杀人罪

　　B. 交通肇事罪

　　C. 破坏交通工具罪

　　D. 故意杀人罪和故意伤害罪的想象竞合犯

4. 过于自信的过失与间接故意的异同（2014 年法硕非法学专业基础课简答题）

（1）相同点：①都预见到危害结果可能发生；②都不希望危害结果发生。

（2）不同点：①对危害结果发生的认识程度有所不同；②对危害结果所持的态度不同。

5. 意外事件与疏忽大意的过失的异同★

主要表现在：二者既有相似之处，又有本质的区别。

（1）二者的相似之处是行为人对危害结果的发生都没有预见。

（2）二者的区别是行为人对危害结果的发生是否应当预见。

❶在意外事件中，行为人对损害结果的发生是不可能预见的；在疏忽大意的过失中，行为人对危害结果的发生是应当预见并且是能够预见的，只是由于疏忽大意而没有预见。

❷在这两种情况下，行为人的主观责任是完全不同的。这就决定了前者不是犯罪，后者则构成过失犯罪。

---

〔1〕　C

〔2〕　B

练一练

1. 甲驾驶汽车在一封闭高速公路上正常行驶，突然有人横穿马路，甲躲闪不及将其撞死。甲对该人死亡的心态是：（　　　）[1]

A. 疏忽大意的过失   B. 间接故意

C. 无罪过的意外事件   D. 过于自信的过失

2. 下列案件不构成过失犯罪的是：（　　　）[2]

A. 老师因学生不守课堂纪律，将其赶出教室，学生跳楼自杀

B. 汽车修理工恶作剧，将高压气泵塞入同事肛门充气，致其肠道、内脏严重破损

C. 路人见义勇为追赶小偷，小偷跳河游往对岸，路人见状离去，小偷突然抽筋溺毙

D. 邻居看见6楼儿童马上要从阳台摔下，遂伸手去接，因未能接牢，儿童摔成重伤

四、犯罪目的和犯罪动机

1. 犯罪目的，是指犯罪人希望通过实施某种犯罪行为实现某种犯罪结果的心理态度。

（1）直接故意的基本内容就是追求某种犯罪结果的发生，包含着犯罪目的，所以刑法对故意犯罪通常不明示犯罪目的。但是对某些犯罪，刑法条文明文规定特定的犯罪目的。不具备法律所规定的特定目的，就不构成该种犯罪。因此，特定的犯罪目的也是构成某些犯罪的主观要件。在这种场合，具备法律指明的特定目的是构成该罪的必要的主观要件。

（2）间接故意和过失犯罪不存在犯罪目的，但可以有其他目的。

罪　　名	犯罪目的或其他目的
违规制造、销售枪支罪	以非法销售为目的
走私淫秽物品罪	以牟利或者传播为目的
高利转贷罪	以转贷牟利为目的
侵犯著作权罪	以营利为目的
销售侵权复制品罪	以营利为目的
组织、领导传销活动罪	以"骗取财物"为目的
绑架罪	以勒索财物为目的绑架他人，或者绑架他人作为人质
拐卖妇女、儿童罪	以出卖为目的
诬告陷害罪	意图使他人受刑事追究
赌博罪	以营利为目的
伪证罪	意图陷害他人或者隐匿罪证
倒卖文物罪	以牟利为目的
制作、复制、出版、贩卖、传播淫秽物品牟利罪	以牟利为目的

---

[1]　C

[2]　ABCD

2. 犯罪动机，是指推动犯罪人实施犯罪行为的内心起因。

（1）它说明犯罪人基于何种心理原因实施犯罪行为。

（2）犯罪动机虽然一般不是犯罪构成的主观要素，但它反映犯罪人的主观恶性，对量刑具有重要的意义。犯罪动机往往是重要的法定或者酌定的量刑情节。

3. 犯罪动机是推动行为人追求某种犯罪目的的原因，犯罪目的是行为人希望通过实施某种行为实现某种结果的心理态度。刑法注重行为人对犯罪结果的态度，当行为人把某一犯罪结果作为其追求的目标时，该心理内容就是犯罪目的。

犯罪行为	法律后果
国家机关工作人员徇私舞弊，犯滥用职权罪、玩忽职守罪的	加重处罚
司法工作人员徇私枉法、徇情枉法的	方可构成徇私枉法罪
负有食品药品安全监督管理职责的国家机关工作人员徇私舞弊犯食品、药品监管渎职罪的	从重处罚
海关工作人员徇私舞弊，放纵走私，情节严重的	方可构成放纵走私罪
对生产、销售伪劣商品犯罪行为负有追究责任的国家机关工作人员，徇私舞弊，不履行法律规定的追究职责，情节严重的	方可构成放纵制售伪劣商品犯罪行为罪

练一练

犯罪目的在定罪中的作用有：（　　）[1]

A. 决定某些犯罪的成立
B. 决定故意犯罪的既遂
C. 决定某些犯罪的性质
D. 决定是否成立共同犯罪

五、刑法中的认识错误

1. 刑法中的认识错误的概念和种类

刑法中的认识错误，是指行为人对自己行为的法律性质、后果和有关的事实情况发生了误解。刑法中的认识错误可分为两种：

（1）法律上的认识错误；

（2）事实上的认识错误。

2. 法律认识错误的概念、表现形式及评价（2017年法硕法学专业基础课论述题）

法律认识错误，是指行为人对自己行为的法律性质发生误解。表现为三种情况：

（1）假想非罪。行为被法律规定为犯罪，而行为人误认为不是犯罪。

（2）假想犯罪。行为并没有被规定为犯罪，而行为人误以为是犯罪。

（3）行为人对自己犯罪行为的罪名和罪行轻重发生误解。

---

[1]　AC

练一练

关于故意与违法性的认识，下列选项正确的是：( )[1]

A. 甲误以为买卖黄金的行为构成非法经营罪，仍买卖黄金，但事实上该行为不违反《刑法》。甲有犯罪故意，成立犯罪未遂

B. 甲误以为自己盗窃枪支的行为仅成立盗窃罪。甲对《刑法》的规定存在认识错误，因而无盗窃枪支罪的犯罪故意，对甲的量刑不能重于盗窃罪

C. 甲拘禁吸毒的陈某数日。甲认识到其行为剥夺了陈某的自由，但误以为《刑法》不禁止普通公民实施强制戒毒行为。甲有犯罪故意，应以非法拘禁罪追究刑事责任

D. 甲知道自己的行为有害，但不知是否违反《刑法》，遂请教中学语文教师乙，被告知不违法后，甲实施了该行为。但事实上《刑法》禁止该行为。乙的回答不影响甲成立故意犯罪

3. 事实认识错误的概念、分类及评价★

（1）事实认识错误，是指行为人对与自己行为有关的事实情况有不正确的理解。

（2）对事实认识错误，通说采取"法定符合说"认定行为人的罪责。按照"法定符合说"，行为人预想的事实与实际发生的事实法律性质相同的，不能阻却行为人故意的责任。反之，法律性质不同的，则阻却行为人故意的责任。

> **小贴士** 如果行为人预想侵犯的对象与实际侵犯的对象在法律性质上部分相同部分不同的，行为人只就相同的部分承担故意罪责，对不同的部分不承担故意罪责。

4. 事实认识错误分为：客体错误、对象错误、手段错误、行为偏差、因果关系错误。

（1）客体错误，是指行为人预想侵犯的对象与实际侵犯的对象在法律性质上不同（分属不同的犯罪构成）。

[例1] 甲去派出所库房内欲盗窃枪支，但是拿回家发现箱子里是普通财物。甲成立盗窃枪支罪未遂与盗窃罪既遂，想象竞合。

[例2] 甲误以为桌子上的手机是遗失物而"捡走"，但该手机其实是被害人因上厕所而暂时放在桌子上的。甲成立侵占罪。

（2）对象错误，是指行为人预想侵犯的对象与实际侵犯的对象在法律性质上是相同的（属于同一构成要件）。

[例1] 甲欲杀乙，却误认丙为乙而杀死了丙。甲对丙成立故意杀人罪既遂。

[例2] 甲欲通过电话诈骗乙，但拨错号码诈骗了丙。甲对丙成立诈骗罪既遂。

（3）手段错误（工具错误），是指行为人对犯罪手段发生误用。

---

[1] CD

[例] 甲本想使用真枪杀害乙，但因为误认而错拿了一把生锈无法发射的枪。这种错误不影响罪过的性质。甲成立故意杀人罪（手段不能犯）未遂。

（4）行为偏差，又叫作目标打击错误、打击错误，是指行为人预想打击的目标与实际打击的目标不一致（可以属于同一犯罪构成，亦可属于不同的犯罪构成）。

[例1] 甲欲杀乙，朝乙射击却击中乙身旁的丙。甲对乙成立故意杀人罪未遂，对丙成立故意杀人罪既遂，想象竞合，最终成立故意杀人罪既遂。

[例2] 甲欲杀乙，朝乙射击却击中乙身旁的珍贵兵马俑，导致兵马俑严重损毁。甲成立故意杀人罪未遂与过失损毁文物罪，想象竞合，从一重罪，以故意杀人罪未遂论处。

（5）因果关系错误，是指行为人对自己的行为和所造成的结果之间因果关系的实际情况发生误认。

❶行为造成了预定的结果，但误以为没有造成该结果。（成功了却认为失败）

❷行为没有实际造成预定的结果，但误以为造成该结果。（失败了却认为成功）

❸知道行为已经造成了预定的结果但对造成结果的原因有误解。（犯罪过程有误）具体又可以包括：狭义的因果关系错误、事前的故意、结果的提前实现。

这三种情形的错误对罪责的认定（犯罪既遂）均不发生影响。

小贴士

1. 人们在日常生活或者工作中，可能因为误认了对象或误用了方法而造成损害后果。例如，在狩猎时把人误认作野猪而击毙。也可能因为误认了事实，而认为自己的行为性质是正当、合法的（行为性质错误）。例如，"假想防卫""假想避险"。这类错误虽然广义上也属于事实认识错误，但行为人本来就没有犯罪的故意，仅存在有无犯罪、过失的认定问题。

2. 行为人在故意犯罪中发生认识错误，但既没有造成预期的犯罪结果，也未能造成预期之外的犯罪结果的，则属于不能犯的问题，不必要适用认识错误的理论来认定。例如，在沙漠里对稻草人开枪。

练一练

1. 甲和乙意图置常某于死地，甲持匕首向常某刺去，常某急忙躲闪，匕首刺中了乙，乙流血过多死亡。甲的行为应认定为：（　　　）[1]

A. 故意杀人罪（既遂）

B. 过失致人死亡罪

C. 故意杀人罪（未遂）

D. 故意杀人罪（未遂）与过失致人死亡罪

---

[1] A

2. 下列情形中，属于事实认识错误的有：（   ）[1]

A. 甲殴打张某时，失手打中了路人李某，致其重伤

B. 乙认为家长教训孩子天经地义，经常在家殴打孩子

C. 丙误以为前来抓捕自己的警察赵某是仇家，挥棍将其打成重伤

D. 丁欲开车撞死钱某，钱某被撞后倒地昏迷，丁误以为其死亡于是离去

3. 甲想用水果刀伤害张三，却失手将张三旁的李四捅伤。这种情形在我国刑法中属于：（   ）[2]

A. 因果关系错误   B. 打击错误

C. 行为性质错误   D. 意外事件

---

[1] ACD
[2] B

第四章 正当化事由

第一节 正当化事由概述

1. 正当化事由，是指客观上造成一定损害结果，形式上符合某些犯罪的客观要件，但实质上既不具备社会危害性，也不具备刑事违法性的行为。

2. 我国刑法明文规定的虽然只有正当防卫与紧急避险两种（因为法益衡量），但除此之外，正当化事由还有下列一些情形（因为法益性阙如）★：

（1）依照法律的行为，是指具有法律明文依据，直接依照法律作出的行为不为犯罪。例如，发行彩票的行为、一般公民扭送现行犯等。

（2）执行命令的行为，即基于上级的命令实施的行为。例如，司法工作人员对犯罪嫌疑人实行逮捕等。

（3）正当业务的行为，即为从事合法的行业、职业、职务等实施的行为。例如，记者的采访报道、拳击比赛、律师的辩护活动、医生的医疗行为等。

（4）经权利人承诺的行为（被害人承诺），即权利人请求、许可、默认行为人损害其合法权益，行为人根据权利人的承诺损害其合法权益的情况。

（5）自救行为，即合法权益受到侵害的人，依靠自己的力量及时恢复权益，以防止其权益今后难以恢复的情况。

第二节 正当防卫

[法条引述]

第20条第1、2款 为了使国家、公共利益、本人或者他人的人身、财产和其他权利免受正在进行的不法侵害，而采取的制止不法侵害的行为，对不法侵害人造成损害的，属于正当防卫，不负刑事责任。

正当防卫明显超过必要限度造成重大损害的，应当负刑事责任，但是应当减轻或者免除处罚。

一、正当防卫的概念和成立条件★

（一）正当防卫的概念

正当防卫，是指为了使国家、公共利益、本人或者他人的人身和其他权利免受正在进行的不法侵害，而对实施侵害的人所采取的合理的防卫行为。

（二）正当防卫的成立条件

1. 起因条件：有自然人的不法侵害行为发生，但不限于犯罪行为。

2. 时间条件：对正在进行的不法侵害进行防卫。这包括两层含义：

（1）不法侵害是真实存在的，而不是主观想象推测的。

❶不法侵害既包括侵犯生命、健康权利的行为，也包括侵犯人身自由、公私财产等权利的行为。

❷不法侵害既包括犯罪行为，也包括违法行为。不应将不法侵害不当限缩为暴力侵害或者犯罪行为。对于非法限制他人人身自由、非法侵入他人住宅等不法侵害，可以实行防卫。

❸不法侵害既包括针对本人的不法侵害，也包括危害国家、公共利益或者针对他人的不法侵害。对于正在进行的拉拽方向盘、殴打司机等妨害安全驾驶、危害公共安全的违法犯罪行为，可以实行防卫。

❹成年人对于未成年人正在实施的针对其他未成年人的不法侵害，应当劝阻、制止；劝阻、制止无效的，可以实行防卫。

（2）不法侵害正在进行，即已经开始并尚未结束。如果不法侵害尚未开始或者已经结束而实行"防卫"的，是"防卫的不适时"（事先防卫或事后防卫），不能成立正当防卫。

> **小贴士**
>
> 1. 对于不法侵害已经形成现实、紧迫危险的，应当认定为不法侵害已经开始。
>
> 2. 对于不法侵害虽然暂时中断或者被暂时制止，但不法侵害人仍有继续实施侵害的现实可能性的，应当认定为不法侵害仍在进行。
>
> 3. 在财产犯罪中，不法侵害人虽已取得财物，但通过追赶、阻击等措施能够追回财物的，可以视为不法侵害仍在进行。
>
> 4. 对于不法侵害人确已失去侵害能力或者确已放弃侵害的，应当认定为不法侵害已经结束。
>
> 5. 对于不法侵害是否已经开始或者结束，应当立足防卫人在防卫时所处情境，按照社会公众的一般认知，依法作出合乎情理的判断，不能苛求防卫人。对于防卫人因为恐慌、紧张等心理，对不法侵害是否已经开始或者结束产生错误认识的，应当根据主客观相统一原则，依法作出妥当处理。

练一练

1. 甲下夜班回家，目睹一男将一女强行拉进小巷，女子大叫："放开我！"甲以为男子欲行不轨，遂冲上去，用砖头将男子打成轻伤。事后查明，该男女系夫妻关系，事发时

男子阻止女子回娘家。甲的行为成立：(　　)[1]

    A. 事前防卫　　　　　　　　　　B. 假想防卫

    C. 正当防卫　　　　　　　　　　D. 防卫过当

2. 甲进入乙家行窃，乙将甲制服并报警。在等待警察到来期间，乙多次击打甲的头部，致其重伤。乙的行为应认定为：(　　)[2]

    A. 正当防卫　　　　　　　　　　B. 假想防卫

    C. 防卫不适时　　　　　　　　　D. 防卫过当

3. 陈某抢劫出租车司机甲，用匕首刺甲一刀，强行抢走财物后下车逃跑。甲发动汽车追赶，在陈某往前跑了40米处将其撞成重伤并夺回财物。关于甲的行为性质，下列选项正确的是：(　　)[3]

    A. 法令行为　　　　　　　　　　B. 紧急避险

    C. 正当防卫　　　　　　　　　　D. 自救行为

3. 对象条件：防卫行为必须是针对不法侵害者本人实行。

（1）正当防卫只能是通过给不法侵害人造成损害的方法来进行，而不能通过给第三者（包括侵害者的家属、子女在内）造成损害的方法来进行。

（2）对于多人共同实施不法侵害的，既可以针对直接实施不法侵害的人进行防卫，也可以针对在现场共同实施不法侵害的人进行防卫。

（3）明知侵害人是无刑事责任能力人或者限制刑事责任能力人的，应当尽量使用其他方式避免或者制止侵害；没有其他方式可以避免、制止不法侵害，或者不法侵害严重危及人身安全的，可以进行反击。

4. 主观条件：防卫必须是基于保护合法权利免受不法侵害的目的，即具有防卫意识（意图）。防卫意识包括防卫认识与防卫意志。

（1）防卫认识，是指认识到不法侵害正在进行。

（2）防卫意志，是指防卫人出于保护国家、公共利益、本人或者他人的人身、财产和其他权利免受正在进行的不法侵害的正当目的。

（3）没有正当防卫的认识，就不可能产生正当防卫的意志，也就没有防卫意识可言。防卫意识是正当防卫的认识因素和意志因素的统一。

（4）防卫目的的正当性既是正当防卫成立的首要条件，也是正当防卫不负刑事责任的重要根据。因此，"防卫挑拨""相互斗殴"的场合不能成立正当防卫。

> **小贴士**
>
> 1 "相互斗殴"中如果一方逃跑或者求饶，另一方继续实行加害行为，前者可基于防卫目的进行正当防卫。

[1]　B
[2]　C
[3]　C

2. 防卫行为与相互斗殴具有外观上的相似性，因琐事发生争执，双方均不能保持克制而引发打斗，对于有过错的一方先动手且手段明显过激，或者一方先动手，在对方努力避免冲突的情况下仍继续侵害的，还击一方的行为一般应当认定为防卫行为。

3. 双方因琐事发生冲突，冲突结束后，一方又实施不法侵害，对方还击，包括使用工具还击的，一般应当认定为防卫行为。不能仅因行为人事先进行防卫准备，就影响对其防卫意图的认定。

练一练

甲、乙两家有仇。某晚，两拨人在歌厅发生斗殴，甲、乙恰巧在场并各属一方。打斗中乙持刀砍伤甲小臂，甲用木棒击中乙头部，致乙死亡。关于甲的行为，下列选项正确的是：(   )[1]

A. 属于正当防卫　　　　　　　B. 属于紧急避险
C. 属于防卫过当　　　　　　　D. 属于故意杀人

（5）偶然防卫也不成立正当防卫（是指行为人故意或者过失侵害他人法益的行为，客观上起到了正当防卫的效果，但是缺乏防卫认识和防卫意志）。

[例1] 甲故意枪击乙时，乙刚好在瞄准丙实施故意杀人行为，但甲对乙的行为不知情，甲打死乙救了无辜的丙。甲的行为属于偶然防卫，成立故意杀人罪。

[例2] 甲驾驶机动车，超速误将乙撞死。事后查明，乙当时正对丙举枪射击，甲将乙撞倒碰巧救了无辜的丙。甲的行为属于偶然防卫，成立交通肇事罪。

练一练

甲和乙意图置常某于死地，甲持匕首向常某刺去，常某急忙躲闪，匕首刺中了乙，乙流血过多死亡。甲的行为应认定为：(   )[2]

A. 故意杀人罪（既遂）
B. 过失致人死亡罪
C. 故意杀人罪（未遂）
D. 故意杀人罪（未遂）与过失致人死亡罪

5. 限度条件：正当防卫不能明显超过必要限度造成重大损害。
（1）正当防卫的必要限度，是指足以制止正在进行的不法侵害所必需的限度（具有必要性和相当性）；

---

[1] D
[2] A

（2）对于显著轻微的不法侵害，行为人在可以辨识的情况下，直接使用足以致人重伤或者死亡的方式进行制止的，不应认定为防卫行为；

（3）不法侵害系因行为人的重大过错引发，行为人在可以使用其他手段避免侵害的情况下，仍故意使用足以致人重伤或者死亡的方式还击的，不应认定为防卫行为。

练一练

债权人王某伙同他人将债务人甲关在办公室长达十几个小时并持续辱骂，甲求救未果后持水果刀将王某刺成重伤。甲的行为应认定为：（　　　）[1]

A. 防卫过当　　　　　　　　B. 假想防卫
C. 偶然防卫　　　　　　　　D. 正当防卫

二、特别防卫

[法条引述]

第20条第3款　对正在进行行凶、杀人、抢劫、强奸、绑架以及其他严重危及人身安全的暴力犯罪，采取防卫行为，造成不法侵害人伤亡的，不属于防卫过当，不负刑事责任。

（一）特别防卫的成立条件★

1. 特别防卫首先必须具备成立正当防卫的起因、时间、对象、主观这四个基本条件。
2. 其次还必须具备特定的对象条件，即针对正在进行且严重危及人身安全的暴力犯罪。
3. 在任何情况下都不允许在时间上不当，即使是遇到严重危及人身安全的暴力犯罪，也不允许在不法侵害开始前或结束后打击不法侵害人。因为，本条规定属于"注意规定"而非"法律拟制"。

（二）司法解释关于特别防卫的认定

1. 下列行为应当认定为"行凶"：
（1）使用致命性凶器，严重危及他人人身安全的；
（2）未使用凶器或者未使用致命性凶器，但是根据不法侵害的人数、打击部位和力度等情况，确已严重危及他人人身安全的；
（3）虽然尚未造成实际损害，但已对人身安全造成严重、紧迫危险的，可以认定为"行凶"。

2. "杀人、抢劫、强奸、绑架"，是指具体犯罪行为而不是具体罪名。在实施不法侵害过程中存在杀人、抢劫、强奸、绑架等严重危及人身安全的暴力犯罪行为的，如以暴力手段抢劫枪支、弹药、爆炸物或者以绑架手段拐卖妇女、儿童的，可以实行特别防卫。有

[1]　A

关行为没有严重危及人身安全的，应当适用一般防卫的法律规定。

3."其他严重危及人身安全的暴力犯罪"，应当是与杀人、抢劫、强奸、绑架行为相当，并具有致人重伤或者死亡的紧迫危险和现实可能的暴力犯罪。

4.对于不符合特别防卫起因条件的防卫行为，致不法侵害人伤亡的，如果没有明显超过必要限度，也应当认定为正当防卫，不负刑事责任。

练一练

《刑法》第20条第3款规定："对正在进行行凶、杀人、抢劫、强奸、绑架以及其他严重危及人身安全的暴力犯罪，采取防卫行为，造成不法侵害人伤亡的，不属于防卫过当，不负刑事责任。"关于刑法对特殊正当防卫的规定，下列理解错误的是：（　　）[1]

A. 对于正在进行杀人等严重危及人身安全的暴力犯罪，采取防卫行为，没有造成不法侵害人伤亡的，不能称为正当防卫

B. "其他严重危及人身安全的暴力犯罪"的表述，不仅说明其前面列举的抢劫、强奸、绑架必须达到严重危及人身安全的程度，而且说明只要列举之外的暴力犯罪达到严重危及人身安全的程度，也应适用特殊正当防卫的规定

C. 由于特殊正当防卫针对的是严重危及人身安全的暴力犯罪，而这种犯罪一旦着手实行便会造成严重后果，所以，应当允许防卫时间适当提前，即严重危及人身安全的暴力犯罪处于预备阶段时，也应允许进行特殊正当防卫

D. 由于针对严重危及人身安全的暴力犯罪进行防卫时可以杀死不法侵害人，所以，在严重危及人身安全的暴力犯罪结束后，当场杀死不法侵害人的，也属于特殊正当防卫

三、防卫过当及其刑事责任（2015年法硕法学专业基础课论述题/2010年法硕非法学专业基础课简答题）

（一）防卫过当的概念

防卫过当，是指正当防卫明显超过了必要限度造成重大损害的行为。

（二）防卫过当的基本特征

1. 客观上造成了"明显超过必要限度的重大损害"，具有社会危害性。

（1）防卫过当本身具有"防卫"性质，即具备了针对不法侵害事实防卫的基本条件，只是因为欠缺正当防卫的合理限度条件造成过分损害而构成犯罪承担刑事责任。

（2）防卫是否"明显超过必要限度"，应当综合不法侵害的性质、手段、强度、危害程度和防卫的时机、手段、强度、损害后果等情节，考虑双方力量对比，立足防卫人防卫时所处情境，结合社会公众的一般认知作出判断。

[1] ACD

（3）在判断不法侵害的危害程度时，不仅要考虑已经造成的损害，还要考虑造成进一步损害的紧迫危险性和现实可能性。不应当苛求防卫人必须采取与不法侵害基本相当的反击方式和强度。通过综合考量，对于防卫行为与不法侵害相差悬殊、明显过激的，应当认定防卫明显超过必要限度。

2. 虽然正当防卫造成的损害可以大于不法侵害所造成的损害，但在造成"重大损害"的情况下，如果同时属于"明显超过必要限度"，即属于防卫过当。

（1）"重大损害"，是指造成不法侵害人重伤、死亡。造成轻伤及以下损害的，不属于重大损害。

（2）防卫行为虽然明显超过必要限度但没有造成重大损害的，不应认定为防卫过当。

3. 主观上对造成的"重大损害"存在过失甚至故意，具有罪过性，属于滥用防卫权对不法侵害人造成过分损害的非法行为，行为人应当负刑事责任。

（三）防卫过当的刑事责任

1. 防卫过当应当负刑事责任，但应当减轻或者免除处罚。

2. "防卫过当"与"事后防卫"的关键区别是时间不同。二者在罪过形式、责任上也确有显著的差别，一般认为防卫过当是过失罪，事后防卫是故意罪；防卫过当是法定（从宽）量刑情节，事后防卫是酌定量刑情节。

［例1］甲遭受乙正在进行的一般不法侵害，在防卫过程中一棒将乙打倒，致乙头部撞在一块石头上而死亡。甲的防卫行为明显超过必要限度造成了重大损害，应以防卫过当追究刑事责任。

［例2］甲对正在实施一般伤害的乙进行正当防卫，致乙重伤（仍在防卫限度之内）。乙已无侵害能力，求甲将其送往医院，但甲不理会而离去。乙因流血过多死亡。甲的防卫行为明显超过必要限度造成了重大损害，应以防卫过当追究刑事责任。

练一练

张某的次子乙，平时经常因琐事滋事生非，无端打骂张某。一日，乙与其妻发生争吵，张某过来劝说。乙转而辱骂张某并将其踢倒在地，并掏出身上的水果刀欲刺张某，张某起身逃跑，乙随后紧追。张某的长子甲见状，随手从门口拿起扁担朝乙的颈部打了一下，将乙打昏在地上。张某顺手拿起地上的石头转身回来朝乙的头部猛砸数下，致乙死亡。在本案中：（   ）[1]

A. 张某的行为构成故意杀人罪，甲的行为属于正当防卫

B. 张某的行为构成故意杀人罪，甲的行为属于防卫过当

C. 张某的行为属于防卫过当，构成故意杀人罪，甲的行为属于正当防卫

D. 张某和甲的行为均构成故意杀人罪

---

[1] A

第三节　紧急避险

[法条引述]

第21条　为了使国家、公共利益、本人或者他人的人身、财产和其他权利免受正在发生的危险，不得已采取的紧急避险行为，造成损害的，不负刑事责任。

紧急避险超过必要限度造成不应有的损害的，应当负刑事责任，但是应当减轻或者免除处罚。

第1款中关于避免本人危险的规定，不适用于职务上、业务上负有特定责任的人。

一、紧急避险的概念和成立条件

（一）紧急避险的概念

1. 紧急避险，是指为了使国家、公共利益、本人或者他人的人身和其他权利免受正在发生的危险，不得已而采取的损害另一较小合法利益的行为。

2. 紧急避险是在紧急情况下两种合法利益发生了冲突，顾此失彼，而行为人不得不采取损害其中较小的利益，保全较大利益的行为。

（二）紧急避险的成立条件（2014年法硕法学专业基础课论述题）

1. 起因条件：必须有危险发生。诸如自然灾害、动物侵袭、人的行为、生理或者病理原因等使合法利益面临着紧急的危险。

2. 时间条件：实际存在正在发生的危险。假想避险、避险不适时的处理与假想防卫、防卫不适时完全相同。

3. 对象条件：避险行为针对的对象是第三人的合法利益。紧急避险是为了保全一方的较大合法利益而不得不损害另一方较小的合法利益。

一般而言，权衡合法权益大小的基本标准是：①人身权利大于财产权利；②人身权利中的生命权为最高权利；③财产权利的大小可以用财产的价值大小来衡量。

但上述标准并非绝对性的准则，如为保护个人生命致使近百人身受重伤，便很难认为还在紧急避险的必要限度之内。因此，在处理具体案件时，应具体情况具体分析，作出切合实际的判断。

练一练

1. 犯罪分子为日后向甲勒索财物，用枪威逼甲杀死一名路人并录像。甲的杀人行为属于：（　　　）[1]

---

〔1〕　D

A. 正当防卫   B. 紧急避险

C. 自救行为   D. 犯罪行为

2. 张某等五人劫持了甲与乙，然后命令甲杀死乙，否则将杀死甲。甲被逼无奈用绳子勒死了乙。根据刑法规定，甲的行为属于：（   ）[1]

A. 正当防卫   B. 紧急避险

C. 故意杀人罪   D. 过失致人死亡罪

4. 主观条件：为了使合法利益免受正在发生的危险，这是避险目的正当性的条件，即避险意识，包括避险认识和避险意志。偶然避险的处理与偶然防卫的处理完全相同。

5. 限制条件：在迫不得已的情况下实施。所谓"迫不得已"，是指采取紧急避险是唯一的途径，别无选择。紧急避险是以牺牲较小利益的方式保全较大利益，只要有其他办法能避免危险，就不必采取牺牲较小利益的方法。

6. 限度条件：避险行为不能超过必要限度造成不应有的损害。紧急避险的必要限度，应是避险行为所造成的损害必须小于所保护的权益，而不能等于或大于所保护的权益。

7. 特别例外限制：关于避免本人危险的规定，不适用于职务上、业务上负有特定责任的人。

练一练

甲遭乙追杀，情急之下夺过丙的摩托车骑上就跑，丙被摔骨折。乙开车继续追杀，甲为逃命飞身跳下疾驶的摩托车奔入树林，丙 1 万元的摩托车被毁。关于甲行为的说法，下列选项正确的是：（   ）[2]

A. 属于正当防卫   B. 属于紧急避险

C. 构成抢夺罪   D. 构成故意伤害罪、故意毁坏财物罪

二、紧急避险与正当防卫的异同★

（一）紧急避险与正当防卫的相同点

1. 目的相同：都是为了保护国家、公共利益、本人或者他人的人身或其他合法权利。

2. 前提相同：都必须是在合法权益正在受到紧迫危险时才能实施。

3. 责任相同：在合理限度内给某种利益造成一定的损害，都可以不负刑事责任。如果超出法定限度造成损害结果的，都应当负刑事责任，但应当减轻或免除处罚。

（二）紧急避险与正当防卫的区别

1. 危害的来源不同。紧急避险的危害来源非常广泛，既可以是人的不法侵害，也可以是自然灾害、动物侵袭等，而正当防卫的危害来源只能是自然人的不法侵害。

---

[1] C
[2] B

2. 行为所损害的对象不同。紧急避险损害的对象一般是第三者的合法权益，正当防卫损害的对象只能是不法侵害者本人。

3. 行为的限制条件不同。紧急避险只能在迫不得已时即在没有其他方法可以避免危险的情况下才能实行，而正当防卫则无此限制。

4. 对损害程度的要求不同。紧急避险损害的合法利益必须小于所保护的合法利益，而正当防卫所造成的损害可以大于不法侵害者可能造成的损害。

5. 主体的限定不同。正当防卫是每一个公民的权利，而紧急避险不适用于职务上、业务上负有特定责任的人。

6. 区别正当防卫、紧急避险的实际意义在于衡量是否过当的标准不同。

（1）正当防卫涉及合法与不法的冲突，其衡量是否过当的标准明显有利于防卫方，即使防卫人对不法侵害人造成的损害大于不法侵害人可能造成的损害，也可能被认为是必要的；

（2）紧急避险涉及两个合法利益在紧迫情况下发生冲突，不得已舍弃一个保全另一个，其衡量是否过当的标准是平等的，甚至略微偏向被避险一方，所以即使避险行为损害的利益与保全的利益相等，也可认为避险过当。

练一练

关于正当防卫与紧急避险，下列选项正确的是：(   )[1]

A. 为保护国家利益实施的防卫行为，只有当防卫人是国家工作人员时，才成立正当防卫

B. 为制止正在进行的不法侵害，使用第三者的财物反击不法侵害人，导致该财物被毁坏的，对不法侵害人不可能成立正当防卫

C. 为摆脱合法追捕而侵入他人住宅的，考虑到人性弱点，可认定为紧急避险

D. 为保护个人利益免受正在发生的危险，不得已也可通过损害公共利益的方法进行紧急避险

三、避险过当及其刑事责任

（一）避险过当的概念

避险过当，是指避险行为超过必要限度造成不应有的损害的行为。因此，刑法规定，避险过当应负刑事责任。

（二）避险过当的基本特征

1. 在客观上造成了不应有的损害，即避险行为造成的损害大于或等于所保全的利益。

2. 主观上对造成的不应有损害具有罪过（间接故意或者过失），应受到责备。

---

[1] D

（三）避险过当的刑事责任

1. 避险过当应当负刑事责任，但应当减轻或者免除处罚。

2. 避险过当不是独立的罪名，在追究刑事责任时应当根据具体情况确定触犯的罪名。

故意犯罪的停止形态 第五章

第一节　故意犯罪的停止形态概述

1. 故意犯罪的停止形态可分为完成与未完成两大类：犯罪既遂是犯罪的完成形态，也是法律所确立的标准形态；犯罪预备、未遂、中止是犯罪的未完成形态。相对于既遂形态而言，它们是特殊形态或者犯罪既遂的修正形态。

2. 过失犯罪、间接故意犯罪不存在犯罪的预备、未遂和中止。

练一练

1. 下列关于犯罪形态的理解中正确的是：(　　　)[1]

A. 间接故意犯罪可以存在未遂形态

B. 在犯罪预备阶段，可以成立犯罪中止

C. 自动放弃重复侵害行为的，应当认定为犯罪既遂

D. 准备用于预备行为的工具的，应认定为犯罪预备

2. 某日深夜，甲从乙身后突然用仿真手枪顶住其头部，大喊一声："交出钱来！"乙慌忙将钱包交给了甲。这时，甲、乙都发现彼此是熟人，甲随即将钱包还给乙，并道歉说："对不起，没认出你来！"甲的行为：(　　　)[2]

A. 不构成犯罪　　　　　　　　　　B. 构成抢劫罪中止

C. 构成抢劫罪未遂　　　　　　　　D. 构成抢劫罪既遂

第二节　犯罪既遂

1. 犯罪既遂，是指犯罪人的行为完整地实现了刑法分则条文所规定的全部犯罪构成的事实。

（1）犯罪既遂是刑法分则规定的某种犯罪构成的完成形态，也是依照分则条文规定的法定刑（法律后果）进行处罚的标准形态。

（2）立法者在设置分则各条的犯罪构成和法定刑时，通常按照犯罪客体所遭到的实际

---

［1］　B

［2］　D

侵害来设置基本的犯罪构成及其法定刑。这也是基本的犯罪构成与标准的犯罪构成往往一致的原因。

2. 理论上关于犯罪既遂的判断标准不一，有如下观点：（2019年、2011年法硕法学专业基础课论述题）

（1）结果说，认为犯罪既遂是指故意犯罪的实行行为造成了刑法规定的犯罪结果。据此，故意犯罪的实行行为没有造成刑法规定的犯罪结果的，属于犯罪未遂。

（2）目的说，认为犯罪既遂是指故意犯罪的实行行为达到了行为人的犯罪目的。据此，故意犯罪的实行行为没有达到行为人犯罪目的的，属于犯罪未遂。

（3）构成要件（齐备）说，认为犯罪既遂是指犯罪行为完全具备了基本犯罪构成要件的情况，据此，犯罪行为没有完全具备基本犯罪构成要件的，属于犯罪未遂。通说采取构成要件（齐备）说。

3. 概括起来有以下几种既遂类型：

（1）实害犯。行为必须已造成法定的实害后果，才是该罪的既遂。例如，故意杀人罪，故意伤害罪，故意毁坏财物罪，生产、销售、提供劣药罪，污染环境罪，生产、销售不符合卫生标准的化妆品罪等属于实害犯。

（2）危险犯。危险犯的特征是发生侵害法益的现实危险是既遂的要件。只要行为足以造成某种严重后果发生的危险，就是该罪的既遂。例如，破坏交通工具罪，破坏交通设施罪，放火罪，爆炸罪，决水罪，投放危险物质罪，破坏电力设备罪，生产、销售不符合安全标准的食品罪，生产、销售不符合标准的医用器材罪等是危险犯。

（3）行为犯。行为犯的特征是犯罪行为实施到一定程度即构成既遂（认为仅仅是行为本身的危险，无需发生危害结果）。例如，非法侵入住宅罪，伪证罪，生产、销售、提供假药罪，生产、销售有毒、有害食品罪，非法拘禁罪，绑架罪，拐卖妇女、儿童罪，诬告陷害罪，刑讯逼供罪，煽动分裂国家罪等是行为犯。在未实行终了的情况下，行为犯亦存在犯罪未遂。

练一练

1. 关于犯罪既遂，说法错误的是：（　　）[1]
A. 只有导致被害人死亡才是遗弃罪既遂
B. 只有导致被害人死亡才是绑架罪既遂
C. 只有造成财物被烧毁才是放火罪既遂
D. 只有窃得公私财物数额较大才是盗窃罪既遂

2. 下列犯罪属于行为犯的是：（　　）[2]
A. 污染环境罪　　　　　　　　　B. 投放危险物质罪

---
[1] ABCD
[2] D

C. 破坏电力设备罪　　　　　　　　D. 生产、销售、提供假药罪

3. 下列犯罪中，属于结果犯的是：(　　　)[1]

A. 放火罪　　　　　　　　　　　　B. 故意毁坏财物罪

C. 私放在押人员罪　　　　　　　　D. 参加黑社会性质组织罪

4. 下列选项中，成立犯罪既遂的是：(　　　)[2]

A. 甲违章驾驶运土车，不慎撞上一辆面包车，造成面包车上 2 人死亡

B. 乙购买货值金额 30 万元的不符合卫生标准的化妆品，销售 3 万余元时被公安机关抓获

C. 丙在茶楼准备将国家秘密提供给境外人员时，被国家安全机关工作人员当场抓获

D. 丁趁为他人搬运行李之机，将他人背包（内有价值 3 万元的相机）放在一隐蔽地点，当丁回头取包时，背包已不见踪影

第三节　犯罪预备

一、犯罪预备的概念和特征

[法条引述]

第 22 条　为了犯罪，准备工具、制造条件的，是犯罪预备。

对于预备犯，可以比照既遂犯从轻、减轻处罚或者免除处罚。

(一) 犯罪预备的概念

犯罪预备，是指为了实行犯罪，准备工具、制造条件的行为。有犯罪预备行为，因意志以外的原因而未能着手实行的，是预备犯。预备犯是犯罪的未完成形态之一。

(二) 犯罪预备的特征（2011 年法硕非法学专业基础课简答题）

1. 行为人具有为便利实行、完成某种犯罪的主观意图。例如，为了便利实行、完成故意杀人罪、强奸罪、抢劫罪的意图。

2. 客观上犯罪人实施了准备工具、制造条件等犯罪的预备行为。所谓"准备工具"，是指准备为实行犯罪使用的各种物品，如为杀人而购买刀、枪、毒药。所谓"制造条件"，是指为实行犯罪制造机会或创造条件。

3. 犯罪的预备行为由于犯罪分子意志以外的原因被阻止在犯罪预备阶段，未能着手实行犯罪或者进入实行阶段。

二、犯罪预备与犯意表示、实行行为的区别 ★

1. 犯意表示，是指行为人以口头、文字等形式将其直接故意犯罪的意图明确表露出来，

---

[1]　B
[2]　D

没有任何具体的犯罪准备活动。犯意表示停留在思想表露的范畴，而不是任何犯罪行为，对外界不发生现实的影响，故不认为是犯罪。

2. 犯罪预备越过了思想认识阶段，实施了为犯罪准备工具、制造条件的行为，并有进一步发展至实行犯罪的可能，在重视犯罪预防的背景下，具有一定的可罚性。故刑法将其确立为一种犯罪的未完成形态。

3. 实行行为，是指行为人实施的符合分则各条规定的某一犯罪行为。

4. 实行行为与预备行为的实质区别在于：是否直接侵害犯罪客体（是否具有法益侵害的紧迫性）。

5. 预备行为本身是不可能直接导致危害结果发生的。

小贴士 如果行为人实行了某一分则条文规定的犯罪行为，即使仅是为实行另一犯罪做准备的，也是实行行为。例如，为杀人而制造枪支或者偷窃枪弹的，其行为本身属于非法制造枪支罪或者盗窃枪支、弹药罪的实行行为。

练一练

1. 下列情形中，属于犯罪预备的是：(   )[1]

A. 甲买回剧毒农药意图杀害妻子，后念及夫妻多年情分，悄悄将农药处理掉

B. 乙以出卖为目的，买到一婴儿后，尚未出手即被抓获

C. 丙尾随从银行取款出来的刘某，意图抢劫，在小区入口处被保安阻拦

D. 丁乘某女不备，将其扑倒，意欲强奸，却被该女制服

2. 甲预谋拍摄乙与卖淫女的裸照，迫使乙交付财物。一日，甲请乙吃饭，叫卖淫女丙相陪。饭后，甲将乙、丙送上车。乙、丙刚到乙宅，乙便被老板电话叫走，丙亦离开。半小时后，甲持相机闯入乙宅发现无人，遂拿走了乙的 3 万元现金。关于甲的行为性质，下列选项正确的是：(   )[2]

A. 抢劫未遂与盗窃既遂　　　　　　　B. 抢劫既遂与盗窃既遂的想象竞合

C. 敲诈勒索预备与盗窃既遂　　　　　D. 敲诈勒索未遂与盗窃既遂的想象竞合

第四节　犯罪未遂

[法条引述]

第 23 条　已经着手实行犯罪，由于犯罪分子意志以外的原因而未得逞的，是犯罪未遂。对于未遂犯，可以比照既遂犯从轻或者减轻处罚。

---

[1] C
[2] C

一、犯罪未遂的概念和特征（2012 年法硕法学专业基础课简答题）

（一）犯罪未遂的概念

犯罪未遂，是指已经着手实行犯罪，由于犯罪分子意志以外的原因而未得逞的犯罪形态。

（二）犯罪未遂的特征

1. 犯罪分子已着手实行犯罪。所谓"已着手实行犯罪"，是指犯罪分子已经开始实行刑法分则条文所规定的某种犯罪的基本构成要件的行为。

2. 犯罪未得逞。所谓"犯罪未得逞"，是指犯罪没有既遂，即犯罪行为尚未完整地满足刑法分则规定的全部犯罪构成事实。

3. 犯罪未得逞是由于犯罪分子意志以外的原因。所谓"犯罪分子意志以外的原因"，是指违背犯罪分子本意的原因。犯罪未得逞并不是犯罪分子自愿的，而是由不可克服的客观障碍造成的，但只需要行为人主观上"以为"自己"欲而不能"。

（三）犯罪未遂与犯罪预备的区别

1. 是否已"着手"实行犯罪是犯罪未遂与预备犯区别的根本标志。

2. 预备犯是"准备实行犯罪"，由于遭到意志以外原因的阻止，未能开始实行犯罪；未遂犯是"已开始实行犯罪"，由于犯罪分子意志以外的原因而未得逞。

练一练

1. 下列行为中，属于犯罪未遂的有：（   ）[1]
A. 甲在发表分裂国家的演讲时，被群众扭送到公安机关
B. 乙为制造列车倾覆事故，在轨道上安装了脱轨装置。该装置被巡道工及时拆除
C. 丙欲杀害张某，用猎枪射击骑马的张某后即逃走，结果将马打死，造成张某轻伤
D. 丁正在撬保险柜时，其同伙打来电话，告知该保险柜中没有值钱的东西，丁便离去

2. 下列行为成立犯罪未遂的是：（   ）[2]
A. 以贩卖为目的，在网上订购毒品，付款后尚未取得毒品即被查获
B. 国家工作人员非法收受他人给予的现金支票后，未到银行提取现金即被查获
C. 为谋取不正当利益，将价值 5 万元的财物送给国家工作人员，但第二天被退回
D. 发送诈骗短信，受骗人上当后汇出 5 万元，但因误操作汇到无关第三人的账户

---

[1] CD
[2] D

二、犯罪未遂的分类 ★

在刑法理论上，根据犯罪未遂行为的特征和犯罪未遂的原因，通常将犯罪未遂分为实行终了的未遂与未实行终了的未遂，能犯未遂与不能犯未遂。

（一）实行终了的未遂与未实行终了的未遂

根据犯罪实行行为是否完成对犯罪未遂进行区分，可以分为实行终了的未遂与未实行终了的未遂。

1. 实行终了的未遂，是指行为人把实现犯罪意图必要的实行行为实施完毕的未遂。

2. 未实行终了的未遂，是指行为人没有把实现犯罪意图必要的实行行为实施完毕的未遂。

（二）能犯未遂与不能犯未遂

以犯罪实行行为能否实际达到既遂状态为标准对犯罪未遂进行区分，可以分为能犯未遂和不能犯未遂。

1. 能犯未遂，有可能达到既遂的未遂。

2. 不能犯未遂，因事实认识错误，不可能达到既遂的未遂。根据表现形式不同，又可分为：①工具（手段，方法）不能犯的未遂；②对象不能犯的未遂。

小贴士　不能犯未遂，从主观方面讲，往往是由于事实认识错误造成的；从犯罪过程的形态上讲，行为人因为认识错误这种意志以外的原因而未能得逞的，属于犯罪未遂。现代社会重视主观恶性、人身危险性，通说认为不能犯未遂也应当按未遂犯定罪处罚。

练一练

甲得知某单位财务室的保险柜中有 10 万元工资款将于次日发放，遂携工具深夜潜入财务室撬保险柜。因保险柜十分坚固，甲用了 3 个小时都没有撬开，便离开。甲的行为属于：（　　）[1]

A. 未实行终了的中止　　　　　　　　B. 实行终了的中止

C. 能犯未遂　　　　　　　　　　　　D. 不能犯未遂

三、迷信犯、愚昧犯与不能犯未遂的区别 ★

1. 迷信犯或者愚昧犯，是指使用迷信或愚昧的方式犯罪，按照科学的观念根本不可能对法益造成损害的情况。行为人恶意相当深，也为实现恶意而付诸行动，但显然不会对

---

[1] C

人身造成实际损害。

2. 迷信犯或者愚昧犯与不能犯未遂区别的要点

（1）迷信犯、愚昧犯是行为人犯了常识错误，而不能犯未遂没有犯常识错误。

（2）迷信犯、愚昧犯预定实施的行为与实际实施的行为是一致的；不能杀死人，不是因为实际使用的方法与预定的方法不一致，而是犯了常识错误。相反，在不能犯未遂的场合，行为人实际使用的犯罪方法与预想使用的犯罪方法不一致，以致犯罪不能既遂。

（3）区别迷信犯、愚昧犯与不能犯未遂的意义在于分清罪与非罪。不能犯未遂，构成犯罪，按照未遂犯处罚。而对于"迷信犯"或者"愚昧犯"，即使按照现代观念也不为罪，不可罚。

练一练

关于故意杀人罪，下列选项正确的是：（　　）[1]

A. 甲意欲使乙在跑步时被车撞死，便劝乙清晨在马路上跑步，乙果真在马路上跑步时被车撞死，甲的行为构成故意杀人罪

B. 甲意欲使乙遭雷击死亡，便劝乙雨天到树林散步，因为下雨时在树林中行走容易遭雷击。乙果真雨天在树林中散步时遭雷击身亡。甲的行为构成故意杀人罪

C. 甲对乙有仇，意图致乙死亡。甲仿照乙的模样捏小面人，写上乙的姓名，在小面人身上扎针并诅咒49天。到第50天，乙因车祸身亡。甲的行为不可能致人死亡，所以不构成故意杀人罪

D. 甲以为杀害妻子乙后，乙可以升天，在此念头支配下将乙杀死。后经法医鉴定，甲具有辨认与控制能力。但由于甲的行为出于愚昧无知，所以不构成故意杀人罪

第五节　犯罪中止

[法条引述]

第24条第1款　在犯罪过程中，自动放弃犯罪或者自动有效地防止犯罪结果发生的，是犯罪中止。

一、犯罪中止的概念和特征

（一）犯罪中止的概念

犯罪中止，是指在犯罪过程中，自动放弃犯罪或者自动有效地防止犯罪结果发生的形态。

---

[1] C

（二）犯罪中止的特征（2012年法硕非法学专业基础课简答题）

1. 时间性：在犯罪过程中。所谓"犯罪过程"，就是从犯罪预备阶段开始到犯罪既遂以前的全过程。这是犯罪中止的时间性条件。

（1）如果犯罪已经既遂，则不存在犯罪中止问题。犯罪人在犯罪既遂后返还原物、赔偿损失的，不能成立犯罪中止。

（2）犯罪明显告一段落归于未遂后，有某种补救行为的，不成立中止。

（3）在犯罪过程中，自动放弃可重复加害行为的，可以成立中止。

2. 自动性：自动放弃犯罪或者自动有效地防止犯罪结果发生。

（1）所谓"自动放弃犯罪"，是指犯罪分子在自认为能够完成犯罪的情况下，由本人自主地决定放弃犯罪。

（2）所谓"自动有效地防止犯罪结果发生"，是指在犯罪行为实行终了、犯罪结果尚未发生的特定场合，行为人自动采取积极行动，实际有效地阻止了犯罪结果的发生。

（3）自动放弃犯罪意味着行为人彻底放弃继续实施该犯罪的意图。但这里所说的放弃犯罪意图，仅指行为人放弃正在准备或者实行的那个犯罪的意图，无论犯罪人将来是否又萌生其他的犯罪意图，都不影响此次犯罪成立中止。

（4）自动中止犯罪的原因有：出于真诚的悔悟、基于对被害人的怜悯、受到别人的规劝、害怕受到刑罚的惩罚等。但不管出于何种原因，只要犯罪分子"认为"自己能够把犯罪进行到底而自动停止犯罪行为，或者自动有效地防止犯罪结果发生，都认为具备自动性，即只需要行为人主观上"以为"自己"能而不欲"即可。

（5）在犯罪实际上能够进行到底而犯罪人"认为"遭遇客观障碍不可能进行到底的情况下，犯罪人撤离犯罪，不成立犯罪中止，可成立犯罪未遂。

3. 客观有效性：中止不仅仅是一个良好的愿望，还应当有客观的放弃犯罪或阻止结果发生的实际行动，并有效地阻止犯罪结果发生。

（1）在通常情况下，行为人自动放弃正在预备或实行的犯罪就具备客观有效性；

（2）在犯罪实行终了、犯罪结果将要发生的特定场合，行为人采取积极行动实际阻止犯罪结果发生，才能具备客观有效性。

练一练

1. 甲欲杀乙，将毒药掺入乙饭后服用的药物中，乙服药后呕吐不止，甲于心不忍，将乙送到医院抢救，乙脱离危险。经查，乙呕吐的原因是食物中毒。甲的行为成立：（　　）[1]

A. 犯罪预备　　　　　　　　　B. 犯罪中止

C. 犯罪未遂　　　　　　　　　D. 犯罪既遂

---

[1]　B

2. 甲男将女同事汪某骗至宾馆，要求与之发生性关系，否则在网上散布汪某的不雅照。汪某对甲破口大骂，甲觉得无趣，遂打消奸淫念头离去。甲的行为属于：（　　）[1]

A. 犯罪预备　　　　　　　　　　B. 犯罪未遂

C. 犯罪中止　　　　　　　　　　D. 犯罪既遂

3. 甲在丈夫的水杯中投毒，意图杀害丈夫，丈夫中毒后呕吐不止，甲见状不忍，将丈夫送到医院，使之得救。甲的行为属于：（　　）[2]

A. 犯罪预备　　　　　　　　　　B. 犯罪未遂

C. 犯罪中止　　　　　　　　　　D. 犯罪既遂

4. 甲意图谋杀范某，持刀潜伏在范某家门口的树林里，久等未见范某归来，因恐惧法律惩罚，弃刀回家。甲的行为应认定为：（　　）[3]

A. 犯罪预备　　　　　　　　　　B. 犯罪中止

C. 犯罪未遂　　　　　　　　　　D. 不构成犯罪

5. 根据犯罪主观要件、犯罪形态的理论分析，下列关于犯罪中止的表述，错误的是：（　　）[4]

A. 甲为杀人而与李某商量并委托购买毒药，李某果然为其买来了剧毒药品。但10天后甲放弃了杀人意图，将毒药抛入河中。甲成立犯罪中止，而李某不应成立犯罪中止

B. 乙基于杀人的意图对他人实施暴力，见被害人流血不止而心生怜悯，将其送到医院，被害人经治疗后仍鉴定为重伤。乙不是犯罪中止

C. 丙对仇人王某猛砍20刀后离开现场。2小时后，丙为寻找、销毁犯罪工具回到现场，见王某仍然没有死亡，但极其可怜，即将其送到医院治疗。丙的行为属于犯罪中止

D. 丁为了杀害李四而对其投毒，李四服毒后极端痛苦，于是丁将李四送往医院抢救脱险。经查明，毒物只达到致死量的50%，即使不送到医院，李四也不会死。丁将被害人送到医院的行为和被害人没有死亡之间并无因果关系，所以丁不能成立犯罪中止

二、犯罪中止的分类 ★

犯罪中止既可能发生于犯罪预备阶段，也可能发生于犯罪实行阶段。据此，犯罪中止从时间上可划分为：

1. 预备阶段的中止，即发生在预备过程、着手实行犯罪之前的犯罪中止。

2. 实行阶段的中止，即发生在着手实行以后的犯罪中止。可细分为：

（1）未实行终了的中止，即发生在着手实行犯罪以后，犯罪行为实行终了之前的犯罪中止；

---

[1] C
[2] C
[3] B
[4] BCD

（2）实行终了的中止，即犯罪行为实行终了，行为人自动有效防止犯罪结果发生的犯罪中止。

练一练

甲携带凶器拦路抢劫，黑夜中遇到乙便实施暴力，乙发现甲是自己的熟人，便喊甲的名字，甲一听便住手，还向乙道歉说："对不起，认错人了。"甲的行为属于：（　　）[1]

A. 实行终了的犯罪未遂　　　　　　B. 预备阶段的犯罪中止

C. 未实行终了的犯罪未遂　　　　　D. 实行阶段的犯罪中止

三、对中止犯的处罚

[法条引述]

第24条第2款　对于中止犯，没有造成损害的，应当免除处罚；造成损害的，应当减轻处罚。

1. 这里所称的造成"损害"，不得是犯罪既遂结果。如果发生了犯罪既遂的结果，认为犯罪已然完成，不成立犯罪中止。（2013年法硕非法学专业基础课法条分析题）

2. 中止犯中"造成损害"的行为只能是中止行为之前的犯罪行为。另外，只有当行为符合了某种重罪的中止犯的成立条件，同时又构成了某种轻罪的既遂犯时，才能认定为中止犯中的"造成损害"。

[例1]　甲使用暴力强奸妇女，在奸淫之前实施了猥亵行为，后来放弃奸淫行为的，应当认定为成立强奸罪中止的"造成损害"。

[例2]　乙入户后中止盗窃行为的，属于盗窃罪中止的"造成损害"。

[例3]　丙向被害人的食物投放了毒药，被害人疼痛难忍，没有取得驾驶证的丙顿生悔意，立即开车将被害人送往医院，但途中过失导致汽车撞向电线杆，使被害人身受重伤，被害人被送往医院后，经抢救脱险。丙属于故意杀人罪中止的"未造成损害"。

练一练

《刑法》第24条第2款规定："对于中止犯，没有造成损害的，应当免除处罚；造成损害的，应当减轻处罚。"对该条款的理解，正确的是：（　　）[2]

A. "没有造成损害的"犯罪中止，不构成犯罪

B. "应当免除处罚"是指不追究刑事责任

C. "造成损害"是指造成犯罪既遂结果以外的损害

D. "应当减轻处罚"是指应当在所触犯罪名的最低刑以下判处刑罚

---

[1]　D

[2]　C

四、犯罪中止与犯罪预备、犯罪未遂的区别

自动性是犯罪中止的本质特征，也是它与预备犯、犯罪未遂区别的标志。在把握自动性时尤其要注意：自动中止犯罪不必一律达到真诚悔悟的程度。犯罪人真诚悔悟是自动性最典型、最理想的情况，但却不是成立中止的要件。犯罪人因为他人规劝或者害怕受到刑罚的惩罚、上天的报应等而放弃犯罪的，即使其内心并未达到真诚悔悟的程度，也不妨碍成立犯罪中止。自动性的要点是"自动放弃犯罪"，与此相对，预备犯、未遂犯是遭遇意志以外的原因而"被迫放弃犯罪"。

第一节 共同犯罪的概念及其构成

[法条引述]

第25条 共同犯罪是指2人以上共同故意犯罪。

2人以上共同过失犯罪，不以共同犯罪论处；应当负刑事责任的，按照他们所犯的罪分别处罚。

一、共同犯罪的概念

共同犯罪，是指2人以上共同故意犯罪。

二、共同犯罪的构成要件★

1. **主体要件**：有2个以上的犯罪主体。作为共同犯罪人中的自然人，都必须具备责任能力、达到责任年龄。

2. **客观要件**：必须具有共同犯罪的行为。

（1）各共同犯罪人的行为都是指向同一目标，彼此联系、互相配合，结成一个犯罪行为整体，均对危害结果的发生具有因果关系；

（2）共同犯罪行为包括：实行行为、帮助行为、组织行为、教唆行为、共谋行为；

（3）从行为形式讲，包括作为和不作为；

（4）有共谋行为而未参与犯罪实行的，也可以构成共犯。

3. **主观要件**：具有共同犯罪的故意。这包含两层意思：

（1）各共同犯罪人相互之间有意思联络，对互相协作犯罪亦持故意心态；

（2）各共同犯罪人对共同犯罪持性质相同的故意心态。

练一练

甲男（15周岁）与乙女（16周岁）因缺钱，共同绑架富商之子丙，成功索得50万元赎金。甲担心丙将来可能认出他们，提议杀丙，乙同意。乙给甲一根绳子，甲用绳子勒死了丙。关于本案的分析，下列选项错误的是：（   ）[1]

---

[1] C

A. 甲、乙均触犯故意杀人罪，因而对故意杀人罪成立共同犯罪

B. 甲、乙均触犯故意杀人罪，对甲以故意杀人罪论处，但对乙应以绑架罪论处

C. 丙系死于甲之手，乙未杀害丙，故对乙虽以绑架罪定罪，但对乙不能适用"杀害被绑架人"的规定

D. 对甲以故意杀人罪论处，对乙以绑架罪论处，与二人成立故意杀人罪的共同犯罪并不矛盾

三、共同犯罪的认定

下列情形貌似共同犯罪，但因缺乏共同故意或故意内容不一致，不认为是共同犯罪：（2013 年法硕非法学专业基础课简答题）

1. 过失犯罪不构成共同犯罪。但有关交通肇事罪的司法解释中规定："交通肇事后，单位主管人员、机动车辆所有人、承包人或者乘车人指使肇事人逃逸，致使被害人因得不到救助而死亡的，以交通肇事罪的共犯论处。"

[例] 甲、乙应当预见但没有预见山下有人，共同推下山上一块石头砸死丙。即使甲、乙不成立共同犯罪，也能对甲、乙以过失致人死亡罪论处。

练一练

甲、乙上山去打猎，在一茅屋旁的草丛中，见有动静，以为是兔子，于是一起开枪，不料将在此玩耍的小孩打死。在小孩身上，只有一个弹孔，甲、乙所使用的枪支、弹药型号完全一样，无法区分到底是谁所为。下列说法正确的是：（   ）[1]

A. 甲、乙分别构成过失致人死亡罪

B. 甲、乙构成过失致人死亡罪的共同犯罪

C. 甲、乙构成故意杀人罪的共同犯罪

D. 甲、乙不构成犯罪

2. 把他人当工具利用的不构成共同犯罪。这种情形称为间接正犯或间接实行犯，分两种情况：

（1）利用没有责任能力或没有达到责任年龄的人去实行犯罪的，利用者和被利用者之间不是共犯，利用者为间接实行犯；

（2）利用不知情人的行为。

练一练

1. 甲指使 15 周岁的乙盗窃轿车，乙将盗得的轿车交给甲，甲销赃得款 10 万元。在本

---

[1] D

案中：（　　）[1]

  A. 甲、乙构成共同犯罪   B. 甲是教唆犯，且属于主犯

  C. 乙是实行犯，是从犯   D. 甲是实行犯

  2. 甲（15 周岁）求乙（16 周岁）为其抢夺作接应，乙同意。某夜，甲抢夺被害人的手提包（内有 1 万元现金），将包扔给乙，然后吸引被害人跑开。乙害怕坐牢，将包扔在草丛中，独自离去。关于本案，下列选项错误的是：（　　）[2]

  A. 甲不满 16 周岁，不构成抢夺罪 B. 甲与乙构成抢夺罪的共犯

  C. 乙不构成抢夺罪的间接正犯 D. 乙成立抢夺罪的中止犯

  3. 甲将头痛粉冒充海洛因欺骗乙，让乙出卖"海洛因"，然后二人均分所得款项。乙出卖后获款 4000 元，但在未来得及分赃时，被公安机关查获。关于本案，下列说法正确的是：（　　）[3]

  A. 甲与乙构成贩卖毒品罪的共犯 B. 甲的行为构成诈骗罪

  C. 甲属于间接正犯   D. 甲的行为属于犯罪未遂

  3. 事前无通谋、事后提供帮助的行为不构成共同犯罪。如事后的窝藏、包庇行为，窝赃、销赃行为以及事后帮助他人毁灭证据的行为等，不是共同犯罪。不过，如果是事先通谋的，以共犯论。

练一练

  1. 甲约乙去偷笔记本电脑，乙不敢去偷，但答应负责找销路。甲得手后将盗得的 10 台电脑交给乙，乙找到经营电子产品的丙，丙觉得电脑的来路不明，就以 10 000 元的价格收购了价值 45 000 元的电脑。对此，下列说法正确的是：（　　）[4]

  A. 甲、乙的行为构成盗窃罪的共同犯罪

  B. 甲、乙、丙的行为构成盗窃罪的共同犯罪

  C. 乙的行为构成盗窃罪和掩饰、隐瞒犯罪所得罪

  D. 乙、丙的行为构成掩饰、隐瞒犯罪所得罪的共同犯罪

  2. 甲在经过某偏僻路口时，发现其好友乙抢劫了丙的财物，且由于乙先前的暴力行为，导致丙流血过多，陷入昏迷状态。甲赶忙对乙说："你惹麻烦了，快找个地方躲躲，走得越远越好。"甲还将自己远房亲戚的姓名、住址提供给乙，并给乙 3000 元。乙于是坐火车投奔甲的亲戚。甲的行为构成：（　　）[5]

  A. 抢劫罪   B. 故意杀人罪

---

  [1] D

  [2] D

  [3] BC

  [4] A

  [5] D

C. 过失致人死亡罪　　　　　　　　D. 窝藏罪

4. 过限行为不构成共同犯罪。过限行为，是指在共同犯罪中，有共同犯罪人实施了超出共同犯罪故意范围的行为。超出共同犯罪故意的行为即过限行为或过剩行为。过限行为由实施者个人承担责任，其他人不承担共犯责任。

练一练

甲约乙入户盗窃。甲入户盗窃，乙负责望风。甲得手后发现熟睡中的刘某，便对刘某实施了奸淫行为。下列选项中，正确的有：（　　　　）[1]

A. 甲、乙共同构成盗窃罪

B. 甲、乙共同构成强奸罪

C. 甲为共同犯罪的主犯，乙为共同犯罪的从犯

D. 甲为共同犯罪的实行犯，乙为共同犯罪的帮助犯

5. "同时犯"不构成共同犯罪。2人以上同时同地侵害同一对象，但彼此缺乏共同犯罪故意的意思联络的，不是共犯。

［例1］甲、乙无意思联络，同时分别向丙开枪，均未击中要害，因两个伤口同时出血，最终丙失血过多死亡。虽然甲、乙不构成共同犯罪，但均认定为故意杀人罪既遂。

［例2］甲、乙没有意思联络，碰巧同时向丙开枪，且均打中了丙的心脏。虽然甲、乙不构成共同犯罪，但均认定为故意杀人罪既遂。

6. 不承认片面的共同实行犯、片面的教唆犯，承认片面的帮助犯。

［例1］甲明知乙正在追杀丙，由于其与丙有仇，便暗中设置障碍物将丙绊倒，从而使乙顺利地杀害丙。甲成立故意杀人罪（片面的帮助犯），乙单独成立故意杀人罪。

［例2］乙正欲对丙实施强奸行为，甲在乙不知情的情况下，为了帮助乙顺利实施强奸，使用暴力将丙打晕（未到轻伤），乙得以顺利实施奸淫行为。甲成立强奸罪（片面的帮助犯），乙单独成立强奸罪的实行犯。

第二节　共同犯罪的形式 ★

一、任意共同犯罪与必要共同犯罪

根据共同犯罪能否以任意形成为标准，可以将共同犯罪分为"任意共同犯罪"与"必要共同犯罪"。

1. 任意共同犯罪，是指2人以上共同构成法律没有限制主体数量的犯罪。

2. 必要共同犯罪，是指2人以上共同构成法律规定其犯罪主体是2人以上、必须采取

---

[1] ACD

共同犯罪形式的犯罪,包括对向犯(如贿赂犯罪、重婚罪等,但不包括片面的对向犯)和众多犯(如集团性必要共同犯罪和聚众共同犯罪)。

> **小贴士** 对任意共同犯罪中的不同主体,少数刑法分则条文也做了明确规定,如《刑法》第 358 条分别规定组织卖淫犯罪和协助组织卖淫犯罪的刑罚。

练一练

如果行为人与他人有共同犯罪故意,且在共同故意支配下实施了共同犯罪行为:(　　)[1]

A. 均应适用刑法总则关于共同犯罪的规定
B. 可能不适用刑法总则关于共同犯罪的规定
C. 均应按同一罪名追究刑事责任
D. 可能不按同一罪名追究刑事责任

二、事前通谋的共同犯罪与事前无通谋的共同犯罪

以共同故意形成的时间为标准,可分为事前通谋的共同犯罪与事前无通谋的共同犯罪。

1. 事前通谋的共同犯罪,是指各共同犯罪人在着手实行犯罪前就已经形成共同故意的共同犯罪。其特征是共同犯罪的故意形成于着手实行之前,是一种有预谋的共同犯罪。

2. 事前无通谋的共同犯罪,是指各共同犯罪人的共同故意在着手实行过程中才形成的共同犯罪。此情形就是承继的共犯情形,但是要求被承继的实行犯不能既遂,继续犯除外。

三、简单共同犯罪与复杂共同犯罪

以共同犯罪人有无分工为标准,可分为简单共同犯罪与复杂共同犯罪。

1. 简单共同犯罪,是指各共同犯罪人均参与实行某一犯罪构成要件的行为,即每一共同犯罪人都是实行犯的共犯形态,故又称为共同实行犯。

2. 复杂共同犯罪,是指各共同犯罪人在共同犯罪中有所分工,存在着教唆犯、帮助犯和实行犯区别的共犯形态。

四、一般共同犯罪与特殊共同犯罪

以共同犯罪人之间有无组织形式为标准,可分为一般共同犯罪与特殊共同犯罪。

1. 一般共同犯罪,是指共同犯罪人之间无特殊组织形式的共同犯罪(包括聚众共同犯罪)。这种共同犯罪的犯罪人之间只是为了实施某一具体犯罪而临时纠合在一起,当该种犯罪完成以后,这种共同犯罪形式就不复存在。

---

[1] BD

2. 特殊共同犯罪，亦称有组织犯罪或犯罪集团，是指 3 人以上为多次实行某种或几种犯罪而建立起来的犯罪组织。犯罪集团具有以下特征：（2010 年法硕非法学专业基础课法条分析题）

（1）人数较多（3 人以上），重要成员固定或基本固定；

（2）经常纠集在一起进行一种或数种严重的犯罪活动；

（3）有明显的首要分子；

（4）有预谋地实行犯罪活动；

（5）不论作案次数多少，对社会造成的危害或其具有的危险性都很严重。

练一练

1. 甲受乙教唆，雇佣童工从事危重劳动，情节严重。甲、乙的犯罪属于：（   ）[1]

A. 必要的共同犯罪　　　　　　　　　B. 简单的共同犯罪

C. 特殊的共同犯罪　　　　　　　　　D. 任意的共同犯罪

2. 国家工作人员甲与普通公民乙相互勾结，由乙接受他人财物，由甲为行贿人谋取利益。甲、乙的行为：（   ）[2]

A. 属于必要的共同犯罪　　　　　　　B. 属于任意的共同犯罪

C. 属于特殊的共同犯罪　　　　　　　D. 不成立共同犯罪

第三节　共同犯罪人的种类及其刑事责任

一、概述

1. 我国刑法以共同犯罪人在共同犯罪中所起的作用为主要标准，同时兼顾其分工，将共同犯罪人分为主犯、从犯、胁从犯和教唆犯四种。

共犯人的分类

按照作用大小	按照分工
（1）主犯 （2）从犯 （3）胁从犯	（1）帮助犯 （2）教唆犯 （3）实行犯

2. 在共同犯罪中，由于各共同犯罪人协同犯罪，形成了一个整体，所以每一个共同犯罪人都应对共同犯罪的整体行为及其危害结果负刑事责任（因果共犯论）。

3. 共同犯罪人实施了超出共同犯罪故意的其他犯罪的，只能由实施者单独负责，其他

---

[1]　D
[2]　B

共犯对此"过限"的犯罪不承担责任。

练一练

对共同犯罪的停止形态起决定性作用的是：(   )[1]

A. 实行犯的行为   B. 教唆犯的行为

C. 组织犯的行为   D. 主犯的行为

二、主犯及其刑事责任（2010 年法硕非法学专业基础课法条分析题）

[法条引述]

第 26 条　组织、领导犯罪集团进行犯罪活动的或者在共同犯罪中起主要作用的，是主犯。

3 人以上为共同实施犯罪而组成的较为固定的犯罪组织，是犯罪集团。

对组织、领导犯罪集团的首要分子，按照集团所犯的全部罪行处罚。

对于第 3 款规定以外的主犯，应当按照其所参与的或者组织、指挥的全部犯罪处罚。

（一）主犯的概念

主犯，是指组织、领导犯罪集团进行犯罪活动的或者在共同犯罪中起主要作用的犯罪分子。

（二）主犯的种类（2010 年法硕法学专业基础课论述题）

1. 主犯应包括两种犯罪分子：

（1）组织、领导犯罪集团进行犯罪活动的首要分子；

（2）在犯罪集团中（除首要分子以外的）或者在一般共同犯罪中起主要作用的犯罪分子。

2. 主犯和首要分子不尽相同。

（1）《刑法》第 97 条规定，本法所称"首要分子"，是指在犯罪集团或者聚众犯罪中起组织、策划、指挥作用的犯罪分子。可见，首要分子包括犯罪集团的首要分子和聚众犯罪中的首要分子。

（2）犯罪集团的首要分子都是主犯，但是聚众犯罪中的首要分子未必都是主犯。

小贴士　聚众犯罪有三种形态：

（1）全体参与者均可构成犯罪，如聚众持械劫狱罪；

（2）只有聚众者和积极参与者可构成犯罪，一般参与者不构成犯罪，如聚众斗殴罪；

---

[1]　A

（3）只有聚众者才构成犯罪，其他参与者不构成犯罪，如聚众扰乱公共场所秩序、交通秩序罪。

第一种情形中的首要分子和积极参与者无疑属于主犯，第二种情形中的首要分子也属于主犯，但第三种情形的聚众者是否构成主犯，要具体论定。如果聚众犯罪中的聚众者只有一人，这类聚众型犯罪不是严格意义上的共同犯罪，无所谓主犯；如果聚众者为二人以上，则构成共同犯罪，此时要根据行为人的作用大小认定主犯，当聚众者都起主要作用时，则皆为主犯；当聚众者的作用有主次之分时，则起主要作用者为主犯。

（三）主犯的刑事责任

对组织、领导犯罪集团的首要分子，按照集团所犯的全部罪行处罚；对于其他主犯，应当按照其所参与或者组织、指挥的全部犯罪处罚。

练一练

1. 下列行为人中应认定为主犯的有：（　　）[1]
A. 诈骗集团的骨干成员
B. 教唆 13 周岁少年杀人后抛尸的成年人
C. 遭暴力、胁迫实施抢劫的犯罪分子
D. 聚众扰乱公共场所秩序的首要分子

2. 下列对于首要分子的理解中，正确的是：（　　）[2]
A. 主犯一定是首要分子
B. 首要分子一定是主犯
C. 首要分子只存在于共同犯罪中
D. 主犯不一定是首要分子，首要分子不一定是主犯

3. 下列犯罪分子中，应当认定为主犯的是：（　　）[3]
A. 教唆犯　　　　　　　　　　B. 实行犯
C. 犯罪集团的首要分子　　　　D. 聚众犯罪的首要分子

4. 四位学生在课堂上讨论共同犯罪时先后发表了以下观点，其中正确的选项是：（　　）[4]
A. 甲：对于犯罪集团的首要分子，应当按照集团所犯的全部罪行处罚，即应当对集团成员所实施的全部犯罪承担刑事责任

---

[1] AB
[2] D
[3] C
[4] CD

B. 乙：在共同犯罪中起主要作用的是主犯，对于犯罪集团首要分子以外的主犯，应当按照其所参与的或者组织、指挥的全部犯罪处罚；对从犯的处罚应当轻于主犯，所以，对于从犯不得按照其所参与的全部犯罪处罚

C. 丙：犯罪集团的首要分子都是主犯，但聚众犯罪的首要分子不一定是主犯，因为聚众犯罪不一定成立共同犯罪

D. 丁：一开始被犯罪集团胁迫参加犯罪，但在着手实行后，非常积极，成为主要的实行人之一，在共同犯罪中起主要作用的，应认定为主犯

三、从犯及其刑事责任 ★

[法条引述]

第 27 条 在共同犯罪中起次要或者辅助作用的，是从犯。

对于从犯，应当从轻、减轻处罚或者免除处罚。

（一）从犯的概念

从犯，是指在共同犯罪中起次要或者辅助作用的犯罪分子。

（二）从犯的种类

1. 在共同犯罪中起次要作用的实行犯。
2. 在共同犯罪中辅助他人实行犯罪的帮助犯。
3. 起次要作用的教唆犯。

练一练

周某为抢劫财物在某昏暗场所将王某打昏。周某的朋友高某正好经过此地，高某得知真相后应周某的要求提供照明，使周某顺利地将王某钱包拿走。关于本案，下列选项正确的是：（   ）[1]

A. 高某与周某构成抢劫罪的共同犯罪

B. 周某构成抢劫罪，高某构成盗窃罪，属于共同犯罪

C. 周某是共同犯罪中的主犯

D. 高某是共同犯罪中的从犯

四、胁从犯及其刑事责任（2021 年法硕非法学专业基础课法条分析题）

[法条引述]

第 28 条 对于被胁迫参加犯罪的，应当按照他的犯罪情节减轻处罚或者免除处罚。

---

[1] ACD

1. 胁从犯的概念

（1）胁从犯，是指被胁迫参加犯罪的犯罪分子，即犯罪人是在他人的暴力强制或者精神威逼之下被迫参加犯罪的，犯罪人虽有一定程度选择的余地，但并非自愿。

（2）从犯与胁从犯的共同点是都只起到了较小的作用，他们的区别是：从犯是自愿、主动参加犯罪的；而胁从犯是受到暴力胁迫不自愿参加犯罪的，具有被动性。在受到胁迫的场合，法律期待被胁迫者实施适法行为的可能性减少（期待可能性减弱）。

2. 在现实生活中，有的共同犯罪人最初是被胁迫参加犯罪的，后来变为自愿或积极从事犯罪活动，甚至成为共同犯罪中的骨干分子。对这种人不能再以胁从犯论处，而应按照他在共同犯罪中所起的实际作用是主要作用或者次要或辅助作用，分别以主犯或者从犯论处。

练一练

下列有关主犯、从犯、胁从犯的说法，错误的是：（　　　　）[1]

A. 胁从犯是指被胁迫、被诱骗参加犯罪的人

B. 首要分子不一定是主犯

C. 在共同犯罪中不可能只有从犯而没有主犯

D. 对于从犯，应当比照主犯从轻、减轻或者免除处罚

五、教唆犯及其刑事责任（2016 年法硕法学专业基础课论述题/2016 年法硕非法学专业基础课法条分析题）

[法条引述]

第 29 条　教唆他人犯罪的，应当按照他在共同犯罪中所起的作用处罚。教唆不满 18 周岁的人犯罪的，应当从重处罚。

如果被教唆的人没有犯被教唆的罪，对于教唆犯，可以从轻或者减轻处罚。

（一）教唆犯的概念

教唆犯，是指故意引起他人实行犯罪决意的人。

（二）教唆犯的特点及成立条件

1. 教唆犯的基本特点是，自己并不参加犯罪的实行，唆使他人产生犯罪意图并实行犯罪。

2. 教唆犯应具备以下成立条件：

（1）主观上具有使他人产生犯罪意图和决心的故意，即所谓唆使他人犯罪的故意；

（2）在客观上实施了教唆他人犯罪的行为。

---

[1]　AD

(三) 教唆犯的刑事责任

1. 对教唆犯按照其在共同犯罪中所起的作用处罚。起主要作用的，按主犯处罚；仅起到次要作用的，按从犯处罚。

2. 如果被教唆人没有犯（通说认为连"预备行为"也没有）被教唆的罪，教唆犯独自构成犯罪，但可以从轻或者减轻处罚，这种情形通常称为"教唆（本身）未遂"。教唆未遂亦可罚，说明我国刑法上的教唆行为具有独立的可罚性。

3. 教唆不满18周岁的人犯罪的，应当从重处罚。教唆犯虽然具有独立的犯罪性或可罚性，却不是独立的罪名。对于教唆犯，应当按照所教唆的犯罪确定罪名。

练一练

1. 下列选项中，应认定为共同犯罪中的教唆犯的有：(　　)[1]

A. 甲引诱17周岁的王某盗窃了巨额财物

B. 乙唆使已有自杀决意的高某赶快自杀

C. 丙在演讲中煽动听众实施分裂国家的活动

D. 丁说服丈夫刘某利用职权向他人索取巨额财物

2. 甲为泄愤，教唆乙炸毁某公司办公楼，乙因害怕没有实施爆炸。对甲的行为：(　　)[2]

A. 应以教唆罪定罪处罚

B. 应认定为爆炸罪的犯意表示

C. 应以爆炸罪定罪，但应当免除处罚

D. 应以爆炸罪定罪，但可以从轻或者减轻处罚

3. 《刑法》第29条第1款规定："教唆他人犯罪的，应当按照他在共同犯罪中所起的作用处罚。教唆不满18周岁的人犯罪的，应当从重处罚。"对于本规定的理解，下列选项错误的是：(　　)[3]

A. 无论是被教唆人接受教唆实施了犯罪，还是二人以上共同故意教唆他人犯罪，都能适用该款前段的规定

B. 该款规定意味着教唆犯也可能是从犯

C. 唆使不满14周岁的人犯罪因而属于间接正犯的情形时，也应适用该款后段的规定

D. 该款中的"犯罪"并无限定，既包括一般犯罪，也包括特殊身份的犯罪，既包括故意犯罪，也包括过失犯罪

4. 关于教唆犯，下列选项正确的是：(　　)[4]

---

[1] AD

[2] D

[3] D

[4] D

A. 甲唆使不满 16 周岁的乙强奸妇女丙，但乙只是抢夺了丙的 1 万元财物后即离开现场，甲应成立强奸罪、抢夺罪的教唆犯

B. 教唆犯不可能是实行犯，但可能是帮助犯

C. 教唆他人吸食、注射毒品的，成立吸食、注射毒品罪的教唆犯

D. 有的教唆犯是主犯，但所有的帮助犯不可能是主犯

第四节　共同犯罪与犯罪的停止形态

一、共同犯罪与犯罪预备、犯罪未遂 ★

1. 在共同实行犯罪的场合：

（1）其中一人犯罪既遂的，共同犯罪整体既遂，全体共犯人承担既遂的罪责。对其他共犯人不需要考虑未完成罪的问题，只需考虑作用大小区分主犯、从犯、胁从犯。

（2）如果整个共同犯罪归于未遂的，全体共同犯罪人也都成立犯罪未遂。

（3）如果全体共犯人一致中止犯罪的，自然所有共同犯罪人都成立犯罪中止。

2. 在复杂共同犯罪的场合，即除实行犯以外，还存在着教唆犯或者帮助犯。由于通常整个共同犯罪的阶段"从属于实行犯"的阶段。那么，对于各自的犯罪形态，具体而言：

（1）如果实行犯构成犯罪既遂的，教唆犯或者帮助犯也就按既遂犯处理。

（2）如果实行犯构成犯罪未遂的，教唆犯或者帮助犯也是未遂犯，适用《刑法》第 23 条未遂犯的规定处罚。

（3）在犯罪预备的场合，因为还没有着手实行犯罪，如果打算实行犯罪的人因为意志以外的原因没有着手的，属于预备犯，其帮助犯也属于预备犯。

其教唆犯是否属于预备犯有两种观点：

❶ 第一种观点认为，教唆犯从属于被教唆人，既然被教唆人成立预备犯，教唆犯也成立预备犯。按照《刑法》第 22 条预备犯的规定承担罪责，可以从轻、减轻或者免除处罚，也即教唆犯犯罪预备，实行犯犯罪预备。

因此，我国通说认为，"被教唆的人没有犯被教唆的罪"（教唆未遂）必须是指实行犯连预备行为也未实施。也即《刑法》第 29 条第 2 款的适用前提是实行犯出现了如下情形：

首先，被教唆人拒绝了教唆者的教唆；

其次，被教唆人虽然当时接受了教唆者的教唆，但实际上并没有实施该犯罪行为；

再次，被教唆人当时允诺实施教唆者所教唆的罪，但实际上实施的是其他犯罪；

最后，教唆者对被教唆人进行教唆时，被教唆人已有实施所教唆罪的故意，即教唆者的教唆行为与被教唆人实施的犯罪之间没有因果关系。

［例 1］甲教唆乙去强奸丙，乙刚准备好强奸工具，踩好点，就被人发现制止。甲与乙均成立强奸罪预备，二人按照《刑法》第 22 条预备犯的规定承担罪责。

[例2] 甲教唆乙去强奸丙，乙表示自己要遵纪守法，自由恋爱，坚决拒绝甲的教唆。甲属于强奸罪教唆未遂，适用《刑法》第29条第2款：如果被教唆的人没有犯被教唆的罪，对于教唆犯，可以从轻或者减轻处罚。乙则无罪。

[例3] 甲教唆乙去强奸丙，乙口头答应，但是由于心情不好未实施任何行为。甲属于强奸罪教唆未遂，适用《刑法》第29条第2款：如果被教唆的人没有犯被教唆的罪，对于教唆犯，可以从轻或者减轻处罚。乙则无罪。

[例4] 甲教唆乙去强奸丙，乙口头答应，但是最终去丙家实施了盗窃。甲属于教唆未遂，适用《刑法》第29条第2款：如果被教唆的人没有犯被教唆的罪，对于教唆犯，可以从轻或者减轻处罚。乙则单独成立盗窃罪。

[例5] 甲教唆乙去强奸丙，乙口头答应，但是心想："还用得着你说吗？我早就想把丙办了。"最终去丙家实施了强奸。甲属于强奸罪教唆未遂，适用《刑法》第29条第2款：如果被教唆的人没有犯被教唆的罪，对于教唆犯，可以从轻或者减轻处罚。乙成立强奸罪既遂。

❷第二种观点认为，《刑法》第29条第2款"被教唆的人没有犯被教唆的罪"（教唆未遂）是指只要实行犯没有着手实行犯罪即可（包括仅仅实施了预备行为）。

[例] 甲教唆乙去强奸丙，乙刚准备好强奸工具，踩好点，就被人发现制止。甲属于强奸罪教唆未遂，适用《刑法》第29条第2款：如果被教唆的人没有犯被教唆的罪，对于教唆犯，可以从轻或者减轻处罚。乙成立强奸罪预备。

二、共同犯罪与犯罪中止

（一）共同犯罪与犯罪中止 ★

在共同犯罪中，要成立犯罪中止，必须具备下列条件：

1. 必须具备有效性。共同犯罪中的部分共犯人退出或放弃犯罪的，可以成立中止。但除必须具备犯罪中止的一般要件外，还必须具备"有效性"，即有效地阻止共同犯罪结果发生或者有效地消除自己先前参与行为对共同犯罪的作用。

[例] 甲、乙为杀害丙将其推下深渊，甲趁乙离开时又将丙救起。甲有效地阻止了共同犯罪结果发生，单独成立故意杀人罪中止。乙成立故意杀人罪未遂。

2. 中止的效力仅及于本人，不及于其他共犯人。部分共同犯罪人自动放弃犯罪且具备有效性的，单独成立犯罪中止，但是其中止的效力不及于其他共同犯罪人。

[例] 甲、乙通奸后共谋毒杀乙的丈夫。为此甲弄来一包砒霜交给乙，由乙伺机下毒。乙因愧疚没有投毒，并到公安机关自首。乙成立犯罪中止且属于预备阶段中止；其效力不及于甲，甲成立故意杀人罪预备。

3. 缺乏有效性不能单独成立中止。在共同犯罪中，共同犯罪人消极退出犯罪或自动放弃犯罪、阻止共同犯罪结果未奏效的，不能单独成立犯罪中止。

[例] 甲、乙共谋盗窃仓库，由甲事先配制好仓库钥匙交给乙，并约定晚上一同作案，到晚上甲因为有事没有去。乙使用甲配的钥匙打开仓库门，盗窃了财物。甲仅仅消极退出

犯罪的实行，但未能消除自己与危害结果发生之间的因果关系，不能单独成立犯罪中止。甲、乙均成立盗窃罪既遂。

（二）共犯中止的具体标准

身份＼阶段	预备阶段	实行阶段	实行终了阶段
单独实行犯	自动放弃犯罪行为即可	自动放弃犯罪行为或者采取有效措施防止结果发生	有效阻止结果发生
共同正犯	消除预备行为对共同犯罪产生的物理上、心理上的作用	自动放弃，并有效阻止	
教唆犯	有效阻止实行者		
帮助犯	有效消除帮助作用		

练一练

1. 甲明知乙意图杀人，仍为其提供毒药。第二天，甲后悔，向乙索回毒药，遭乙拒绝，乙于当晚投毒杀人得逞。甲的行为应认定为：（　　）[1]

A. 犯罪预备　　　　　　　　　　B. 犯罪未遂

C. 犯罪中止　　　　　　　　　　D. 犯罪既遂

2. 药店营业员李某与王某有仇。某日王某之妻到药店买药为王某治病，李某将一包砒霜混在药中交给王妻。后李某后悔，于第二天到王家欲取回砒霜，而王某谎称已服完。李某见王某没有什么异常，就没有将真相告诉王某。几天后，王某因服用李某提供的砒霜而死亡。李某的行为属于：（　　）[2]

A. 犯罪中止　　　　　　　　　　B. 犯罪既遂

C. 犯罪未遂　　　　　　　　　　D. 犯罪预备

3. 甲与乙共谋盗窃汽车，甲将盗车所需的钥匙交给乙。但甲后来向乙表明放弃犯罪之意，让乙还回钥匙。乙对甲说：“你等几分钟，我用你的钥匙配制一把钥匙后再还给你。”甲要回了自己原来提供的钥匙。后乙利用自己配制的钥匙盗窃了汽车（价值5万元）。关于本案，下列选项正确的是：（　　）[3]

A. 甲的行为属于盗窃中止　　　　B. 甲的行为属于盗窃预备

C. 甲的行为属于盗窃未遂　　　　D. 甲与乙构成盗窃罪（既遂）的共犯

---

[1] D
[2] B
[3] D

III 第七章 罪数形态

第一节 罪数概述

一、确定罪数的意义

我国通说上确定罪数的标准采取犯罪构成说，即凡是行为人以一个犯意，实施一个行为，符合一个犯罪构成的，就是一罪；凡是以数个犯意，实施数个犯罪行为，符合数个犯罪构成的，就是数罪。

1. 正确确定犯罪的个数，是正确定罪的基本要求。

2. 确定罪数是确定刑罚权个数的前提，因为国家刑罚权个数与犯罪个数应当对应。其中数罪又分为同种数罪与不同种数罪。如果行为具备数个同一犯罪构成的，是同种数罪；具备数个不同的犯罪构成的，是不同种数罪或者异种数罪。

3. 区分同种数罪与异种数罪的意义在于：

（1）我国司法习惯仅对异种数罪实行数罪并罚，而对一并审理的同种数罪不实行数罪并罚；

（2）不实行数罪并罚的同种数罪不仅包括"罪名相同的数罪"，也包括"选择的一罪"。

练一练

下列选项中，应按故意杀人罪一罪定罪处罚的是：（　　　）[1]

A. 甲为索取债务将孙某关在宾馆房间，期间多次毒打孙某致其死亡

B. 乙为敲诈勒索财物绑架钱某，从钱某家人处获得赎金后将钱某杀害

C. 丙为牟利暴力组织多人偷越国（边）境，期间将被组织者吴某殴打致死

D. 丁为劫取财物杀死曹某，并按照计划将曹某驾驶的车辆变卖获利

二、关于判断罪数标准的主要学说 ★

1. 行为说。认为行为是犯罪的核心要素，主张按照自然观察的行为个数判断犯罪的个数，即行为人实施一行为的，只能构成一罪；实施数行为的，才能构成数罪。一行为造

---

[1]　A

成数结果、触犯数罪名的，也认为是一罪。

2. 法益说（或结果说）。认为犯罪的本质是对法益的侵害，主张以犯罪行为侵害的法益个数作为判断罪数的标准。法益说把法益分为专属法益（如生命、自由等）与非专属法益（如财产等）。前者根据法益的主体来确定法益的个数，由此，一枪射杀数人是数罪。后者根据法益的归属确定法益的个数，即从甲、乙、丙三家偷盗财物，就是数罪。

3. 意思说。认为犯罪是行为人主观犯罪意思的外部表现，行为只是行为人犯罪意思或主观恶性的表征，应当以行为人犯罪意思的个数作为判断犯罪个数的标准。只要出于单一的意思，不管造成什么样的结果，都是一罪。

4. 构成要件说。以构成要件为标准，主张符合一次（一个）构成要件的事实就是一罪，符合数次（数个）构成要件的事实就是数罪。

5. 采取不同的标准判断罪数，往往得出不同的结论。例如，对想象竞合犯，按照行为说是实质的一罪，想象的数罪。按照法益说、结果说或构成要件说，则认为是实质的数罪，处断的一罪。对于连续犯、牵连犯，按照意思说，通常认为是一罪，而按照行为说或构成要件说，则认为是数罪，处断的一罪。我国刑法学说确定罪数的标准是犯罪构成说。

练一练

1. 甲潜入赵家客厅盗窃财物时，惊醒了在卧室里睡觉的赵某，甲逃跑时与过来查看的赵某相撞，致赵某倒地并受重伤。对甲应：（　　　）[1]

A. 按照盗窃罪与过失致人重伤罪数罪并罚

B. 按照盗窃罪的转化犯以抢劫罪定罪处罚

C. 按照抢夺罪与过失致人重伤罪的吸收犯择一重罪处罚

D. 按照盗窃罪与过失致人重伤罪的想象竞合择一重罪处罚

2. 甲为上厕所，将不满 1 岁的女儿放在外边靠着篱笆站立，刚进入厕所，就听到女儿的哭声，急忙出来，发现女儿倒地，疑是站在女儿身边的 4 岁男孩乙所为。甲一手扶起自己的女儿，一手用力推乙，导致乙倒地，头部刚好碰在一块石头上，流出鲜血，并一动不动。甲认为乙可能死了，就将其抱进一个山洞，用稻草盖好，正要出山洞，发现稻草动了一下，以为乙没死，于是拾起一块石头猛砸乙的头部，之后用一块磨盘压在乙的身上后离去。案发后，经法医鉴定，甲在用石头砸乙之前，乙已经死亡。依此情况，甲的行为构成：（　　　）[2]

A. 过失致人死亡罪

B. 过失致人死亡罪与故意杀人罪（既遂）数罪并罚

C. 过失致人死亡罪与故意杀人罪（未遂）数罪并罚

D. 故意杀人罪

---

[1] A

[2] C

3. 贾某在路边将马某打倒在地，劫取其财物。离开时贾某为报复马某之前的反抗，往其胸口轻踢了一脚，不料造成马某心脏骤停死亡。设定贾某对马某的死亡具有过失，下列分析正确的是：（   ）[1]

A. 贾某踢马某一脚，是抢劫行为的延续，构成抢劫致人死亡

B. 贾某踢马某一脚，成立事后抢劫，构成抢劫致人死亡

C. 贾某构成抢劫罪的基本犯，应与过失致人死亡罪数罪并罚

D. 贾某构成抢劫罪的基本犯与故意伤害（致死）罪的想象竞合犯

第二节　实质的一罪

刑法中有一些貌似数罪、实际是一罪的情况，这类情况也称为一行为法定为一罪或者处断为一罪的情况。主要有继续犯、想象竞合犯、结果加重犯。

一、继续犯 ★

（一）继续犯的概念

继续犯，又称持续犯，是指作用于同一对象的一个犯罪行为从着手实行到实行终了，犯罪行为与不法状态在一定时间内同时处于继续状态的犯罪。

（二）继续犯的特征

1. 一个犯罪故意。

2. 侵犯同一客体（法益或社会关系）。

3. 犯罪行为能够对客体形成持续、不间断的侵害。

4. 犯罪完成、造成不法状态后，行为仍能继续影响不法状态，使客体遭受持续侵害。不法状态不能脱离犯罪行为而独立存在。

（三）继续犯的类型

1. 继续犯主要包括以下三类：

（1）持有型犯罪，如非法持有毒品罪，非法持有枪支、弹药罪，非法持有假币罪；

（2）不作为犯罪往往具有继续犯的特点，如遗弃罪，拒不执行判决、裁定罪等；

（3）侵犯人身自由的犯罪，如非法拘禁罪、绑架罪、拐卖妇女儿童罪。

2. 继续犯是相对于"即成犯"和"状态犯"而言的。

（1）即成犯指犯罪行为发生侵害法益结果的同时，犯罪行为即告终了，犯罪行为终了，随之法益被消灭。其特点是行为、结果、法益、不法状态均随着犯罪完成而终结。

（2）状态犯指发生侵害一定法益的事实同时，犯罪行为虽然结束，但在其后侵害法益的状态可能依然存在。其特点是行为、结果、法益均随犯罪既遂而终结，但形成的不法状

---

[1] C

态可独立存在。但往往由于缺乏期待可能性不另成立他罪。如盗窃、抢夺、抢劫枪支、弹药罪等。

（四）确定继续犯的意义

1. 追诉时效的起算时间推后，不是从犯罪成立之日起计算，而是从犯罪行为终了之日起计算。

2. 正当防卫时机。在犯罪既遂以后，如果犯罪行为继续存在，属于正在进行的不法侵害，允许进行正当防卫。

3. 犯罪继续期间，其他人加入的可以成立共犯。

（五）继续犯的处断原则

对于继续犯应当依据刑法分则的规定论处，不实行数罪并罚。犯罪行为和不法状态在时间上持续的长短，则可以在量刑的时候加以考虑。

练一练

1. 下列关于继续犯的理解中，正确的是：（　　）[1]

A. 继续犯属于法定的一罪

B. 非法拘禁罪是典型的继续犯

C. 继续犯的追诉时效从犯罪之日起计算

D. 继续犯的不法状态发生于不法行为结束之后

2. 下列选项中，不属于继续犯的是：（　　）[2]

A. 诈骗罪　　　　　　　　　　　B. 遗弃罪

C. 非法拘禁罪　　　　　　　　　D. 非法持有毒品罪

二、想象竞合犯（2021 年法硕法学专业基础课论述题）

（一）想象竞合犯的概念

想象竞合犯，是指行为人实施一个犯罪行为同时触犯数个罪名的犯罪形态。

（二）想象竞合犯的特征

1. 行为人只实施了一个犯罪行为。

2. 行为人同时触犯了数个罪名。

（三）想象竞合犯的处断原则

1. 想象竞合犯是实质上的一罪，原则上对其采取"从一重罪处罚"的原则。

---

[1] B

[2] A

2. 例外：《刑法》第204条第2款规定，纳税人缴纳税款后，采取欺骗方法，骗取所缴纳的税款的，依照本法第201条（逃税罪）的规定定罪处罚；骗取税款超过所缴纳的税款部分，依照骗取出口退税罪的规定处罚。

（四）想象竞合犯与法条竞合

1. 法条竞合，是指刑法中有一些条文在内容上存在重复或交叉的情况。（2013年法硕法学专业基础课简答题）

> **小贴士**　不仅刑法分则条文之间存在法条竞合关系，而且刑法总则与分则也存在一些法条竞合关系，如《刑法》第307条第1款（妨害作证罪）规定的"指使他人作伪证的"，与总则教唆犯的规定就存在竞合。再如，《刑法》第358条第4款（协助组织卖淫罪）规定的"为组织卖淫的人招募、运送人员或者有其他协助组织他人卖淫行为的"，与总则帮助犯的规定存在竞合关系。

2. 对法条竞合犯的处理原则

由于法条竞合是因法律规定的内容有重复、交叉而产生的，换言之，一个犯罪行为之所以触犯数个法条是由立法技术上的原因造成的，所以法条竞合犯与犯罪形态无关，纯属法律适用问题。因此，原则上当发生法条竞合时，特别法优于一般法，即适用特别法条排斥一般法条。但在特别规定的情形下，依照法律、司法解释的规定处理。

[例1]《刑法》第149条第2款规定，生产、销售第141条至第148条规定之假药，劣药，有毒、有害食品等特定伪劣产品构成犯罪，同时又构成第140条规定之生产、销售伪劣产品罪的，依照处罚较重的规定定罪处罚。

[例2] 司法解释规定，明知是犯罪所得及其产生的收益而予以掩饰、隐瞒，构成《刑法》第312条规定的犯罪（掩饰、隐瞒犯罪所得、犯罪所得收益罪），同时构成其他犯罪的（如洗钱罪，窝藏、转移、隐瞒毒赃罪），依照处罚较重的规定定罪处罚。

练一练

1. 下列选项中，与盗窃罪存在法条竞合关系的是：（　　）[1]
A. 侵占罪　　　　　　　　　　　　B. 贪污罪
C. 诈骗罪　　　　　　　　　　　　D. 抢夺罪

2. 下列关于刑法中法条竞合的说法，正确的有：（　　）[2]
A. 法条竞合是指一个犯罪行为同时触犯数个罪名的犯罪形态
B. 处理法条竞合时一般适用特别法优于普通法
C. 我国刑法中的法条竞合主要存在于刑法分则之中

---

[1]　B
[2]　BCD

D. 在竞合的数个法条中，仅应择一适用

3. 甲秘密窃取他人持有的枪支，该行为同时符合盗窃罪和盗窃枪支罪的犯罪构成。按照我国刑法理论，这种情形属于：（　　　）[1]

A. 牵连犯　　　　　　　　　　　B. 法条竞合

C. 想象竞合犯　　　　　　　　　D. 结果加重犯

三、结果加重犯（2010年法硕法学专业基础课简答题）

（一）结果加重犯的概念

结果加重犯，是指实施基本犯罪构成的行为，同时又造成一个基本犯罪构成以外的结果，刑法对其规定较重法定刑的犯罪形态。

（二）结果加重犯的特征

1. 实施基本犯罪构成的行为还造成了额外的结果。
2. 分则条文对造成该种结果专门规定了较重法定刑。
3. 行为人对加重的结果具有罪过，具有故意或过失。

（三）结果加重犯的处断原则

以一罪处罚，不实行数罪并罚，因为该结果已经作为适用较重法定刑的依据。

小贴士　　常见的结果加重犯

1. 《刑法》第115条第1款：放火、决水、爆炸、投放危险物质、以危险方法危害公共安全致人重伤、死亡或者使公私财产遭受重大损失（加重结果可以是故意或者过失）。

2. 《刑法》第119条第1款：破坏交通工具、交通设施、电力设备，造成严重后果（加重结果可以是故意或者过失）。

3. 《刑法》第121条：劫持航空器致人重伤、死亡或者使航空器遭受严重破坏（加重结果可以是故意或者过失）。

4. 《刑法》第122条：劫持船只、汽车造成严重后果（加重结果可以是故意或者过失）。

5. 《刑法》第141条：生产、销售假药致人死亡（加重结果可以是故意或者过失）。

6. 《刑法》第145条：生产、销售不符合标准的医用器材对人体健康造成严重危害（加重结果可以是故意或者过失）。

7. 《刑法》第234条：故意伤害致人重伤（加重结果可以是故意或者过失）、死亡（只能是过失）。

---

[1] B

8. 《刑法》第 236 条：强奸致使被害人重伤、死亡或者造成其他严重后果的（加重结果可以是故意或者过失）。

9. 《刑法》第 238 条：非法拘禁致人重伤、死亡（加重结果是过失）。

10. 《刑法》第 240 条：拐卖妇女、儿童造成被拐卖的妇女、儿童或者其亲属重伤、死亡或者其他严重后果的（加重结果一般是过失）。

11. 《刑法》第 243 条：捏造事实诬告陷害他人，意图使他人受刑事追究，造成严重后果。

12. 《刑法》第 257 条：暴力干涉婚姻自由致人死亡的（被害人自杀也是加重结果）。

13. 《刑法》第 260 条：虐待致使被害人重伤、死亡（被害人自杀也是加重结果）。

14. 《刑法》第 263 条：抢劫致人重伤、死亡的（加重结果可以是故意或者过失）。

15. 《刑法》第 318、321 条：组织、运送他人偷越国（边）境造成被组织人、被运送人重伤、死亡的（只能是过失）。

16. 《刑法》第 336 条：非法行医、非法进行节育手术严重损害就诊人身体健康或者造成就诊人死亡。

练一练

1. 下列情形中，属于结果加重犯的是：(   )[1]

A. 聚众斗殴致他人死亡

B. 非法行医造成就诊人死亡

C. 强制猥亵妇女致其因羞愤自杀死亡

D. 遗弃没有独立生活能力的人致其死亡

2. 关于结果加重犯，下列选项正确的是：(   )[2]

A. 故意杀人包含了故意伤害，故意杀人罪实际上是故意伤害罪的结果加重犯

B. 强奸罪、强制猥亵、侮辱罪的犯罪客体相同，强奸、强制猥亵行为致妇女重伤的，均成立结果加重犯

C. 甲将乙拘禁在宾馆20楼，声称只要乙还债就放人。乙无力还债，深夜跳楼身亡。甲的行为不成立非法拘禁罪的结果加重犯

D. 甲以胁迫手段抢劫乙时，发现仇人丙路过，于是立即杀害丙。甲在抢劫过程中杀害他人，因抢劫致人死亡包括故意致人死亡，故甲成立抢劫致人死亡的结果加重犯

---

[1] B
[2] C

第三节　法定的一罪

法定的一罪，是指数个独立的犯罪行为依据刑法的规定作为一罪定罪处罚的情况。主要有结合犯、集合犯。

一、结合犯（2016年法硕非法学专业基础课简答题）

（一）结合犯的概念

结合犯，是指2个以上各自独立成罪的犯罪行为，根据刑法的明文规定，结合成另一独立的新罪的犯罪形态。

（二）结合犯的特征

1. 结合犯中的犯罪行为，是数个可以分别构成其他犯罪的行为结合而来的。

2. 数个独立的犯罪结合成为一个新罪。数个独立的犯罪，是指数个各自具有自己罪名的犯罪。新罪，是指区别于被结合之罪的、具有自己的独立犯罪构成要件的犯罪。数个独立的犯罪结合成为一个新罪的方式是：甲罪+乙罪＝丙罪（或甲乙罪）。

3. 数个独立的犯罪结合成为一个新罪，是根据刑法的明文规定。

（三）结合犯的处断原则

由于结合犯是法定的一罪，不实行数罪并罚。

练一练

1. 我国刑法理论一般认为，结合犯的典型情形是：（　　）[1]

A. 甲罪+乙罪＝丙罪　　　　　　　B. 甲罪+乙罪＝甲罪

C. 甲罪+乙罪＝乙罪　　　　　　　D. 甲罪+甲罪＝甲罪

2. 按照我国刑法理论，绑架罪属于：（　　）[2]

A. 继续犯　　　　　　　　　　　　B. 结合犯

C. 状态犯　　　　　　　　　　　　D. 连续犯

二、集合犯

（一）集合犯的概念

集合犯，是指行为人以实施不定次数的同种犯罪行为为目的，实施了数个同种犯罪行为，刑法规定作为一罪论处的犯罪形态。包括营业犯（如非法行医罪，制作、复制、出版、

---

[1] A

[2] A

贩卖、传播淫秽物品牟利罪，生产、销售伪劣产品罪，走私普通货物、物品罪）和常业犯（如赌博罪）。

（二）集合犯的特征 ★

1. 行为人以实施不定次数的同种犯罪行为为目的。

2. 实施了数个同种的犯罪行为，即刑法要求行为人具有多次实施同种犯罪行为的意图，并且行为人一般也是实施了数个同种犯罪行为。所谓"同种犯罪行为"，是指数个行为的法律性质是相同的。

3. 刑法将数个同种犯罪行为规定为一罪，集合犯是法律规定的一罪。

（三）集合犯的处断原则

由于集合犯是法定的一罪，不实行数罪并罚。

练一练

1. 医生甲退休后，擅自为人看病 2 年多。某日，甲为乙治疗，需注射青霉素。乙自述以前曾注射过青霉素，甲便未做皮试就给乙注射青霉素，乙因青霉素过敏而死亡。关于本案，下列选项正确的是：（   ）[1]

A. 以非法行医罪的结果加重犯论处　　　　B. 以非法行医罪的基本犯论处

C. 以过失致人死亡罪论处　　　　D. 以医疗事故罪论处

2. 医生甲明知夏某不满 18 周岁，仍应夏某要求，摘取其左肾移植给自己的病人。卖肾所得 5 万元全部交给夏某。甲的行为应认定为：（   ）[2]

A. 不构成犯罪　　　　B. 非法行医罪

C. 非法经营罪　　　　D. 故意伤害罪

第四节　处断的一罪

处断的一罪，是指数行为犯数罪按一罪定罪处罚的情况。数罪并罚是一般规则，但是有些数罪并罚会不近情理，所以例外情况下不实行数罪并罚。主要有连续犯、牵连犯、吸收犯。

一、连续犯（2018 年法硕非法学、法学专业基础课简答题）

（一）连续犯的概念

连续犯，是指行为人基于同一或者概括的犯罪故意，连续多次实施犯罪行为，触犯相同罪名的犯罪。

---

[1] A
[2] D

（二）连续犯的特征

连续犯的特征包括：①实施数个犯罪行为；②数个犯罪行为具有连续性；③数个犯罪行为出于同一或概括的故意；④数个犯罪行为触犯相同罪名。

（三）连续犯的意义

1. 追诉时效起算。犯罪行为有连续状态的，追诉时效从行为终了之日起计算。

2. 在刑法的溯及力方面，根据司法解释，犯罪行为由刑法（1997 年《刑法》）生效前连续到刑法生效后，如果新旧刑法都认为是犯罪的，即使现行刑法规定的处罚较重也适用现行刑法，但是在量刑时可以适当从宽处罚。

3. "多次"的认定对于"次数加重犯""次数入罪"，具有一定意义。

（四）连续犯的处断原则

连续犯实际上是以数行为犯同种数罪。鉴于连续犯只有一个概括或同一的犯罪故意，实施的数行为又具有连续性，在我国一般按一罪处罚。但是，基于我国司法习惯，对判决宣告前的同种数罪不论是否具有连续性均不实行数罪并罚。

练一练

下列情形属于连续犯的是：（　　　）[1]

A. 多次走私　　　　　　　　B. 多次抢劫

C. 多次赌博　　　　　　　　D. 长时间非法拘禁

二、牵连犯（2017 年法硕法学专业基础课简答题）

（一）牵连犯的概念

牵连犯，是指实施某个犯罪，作为该犯罪（属于目的行为、原因行为）的手段行为或结果行为又触犯其他罪的犯罪形态。

（二）牵连犯的特征

1. 有一个最终的犯罪目的。

2. 有两个以上的犯罪行为。

3. 触犯了两个以上不同的罪名。

4. 所触犯的两个以上罪名之间有牵连关系，即一罪或数罪是他罪的手段行为或结果行为。

（1）通说认为，牵连犯除了具有目的上的关联性、通常性之外，数行为在客观上也具有直接的内在的联系。

---

[1] B

（2）手段与目的之间的牵连关系。例如，通过伪造国家机关公文、证件、印章的行为（手段行为）来诈骗、招摇撞骗的（目的行为）。

（3）原因与结果之间的牵连关系。例如，本欲盗窃他人普通财物皮箱（原因行为），后发现其中有枪支而加以藏匿的（结果行为）。

（三）牵连犯的处断原则

原则上择一重罪处罚（或者择一重罪从重处罚），但是刑法有特别规定的除外。

> **小贴士** 常见的牵连犯
>
> 1. 《刑法》第399条第4款：司法工作人员收受贿赂，有徇私枉法罪，民事、行政枉法裁判罪，执行判决、裁定滥用职权罪，执行判决、裁定失职罪的，同时又构成受贿罪的，依照处罚较重的规定定罪处罚。
>
> 2. 《刑法》第229条第2款：有提供虚假证明文件的行为，同时索取他人财物或者非法收受他人财物构成犯罪的，依照处罚较重的规定定罪处罚。
>
> 3. 伪造、变造信用卡后又使用的，构成伪造、变造金融票证罪与信用卡诈骗罪，牵连犯，择一重处罚，定信用卡诈骗罪。
>
> 4. 使用虚假的身份证明骗领信用卡后使用的，构成妨害信用卡管理罪与信用卡诈骗罪，牵连犯，择一重处罚，定信用卡诈骗罪。
>
> 5. 窃取、收买或者非法提供他人信用卡信息资料后通过互联网、通讯终端等使用的，构成窃取、收买、非法提供信用卡信息罪与信用卡诈骗罪，牵连犯，择一重处罚，定信用卡诈骗罪。
>
> 6. 投保人、被保险人故意造成财产损失的保险事故，或者投保人、受益人故意造成被保险人死亡、伤残或者疾病骗取保险金的，以保险诈骗罪和其他犯罪，数罪并罚。
>
> 7. 组织、领导和参加恐怖活动组织并实施杀人、爆炸、绑架等犯罪的，数罪并罚。
>
> 8. 犯组织、领导、参加黑社会性质组织罪又有其他犯罪的，数罪并罚。
>
> 9. 收买被拐卖的妇女、儿童之后又有非法剥夺限制人身自由、伤害、强奸、侮辱行为的，数罪并罚。
>
> 10. 原则上，实施犯罪行为后抗拒检查的，要与妨害公务罪（或者袭警罪），数罪并罚。但注意例外的情形：在走私、贩卖、运输、制造毒品罪，组织、运送他人偷越国（边）境犯罪过程中，抗拒检查的，仅作为一个加重情节处理，不并罚。

练一练

1. 甲以自己为受益人给妻子购买了人身意外伤害险，后设计杀害了妻子，并以妻子意外死亡为由，申请并获得保险金80万元。甲骗取保险金和杀害妻子的犯罪行为属于：（　　）[1]

---

[1] D

A. 想象竞合犯　　　　　　　　　B. 连续犯

C. 吸收犯　　　　　　　　　　　D. 牵连犯

2. 下列关于牵连犯的说法中，正确的是：（　　　）[1]

A. 出于一个犯罪目的，实施两个以上犯罪行为的都是牵连犯

B. 牵连犯是行为人实施一个犯罪行为触犯数个罪名的犯罪形态

C. 牵连犯的处断原则是除法律有特别规定的以外，择一重罪处罚

D. 牵连犯的成立不仅要求行为人主观上具有牵连意图，还要求行为触犯的数个法条之间存在竞合关系

3. 下列选项中，应以一罪定罪处罚的是：（　　　）[2]

A. 运送他人偷越国境，并杀害检查人员的

B. 生产伪劣产品，并以威胁方法抗拒查处

C. 收买被拐卖妇女，并非法限制其人身自由的

D. 走私毒品，并以暴力方法抗拒检查，情节严重的

4. 下列情形中，应当数罪并罚的是：（　　　）[3]

A. 甲为迫使不满 18 周岁的未成年女子卖淫而对其实施强奸

B. 乙非法拘禁债务人张某 10 天，其间多次毒打张某，致张某伤残

C. 丙无证驾车，在被交警查处时使用暴力抗拒执法，失手将交警打死

D. 丁开地下卷烟厂，制售劣质卷烟数量巨大，在县联合执法队前来查处时，组织数十名村民围攻执法人员，迫使执法队暂时撤离

5. 下列犯罪中，应按数罪并罚原则处理的有：（　　　）[4]

A. 参加黑社会性质组织又杀人的

B. 拐卖妇女过程中奸淫被拐卖的妇女的

C. 民事案件的审判人员因受贿而枉法裁判的

D. 在走私犯罪过程中采用暴力方法抗拒缉私人员缉私的

三、吸收犯★

（一）吸收犯的概念

吸收犯，是指一个犯罪行为因为是另一个犯罪行为的必经阶段、组成部分、当然结果，而被另一个犯罪行为吸收的犯罪形态。

（二）吸收犯的特征

1. 有数个危害行为。

2. 犯数罪（具备数个构成）。

---

[1] C
[2] D
[3] AD
[4] AD

3. 犯不同种数罪。

4. 其中的一行为吸收其他行为。

5. 属于实际的数罪、处断的一罪。

（三）吸收犯的形式

1. 吸收必经阶段的行为。例如，入户抢劫必须有非法侵入他人住宅的行为。这个"非法侵入他人住宅"的行为是行为人入户"抢劫"行为的一个必经阶段，被抢劫行为吸收，只需要以抢劫一罪论处。

2. 吸收组成部分的行为。例如，行为人伪造增值税专用发票，同时又伪造发票中的印章。该伪造国家机关印章的行为是行为人伪造增值税专用发票行为的一个组成部分，被伪造增值税专用发票罪吸收，只需要以伪造增值税专用发票罪论处。

3. 吸收当然结果的行为。例如，行为人非法制造枪支后又持有该非法制造的枪支。非法持有枪支的行为是行为人非法制造枪支行为的当然结果，被非法制造枪支的行为所吸收，只需要以非法制造枪支罪一罪论处。

4. 还包括重行为吸收轻行为或者高度行为吸收低度行为（例如，一开始欲盗窃财物，后压制被害人反抗获得财物，抢劫行为吸收盗窃行为）；实行行为吸收非实行行为（例如，行为人在同一案件中既有教唆行为、帮助行为，又直接参与了犯罪的实行，一般按照实行行为定罪处罚）。

（四）吸收犯的处断原则

对吸收犯仅按吸收之罪处断，不实行数罪并罚。

小贴士

1. 注意想象竞合犯与牵连犯、吸收犯的区别。要点是行为数量不同。想象竞合犯是"一行为"，而牵连犯、吸收犯是"数行为"。判断是一行为还是数行为的要点是看是否"同时触犯"数罪。同时触犯数罪的，是一行为；不是同时触犯数罪，而是明显有间隔的，是数行为。

2. 注意牵连犯、吸收犯与连续犯的区别。要点在于是否同种数罪。连续犯所犯数罪是同种的，而牵连犯、吸收犯所犯数罪是不同种的。

3. 注意牵连犯与吸收犯的区别。

练一练

1. 甲盗割高压电线，既构成破坏电力设备罪，又构成盗窃罪。这种犯罪形态属于：（　　）[1]

---

[1] A

A. 想象竞合犯   B. 继续犯

C. 连续犯   D. 吸收犯

2. 下列情形属于吸收犯的是：(　　　)[1]

A. 制造枪支、弹药后又持有、私藏所制造的枪支、弹药的

B. 盗窃他人汽车后，谎称所盗汽车为自己的汽车出卖给他人的

C. 套取金融机构信贷资金后又高利转贷他人的

D. 制造毒品后又持有该毒品的

3. 甲窃得一包冰毒后交乙代为销售，乙销售后得款 3 万元与甲平分。关于本案，下列选项正确的是：(　　　)[2]

A. 甲的行为触犯盗窃罪与贩卖毒品罪

B. 甲贩卖毒品的行为侵害了新的法益，应与盗窃罪实行并罚

C. 乙的行为触犯贩卖毒品罪、非法持有毒品罪与掩饰、隐瞒犯罪所得罪

D. 对乙应以贩卖毒品罪一罪论处

---

[1]　AD
[2]　ABCD

第八章 刑事责任

第一节 刑事责任概述

一、刑事责任的概念与特征 ★

1. 刑事责任，是指行为人因其犯罪行为所应承受的、代表国家的司法机关根据刑事法律对该行为所做的否定评价和对行为人进行谴责的责任。

2. 刑事责任具有如下特征：

（1）刑事责任包含对犯罪行为的非难性和对犯罪人的谴责性；

（2）刑事责任具有社会性与法律性；

（3）刑事责任具有必然性与平等性；

（4）刑事责任具有严厉性与专属性。

二、刑事责任的地位

1. 从我国刑法的规定来看，刑事责任占有重要的地位。这首先表现在刑法条文中多次提到刑事责任。其次，《刑法》总则第二章还将犯罪和刑事责任作为其第一节的标题。最后，应当指出的是，在《刑法》第5条中，刑事责任被提到与罪行（犯罪行为）和刑罚并列的地位，即罪、责、刑平行说。

2. 从理论上讲，刑事责任与犯罪和刑罚也分别有着直接而密切的关系。一般而言，罪重刑事责任就重，罪轻刑事责任则轻。而从刑事责任与刑罚的关系看，二者既有明显区别同时又具有密切的关系。

区别主要表现在：

（1）刑事责任是一种法律责任，刑罚则是一种强制方法；

（2）刑事责任以犯罪人应当承受刑事处罚、非刑罚方法的处理和单纯否定性法律评价为内容，刑罚则以实际剥夺犯罪人一定的权益（权利和利益）为内容；

（3）刑事责任随实施犯罪而产生，刑罚则随法院的定罪判刑决定宣告生效而出现。

二者之间的密切关系表现在：

（1）刑事责任的存在是适用刑罚的直接前提，无刑事责任则不能适用刑罚；

（2）刑事责任的大小直接决定刑罚的轻重，刑事责任大的，刑罚必然重，刑事责任小的，刑罚必然轻；

（3）刑事责任主要通过刑罚来实现，非刑罚处理方法等虽然也是刑事责任的实现方式，但由于在司法实践中适用很少而只能被视为属于次要的实现方式，刑罚与刑事责任的联系则是普遍的。

第二节　刑事责任的根据和解决方式

一、刑事责任的根据

刑事责任的根据，是指国家基于何种前提、基础或决定因素而追究犯罪人的刑事责任；或者犯罪人是根据何种前提、基础或决定因素而承担刑事责任。

1. 刑事责任的哲学根据，是行为人在实施犯罪时所具有的相对的意志自由。

2. 刑事责任的法学根据，是指从法律制度上行为人承担或者国家追究其刑事责任的决定因素。法律制度包括法律制定（立法）与法律适用（司法）两个步骤，刑事责任本身是质与量的统一，因此，刑事责任的法学根据可以从立法上设定刑事责任的根据、确定刑事责任的法律根据与确定刑事责任的事实根据三个方面来讨论。

二、刑事责任的解决方式（2011年法硕法学专业基础课简答题）

1. 定罪判刑方式。定罪判刑即人民法院在判决中对犯罪人作出有罪宣告的同时确定对其适用相应的刑罚。

2. 定罪免刑方式。定罪免刑即人民法院在判决中对犯罪人作出有罪宣告，但同时决定免除刑罚处罚。但是有可能仍被追究非刑罚的处罚措施。

3. 消灭处理方式。刑事责任的消灭处理，是指行为人的行为本已成立犯罪而应负刑事责任，但由于存在法律的规定而实际阻却追究其刑事责任的事实，使行为人的刑事责任归于消灭。比如，刑罚执行完毕、缓刑考验期满、假释考验期满、犯罪人死亡、超过时效期限、赦免等。

4. 转移处理方式。转移处理，是指享有外交特权和豁免权的外国人的刑事责任不由我国司法机关处理，而是根据《刑法》第11条的规定通过外交途径予以解决。

练一练

下列情形中，行为人被追究了刑事责任的有：(　　　)[1]

A. 甲被判犯盗窃罪，处5年有期徒刑

B. 乙被判犯侵犯通信自由罪，责令赔礼道歉

C. 丙被判犯重婚罪，免予刑事处罚

D. 丁被判犯诈骗罪，责令具结悔过

---

[1]　ABCD

第九章 刑 罚

第一节 刑罚概述

一、刑罚的概念和特征（2022年法硕非法学、法学专业基础课简答题）

1. 刑罚的概念

刑罚，是指刑法中明文规定的由国家审判机关依法对犯罪人所适用的限制或剥夺其某种权益的最严厉的法律制裁方法。

2. 刑罚的特征

（1）是以限制或剥夺犯罪人权益为内容的最严厉的法律制裁方法；

（2）适用对象只能是犯罪人；

（3）适用主体只能是国家审判机关；

（4）刑罚的种类及适用标准必须以刑法明文规定为依据；

（5）适用程序上必须依照刑事诉讼程序的规定；

（6）以国家强制力作保障。

二、刑罚与其他法律制裁方法的区别

1. 法律制裁体系，通常由刑事制裁、民事制裁、行政制裁、经济制裁和对妨害诉讼的强制措施等多种制裁措施构成。刑罚仅是整个法律制裁体系中的一种制裁措施。

2. 刑罚与其他法律制裁方法的区别，主要表现在：

（1）适用对象不同。刑罚仅适用于犯罪人，即行为触犯刑律构成犯罪的人；而其他法律制裁方法适用于行为仅违反非刑事法律且尚未构成犯罪的人。

（2）严厉程度不同。刑罚是一种最严厉的法律制裁方法，它包括对犯罪人的生命、自由、财产和资格的限制或剥夺；而其他法律制裁方法绝对排除对违法者生命的剥夺，一般也不会剥夺违法者的人身自由，即使涉及剥夺违法者的人身自由，其期限也较为短暂，性质和法律后果更有别于刑罚。

（3）适用机关不同。刑罚只能由国家审判机关的刑事审判部门适用；而民事制裁、经济制裁和对妨害诉讼的强制措施，分别由国家审判机关的民事审判、经济审判等部门适用；行政制裁，只能由国家行政机关依法适用。

（4）适用根据和适用程序不同。对犯罪人适用刑罚，必须以刑法为根据并依照刑事诉讼法规定的刑事诉讼程序进行；而对触犯非刑事法律的违法者适用民事制裁、经济制裁、

行政制裁和对妨害诉讼的强制措施，分别以民法、经济法、行政法等实体法为根据，并依照民事诉讼法、行政诉讼法和行政程序法律规范所规定的程序进行。

（5）法律后果不同。被适用刑罚的犯罪人如果重新犯罪，就有可能构成累犯，受到比初犯相对较为严厉的刑事处罚；而仅被适用其他法律制裁方法的违法者如果实施了犯罪，则不构成累犯，不会受到与累犯严厉程度相同的刑事处罚。

三、刑罚的目的

1. 刑罚报应观念认为，刑罚是对犯罪的公平报应，在对犯罪科处刑罚的时候，不应当抱有防止犯罪等目的性的考虑。也就是说，即便没有防止犯罪的效果，也必须基于正义的要求而对犯罪人科处刑罚，而不得将对犯人科处刑罚作为"防止犯罪的手段"。这种考虑，通俗地说，就是"以牙还牙、以眼还眼"，科处刑罚就是因为行为人犯了罪，而再没有任何其他理由。报应刑要求只能在"同态报应"的范围内科处刑罚，因此，它对于划定刑罚的上限具有意义。

2. 还有观念认为，适用刑罚，除了出于对罪犯进行报应的目的之外，还具有预防再次犯罪的目的。因为，刑罚在广义上是出于防止犯罪的目的而科处的一种预防教育手段。与刑罚报应观念主张的"因为实施了犯罪，所以要科处刑罚"的立场相对，预防犯罪目的是基于"为了不再犯罪，所以要科处刑罚"的观念而提出来的。迄今为止所出现的预防犯罪目的，大体上可以分为特殊预防和一般预防两大类：（2008 年法硕非法学专业基础课简答题）

（1）特殊预防的概念及其主要内容

所谓特殊预防，就是通过刑罚适用，预防犯罪人重新犯罪。预防犯罪人重新犯罪，主要是通过刑罚的适用与执行，把绝大多数犯罪人改造成为守法的公民。

（2）一般预防的概念及其主要内容

所谓一般预防，就是通过对犯罪人适用刑罚，预防尚未犯罪的人实施犯罪。即用刑罚的威力震慑有可能犯罪的人，促使其及早醒悟，消除犯罪意念，不要重蹈犯罪人的覆辙，从而预防犯罪的发生。

（3）特殊预防与一般预防的关系

我国刑罚目的之特殊预防和一般预防是紧密结合、相辅相成的。对任何一个犯罪人适用刑罚，都包含着特殊预防和一般预防的目的。法律在对犯罪分子判处刑罚时，既要考虑特殊预防的需要，又要考虑一般预防的需要，使判决符合这两方面的要求，不能强调一方面而忽视另一方面。

练一练

刑罚的特殊预防是指：（　　　　）[1]

A. 预防犯罪人再次犯罪　　　　　　　　B. 预防特殊人群犯罪

---

[1] A

C. 预防犯罪人再犯特定之罪　　　　D. 预防犯罪人再犯同种之罪

第二节　刑罚的种类和体系

一、刑罚的种类 ★

1. 学理分类，即以刑罚所剥夺或者限制犯罪分子的权利和利益的性质为标准，将刑罚方法分为生命刑、自由刑、财产刑、资格刑四类。

2. 刑法中的分类，在刑法中以某种刑罚方法只能单独适用还是可以附加适用为标准，分为主刑与附加刑两类。

（1）根据我国《刑法》第32~34条的规定，刑罚分为主刑和附加刑两大类。

❶ 主刑有管制、拘役、有期徒刑、无期徒刑、死刑五种；

❷ 附加刑有罚金、剥夺政治权利、没收财产三种。

（2）此外，《刑法》第35条还规定，对于犯罪的外国人，可以独立适用或者附加适用驱逐出境。据此，驱逐出境也是一种附加刑。

二、主刑

主刑，是指只能独立适用而不能附加适用的刑罚方法。主刑的特点在于适用上的独立性，对一个犯罪只能适用一个主刑而不能适用两个或两个以上的主刑。

（一）管制的概念和特征 ★

1. 管制是对罪犯不予关押，但限制其人身自由、依法实行社区矫正的刑罚方法。管制是我国主刑中最轻的一种刑罚方法，属于限制自由刑。

2. 根据《刑法》第38~41条的规定，管制具有以下特征：

（1）对犯罪分子不予关押，即不将其羁押于一定的设施或者场所内；

（2）限制罪犯一定的自由，即罪犯必须遵守《刑法》第39条的各项规定，人民法院在判处管制时，可以根据犯罪情况，同时禁止犯罪分子在执行期间从事特定活动，进入特定区域、场所，接触特定的人；

（3）具有一定期限，即管制的期限为3个月以上2年以下，数罪并罚时，最高不能超过3年；

（4）被判处管制的犯罪分子享有除被限制之外的各项权利，未附加剥夺政治权利的仍然享有政治权利，在劳动中同工同酬等。

（二）管制的执行和禁止令

1. 根据刑法的最新规定，被判处管制的犯罪分子，依法实行社区矫正。被判处管制的犯罪分子，在执行期间，应当遵守以下规定：

（1）遵守法律、法规，服从监督；

（2）未经执行机关批准，不得行使言论、出版、集会、结社、游行、示威的权利；

（3）按照执行机关规定报告自己的活动情况；

（4）遵守执行机关关于会客的规定；

（5）离开所居住的市、县或者迁居，应当报经执行机关批准；

（6）遵守人民法院的禁止犯罪分子在执行期间从事特定活动，进入特定区域、场所，接触特定的人的禁止令。

2. 禁止令是人民法院对犯罪分子宣判管制、宣告缓刑的同时，判令禁止其从事特定活动，进入特定区域、场所，接触特定的人的命令。

（1）人民法院宣告禁止令，应当根据犯罪分子的犯罪原因、犯罪性质、犯罪手段、犯罪后的悔罪表现、个人一贯表现等情况，充分考虑与犯罪分子所犯罪行的关联程度，有针对性地禁止其在管制执行期间、缓刑考验期限内"从事特定活动，进入特定区域、场所，接触特定的人"的一项或者几项内容。

（2）禁止令的期限，既可以与管制执行、缓刑考验的期限相同，也可以短于管制执行、缓刑考验的期限，但判处管制的，禁止令的期限不得少于 3 个月，宣告缓刑的，禁止令的期限不得少于 2 个月。判处管制的犯罪分子在判决执行以前先行羁押以致管制执行的期限少于 3 个月的，禁止令的期限不受前款规定的最短期限的限制。禁止令由司法行政机关指导管理的社区矫正机构负责执行。禁止令的执行期限，从管制、缓刑执行之日起计算。

练一练

1. 下列对于禁止令的理解中正确的是：（   ）[1]

A. 禁止令由公安机关负责执行

B. 禁止令属于附加刑的具体种类

C. 禁止令的期限应与缓刑、管制执行的期限相同

D. 禁止令的执行期限从缓刑、管制执行之日起计算

2. 甲在某学校附近利用"地沟油"生产"食用油"，被刘某举报。甲因此被判处有期徒刑 1 年，缓刑 2 年，同时宣告禁止令。关于该禁止令的适用，正确的有：（   ）[2]

A. 禁止甲接触刘某

B. 禁止甲进入学校

C. 禁止甲从事食用油生产经营行业

D. 禁止令的执行期限从缓刑考验期满之日起计算

3. 依据法律规定，在管制的判决和执行方面，下列说法错误的是：（   ）[3]

A. 管制的期限为 3 个月以上 2 年以下，数罪并罚时不得超过 3 年

---

[1] D
[2] AC
[3] BCD

B. 被判处管制的犯罪分子，由公安机关执行

C. 对于被判处管制的犯罪分子，在劳动中应酌量发给报酬

D. 管制的刑期从判决执行之日起计算，判决执行以前先行羁押的，羁押一日折抵刑期一日

4. 下列关于管制的表述，错误的是：（　　）[1]

A. 在劳动中同工同酬　　　　　　　　B. 依法实行社区矫正

C. 可同时适用禁止令　　　　　　　　D. 刑期从判决宣告之日起计算

5. 关于禁止令，下列选项错误的是：（　　）[2]

A. 甲因盗掘古墓葬罪被判刑 7 年，在执行 5 年后被假释，法院裁定假释时，可对甲宣告禁止令

B. 乙犯合同诈骗罪被判处缓刑，因附带民事赔偿义务尚未履行，法院可在禁止令中禁止其进入高档饭店消费

C. 丙因在公共厕所猥亵儿童被判处缓刑，法院可同时宣告禁止其进入公共厕所

D. 丁被判处管制，同时被禁止接触同案犯，禁止令的期限应从管制执行完毕之日起计算

（三）拘役的概念和特征★

1. 拘役是短期剥夺犯罪分子的自由，就近执行并实行劳动改造的刑罚方法。它属于短期自由刑，是主刑中介于管制与有期徒刑之间的一种轻刑。

2. 根据《刑法》第 42~44 条的规定，拘役具有以下特征：

（1）剥夺罪犯的自由，即将罪犯羁押于特定的设施或者场所之中，剥夺其人身自由。

（2）期限较短，为 1 个月以上 6 个月以下，数罪并罚时，拘役刑期最高不能超过 1 年。

（3）被判处拘役的犯罪分子在执行期间具有某些优于有期徒刑的待遇。

（4）拘役的执行：被判处拘役的犯罪分子，由公安机关就近执行。在执行期间，被判处拘役的犯罪分子每月可以回家 1~2 天；参加劳动的，可以酌量发给报酬。

（四）有期徒刑的概念和特征★

1. 有期徒刑是剥夺犯罪分子一定期限的人身自由，强制其进行劳动并接受教育改造的刑罚方法。

2. 根据《刑法》第 45~47 条的规定，有期徒刑具有以下特征：

（1）剥夺犯罪分子的自由，即将犯罪分子羁押于特定的设施或者场所之中；

（2）具有一定期限，为 6 个月以上 15 年以下，数罪并罚时有期徒刑最高不能超过 25 年；

（3）执行机关为监狱或其他执行场所；

---

[1]　D

[2]　ACD

（4）强制罪犯参加劳动，接受教育和改造；

（5）有期徒刑的执行：被判处有期徒刑的罪犯关押于监狱或其他执行场所（即罪犯在被交付执行刑罚前，剩余刑期在 3 个月以下的，由看守所代为执行），进行教育改造。对有劳动能力的强制其参加劳动。

练一练

公司经理甲利用职务上的便利，侵吞本单位财产数额巨大。对此犯罪，我国刑法规定的法定刑是"处 5 年以上有期徒刑，可以并处没收财产。"根据本条对甲量刑：（   ）[1]

A. 最高可判处 15 年有期徒刑，并处没收财产

B. 最高可判处 20 年有期徒刑，并处没收财产

C. 最高可判处 25 年有期徒刑，并处没收财产

D. 如果判处 5 年有期徒刑，则不能并处没收财产

（五）无期徒刑的概念和特征★

1. 无期徒刑是剥夺犯罪分子的终身自由，强制其参加劳动并接受教育改造的刑罚方法。它是仅次于死刑的一种严厉的刑罚。

2. 无期徒刑的特征在于：

（1）没有刑期限制，罪犯终身被剥夺自由；

（2）被判处无期徒刑的罪犯在判决执行以前的羁押时间不存在折抵刑期的问题；

（3）对被判处无期徒刑的犯罪分子，必须剥夺政治权利终身；

（4）无期徒刑的执行：被判处无期徒刑的罪犯，除了无劳动能力的以外，都要在监狱或其他执行场所中参加劳动，接受教育和改造。

（六）死刑的适用及其限制（2012 年法硕法学专业基础课论述题/2007 年法硕非法学专业基础课简答题）

1. 刑法总则关于适用死刑的限制性规定主要表现在：

（1）限制死刑适用条件。死刑只适用于罪行极其严重的犯罪分子。所谓罪行极其严重，是指犯罪行为对国家和人民的利益危害特别严重，社会危害性极为巨大。

（2）限制死刑适用对象。犯罪的时候不满 18 周岁的人和审判的时候怀孕的妇女，不适用死刑。另外，审判的时候已满 75 周岁的人，除非以特别残忍手段致人死亡的，一般不适用死刑。

（3）限制死刑适用程序。判处死刑立即执行的，除依法由最高人民法院判决的以外，都应当报请最高人民法院核准。

（4）限制死刑执行制度。对于应当判处死刑的犯罪分子，如果不是必须立即执行的，可以在判处死刑的同时宣告缓期二年执行。

---

[1] A

2. 死刑的执行★

（1）判处死刑立即执行的，采用枪决或者注射等方法执行。

（2）判处死刑缓期执行的，在死刑缓期执行期间，如果没有故意犯罪，2年期满以后，减为无期徒刑；如果确有重大立功表现，2年期满以后，减为25年有期徒刑；如果故意犯罪，情节恶劣的，报请最高人民法院核准后执行死刑；对于故意犯罪未执行死刑的，死刑缓期执行的期间重新计算，并报最高人民法院备案。

（3）对被判处死刑缓期执行的累犯以及因故意杀人、强奸、抢劫、绑架、放火、爆炸、投放危险物质或者有组织的暴力性犯罪被判处死刑缓期执行的犯罪分子，人民法院根据犯罪情节等情况可以同时决定对其限制减刑。

小贴士 **判决确定之日与判决执行之日的区别**

1. 判决确定之日指判决发生法律效力之日。该日起计算的刑期有：①死刑缓期执行期间；②缓刑考验期限；③无期徒刑经过减刑后，实际执行不少于13年的起始时间；④剥夺政治权利独立适用时的刑期；⑤无期徒刑的执行。

2. 判决执行之日指罪犯送交执行机关之日。从该日起计算的刑期有：①管制的刑期；②拘役的刑期；③有期徒刑的刑期；④原判管制、拘役、有期徒刑的，减刑后的刑期；⑤剥夺政治权利附加于管制时的刑期；⑥有期徒刑假释时，至少执行原判1/2以上的刑期起始时间。

练一练

1. 甲（76周岁）因生活琐事与妻子发生争执，盛怒之下用水果刀将妻子一刀捅死，对于甲的刑事责任，下列选项正确的是：（　　）[1]

A. 对甲可以适用死刑

B. 对甲不能适用死刑

C. 对甲可以从轻或者减轻处罚

D. 对甲可以判处死刑缓期执行，同时决定对其限制减刑

2. 甲在死刑缓期执行期间，因过失造成另一罪犯重伤，2年期满后，对甲应：（　　）[2]

A. 减为无期徒刑　　　　　　　　B. 减为20年有期徒刑

C. 执行死刑　　　　　　　　　　D. 减为25年有期徒刑

3. 下列选项中，依法不得适用死刑的有：（　　）[3]

A. 审判时怀孕的妇女　　　　　　B. 审判时已满75周岁的人

---

[1]　BC

[2]　A

[3]　AC

C. 犯罪时不满 18 周岁的人　　　　　　　D. 犯罪时又聋又哑的人

4. 审判的时候怀孕的妇女依法不适用死刑。对这一规定的理解，下列选项错误的是：(　　　)[1]

A. 关押期间人工流产的，属于审判的时候怀孕的妇女

B. 关押期间自然流产的，属于审判的时候怀孕的妇女

C. 不适用死刑，是指不适用死刑立即执行但可适用死缓

D. 不适用死刑，既包括不适用死刑立即执行，也包括不适用死缓

5. 下列关于刑期起算的说法，正确的是：(　　　)[2]

A. 管制、拘役的刑期，从判决执行之日起计算

B. 有期徒刑的刑期，从判决确定之日起计算

C. 死刑缓期执行减为有期徒刑的刑期，从死刑缓期执行期满之日起计算

D. 附加剥夺政治权利的刑期，从徒刑、拘役执行完毕之日或者从假释期满之日起计算

6. 孙某因犯抢劫罪被判处死刑，缓期 2 年执行。在死刑缓期执行期间，孙某在劳动时由于不服管理，违反规章制度，造成重大伤亡事故。对孙某应当：(　　　)[3]

A. 其所犯之罪查证属实的，由最高人民法院核准，立即执行死刑

B. 其所犯之罪查证属实的，由最高人民法院核准，2 年期满后执行死刑

C. 2 年期满后减为无期徒刑

D. 2 年期满后减为 15 年以上 20 年以下有期徒刑

7. 依据法律规定，下列关于死刑的说法，错误的是：(　　　)[4]

A. 对不属于罪行极其严重的犯罪分子，既不能判处死刑立即执行，也不能判处死刑缓期执行

B. 死刑缓期执行的判决，可以由高级人民法院核准

C. 对犯罪时不满 18 周岁的人，不能判处死刑立即执行，但可以判处死刑同时宣告缓期二年执行

D. 对审判时怀孕的妇女，可以判处死刑，但必须在其生育或者流产后才能执行死刑判决

8. 《刑法》第 49 条规定：_____的时候不满 18 周岁的人和_____的时候怀孕的妇女，不适用死刑。_____的时候已满 75 周岁的人，不适用死刑，但_____的除外。下列与题干空格内容相匹配的选项是：(　　　)[5]

A. 犯罪——审判——犯罪——故意犯罪致人死亡

B. 审判——审判——犯罪——故意犯罪致人死亡

---

[1] C
[2] AC
[3] C
[4] CD
[5] D

C. 审判——审判——审判——以特别残忍手段致人死亡

D. 犯罪——审判——审判——以特别残忍手段致人死亡

9. 犯罪分子没有法定减轻处罚情节，但根据案件特殊情况，经_____核准，可在法定刑以下判处刑罚；被判处无期徒刑的犯人，如有特殊情况，经_____核准，实际执行未达13年的，可以假释；在死刑缓期执行期间，如故意犯罪，查证属实，由_____核准，执行死刑；犯罪已经经过20年，如果认为必须追诉的，须报_____核准。下列选项与题干空格内容相匹配的是：(   )[1]

A. 最高人民法院——最高人民法院——最高人民法院——最高人民法院

B. 最高人民法院——最高人民检察院——最高人民法院——最高人民法院

C. 最高人民法院——最高人民检察院——最高人民法院——最高人民检察院

D. 最高人民法院——最高人民法院——最高人民法院——最高人民检察院

三、附加刑

附加刑，是指既可以附加适用，也可以独立适用的刑罚方法。附加刑在适用上具有双重性，既可以作为某种主刑的附加刑适用，也可以作为一种刑罚方法独立适用，几种附加刑还可以同时并用。

（一）罚金

1. 罚金，是指人民法院判处犯罪分子或者犯罪的单位向国家缴纳一定金钱的刑罚方法，属于财产刑。我国刑法分则规定罚金的适用方式有四种：选处罚金、单处罚金、并处罚金、并处或者单处罚金。

2. 人民法院应当根据犯罪情节，如违法所得数额、造成损失的大小等，并综合考虑犯罪分子缴纳罚金的能力，依法判处罚金。刑法没有明确规定罚金数额标准的，罚金的最低数额不能少于1000元。

3. 判处罚金，应当根据犯罪情节决定罚金数额。《刑法》第53条规定，罚金在判决指定的期限内一次或者分期缴纳。期满不缴纳的，强制缴纳。对于不能全部缴纳罚金的，人民法院在任何时候发现被执行人有可以执行的财产，应当随时追缴。由于遭遇不能抗拒的灾祸等原因缴纳确实有困难的，经人民法院裁定，可以延期缴纳、酌情减少或者免除。

练一练

1. 下列关于罚金的表述，正确的是：(   )[2]

A. 对于未成年犯罪不得适用罚金刑

B. 罚金的最低数额可由法官酌情确定

C. 一人犯数罪分别判处罚金刑的应合并执行

---

[1] D

[2] C

D. 一人犯数罪同时并处罚金和没收全部财产的应合并执行

2. 下列关于罚金的表述，符合我国刑法规定的是：(　　　)[1]

A. 对未成年判处的罚金，不得由其监护人垫付

B. 是否判处罚金，不应考虑犯罪人的经济条件

C. 应根据犯罪情节，决定判处罚金的数额

D. 对累犯应当并处罚金

3. 甲（17 周岁，无业）收受犯罪人窃得的笔记本电脑后，为其窝藏赃物，构成犯罪，依法应处 3 年以上 7 年以下有期徒刑，并处罚金。对甲适用罚金的正确做法是：(　　　)[2]

A. 应对甲免除罚金　　　　　　　B. 应判令甲的监护人缴纳罚金

C. 应对甲处以不少于 500 元的罚金　D. 应将甲收受的电脑拍卖充抵罚金

（二）剥夺政治权利

1. 剥夺政治权利，是指剥夺犯罪分子参加国家管理与政治活动权利的刑罚方法，属于资格刑。剥夺政治权利，是指剥夺下列权利：

（1）选举权和被选举权；

（2）言论、出版、集会、结社、游行、示威自由的权利；

（3）担任国家机关职务的权利；

（4）担任国有公司、企业、事业单位和人民团体领导职务的权利。

2. 剥夺政治权利作为一种附加刑，既可以附加适用，也可以独立适用。当它附加适用时，是作为一种严厉的刑罚方法适用于重罪。

3. 剥夺政治权利的适用范围与适用对象有三种★：

（1）对于危害国家安全的犯罪分子，应当附加剥夺政治权利；

（2）对于故意杀人、强奸、放火、爆炸、投毒、抢劫等严重破坏社会秩序的犯罪分子，可以附加剥夺政治权利；

（3）对于被判处死刑、无期徒刑的犯罪分子，应当附加剥夺政治权利终身。

4. 剥夺政治权利的期限有以下四种情况★：

（1）独立适用剥夺政治权利或者主刑是有期徒刑、拘役附加剥夺政治权利的，期限为 1 年以上 5 年以下；

（2）判处管制附加剥夺政治权利的，期限与管制的期限相等；

（3）判处死刑、无期徒刑的，应当剥夺政治权利终身；

（4）死刑缓期执行减为有期徒刑或者无期徒刑减为有期徒刑的，应当把附加剥夺政治权利的期限相应的改为 3 年以上 10 年以下。

5. 剥夺政治权利刑期的计算，随主刑的不同而有以下几种情况★：

（1）判处管制附加剥夺政治权利的，剥夺政治权利的刑期与管制的刑期相等，同时起算。

---

[1] C
[2] C

（2）判处拘役附加剥夺政治权利的，剥夺政治权利的刑期从拘役执行完毕之日起计算。在拘役执行期间，当然不享有政治权利。

（3）判处有期徒刑附加剥夺政治权利的，剥夺政治权利的刑期从有期徒刑执行完毕之日或者从假释之日起计算。在有期徒刑执行期间，当然不享有政治权利。

（4）死刑缓期执行减为有期徒刑或者无期徒刑减为有期徒刑时，附加的剥夺政治权利终身减为3年以上10年以下，该剥夺政治权利的刑期，应从减刑以后的有期徒刑执行完毕之日或者从假释之日起计算，在主刑执行期间，当然不享有政治权利。

6. 剥夺政治权利由公安机关执行。被剥夺政治权利的犯罪分子，在执行期间，应当遵守法律、行政法规和国务院公安部门有关监督管理的规定，服从监督，并且不得行使《刑法》第54条规定的各项权利。

练一练

1. 下列关于剥夺政治权利的最高期限的说法中，正确的是：（   ）[1]

A. 单处剥夺政治权利的期限不得超过10年

B. 判处管制，附加剥夺政治权利的期限不得超过5年

C. 判处有期徒刑，附加剥夺政治权利的期限不得超过5年

D. 从无期徒刑减为有期徒刑，附加剥夺政治权利的期限不得超过15年

2. 下列有关剥夺政治权利的说法，正确的是：（   ）[2]

A. 刑法总则规定，对于故意杀人、强奸等严重破坏社会秩序的犯罪分子，可以附加剥夺政治权利。因此，对于严重盗窃、故意重伤等犯罪分子，也可以附加剥夺政治权利

B. 附加剥夺政治权利的刑期，从主刑执行完毕之日或从假释之日起计算，剥夺政治权利的效力当然施用于主刑执行期间

C. 被剥夺政治权利的犯罪分子，无权参加村民委员会的选举

D. 刑法总则规定："对于危害国家安全的犯罪分子应当附加剥夺政治权利。"但如果人民法院对危害国家安全的犯罪分子独立适用剥夺政治权利，则不能再附加剥夺政治权利

3. 下列关于剥夺政治权利附加刑如何执行问题的说法，正确的是：（   ）[3]

A. 被判处无期徒刑的罪犯，一般要剥夺政治权利，其刑期与主刑一样，同时执行

B. 被判处有期徒刑的罪犯，被剥夺政治权利的，从有期徒刑执行完毕或假释之日起，执行剥夺政治权利附加刑

C. 被判处拘役的罪犯，被剥夺政治权利的，从拘役执行完毕或假释之日起，执行剥夺

---

[1] C

[2] ACD

[3] BCD

政治权利附加刑

D. 被判处管制的罪犯，被剥夺政治权利的，附加刑与主刑刑期相等，同时执行

（三）没收财产

没收财产，是指将犯罪分子个人所有财产的部分或全部强制无偿收归国有的刑罚方法。

1. 刑法分则中规定的没收财产的适用方式有以下三种：

（1）并处没收财产，即应当附加适用没收财产；

（2）可以并处没收财产，即量刑时既可以附加没收财产，也可以不附加没收财产，审判人员应按实际情况作出选择；

（3）并处罚金或者没收财产，即没收财产和罚金可以择一判处，而无论选择罚金还是没收财产，都只能附加适用，并且必须适用。

2. 没收财产是没收犯罪分子个人所有财产的部分或者全部。没收全部财产的，应当为犯罪分子个人及其扶养的家属保留必需的生活费用。在判处没收财产的时候，不得没收属于犯罪分子家属所有或者应有的财产。

3. 没收财产以前犯罪分子所负的正当债务，需要以没收的财产偿还的，经债权人请求，应当偿还。

4. 没收财产的判决，无论是附加适用还是独立适用，均由人民法院执行；在必要的时候，可以会同公安机关执行。

练一练

1. 下列可以成为没收财产对象的是：（　　　）[1]

A. 被告人持有的股票　　　　　　B. 被告人收受的贿赂款

C. 被告人的土地承包经营权　　　D. 被告人作案时使用的电脑

2. 关于没收财产，下列选项错误的是：（　　　）[2]

A. 甲受贿 100 万元，巨额财产来源不明 200 万元，甲被判处死刑并处没收财产。甲被没收财产的总额至少应为 300 万元

B. 甲抢劫他人汽车被判处死刑并处没收财产。该汽车应上缴国库

C. 甲因走私罪被判处无期徒刑并处没收财产。甲此前所负赌债，经债权人请求应予偿还

D. 甲因受贿罪被判有期徒刑 10 年并处没收财产 30 万元，因妨害清算罪被判有期徒刑 3 年并处罚金 2 万元。没收财产和罚金应当合并执行

3. 关于没收财产，下列选项正确的是：（　　　）[3]

---

〔1〕　A

〔2〕　ABCD

〔3〕　C

A. 甲抢劫数额巨大，对其可以判处罚金 1 万元并处没收财产

B. 乙犯诈骗罪被判处没收全部财产时，法院对乙未满 18 周岁的子女应当保留必需的生活费用，对乙的成年家属不必考虑

C. 丙绑架他人并杀害之，即便其没有可供执行的财产，亦应当判处没收财产

D. 丁为治病向李某借款 5 万元，1 年后丁因犯罪被判处没收财产。无论李某是否提出请求，一旦法院发现该债务存在，就应当判决以没收的财产偿还

（四）驱逐出境的概念和适用对象★

1. 驱逐出境，是指强迫犯罪的外国人离开中国国（边）境的刑罚方法，它是一种专门适用于犯罪的外国人的特殊的附加刑，既可独立适用，又可附加适用。驱逐出境的适用对象是特定的，即犯罪的外国人。

2. 根据《刑法》第 35 条的规定，对于犯罪的外国人，是可以独立适用或者附加适用驱逐出境，而不是必须适用驱逐出境。单独判处驱逐出境的，从判决生效之日起执行；附加判处驱逐出境的，从主刑执行完毕之日起执行。

练一练

某外国商人甲在我国领域内犯重婚罪，对甲应：（　　　）[1]

A. 适用我国刑法追究其刑事责任
B. 通过外交途径解决

C. 适用该外国刑法追究其刑事责任
D. 直接驱逐出境

（五）非刑罚处理方法

[法条引述]

第 37 条 [非刑罚性处置措施]　对于犯罪情节轻微不需要判处刑罚的，可以免予刑事处罚，但是可以根据案件的不同情况，予以训诫或者责令具结悔过、赔礼道歉、赔偿损失，或者由主管部门予以行政处罚或者行政处分。

第 37 条之一 [从业禁止]　因利用职业便利实施犯罪，或者实施违背职业要求的特定义务的犯罪被判处刑罚的，人民法院可以根据犯罪情况和预防再犯罪的需要，禁止其自刑罚执行完毕之日或者假释之日起从事相关职业，期限为 3 年至 5 年。

被禁止从事相关职业的人违反人民法院依照前款规定作出的决定的，由公安机关依法给予处罚；情节严重的，依照本法第 313 条的规定（拒不执行判决、裁定罪）定罪处罚。

其他法律、行政法规对其从事相关职业另有禁止或者限制性规定的，从其规定。

第 64 条 [犯罪物品的处理]　犯罪分子违法所得的一切财物，应当予以追缴或者责令退赔；对被害人的合法财产，应当及时返还；违禁品和供犯罪所用的本人财物，应当予以没收。没收的财物和罚金，一律上缴国库，不得挪用和自行处理。

---

[1]　A

练一练

关于职业禁止，下列选项正确的是：（   ）〔1〕

A. 利用职务上的便利实施犯罪的，不一定都属于"利用职业便利"实施犯罪

B. 行为人违反职业禁止的决定，情节严重的，应以拒不执行判决、裁定罪定罪处罚

C. 判处有期徒刑并附加剥夺政治权利，同时决定职业禁止的，在有期徒刑与剥夺政治权利均执行完毕后，才能执行职业禁止

D. 职业禁止的期限均为 3 年至 5 年

（六）《社区矫正法》

1. 对被判处管制、宣告缓刑、假释和暂予监外执行的罪犯，依法实行社区矫正。

2. 国务院司法行政部门主管全国的社区矫正工作。县级以上地方人民政府司法行政部门主管本行政区域内的社区矫正工作。

练一练

按照我国刑法的规定，应当适用社区矫正的对象包括：（   ）〔2〕

A. 被裁定假释的犯罪分子　　　　　B. 被宣告缓刑的犯罪分子

C. 被判处管制的犯罪分子　　　　　D. 被单处剥夺政治权利的犯罪分子

---

〔1〕 B
〔2〕 ABC

第十章　量　刑

第一节　量刑情节

一、量刑的概念、特征和原则

1. 量刑，又称刑罚裁量，是指人民法院依据刑事法律，在认定行为人构成犯罪的基础上，确定对犯罪人是否判处刑罚、判处何种刑罚以及判处多重的刑罚，并决定所判刑罚是否立即执行的刑事司法活动。

2. 量刑具有以下特征★：

（1）主体是人民法院。

（2）内容是对犯罪人确定刑罚。

（3）性质是一种刑事司法活动。因此，量刑是人民法院的一种刑事司法活动，是国家刑事法律活动的有机组成部分。

3. 量刑的原则

（1）以犯罪事实为根据的量刑原则；

（2）以法律为准绳的量刑原则。

二、量刑情节

1. 量刑情节，又称刑罚裁量情节，是指人民法院对犯罪分子裁量刑罚时应当考虑的、据以决定量刑轻重或者免除刑罚处罚的各种情况。

2. 量刑情节的特征主要表现为：

（1）它与定罪即认定行为人的行为是否构成犯罪并无关系；

（2）它能够表明犯罪人的人身危险性及其所犯罪行的社会危害性程度；

（3）它对刑罚裁量的结果即处刑轻重或者是否免除刑罚处罚，具有直接的影响。

3. 以刑法是否就量刑情节及其功能作出明确规定为标准，量刑情节可分为法定情节和酌定情节。

三、法定情节★

1. 以规定法定情节的刑法规范的性质和法定情节的适用范围为标准，法定情节又可分为总则性情节和分则性情节。

2. 从功能上看，法定情节有从重、从轻、减轻和免除处罚的情节。

3. 从轻处罚情节和从重处罚情节的适用

《刑法》第 62 条规定："犯罪分子具有本法规定的从重处罚、从轻处罚情节的，应当在法定刑的限度以内判处刑罚。"据此，从轻处罚，是指在法定刑幅度内选择判处比没有该情节的类似犯罪相对较轻的刑种或刑期；从重处罚，是指在法定刑幅度内选择判处比没有该情节的类似犯罪相对较重的刑种或刑期。

4. 减轻处罚情节的适用（2021 年法硕非法学专业基础课法条分析题）

我国刑法中的减轻处罚分为"法定减轻处罚"和"酌定减轻处罚"。

（1）《刑法》第 63 条规定："犯罪分子具有本法规定的减轻处罚情节的，应当在法定刑以下判处刑罚；本法规定有数个量刑幅度的，应当在法定量刑幅度的下一个量刑幅度内判处刑罚。犯罪分子虽然不具有本法规定的减轻处罚情节，但是根据案件的特殊情况，经最高人民法院核准，也可以在法定刑以下判处刑罚。"

（2）把握减轻处罚情节的基本适用规则，必须注意以下问题：

❶ 法定最低刑，并非笼统地指特定犯罪的法定刑的最低刑，而是指与行为人所实施的特定具体犯罪相适应的量刑幅度中的最低刑。

❷ 减轻处罚既包括刑种的减轻，也包括刑期的减轻。

❸ 减轻处罚不能判处法定最低刑，只能在法定最低刑之下判处刑罚，否则将同从轻处罚相混淆；减轻处罚也不能减轻到免除处罚的程度，否则将同免除处罚相混淆。

练一练

假如甲罪的法定刑为"3 年以上 10 年以下有期徒刑"，下列关于量刑的说法，正确的是：（   ）[1]

A. 如果法官对犯甲罪的被告人判处 7 年以上 10 年以下有期徒刑，就属于从重处罚；如果判处 3 年以上 7 年以下有期徒刑，就属于从轻处罚

B. 法官对犯甲罪的被告人判处 3 年有期徒刑时，属于从轻处罚与减轻处罚的竞合

C. 由于甲罪的法定最低刑为 3 年以上有期徒刑，所以，法官不得对犯甲罪的被告人宣告缓刑

D. 如果犯甲罪的被告人不具有刑法规定的减轻处罚情节，法官就不能判处低于 3 年有期徒刑的刑罚，除非根据案件的特殊情况，报经最高人民法院核准

5. 免除处罚情节的适用（2021 年法硕非法学专业基础课法条分析题）

免除处罚，是指对犯罪分子作有罪宣告，但免除其刑罚处罚。免除处罚的情节，刑法总则和分则均有规定，例如，根据我国《刑法》第 37 条的规定，对于犯罪情节轻微不需要判处刑罚的，可以免予刑事处罚，但是可以根据案件的不同情况，予以训诫或者责令具结悔过、赔礼道歉、赔偿损失，或者由主管部门予以行政处罚或者行政处分。

---

[1] D

四、酌定情节（2009年法硕非法学专业基础课简答题）

1. 酌定情节，是指人民法院从审判经验中总结出来的，在刑罚裁量过程中灵活掌握、酌情适用的情节。

2. 刑法司法实践中常见的酌定情节，主要有以下几种：①犯罪的动机；②犯罪的手段；③犯罪的时间、地点；④犯罪侵害的对象；⑤犯罪造成的损害结果；⑥犯罪分子的一贯表现；⑦犯罪后的态度。

练一练

王某多次吸毒，某日下午在市区超市门口与同居女友沈某发生争吵。沈某欲离开，王某将其按倒在地，用菜刀砍死。后查明：王某案发时因吸毒出现精神病性障碍，导致辨认控制能力减弱。关于本案的刑罚裁量，下列选项错误的是：（　　）[1]

A. 王某是偶犯，可酌情从轻处罚

B. 王某刑事责任能力降低，可从轻处罚

C. 王某在公众场合持刀行凶，社会影响恶劣，可从重处罚

D. 王某与被害人存在特殊身份关系，可酌情从轻处罚

第二节　量刑制度

一、累犯（2013年法硕法学专业基础课论述题）

[法条引述]

第65条　被判处有期徒刑以上刑罚的犯罪分子，刑罚执行完毕或者赦免以后，在5年以内再犯应当判处有期徒刑以上刑罚之罪的，是累犯，应当从重处罚，但是过失犯罪和不满18周岁的人犯罪的除外。

前款规定的期限，对于被假释的犯罪分子，从假释期满之日起计算。

（一）累犯的种类

根据上述规定，分为一般累犯和特别累犯两种。

1. 一般累犯的概念及其构成条件

所谓"一般累犯"，是指被判处有期徒刑以上刑罚并在刑罚执行完毕或者赦免以后，在5年内再犯应当判处有期徒刑以上刑罚之罪的犯罪分子。一般累犯的构成条件为：

（1）前罪与后罪发生时，犯罪人已满18周岁，这是构成累犯的主体条件。

（2）前罪与后罪都是故意犯罪。这是构成累犯的主观条件。如果行为人实施的前罪与后罪均为过失犯罪，或者前罪与后罪之一是过失犯罪，都不能构成累犯。

---

[1]　B

（3）前罪被判处有期徒刑以上刑罚，后罪应当被判处有期徒刑以上刑罚。这是构成累犯的刑度条件。

（4）后罪发生在前罪的刑罚执行完毕或者赦免以后5年之内。这是构成累犯的时间条件。

> **小贴士**
>
> 1. 所谓"刑罚执行完毕"，是指主刑执行完毕，不包括附加刑在内。主刑执行完毕后5年内又犯罪，即使附加刑未执行完毕，仍构成累犯。
>
> 2. 所谓"赦免"，是指特赦减免。若后罪发生在前罪的刑罚执行期间，则不构成累犯，而应适用数罪并罚；若后罪发生在前罪的刑罚执行完毕或者赦免5年以后，也不构成累犯。

2. 特别累犯的概念

所谓"特别累犯"，是指因犯危害国家安全犯罪、恐怖活动犯罪、黑社会性质的组织犯罪的犯罪分子受过刑罚处罚，刑罚执行完毕或者赦免以后，在任何时候再犯上述任一类罪的犯罪分子。

（二）情形演练

[例1] 甲因盗窃被判处6个月有期徒刑，因过失致人死亡被判处2年有期徒刑，数罪并罚决定执行2年有期徒刑；甲在刑罚执行完毕后经过了4年6个月时又犯抢劫罪的，应认定为累犯。

[例2] 甲因盗窃被判处6个月拘役，因过失致人死亡被判处2年有期徒刑，数罪并罚决定执行2年有期徒刑；甲在刑罚执行完毕后经过了4年6个月时又犯抢劫罪的，不应认定为累犯。

[例3] 甲因故意伤害被判处3年有期徒刑，在3年有期徒刑执行完毕以后的5年内又犯盗窃罪与使用虚假身份证件罪，其中的盗窃罪应当判处有期徒刑4年，使用虚假身份证件罪应当判处管制。只能将其中的盗窃罪认定为累犯。

[例4] 甲因诈骗被判处有期徒刑3年，因犯参加黑社会性质组织罪被判处拘役3个月，数罪并罚只执行有期徒刑。甲在3年有期徒刑执行完毕后的第6年，实施了为境外窃取情报的犯罪行为。甲不成立一般累犯与特别累犯。

（三）累犯的刑事责任

对累犯应当从重处罚，不得缓刑、不得假释。

（四）累犯与再犯的区别★

一般意义上的再犯，是指再次犯罪的人，即两次或者两次以上实施犯罪的人。对再犯的后犯之罪实施的时间并无限制，既可以是在前罪刑罚执行期间实施的，也可以是在刑满释放之后实施的。累犯与再犯的区别主要体现在：

1. 累犯前后实施的犯罪必须是特定的犯罪；而再犯前后实施的犯罪并无此方面的限制。

2. 累犯一般必须以前后两罪被判处或者应判处一定刑罚为构成要件；而构成再犯，并不要求前后两罪必须被判处一定刑罚。

3. 累犯所犯后罪，一般必须是前罪刑罚执行完毕或者赦免以后的法定期限之内实施的；而构成再犯，对前后两罪之间并无时间方面的限制。

练一练

1. 甲17周岁时因运输毒品被判处3年有期徒刑，刑满释放后不久，又因参加黑社会性质组织贩卖毒品被逮捕。甲属于：（   ）[1]

A. 再犯
B. 初犯
C. 一般累犯
D. 特别累犯

2. 下列情形不成立累犯的是：（   ）[2]

A. 张某犯故意伤害罪被判处有期徒刑3年，缓刑3年，缓刑期满后的第3年又犯盗窃罪，被判处有期徒刑10年

B. 李某犯强奸罪被判处有期徒刑5年，刑满释放后的第4年，又犯妨害公务罪，被判处有期徒刑6个月

C. 王某犯抢夺罪被判处有期徒刑4年，执行3年后被假释，于假释期满后的第5年又犯故意杀人罪被判处无期徒刑

D. 田某犯叛逃罪被判处管制2年，管制期满后20年又犯为境外刺探国家秘密罪，被判处拘役6个月

二、自首

[法条引述]

第67条 [一般自首]　犯罪以后自动投案，如实供述自己的罪行的，是自首。对于自首的犯罪分子，可以从轻或者减轻处罚。其中，犯罪较轻的，可以免除处罚。

[特别自首]　被采取强制措施的犯罪嫌疑人、被告人和正在服刑的罪犯，如实供述司法机关还未掌握的本人其他罪行的，以自首论。

[坦白]　犯罪嫌疑人虽不具有前两款规定的自首情节，但是如实供述自己罪行的，可以从轻处罚；因其如实供述自己罪行，避免特别严重后果发生的，可以减轻处罚。

（一）一般自首的概念及其成立条件★

一般自首，是指犯罪分子犯罪（故意或者过失）以后自动投案，如实供述自己罪行的

---

[1]　A
[2]　A

行为。一般自首的成立条件为：

1. 自动投案。即在犯罪事实或者犯罪嫌疑人未被司法机关发觉，或者虽被发觉，但犯罪嫌疑人尚未受到讯问、未被采取强制措施时，主动、直接向公安机关、人民检察院或者人民法院投案。

2. 如实供述自己的罪行。即供述自己实施并应由本人承担刑事责任的罪行。投案人所供述的犯罪，既可以是投案人单独实施的，也可以是与他人共同实施的；既可以是一罪，也可以是数罪。

（二）特别自首的概念及其成立条件 ★

特别自首，亦称准自首，是指被采取强制措施的犯罪嫌疑人、被告人和正在服刑的罪犯，如实供述司法机关还未掌握的本人其他罪行（故意或者过失）的行为。特别自首的成立条件为：

1. 成立特别自首的主体必须是被采取强制措施的犯罪嫌疑人、被告人和正在服刑的罪犯。

（1）所谓"强制措施"，是指我国刑事诉讼法规定的拘传、拘留、取保候审、监视居住和逮捕；

（2）所谓"正在服刑的罪犯"，是指已经人民法院判决、正在执行所判刑罚的罪犯。

2. 必须如实供述司法机关还未掌握的本人其他罪行。这是成立特别自首的关键性条件。

（三）数罪自首的认定

正确认定数罪的自首，关键在于判断犯罪人是否如实地供述了所犯数罪，并分不同情况予以处理。

1. 就一般自首而言，对于犯罪人自动投案后如实供述所犯全部数罪的，应认定为全案均成立自首。对于犯罪人自动投案后仅如实供述所犯全部数罪的一部分，而未供述另一部分犯罪的，若行为人所犯数罪为异种数罪，其所供述的犯罪成立自首，其未交代的犯罪不成立自首，即自首的效力仅及于如实供述之罪。

2. 就特别自首而言，被司法机关依法采取强制措施的犯罪嫌疑人、被告人和正在服刑的罪犯，如实供述司法机关还未掌握的本人非同种罪行的，以自首论。如实供述司法机关还未掌握的本人同种罪行的，分不同情况，可以酌情或者一般应当从轻处罚。

（四）自首与坦白的区别 ★

所谓"坦白"，是指犯罪分子被动归案之后，如实供述自己罪行，并接受国家司法机关审查和裁判的行为。所谓"自首"，是指犯罪分子自动投案，如实供述自己的罪行的行为。

1. 自首与坦白的相同之处为：

（1）均以自己实施了犯罪行为为前提；

（2）都是在犯罪人归案之后如实交代自己的犯罪事实；

（3）两者的犯罪人都有接受国家司法机关审查和裁判的行为；

（4）两者都是从宽处罚的情节。

2. 自首与坦白也存在着明显的区别：

（1）自首是犯罪人自动投案之后，主动如实供述自己犯罪事实的行为，或者被动归案以后，如实供述司法机关还未掌握的本人其他罪行的行为，而坦白则是犯罪人被动归案之后，如实交代自己被指控的犯罪事实的行为。

（2）自首与坦白所反映的犯罪人的人身危险性程度不同，自首犯的人身危险性相对较轻，坦白者的人身危险性相对较重。在一般情况下，自首比坦白的从宽处罚幅度要大。

（五）刑法分则规定的自首减免处罚

1.《刑法》第164条（对非国家工作人员行贿罪）。行贿人在被追诉前主动交待行贿行为的，可以减轻处罚或者免除处罚。

2.《刑法》第390条（行贿罪）。行贿人在被追诉前主动交待行贿行为的，可以从轻或者减轻处罚。其中，犯罪较轻的，对侦破重大案件起关键作用的，或者有重大立功表现的，可以减轻或者免除处罚。

（六）司法解释关于自首、立功的规定

1. 自动投案可以表现为：

（1）犯罪嫌疑人向其所在单位、城乡基层组织或者其他有关负责人员投案的。

（2）犯罪嫌疑人因病、伤或者为了减轻犯罪后果，委托他人先代为投案，或者先以信电投案的。

（3）罪行尚未被司法机关发觉，仅因形迹可疑，被有关组织或者司法机关盘问、教育后，主动交代自己的罪行的；但有关部门、司法机关在其身上、随身携带的物品、驾乘的交通工具等处发现与犯罪有关的物品的，不能认定为自动投案。

（4）犯罪后逃跑，在被通缉、追捕过程中，主动投案的。

（5）经查实确已准备去投案，或者正在投案途中，被公安机关捕获的，应当视为自动投案。

（6）并非出于犯罪嫌疑人主动，而是经亲友规劝、陪同投案的。

（7）公安机关通知犯罪嫌疑人的亲友，或者亲友主动报案后，将犯罪嫌疑人送去投案的，也应当视为自动投案；犯罪嫌疑人被亲友采用捆绑等手段送到司法机关，或者在亲友带领侦查人员前来抓捕时无拒捕行为，并如实供认犯罪事实的，虽然不能认定为自动投案，但可以参照法律对自首的有关规定酌情从轻处罚。

（8）犯罪后主动报案，虽未表明自己是作案人，但没有逃离现场，在司法机关询问时交代自己罪行的；交通肇事后保护现场、抢救伤者，并向公安机关报告的，应认定为自动投案，构成自首的，因上述行为同时系犯罪嫌疑人的法定义务，对其是否从宽、从宽幅度要适当从严掌握。

（9）明知他人报案而在现场等待，抓捕时无拒捕行为，供认犯罪事实的。

（10）在司法机关未确定犯罪嫌疑人，尚在一般性排查询问时主动交代自己罪行的。

（11）因特定违法行为被采取劳动教养、行政拘留、司法拘留、强制隔离戒毒等行政、司法强制措施期间，主动向执行机关交代尚未被掌握的犯罪行为的。

（12）其他符合立法本意，应当视为自动投案的情形。

> **小贴士**
>
> 1. 犯罪嫌疑人自动投案后又逃跑的，不能认定为自首，但潜逃后又投案的，仍应认定为自动投案。
>
> 2. 被采取强制措施后逃跑然后再"投案"的，相对于被采取强制措施的犯罪而言，不能认定为自动投案，但对新犯之罪仍能成立自动投案。

［例1］甲主动去公安机关交待自己抢劫杀人的事实后，公安人员随口说了一句"你罪行不轻啊"，甲担心被判死刑，逃跑至外地。在被通缉的过程中，甲身患重病无钱治疗，向当地公安机关投案，再次如实交待了自己的全部罪行。甲仍然属于自动投案，对抢劫罪成立一般自首。

［例2］乙犯盗窃罪被取保候审，逃往外地时又犯抢劫罪，然后向司法机关投案，如实供述抢劫事实的，只成立抢劫罪的自动投案，不成立盗窃罪的自动投案。

［例3］丙犯故意杀人罪后主动前往公安机关投案，因为怀孕被公安机关监视居住，后趁去医院做产检途中逃匿。外逃途中，丙流产走投无路，再次前往公安机关投案，不属于故意杀人罪的自动投案。

［例4］丁犯抢劫罪后被逮捕，脱逃后又投案的，只成立脱逃罪的自动投案，不成立抢劫罪的自动投案。

2. 如实供述自己的罪行，是指犯罪嫌疑人自动投案后，如实交代自己的主要犯罪事实。

（1）共同犯罪案件中的犯罪嫌疑人，除如实供述自己的罪行，还应当供述所知的同案犯，主犯则应当供述所知其他同案犯的共同犯罪事实，才能认定为自首。

（2）犯罪嫌疑人自动投案并如实供述自己的罪行后又翻供的，不能认定为自首；但在一审判决前又能如实供述的，应当认定为自首。

（3）除供述自己的主要犯罪事实外，还应包括姓名、年龄、职业、住址、前科等情况。犯罪嫌疑人供述的身份等情况与真实情况虽有差别，但不影响定罪量刑的，应认定为如实供述自己的罪行。犯罪嫌疑人自动投案后隐瞒自己的真实身份等情况，影响对其定罪量刑的，不能认定为如实供述自己的罪行。

（4）犯罪嫌疑人多次实施同种罪行的，应当综合考虑已交代的犯罪事实与未交代的犯罪事实的危害程度，决定是否认定为如实供述主要犯罪事实。虽然投案后没有交代全部犯罪事实，但如实交代的犯罪情节重于未交代的犯罪情节，或者如实交代的犯罪数额多于未交代的犯罪数额，一般应认定为如实供述自己的主要犯罪事实。无法区分已交代的与未交代的犯罪情节的严重程度，或者已交代的犯罪数额与未交代的犯罪数额相当，一般不认定为如实供述自己的主要犯罪事实。

（5）犯罪嫌疑人自动投案时虽然没有交代自己的主要犯罪事实，但在司法机关掌握其主要犯罪事实之前主动交代的，应认定为如实供述自己的罪行。

3. 特别自首中，犯罪嫌疑人、被告人在被采取强制措施期间如实供述本人其他罪行，该罪行与司法机关已掌握的罪行属同种罪行还是不同种罪行，一般应以罪名区分。

（1）如实供述的其他罪行的罪名与司法机关已掌握犯罪的罪名不同，但如实供述的其他犯罪与司法机关已掌握的犯罪属选择性罪名或者在法律、事实上有密切关联，如因受贿被采取强制措施后，又交代因受贿为他人谋取利益行为，构成滥用职权罪的，应认定为同种罪行。

（2）被采取强制措施的犯罪嫌疑人、被告人和已宣判的罪犯，如实供述司法机关尚未掌握的罪行，与司法机关已掌握的或者判决确定的罪行属同种罪行的，可以酌情从轻处罚；如实供述的同种罪行较重的，一般应当从轻处罚。

注　意

最高人民法院、最高人民检察院《关于办理职务犯罪案件认定自首、立功等量刑情节若干问题的意见》

1. 犯罪事实或者犯罪分子未被办案机关掌握，或者虽被掌握，但犯罪分子尚未受到调查谈话、讯问，或者未被宣布采取调查措施或者强制措施时，向办案机关投案的，是自动投案。在此期间如实交代自己的主要犯罪事实的，应当认定为自首。

2. 犯罪分子向所在单位等办案机关以外的单位、组织或者有关负责人员投案的，应当视为自动投案。

3. 没有自动投案，在办案机关调查谈话、讯问、采取调查措施或者强制措施期间，犯罪分子如实交代办案机关掌握的线索所针对的事实的，不能认定为自首。

4. 没有自动投案，但具有以下情形之一的，以自首论：

（1）犯罪分子如实交代办案机关未掌握的罪行，与办案机关已掌握的罪行属不同种罪行的；

（2）办案机关所掌握线索针对的犯罪事实不成立，在此范围外犯罪分子交代同种罪行的。

5. 单位自首（2020年法硕非法学、法学专业基础课简答题）

（1）单位犯罪案件中，单位集体决定或者单位负责人决定而自动投案，如实交代单位犯罪事实的，或者单位直接负责的主管人员自动投案，如实交代单位犯罪事实的，应当认定为单位自首。

（2）单位自首的，直接负责的主管人员和直接责任人员未自动投案，但如实交代自己知道的犯罪事实的，可以视为自首；拒不交代自己知道的犯罪事实或者逃避法律追究的，不应当认定为自首。

（3）单位没有自首，直接责任人员自动投案并如实交代自己知道的犯罪事实的，对该直接责任人员应当认定为自首。

练一练

1. 自动投案的罪犯的下列行为中，应认定为属于自首中的"如实供述自己罪行"的有：（　　　）〔1〕

A. 供述时对所知的同案犯未作供述的

B. 如实供述行为事实但对行为性质加以辩解的

C. 在司法机关掌握其主要犯罪事实之前主动交代的

D. 供述的身份与真实情况有差别但未影响定罪量刑的

2. 下列选项中，应认定为自首中"自动投案"的有：（　　　）〔2〕

A. 在接受强制戒毒期间，主动向警方交代了自己抢劫杀人的事实

B. 因形迹可疑被父母捆绑到派出所后，如实交代了自己杀人的事实

C. 匿名报案后在事故现场接受询问时，向警方交代了自己交通肇事的事实

D. 在涉嫌诈骗被取保候审期间潜逃，途中找警方交代了自己绑架他人的事实

3. 下列情形中，应认定为自首的有：（　　　）〔3〕

A. 犯罪分子没有自动投案，但如实交代办案机关未掌握的罪行，与办案机关已掌握的罪行属不同种罪行的

B. 犯罪分子没有自动投案，办案机关所掌握线索针对的犯罪事实不成立，在此范围外犯罪分子交代同种罪行的

C. 单位犯罪案件中，单位集体决定或单位负责人决定自动投案，如实交代单位犯罪事实的

D. 单位直接负责的主管人员自动投案，如实交代单位犯罪事实的

三、立功

[法条引述]

第68条　犯罪分子有揭发他人犯罪行为，查证属实的，或者提供重要线索，从而得以侦破其他案件等立功表现的，可以从轻或者减轻处罚；有重大立功表现的，可以减轻或者免除处罚。

我国刑法中的立功分为"一般立功"和"重大立功"两种★。

1. 所谓"一般立功"，根据有关司法解释，是指：

（1）犯罪分子检举、揭发他人的犯罪行为，包括共同犯罪案件中的犯罪分子揭发同案犯共同犯罪以外的其他犯罪，经查证属实；

（2）提供侦破其他案件的重要线索，经查证属实；

---

〔1〕　BCD

〔2〕　ACD

〔3〕　ABCD

（3）阻止他人犯罪活动；

（4）协助司法机关抓捕其他犯罪嫌疑人（包括同案犯）；

（5）具有其他有利于国家和社会的突出表现的行为。

> **注意**
>
> 1.（1）犯罪分子通过贿买、暴力、胁迫等非法手段，或者被羁押后与律师、亲友会见过程中违反监管规定，获取他人犯罪线索并"检举揭发"的，不能认定为有立功表现；
>
> （2）犯罪分子将本人以往查办犯罪职务活动中掌握的，或者从负有查办犯罪、监管职责的国家工作人员处获取的他人犯罪线索予以检举揭发的，不能认定为有立功表现；
>
> （3）犯罪分子亲友为使犯罪分子"立功"，向司法机关提供他人犯罪线索、协助抓捕犯罪嫌疑人的，不能认定为犯罪分子有立功表现。
>
> 2. 犯罪分子具有下列行为之一，使司法机关抓获其他犯罪嫌疑人的，属于"协助司法机关抓捕其他犯罪嫌疑人"：
>
> （1）按照司法机关的安排，以打电话、发信息等方式将其他犯罪嫌疑人（包括同案犯）约至指定地点的；
>
> （2）按照司法机关的安排，当场指认、辨认其他犯罪嫌疑人（包括同案犯）的；
>
> （3）带领侦查人员抓获其他犯罪嫌疑人（包括同案犯）的；
>
> （4）提供司法机关尚未掌握的其他案件犯罪嫌疑人的联络方式、藏匿地址的，等等。
>
> 犯罪分子提供同案犯姓名、住址、体貌特征等基本情况，或者提供犯罪前、犯罪中掌握、使用的同案犯联络方式、藏匿地址，司法机关据此抓捕同案犯的，不能认定为协助司法机关抓捕同案犯。

2. 共同犯罪案件的犯罪分子到案后，揭发同案犯共同犯罪事实的，可以酌情予以从轻处罚。

3. 重大立功的情形

（1）犯罪分子有检举、揭发他人重大犯罪行为，经查证属实；

（2）提供侦破其他重大案件的重要线索，经查证属实；

（3）阻止他人重大犯罪活动；

（4）协助司法机关抓捕其他重大犯罪嫌疑人（包括同案犯）；

（5）对国家和社会有其他重大贡献等表现的，应当认定为有重大立功表现。

> **注意**
>
> 1. 前述所称"重大犯罪""重大案件""重大犯罪嫌疑人"的标准，一般是指犯罪嫌疑人、被告人可能被判处无期徒刑以上刑罚或者案件在本省、自治区、直辖市或者全国范围内有较大影响等情形。

2. 最高人民法院、最高人民检察院《关于办理职务犯罪案件认定自首、立功等量刑情节若干问题的意见》

（1）为使犯罪分子得到从轻处理，犯罪分子的亲友直接向有关机关揭发他人犯罪行为，提供侦破其他案件的重要线索，或者协助司法机关抓捕其他犯罪嫌疑人的，不应当认定为犯罪分子的立功表现。

（2）据以立功的线索、材料来源有下列情形之一的，不能认定为立功：

❶本人通过非法手段或者非法途径获取的；

❷本人因原担任的查禁犯罪等职务获取的；

❸他人违反监管规定向犯罪分子提供的；

❹负有查禁犯罪活动职责的国家机关工作人员或者其他国家工作人员利用职务便利提供的。

练一练

1. 甲因涉嫌受贿被捕，在受讯问时如实供述了受贿罪刑，并举报了同监室的一名犯罪嫌疑人企图潜逃，经查证属实，下列选项中正确的是：（   ）[1]

A. 甲有自首情节，对其可以从轻处罚

B. 甲有立功情节，对其可以免除处罚

C. 甲有坦白情节，对其可以从轻处罚

D. 甲具有重大立功情节，对其应当免除处罚

2. 甲因盗窃罪被捕，在侦查人员对其审讯期间，他又交待了自己与李某合伙诈骗4万元的犯罪事实，并提供了李某可能隐匿的地点，根据这一线索，侦查机关顺利将李某追捕归案。对甲盗窃罪的处罚，下列选项正确的是：（   ）[2]

A. 应当减轻或者免除处罚　　　　　B. 应当从轻或者减轻处罚

C. 可以从轻或者减轻处罚　　　　　D. 可以减轻或者免除处罚

3. 甲（民营企业销售经理）因合同诈骗罪被捕。在侦查期间，甲主动供述曾向国家工作人员乙行贿9万元，司法机关遂对乙进行追诉。后查明，甲的行为属于单位行贿，行贿数额尚未达到单位行贿罪的定罪标准。甲的主动供述构成：（   ）[3]

A. 坦白　　　　　　　　　　　　　B. 立功

C. 自首　　　　　　　　　　　　　D. 准自首

4. 下列选项不构成立功的是：（   ）[4]

---

[1] C
[2] C
[3] B
[4] ACD

A. 甲是唯一知晓同案犯裴某手机号的人，其主动供述裴某手机号，侦查机关据此采用技术侦查手段将裴某抓获

B. 乙因购买境外人士赵某的海洛因被抓获后，按司法机关要求向赵某发短信"报平安"，并表示还要购买毒品，赵某因此未离境，等待乙时被抓获

C. 丙被抓获后，通过律师转告其父想办法协助司法机关抓捕同案犯，丙父最终找到同案犯藏匿地点，协助侦查机关将其抓获

D. 丁被抓获后，向侦查机关提供同案犯的体貌特征，同案犯由此被抓获

5. 甲在被羁押期间，得知同监舍的乙（因聚众斗殴被刑事拘留）掌握乙的同案犯丙曾经入室抢劫杀人的情况，就将这一线索报告给看守所警察，并设法说服乙揭发了丙抢劫杀人的事实。公安机关据此侦破了丙的抢劫杀人案件。此案中：(　　)[1]

A. 甲和乙均成立重大立功　　　　　　　B. 甲不成立立功，乙成立重大立功

C. 甲和乙均成立立功　　　　　　　　　D. 甲成立立功，乙成立重大立功

四、数罪并罚

（一）吸收原则的适用情形

1. 判决宣告的数个主刑中有数个死刑或最重刑为死刑的，采用吸收原则，仅应决定执行一个死刑，而不得决定执行两个以上的死刑或其他主刑。

2. 判决宣告的数个主刑中有数个无期徒刑或最重刑为无期徒刑的，采用吸收原则，只应决定执行一个无期徒刑，而不得决定执行两个以上的无期徒刑，或者将两个以上的无期徒刑合并升格执行死刑，或者决定执行其他主刑。

3. 数罪中有判处有期徒刑和拘役的，执行有期徒刑，拘役不再执行。

（二）并科原则的适用情形

1. 数罪中有判处有期徒刑和管制，或者拘役和管制的，有期徒刑、拘役执行完毕后，管制仍须执行。

2. 数罪中有判处附加刑的，附加刑仍须执行，其中附加刑种类相同的，合并执行，种类不同的，分别执行。

（三）限制加重原则的适用情形 （2020年法硕法学专业基础课论述题）

1. 判决宣告的数个主刑均为有期徒刑的，应当在总和刑期以下，数刑中最高刑期以上，酌情决定执行的刑期；有期徒刑总和刑期不满35年的，最高不能超过20年，总和刑期在35年以上的，最高不能超过25年。

2. 判决宣告的数个主刑均为拘役的，应当在总和刑期以下，数刑中最高刑期以上，酌情决定执行的刑期，但是最高不能超过1年。

3. 判决宣告的数个主刑均为管制的，应当在总和刑期以下，数刑中最高刑期以上，酌

---

[1]　A

情决定执行的刑期，但是最高不能超过 3 年。

（四）适用数罪并罚原则的两种特殊情况

1. 刑罚执行期间发现漏罪的，根据"先并后减"的规则。（《刑法》第 70 条）
2. 刑罚执行期间又犯新罪的，根据"先减后并"的规则。（《刑法》第 71 条）

练一练

1. "数罪中有判处有期徒刑和管制，或者拘役和管制的，有期徒刑、拘役执行完毕后，管制仍须执行"这一规定体现的并罚原则是：（   ）[1]

A. 加重原则   B. 吸收原则

C. 并科原则   D. 限制加重原则

2. 关于数罪并罚，下列选项符合《刑法》规定的是：（   ）[2]

A. 甲在判决宣告以前犯抢劫罪、盗窃罪与贩卖毒品罪，分别被判处 13 年、8 年、15 年有期徒刑。法院数罪并罚决定执行 18 年有期徒刑

B. 乙犯抢劫罪、盗窃罪分别被判处 13 年、6 年有期徒刑，数罪并罚决定执行 18 年有期徒刑。在执行 5 年后，发现乙在判决宣告前还犯有贩卖毒品罪，应当判处 15 年有期徒刑。法院数罪并罚决定应当执行 19 年有期徒刑，已经执行的刑期，计算在新判决决定的刑期之内

C. 丙犯抢劫罪、盗窃罪分别被判处 13 年、8 年有期徒刑，数罪并罚决定执行 18 年有期徒刑。在执行 5 年后，丙又犯故意伤害罪，被判处 15 年有期徒刑。法院在 15 年以上 20 年以下决定应当判处 16 年有期徒刑，已经执行的刑期，不计算在新判决决定的刑期之内

D. 丁在判决宣告前犯有 3 罪，被分别并处罚金 3 万元、7 万元和没收全部财产。法院不仅要合并执行罚金 10 万元，而且要没收全部财产

3. 关于数罪并罚，下列选项错误的是：（   ）[3]

A. 甲在刑罚执行完毕以前发现漏罪的，应当按照"先并后减"的原则实行数罪并罚

B. 乙在刑罚执行完毕以前再犯新罪的，应当按照"先减后并"的原则实行数罪并罚

C. 丙在刑罚执行完毕以前再犯新罪，同时又发现漏罪的，应当先将漏罪与原判决的罪实行"先并后减"；再将新罪与前一并罚后尚未执行完毕的刑期实行"先减后并"

D. "先减后并"在一般情况下使犯罪人受到的实际处罚比"先并后减"轻

4. 下列关于数罪并罚的做法与说法，错误的是：（   ）[4]

A. 甲犯 A、B 罪，分别被判处有期徒刑 14 年和 7 年，法院决定合并执行 18 年；执行

---

[1] C
[2] ABCD
[3] D
[4] ABC

8年后，甲又犯C罪，被判处有期徒刑5年。对此，法院应在14年以上20年以下有期徒刑的范围内决定合并执行的刑期，然后，减去已经执行的8年刑期

B. 乙犯A、B罪，分别被判处有期徒刑14年和7年，法院决定合并执行20年；在执行2年后，法院发现乙在判决宣告以前还有没有判决的C罪，并就C罪判处有期徒刑5年。这样，乙实际执行的有期徒刑必然超过20年

C. 丙犯A、B罪，分别被法院判处14年和11年，法院决定合并执行20年；在执行2年后，丙又犯C罪，法院就C罪判处有期徒刑5年。由于数罪并罚时有期徒刑不得超过20年，故丙实际上不可能执行C罪的刑罚

D. 丁在判决宣告以前犯有A、B、C、D四罪，但法院只判决A罪8年有期徒刑、B罪12年有期徒刑，决定合并执行18年有期徒刑；执行5年后发现C罪与D罪，法院判处C罪5年有期徒刑、D罪7年有期徒刑。此次并罚的"数刑中的最高刑期"应是18年，而不是12年

5. 下列选项中，应当实行数罪并罚的有：（　　　）[1]

A. 甲因遗弃罪被判处有期徒刑3年，刑罚执行完毕后，虐待妻子致其重伤

B. 乙在某小区窃得人民币3万元，1个月之后，又在某商场窃得手机4部，价值人民币1万元

C. 丙因窃取本单位财物被判处有期徒刑3年，刑罚执行期间，又发现其在判决前曾在某小区盗窃人民币3万元

D. 丁因贪污罪被判处有期徒刑2年，缓刑3年，在缓刑考验期内，又发现其在判决前有2次数额较大的贪污行为

五、缓刑

我国刑法所规定的缓刑，属于刑罚暂缓执行，即对原判刑罚附条件不执行的一种刑罚制度。

（一）缓刑的适用条件（2015年法硕非法学、法学专业基础课简答题）

1. 犯罪分子被判处拘役或者3年以下有期徒刑的刑罚。

2. 犯罪分子的犯罪情节较轻，有悔罪表现，没有再犯罪的危险，且宣告缓刑不会对所居住社区产生重大的不良影响。这是适用缓刑的实质条件，它们必须同时具备。

3. 犯罪分子不是累犯或者犯罪集团的首要分子。

4. 犯罪人具有上述条件，可以宣告缓刑。但犯罪主体具有上述条件，而且是不满18周岁的人、怀孕的妇女或者已满75周岁的人，就应当宣告缓刑。

（二）缓刑的考验期限

1. 缓刑考验期限，是指对被宣告缓刑的犯罪分子进行考察的一定期间。我国《刑法》第73条第1、2款规定："拘役的缓刑考验期限为原判刑期以上1年以下，但是不能少于

---

〔1〕　CD

2个月。有期徒刑的缓刑考验期限为原判刑期以上5年以下，但是不能少于1年。"

2. 缓刑的考验期限，从判决确定之日起计算。所谓判决确定之日，即判决发生法律效力之日。判决以前先行羁押的日期，不能折抵缓刑考验期。

（三）缓刑的考察

1. 被宣告缓刑者应当遵守的行为规范。根据《刑法》的有关规定：

（1）被宣告缓刑的犯罪分子应当遵守法律、行政法规，服从监督。

（2）按照考察机关的规定报告自己的活动情况。

（3）遵守考察机关关于会客的规定。

（4）离开所居住的市、县或者迁居，应当报经考察机关批准。

（5）遵守人民法院的禁止令。人民法院根据犯罪的具体情况，在宣告缓刑时可以同时禁止犯罪分子在缓刑考验期限内从事特定活动，进入特定区域、场所，接触特定的人。

2. 缓刑的考察机关。根据《刑法》第76条的规定，被宣告缓刑的犯罪分子，在缓刑考验期限内依法实行社区矫正。

（四）缓刑的法律后果（2006年法硕非法学专业基础课简答题）

1. 被宣告缓刑的犯罪分子，在缓刑考验期限内，没有违反监督管理规定的情形，缓刑考验期满，原判的刑罚就不再执行，并公开予以宣告。

2. 被宣告缓刑的犯罪分子，在缓刑考验期限内犯新罪（无论何时发现均可）或者发现判决宣告以前还有其他罪没有判决的（只有在缓刑考验期内发现方可），应当撤销缓刑，对新犯的罪或者新发现的罪作出判决，把前罪和后罪所判处的刑罚，依照《刑法》第69条的规定，决定执行的刑罚。

3. 被宣告缓刑的犯罪分子，在缓刑考验期限内，违反法律、行政法规及国务院有关部门关于缓刑的监督管理规定，违反人民法院的禁止令，情节严重的，应当撤销缓刑，执行原判刑罚。此外，缓刑的效力不及于附加刑，即被宣告缓刑的犯罪分子，如果被判处附加刑的，附加刑仍须执行。因而，无论缓刑是否撤销，所判处的附加刑均须执行。

练一练

1. 甲因非法经营罪被判处缓刑，在缓刑考验期内去外地参与传销活动（尚不构成犯罪），监督机关得知后多次通知其即刻返回，但甲以各种理由推托拒不返回，情节严重。对甲应当：（   ）[1]

A. 撤销缓刑，同时认定构成脱逃罪，两罪并罚

B. 撤销缓刑，执行原判刑罚

C. 重新确定缓刑考验期

D. 撤销缓刑，对原犯罪从重处罚

---

[1]　B

2. 关于缓刑的适用，下列选项错误的是：(　　　　)[1]

A. 甲犯抢劫罪，所适用的是"3年以上10年以下有期徒刑"的法定刑，缓刑只适用于被判处拘役或者3年以下有期徒刑的罪犯，故对甲不得判处缓刑

B. 乙犯故意伤害罪与代替考试罪，分别被判处6个月拘役与1年管制。由于管制不适用缓刑，对乙所判处的拘役也不得适用缓刑

C. 丙犯为境外非法提供情报罪，被单处剥夺政治权利，执行完毕后又犯帮助恐怖活动罪，被判处拘役6个月。对丙不得宣告缓刑

D. 丁17周岁时犯抢劫罪被判处有期徒刑5年，刑满释放后的第4年又犯盗窃罪，应当判处有期徒刑2年。对丁不得适用缓刑

3. 关于缓刑的适用，下列选项正确的是：(　　　　)[2]

A. 甲犯重婚罪和虐待罪，数罪并罚后也可能适用缓刑

B. 乙犯遗弃罪被判处管制1年，即使犯罪情节轻微，也不能宣告缓刑

C. 丙犯绑架罪但有立功情节，即使该罪的法定最低刑为5年有期徒刑，也可能适用缓刑

D. 丁17岁时因犯放火罪被判处有期徒刑5年，23岁时又犯伪证罪，仍有可能适用缓刑

4. 下列选项中，属于量刑制度的有：(　　　　)[3]

A. 累犯　　　　　　　　　　　　B. 缓刑

C. 自首　　　　　　　　　　　　D. 假释

六、战时缓刑的概念、适用条件及其法律后果

1. 战时缓刑，是指在战时对军人适用的一种特殊缓刑制度。

2. 根据我国《刑法》第449条的规定，适用战时缓刑应当遵守以下条件：

（1）适用的时间必须是在战时。所谓"战时"，是指国家宣布进入战争状态、部队受领作战任务或者遭敌突然袭击时。部队执行戒严任务或者处置突发性暴力事件时，以战时论。

（2）适用的对象只能是被判处3年以下有期徒刑（应含被判处拘役）的犯罪军人。不是犯罪的军人，或者虽是犯罪的军人，但被判处的刑罚为3年以上有期徒刑，均不能适用战时缓刑。

（3）适用战时缓刑的基本根据，是在战争条件下宣告缓刑没有现实危险。这是战时缓刑最关键的适用条件。即使是被判处3年以下有期徒刑的犯罪军人，若适用缓刑具有现实危险，也不能宣告缓刑。

3. 战时缓刑的法律后果

被宣告缓刑的犯罪军人，允许其戴罪立功，确有立功表现时，可以撤销原判刑罚，不以犯罪论处。

---

[1]　ABD

[2]　ABCD

[3]　ABC

第一节 减　　刑

一、减刑 ★

（一）对象条件

减刑的对象条件，是指减刑只适用于被判处管制、拘役、有期徒刑、无期徒刑的犯罪分子。

> **注意**
>
> 1. 被判处死刑立即执行的犯罪分子不能适用减刑。死刑缓期执行的减刑，随主刑刑种的性质改变而引起的附加刑的相应改变，以及罚金刑的酌情减少或者免除，均不属于此处（《刑法》第78条）规定的减刑制度的范围。但对死缓犯减为无期徒刑或者有期徒刑后，符合减刑条件的可以适用减刑。
>
> 2. 被判处拘役或者3年以下有期徒刑，并宣告缓刑的罪犯，一般不适用减刑。若在缓刑考验期内有重大立功表现的，可以参照减刑的规定予以减刑，同时应当依法缩减其缓刑考验期。缩减后，拘役的缓刑考验期限不得少于2个月，有期徒刑的缓刑考验期限不得少于1年。

（二）实质条件

减刑的实质条件，因减刑的种类不同而有所区别。

1. 可以减刑的实质条件，即"犯罪分子在刑罚执行期间认真遵守监规，接受教育改造，确有悔改表现"，或者"有立功表现"。

（1）根据有关司法解释，同时具备以下四个方面情形的，应当认为是"确有悔改表现"：

❶认罪悔罪；

❷遵守法律法规及监规，接受教育改造；

❸积极参加思想、文化、职业技术教育；

❹积极参加劳动，努力完成劳动任务。

> **注 意**
>
> 　　1. 对职务犯罪、破坏金融管理秩序和金融诈骗犯罪、组织（领导、参加、包庇、纵容）黑社会性质组织犯罪等罪犯，不积极退赃、协助追缴赃款赃物、赔偿损失，或者服刑期间利用个人影响力和社会关系等不正当手段意图获得减刑、假释的，不认定其"确有悔改表现"。
> 　　2. 罪犯在刑罚执行期间的申诉权利应当依法保护，对其正当申诉不能不加分析地认为是不认罪悔罪。

　　（2）具有下列情形之一的，应当认定为有"立功表现"：

❶ 阻止他人实施犯罪活动的；

❷ 检举、揭发监狱内外犯罪活动，或者提供重要的破案线索，经查证属实的；

❸ 协助司法机关抓捕其他犯罪嫌疑人（包括同案犯）的；

❹ 在生产、科研中进行技术革新，成绩突出的；

❺ 在抗御自然灾害或者排除重大事故中，表现积极的；

❻ 对国家和社会有其他贡献的。

　　2. 应当减刑的实质条件，即"犯罪分子在刑罚执行期间有重大立功表现"。具有下列情形之一的，应当认定为有"重大立功表现"：

　　（1）阻止他人实施重大犯罪活动的；

　　（2）检举监狱内外重大犯罪活动，经查证属实的；

　　（3）协助司法机关抓捕其他重大犯罪嫌疑人（包括同案犯）的；

　　（4）有发明创造或者重大技术革新的；

　　（5）在日常生产、生活中舍己救人的；

　　（6）在抗御自然灾害或者排除重大事故中，有突出表现的；

　　（7）对国家和社会有其他重大贡献的。

> **注 意**
>
> 　　这七类重大立功表现，不以具有"悔改表现"为前提。

　　（三）限度条件（减刑以后实际执行的刑期）（2018 年法硕非法学、法学专业基础课简答题）

　　1. 判处管制、拘役、有期徒刑的，不能少于原判刑期的 1/2。

　　2. 判处无期徒刑的，不能少于 13 年。

　　3. 对被判处死刑缓期执行的累犯以及因故意杀人、强奸、抢劫、绑架、放火、爆炸、投放危险物质或者有组织的暴力性犯罪被判处死刑缓期执行的犯罪分子，若被限制减刑，缓期执行期满后依法减为无期徒刑的，不能少于 25 年，缓期执行期满后依法减为 25 年有期徒刑的，不能少于 20 年。

4. 所谓"实际执行的刑期",是指判决执行后犯罪分子实际服刑的时间。但判决前先行羁押的,羁押期不应当计入实际执行的刑期之内。

> **注 意**
>
> 被判处死刑缓期执行的罪犯（未被限制减刑）经过一次或者几次减刑后,其实际执行的刑期不得少于15年,死刑缓期执行期间不包括在内。

二、减刑后的刑期计算

1. 对于原判管制、拘役、有期徒刑的,减刑后的刑期自原判决执行之日起算;原判刑期已经执行的部分,应计入减刑以后的刑期之内。

2. 对于原判无期徒刑减为有期徒刑的,刑期自裁定减刑之日起算;已经执行的刑期,不计入减为有期徒刑以后的刑期之内。

3. 对于无期徒刑减为有期徒刑之后,再次减刑的,其刑期的计算,则应按照有期徒刑的减刑方法计算,即应当从前次裁定减为有期徒刑之日算起。

4. 人民法院按照审判监督程序重新审理的案件,裁定维持原判决、裁定的,原减刑、假释裁定继续有效。再审裁判改变原判决、裁定的,原减刑、假释裁定自动失效,执行机关应当及时报请有管辖权的人民法院重新作出是否减刑、假释的裁定。

练一练

1. 我国刑法规定犯甲罪的,处10年以上有期徒刑、无期徒刑或者死刑。若对犯甲罪的被告人适用减刑:( )[1]

A. 可以判处拘役
B. 可以判处无期徒刑
C. 可以判处8年有期徒刑
D. 可以判处死刑,缓期二年执行

2. 下列关于减刑适用的理解,正确的有:( )[2]

A. 对于被判处2年有期徒刑并宣告缓刑的甲,一般不适用减刑
B. 对于被判处管制2年并在执行期间确有立功表现的乙,可以减刑
C. 对于被判处无期徒刑的丙,有重大立功表现,应当减刑,但实际执行的刑期不能少于10年
D. 对于被判处死刑缓期二年执行的丁,无论经过几次减刑,其实际执行的刑期都不得少于15年,且死刑缓期执行期间不包括在内

---

[1] C
[2] ABD

第二节 假 释

一、假释的条件 ★

（一）对象条件

假释只能适用于判处有期徒刑、无期徒刑的犯罪分子。但对死缓犯减为无期徒刑或者有期徒刑后，符合假释条件的可以适用假释。

（二）限制条件

1. 被判处有期徒刑的犯罪分子，执行原判刑期 1/2 以上，被判处无期徒刑的犯罪分子，实际执行 13 年以上，才可以适用假释。

（1）对判处有期徒刑的罪犯假释，执行原判刑期 1/2 以上的起始时间，应当从判决执行之日起计算，判决执行以前先行羁押的，羁押 1 日折抵刑期 1 日。

（2）如果是无期徒刑，实际执行 13 年的起始时间，从判决执行之日起计算，判决前先行羁押的日期不能折抵已经执行的刑期。

（3）根据司法解释的规定，被判处死刑缓期执行的罪犯减为无期徒刑或者有期徒刑后，实际执行 15 年以上，方可假释，该实际执行时间应当从死刑缓期执行期满之日起计算。死刑缓期执行期间不包括在内，判决确定以前先行羁押的时间不予折抵。

2. 我国《刑法》第 81 条第 1 款规定："……如果有特殊情况，经最高人民法院核准，可以不受上述执行刑期的限制。""特殊情况"，是指有国家政治、国防、外交等方面特殊需要的情况。

3. 适用假释的限制条件还包括：

（1）对累犯以及因故意杀人、强奸、抢劫、绑架、放火、爆炸、投放危险物质或者有组织的暴力性犯罪被判处 10 年以上有期徒刑、无期徒刑的犯罪分子，不得假释。因前述情形和犯罪被判处死刑缓期执行的罪犯，被减为无期徒刑、有期徒刑后，也不得假释。

（2）对犯罪分子决定假释时，应当考虑其假释后对所居住社区的影响。

（三）实质条件

1. 假释的实质条件，是犯罪分子"必须认真遵守监规，接受教育改造，确有悔改表现，没有再犯罪的危险"。

2. "认真遵守监规"与"接受教育改造"是"确有悔改表现"的判断资料。同时，还应当根据犯罪的具体情节，原判刑罚情况，在刑罚执行中的一贯表现，罪犯的年龄、身体状况、性格特征，假释后生活来源以及监管条件等因素综合考虑。

3. "确有悔改表现"，是指同时具备以下条件：与减刑中的"确有悔改表现"相同。

罪犯既符合法定减刑条件，又符合法定假释条件的，可以优先适用假释。年满80周岁、身患疾病或者生活难以自理、没有再犯罪危险的罪犯，既符合减刑条件，又符合假释条件的，优先适用假释。

二、假释的考验期及其考察

1. 对假释的犯罪分子，在假释考验期限内，依法实行社区矫正。有期徒刑的假释考验期限，为没有执行完毕的刑期；无期徒刑的假释考验期限为 10 年。假释考验期限，从假释之日起计算。

2. 根据《刑法》第 84 条的规定，被宣告假释的犯罪分子，应当遵守下列规定：

（1）遵守法律、行政法规，服从监督；

（2）按照监督机关的规定报告自己的活动情况；

（3）遵守监督机关关于会客的规定；

（4）离开所居住的市、县或者迁居，应当报经监督机关批准。

三、假释的法律后果（2017 年法硕非法学专业基础课简答题）

1. 根据《刑法》第 85、86 条的规定，假释可能会出现以下法律结果：

（1）对于被假释的犯罪分子如果没有再犯新罪，没有发现漏罪，或者没有违反法律、行政法规、国务院有关部门关于假释的监督管理规定，那么假释考验期满，就认为原判刑罚已经执行完毕，并公开予以宣告。

（2）被假释的犯罪分子，在假释考验期限内再犯新罪（无论何时发现均可），应当撤销假释，依照《刑法》第 71 条的规定实行数罪并罚。

（3）在假释考验期限内，发现被假释的犯罪分子在判决宣告以前还有其他罪没有判决的（只有在假释考验期限内发现方可），应当撤销假释，依照《刑法》第 70 条的规定实行数罪并罚。

（4）被假释的犯罪分子，在假释考验期限内，有违反法律、行政法规或者国务院有关部门关于假释的监督管理规定的行为，尚未构成新的犯罪的，应当依照法定程序撤销假释，收监执行未执行完毕的刑罚。

2. 犯罪分子被假释后，原判有附加刑的，附加刑仍须继续执行。原判有附加剥夺政治权利的，附加剥夺政治权利的刑期从假释之日起计算。

练一练

1. 下列情形中，不得适用假释的是：（   ）[1]

A. 因诈骗罪被判处 12 年有期徒刑

[1] C

B. 因叛逃罪被判处 15 年有期徒刑

C. 因放火罪被判处 13 年有期徒刑

D. 因故意杀人罪被判处 5 年有期徒刑

2. 下列选项中，符合我国刑法关于假释规定的是：(　　)[1]

A. 对累犯不得假释

B. 犯罪分子被减刑以后不得再假释

C. 对犯危害国家安全罪的犯罪分子不得假释

D. 对犯故意杀人、强奸、抢劫、爆炸罪的犯罪分子不得假释

3. 关于假释与数罪并罚的相关问题，下列说法正确的是：(　　)[2]

A. 甲犯强奸罪被判有期徒刑 9 年，执行 5 年后假释，在假释考验期内，发现甲在强奸罪判决宣告以前还有抢劫罪没有得到处理。因此，应该撤销对甲的假释，依照数罪并罚原则进行处理

B. 乙犯爆炸罪被判处有期徒刑 12 年，在刑罚执行过程中被减刑 2 年，如果乙实际服刑 6 年以上，也不得假释

C. 丙犯贪污罪被判处有期徒刑 5 年，刑满释放后 4 年内又犯聚众斗殴罪被判有期徒刑 7 年，在执行 4 年后，丙不得假释

D. 丁犯交通肇事罪被判有期徒刑 5 年，执行 3 年后假释，在假释考验期满后，发现丁在考验期内犯有盗窃罪，应当撤销丁的假释，根据先减后并原则数罪并罚

4. 在符合"执行期间，认真遵守监规，接受教育改造"的前提下，关于减刑、假释的分析，下列选项正确的是：(　　)[3]

A. 甲因爆炸罪被判处有期徒刑 12 年，已服刑 10 年，确有悔改表现，无再犯危险。对甲可以假释

B. 乙因行贿罪被判处有期徒刑 9 年，已服刑 5 年，确有悔改表现，无再犯危险。对乙可优先适用假释

C. 丙犯贪污罪被判处无期徒刑，拒不交代贪污款去向，一直未退赃。丙已服刑 20 年，确有悔改表现，无再犯危险。对丙可假释

D. 丁因盗窃罪被判处有期徒刑 5 年，已服刑 3 年，一直未退赃。丁虽在服刑中有重大技术革新，成绩突出，对其也不得减刑

5. 关于减刑、假释的适用，下列选项错误的是：(　　)[4]

A. 对所有未被判处死刑的犯罪分子，如认真遵守监规，接受教育改造，确有悔改表现，或者有立功表现的，均可减刑

B. 无期徒刑减为有期徒刑的刑期，从裁定被执行之日起计算

C. 被宣告缓刑的犯罪分子，不符合"认真遵守监规，接受教育改造"的减刑要件，不

---

[1] A
[2] ABCD
[3] B
[4] ABCD

能减刑

D. 在假释考验期限内犯新罪，假释考验期满后才发现的，不得撤销假释

四、假释与相关制度的区分

(一) 假释与缓刑的区别 ★

假释与缓刑虽有许多相同点，都是有条件地不执行原判刑罚，都有一定的考验期，都以发生法定情形为撤销条件，但仍有许多明显的区别：

1. 适用范围不同。假释适用于被判处无期徒刑和有期徒刑的犯罪分子；缓刑只适用于被判处拘役和 3 年以下有期徒刑的犯罪分子。

2. 适用时间不同。假释是在刑罚执行过程中，根据犯罪分子的表现，以裁定作出的；缓刑则是在判决的同时宣告的。

3. 适用根据不同。适用假释的根据，是犯罪分子在刑罚执行中的表现以及假释后不致再危害社会的可能性；适用缓刑的根据，是犯罪分子的犯罪情节和悔罪表现以及适用缓刑确实不致再危害社会的可能性。

4. 不执行的刑期不同。假释必须先执行原判刑期的一部分，而对尚未执行完的刑期，附条件不执行；缓刑是对原判决的全部刑期有条件地不执行。

(二) 假释与减刑的区别 ★

1. 假释只适用于被判处无期徒刑和有期徒刑的犯罪分子；减刑适用于被判处管制、拘役、有期徒刑、无期徒刑的犯罪分子。

2. 适用次数不同。假释只能宣告一次；而减刑不受次数的限制，可以减刑一次，也可减刑数次。

3. 法律后果不同。假释附有考验期，如果发生法定情形，就撤销假释；减刑没有考验期，即使犯罪分子再犯新罪，已减的刑期也不恢复。

4. 适用方法不同。对被假释人当即解除监禁，予以附条件释放；对被减刑人则要视其减刑后是否有余刑，才能决定是否释放，有未执行完的刑期的，仍需在监继续执行。

(三) 假释与监外执行的区别 ★

1. 适用对象不同。假释只适用于被判处无期徒刑和有期徒刑的罪犯；监外执行则适用于被判处有期徒刑和拘役的罪犯。

2. 适用条件不同。假释适用于执行了一定刑期，认真遵守监规，接受教育改造，确有悔改表现，已不致再危害社会的犯罪分子；监外执行适用于因法定特殊情况不宜在监内执行的犯罪分子。

3. 收监条件不同。假释只有在假释考验期内发生法定情形，才能撤销；监外执行则在监外执行的法定条件消失，且刑期未满的情况下收监执行。

4. 期间计算不同。假释犯若被撤销假释，其假释的期间，不能计入原判执行的刑期之内。监外执行的期间，无论是否收监执行，均计入原判执行的刑期之内。

练一练

下列关于减刑、假释的说法，错误的是：（　　　）[1]

A. 被判处有期徒刑的罪犯假释时，执行原判刑期 1/2 的时间，应当从判决执行之日起计算，判决执行以前先行羁押的，羁押一日折抵刑期一日

B. 被判处无期徒刑的罪犯假释时，刑法中关于实际执行刑期不得少于 13 年的时间，应当从判决生效之日起计算。判决生效以前先行羁押的时间不予折抵

C. 被判处死刑缓期执行的罪犯减为无期徒刑或者有期徒刑后，实际执行 15 年以上，方可假释，该实际执行时间应当从死刑缓期执行期满之日起计算。死刑缓期执行期间不包括在内，判决确定以前先行羁押的时间不予折抵

D. 判处有期徒刑的，减刑后实际执行的刑期不能少于原判刑期的 1/2，但判决前先行羁押的，羁押期应当计入实际执行的刑期之内

---

[1]　D

第一节　刑罚消灭的原因

刑罚消灭，是指针对特定犯罪人的刑罚权因法定事由而归于消灭。就各国刑事立法例而言，导致刑罚消灭的法定原因大致有以下几种情况：刑罚执行完毕；缓刑考验期满；假释考验期满；犯罪人死亡；超过时效期限；赦免。

练一练

刑罚消灭的法定事由包括：（　　　）[1]

A. 经特赦免除刑罚　　　　　　　B. 超过追诉时效

C. 犯罪人死亡　　　　　　　　　D. 被害人谅解

第二节　追诉时效

一、追诉期限的规定 ★

[法条引述]

第 87 条　犯罪经过下列期限不再追诉：

（一）法定最高刑为不满 5 年有期徒刑的，经过 5 年。

（二）法定最高刑为 5 年以上不满 10 年有期徒刑的，经过 10 年。

（三）法定最高刑为 10 年以上有期徒刑的，经过 15 年。

（四）法定最高刑为无期徒刑、死刑的，经过 20 年。如果 20 年以后认为必须追诉的，须报请最高人民检察院核准。

二、追诉期限起算的规定 ★

[法条引述]

第 89 条第 1 款　追诉期限从犯罪之日起计算；犯罪行为有连续或者继续状态的，从犯罪行为终了之日起计算。

---

[1]　ABC

1. 所谓"犯罪之日"，应理解为犯罪成立之日；所谓"犯罪行为有连续或者继续状态"的，是指连续犯或继续犯。

2. 具体而言：

（1）对行为犯，应从犯罪行为完成之日起计算；

（2）对危险犯、结果犯，应从危害结果发生之日起计算；

（3）对结果加重犯，应从加重结果发生之日起计算；

（4）对预备犯、未遂犯、中止犯，应分别从犯罪预备、犯罪未遂、犯罪中止成立之日起计算；

（5）连续犯和继续犯，其追诉期限从犯罪行为终了之日起计算。

三、时效中断的概念及其起算方法

[法条引述]

第89条第2款 在追诉期限以内又犯罪的，前罪追诉的期限从犯后罪之日起计算。

四、时效延长的概念及其起算方法

[法条引述]

第88条 在人民检察院、公安机关、国家安全机关立案侦查或者在人民法院受理案件以后，逃避侦查或者审判的，不受追诉期限的限制。

被害人在追诉期限内提出控告，人民法院、人民检察院、公安机关应当立案而不予立案的，不受追诉期限的限制。

练一练

1. 关于追诉时效，下列选项正确的是：（   ）[1]

A. 甲犯劫持航空器罪，即便经过30年，也可能被追诉

B. 乙于2013年1月10日挪用公款5万元用于结婚，2013年7月10日归还。对乙的追诉期限应从2013年1月10日起计算

C. 丙于2000年故意轻伤李某，直到2008年李某才报案，但公安机关未立案。2014年，丙因他事被抓。不能追诉丙故意伤害的刑事责任

D. 丁与王某共同实施合同诈骗犯罪。在合同诈骗罪的追诉期届满前，王某单独实施抢夺罪。对丁合同诈骗罪的追诉时效，应从王某犯抢夺罪之日起计算

2. 1999年11月，甲（17周岁）因邻里纠纷，将邻居杀害后逃往外地。2004年7月，甲诈骗他人5000元现金。2014年8月，甲因扒窃3000元现金，被公安机关抓获。在讯问阶段，甲主动供述了杀人、诈骗罪行。关于本案的分析，下列选项错误的是：（   ）[2]

---

〔1〕 AC

〔2〕 ABCD

A. 前罪的追诉期限从犯后罪之日起计算，甲所犯三罪均在追诉期限内

B. 对甲所犯的故意杀人罪、诈骗罪与盗窃罪应分别定罪量刑后，实行数罪并罚

C. 甲如实供述了公安机关尚未掌握的罪行，成立自首，故对盗窃罪可从轻或者减轻处罚

D. 甲审判时已满 18 周岁，虽可适用死刑，但鉴于其有自首表现，不应判处死刑

3. 追诉期限的长短应与犯罪的社会危害程度、刑罚的轻重相适应，下列对于追诉时效的表述，正确的是：(　　　)[1]

A. 法定最高刑为死刑的犯罪，经过 20 年，则一律不再追诉

B. 被害人在追诉期限内提出控告，公安机关应当立案而不立案的，超过 20 年即不再追诉

C. 挪用公款归个人使用进行非法活动的，追诉期从挪用行为实施完毕之日起计算

D. 玩忽职守行为造成的重大损失当时没有发生，而是在玩忽职守后一定时间发生的，应该从玩忽职守行为时计算追诉期限

4. 依照我国刑法的规定，利用职务上的便利，挪用本单位资金归个人使用，数额巨大的，处 3 年以上 10 年以下有期徒刑。2002 年 7 月 5 日甲挪用本单位巨额资金，用于经营活动，直到 2013 年 4 月 1 日才归还。甲的行为的追诉时效期限为：(　　　)[2]

A. 10 年，从 2002 年 7 月 5 日开始计算

B. 10 年，从 2002 年 10 月 5 日开始计算

C. 15 年，从 2002 年 7 月 5 日开始计算

D. 15 年，从 2013 年 4 月 1 日开始计算

第三节　赦　免

1. 我国 1954 年《宪法》规定了大赦和特赦，但在实践中并没有使用过大赦。1978 年《宪法》和 1982 年《宪法》都只规定特赦，没有规定大赦。因此，《刑法》第 65、66 条所说的赦免，都是指特赦减免。根据现行《宪法》第 67、80 条的规定，特赦由全国人民代表大会常务委员会决定，由国家主席发布特赦令。

2. 大赦与特赦

（1）大赦，是指国家对不特定的多数犯罪分子的赦免。其效力及于罪与刑两个方面，即对宣布大赦的犯罪，不再认为是犯罪，对实施此类犯罪者，不再认为是犯罪分子，也不再追究其刑事责任。已受罪刑宣告的，宣告归于无效；已受追诉而未受罪刑宣告的，追诉归于无效。

（2）特赦，是指国家对特定的犯罪分子的赦免，即对于受罪刑宣告的特定犯罪分子免除其刑罚的全部或部分的执行。这种赦免只赦其刑，不赦其罪。

---

[1]　C
[2]　C

（3）一般而言，大赦与特赦的主要区别是：

❶大赦是赦免一定种类或不特定种类的犯罪，其对象是不特定的犯罪人；特赦是赦免特定的犯罪人。

❷大赦既可实行于法院判决之后，也可实行于法院判决之前；特赦只能实行于法院判决之后。

❸大赦既可赦其罪，又可赦其刑；特赦只能赦其刑，不能赦其罪。

❹大赦后再犯罪不构成累犯；特赦后再犯罪的，如果符合累犯条件，则构成累犯。

3. 我国的特赦具有以下特点★：

（1）特赦是以一类或几类犯罪分子为对象，而不是适用于个别的犯罪分子；

（2）特赦是对经过一定时期的关押改造，确已改恶从善的犯罪分子实施；

（3）特赦是根据犯罪分子的罪行轻重和悔改表现，区别对待，或者免除其刑罚尚未执行的部分，予以释放，或者减轻其原判的刑罚，而不是免除其全部刑罚；

（4）特赦是由全国人大常委会决定，由中华人民共和国主席发布特赦令，再由最高人民法院和高级人民法院予以执行，而不是由犯罪分子本人及其家属或者其他公民提出申请而实施。

4. 最近的两次特赦分别为：

（1）2015年8月29日，全国人大常委会作出决定，国家主席习近平签署发布特赦令，决定在中国人民抗日战争暨世界反法西斯战争胜利70周年之际，对部分服刑罪犯予以特赦。这次特赦于2015年底前圆满完成。

（2）2019年6月29日，国家主席习近平签署发布特赦令，根据十三届全国人大常委会第十一次会议通过的全国人大常委会关于在中华人民共和国成立70周年之际对部分服刑罪犯予以特赦的决定，对九类服刑罪犯实行特赦。

第二部分

刑 法 分 则

第十三章 刑法各论概述

第一节 刑法总则与分则的关系

一、区别

1. 刑法总则规定的是犯罪和刑罚的一般原理、原则，包括刑法的任务、基本原则、适用范围、构成犯罪的一般要件、刑事责任、共同犯罪、刑罚的种类及刑罚的具体运用制度等内容，是定罪与量刑过程中的一些共性的问题。

2. 刑法分则规定的是各种具体犯罪的犯罪构成条件及刑罚，包括罪状、罪名及刑罚种类和量刑幅度等内容。需要注意的是，这里所说的刑法分则，包含了刑法典的分则部分以及单行刑法和附属刑法关于犯罪和刑罚的规定。

二、联系

刑法总则和分则的内容之间具有密切的联系，属于犯罪与刑罚的抽象规定与具体规定之间的关系，刑法总则指导分则的运用与研究，分则使总则的规定具体化。一方面，刑法总则规定的一般原理、原则，对于刑法分则的具体运用具有指导作用，在理解和适用刑法分则规定的同时，必须考虑到刑法总则的原理与规定。另一方面，刑法分则是总则的具体化，是刑法总则原理和原则的具体作用。在认定和处罚犯罪过程中，既必须考虑刑法总则的一般规定，也要考虑刑法分则的具体规定。

第二节 刑法分则的体系及条文结构

一、犯罪的分类和排序

1. 各国刑法中因犯罪分类的标准不同而形成不同的刑法分则体系。我国刑法分则采取"大类制"方式，将犯罪划分为十大类，即危害国家安全罪、危害公共安全罪、破坏社会主义市场经济秩序罪、侵犯公民人身权利、民主权利罪、侵犯财产罪、妨害社会管理秩序罪、危害国防利益罪、贪污贿赂罪，渎职罪和军人违反职责罪。

2. 我国刑法分则将犯罪划分为十大类的主要依据是犯罪的同类客体，对十大类犯罪进行排列的依据主要是以各类犯罪的危害程度大小为序，由重至轻依次排列；各类犯罪中的具体犯罪的排列依据是以具体犯罪的社会危害程度的大小由重至轻排列为主，兼顾罪与罪之间的内在联系。

二、罪状

刑法分则的条文有两种形式。一种是有罪状、罪名和法定刑的条文，称为"有罪刑单位的条文"。这是刑法分则条文的主要和基本形式，绝大多数刑法分则条文都是以这种形式出现的。另一种是没有规定罪状和法定刑的条文，称为"没有罪刑单位的条文"，这样的条文在刑法分则条文中所占的比例很小。这里所说的刑法分则条文的基本结构，是指刑法分则中有罪刑单位的条文的基本结构，包括罪状、罪名和法定刑。

（一）罪状的概念

罪状，是指刑法分则条文对某种具体犯罪特征的描述。罪状只存在于刑法分则条文中，但并非每个刑法分则条文都有罪状。

（二）罪状的种类★

罪状包括：简单罪状、叙明罪状、空白罪状、混合罪状、引证罪状。

1. 简单罪状即在刑法分则条文中只简单描述具体犯罪的基本特征而不作更多的解释。

2. 叙明罪状即在刑法分则条文中详尽描述具体犯罪的基本特征。

3. 空白罪状即在刑法分则条文中不直接叙明犯罪的特征，而只是指出该犯罪行为所违反的其他法律、法规。

4. 混合罪状即以空白罪状与叙明罪状同时存在的形式描述某种具体犯罪。如《刑法》第230条（逃避商检罪）规定的"违反进出口商品检验法的规定，逃避商品检验，将必须经商检机构检验的进口商品未报经检验而擅自销售、使用，或者将必须经商检机构检验的出口商品未报经检验合格而擅自出口"，条文中既有空白罪状形式，又有叙明罪状形式，便于正确认定这种犯罪。

5. 引证罪状即引用刑法分则的其他条款来说明某种犯罪的特征。引证罪状的条文本身并不描述犯罪的特征，而是引用其他条款已经描述过的某种犯罪的特征来认定该种犯罪。

三、罪名

罪名分为选择罪名和单一罪名。

1. 选择罪名，是指同一刑法分则条款规定的某种具体犯罪的罪状中包含了行为方式与行为对象的多种结合形式，而这些结合形式都可以独立为单独罪名的情况。

2. 单一罪名，是指所包含的犯罪构成的具体内容单一，只能反映一个犯罪行为，不能分解拆开使用的罪名。

四、法定刑

（一）法定刑的概念

法定刑即刑法分则条文对具体犯罪所规定的量刑标准，包括刑罚种类（即刑种）和刑罚幅度（即刑度）。

（二）法定刑的种类★

1. 绝对确定的法定刑。是指在刑法分则条文中对某种犯罪规定单一的刑种与固定的刑罚幅度的法定刑。我国刑法中只有极少数犯罪在其加重罪状中规定有绝对确定的法定刑，如《刑法》第 121 条劫持航空器"致人重伤、死亡或者使航空器遭受严重破坏的，处死刑"，即属于绝对确定的法定刑。

2. 绝对不确定的法定刑（违反罪刑法定原则）。是指在法律条文中只笼统地规定对某种犯罪应予惩处，却不规定具体的刑种和刑罚幅度。

3. 相对确定的法定刑。是指在刑法分则条文中对某种犯罪规定一定的刑种和刑罚幅度的法定刑。我国刑法分则条文所规定的法定刑基本属于相对确定的法定刑，这种法定刑的好处是法官可以根据案件的具体情况，裁量轻重适当的刑罚，有利于实现刑罚的统一和刑罚的个别化。

4. 援引法定刑。是指刑法分则条文规定，对其所规定的犯罪援引其他条文或同条的另一款的法定刑处罚。如《刑法》第 386 条规定，对犯受贿罪的，根据受贿所得数额和情节，依照《刑法》第 383 条对贪污罪的法定刑进行处罚。

（三）宣告刑的概念及其与法定刑的关系

法定刑与宣告刑不是同一个概念。宣告刑，是指国家审判机关对具体犯罪人依法判处并宣告应当实际执行的刑罚。法定刑是宣告刑的基本依据，宣告刑是法定刑的实际运用。如果说法定刑是针对某种特定的犯罪而做的规定，带有一定的普遍性的话，那么宣告刑则是针对某一具体犯罪案件所做的判决，带有一定的特殊性。从这个意义上说，法定刑与宣告刑是刑罚的普遍性规定和具体运用的关系。

练一练

1. 我国《刑法》第 266 条中规定"诈骗公私财物，数额较大的"。这种罪状是：（ ）[1]

A. 叙明罪状　　　　　　　　　　B. 空白罪状
C. 简单罪状　　　　　　　　　　D. 引证罪状

2. 下列属于空白罪状的是：（ ）[2]

A.《刑法》第 115 条第 2 款规定：过失犯前款罪的

B.《刑法》第 133 条规定：违反交通运输管理法规，因而发生重大事故，致人重伤、死亡或者使公私财产遭受重大损失的

C.《刑法》第 287 条规定：利用计算机实施金融诈骗、盗窃、贪污、挪用公款、窃取

---

[1] C
[2] B

国家秘密或者其他犯罪的，依照本法有关规定定罪处罚

D. 《刑法》第386条规定：对犯受贿罪的，根据受贿所得数额及情节，依照本法第383条的规定处罚

3. 下列属于相对确定的法定刑的是：(　　　)[1]

A. 《刑法》第121条规定：以暴力、胁迫或者其他方法劫持航空器的……致人重伤、死亡或者使航空器遭受严重破坏的，处死刑

B. 《刑法》第133条之一规定：在道路上驾驶机动车，有下列情形之一的，处拘役，并处罚金

C. 《刑法》第240条规定：拐卖妇女、儿童的……情节特别严重的，处死刑，并处没收财产

D. 《刑法》第259条第2款规定：利用职权、从属关系，以胁迫手段奸淫现役军人的妻子的，依照本法第236条（强奸罪）的规定定罪处罚

---

[1]　BC

第十四章 危害国家安全罪

第一节 危害国家安全罪的概念和构成要件

1. 概念

危害国家安全罪，是指故意危害中华人民共和国的主权、领土完整和安全，分裂国家，颠覆国家政权、推翻社会主义制度的行为。

2. 危害国家安全罪的构成要件

（1）犯罪客体是国家的安全；

（2）客观方面表现为实施危害中华人民共和国国家安全的行为；

（3）犯罪主体是自然人（资助危害国家安全犯罪活动罪除外），且多数犯罪为一般主体；

（4）主观方面表现为故意的心理状态。

第二节 本章重点罪名

一、间谍罪

（一）间谍罪的概念和构成要件 ★

1. 概念

间谍罪，是指参加间谍组织或者接受间谍组织及其代理人的任务，或者为敌人指示轰击目标，危害国家安全的行为。

2. 犯罪构成要件

（1）犯罪客体是中华人民共和国的国家安全。

（2）客观方面表现为：①参加间谍组织或者接受间谍组织及其代理人的任务；②为敌人指示轰击目标。

（3）犯罪主体为一般主体，包括中国公民、外国人和无国籍人士。

（4）主观方面为故意，即明知是间谍组织而有意参加，明知是间谍任务而有意接受，明知对方是敌人而向其指示轰击目标，追求或者放任危害中国国家安全的结果发生。

（二）间谍罪的认定

1. 罪与非罪行为的界限：行为人主观上是否有进行间谍活动的故意。对被胁迫或因受欺骗被拉进间谍组织但并未实施危害国家安全的犯罪活动和在间谍组织中从事一般勤杂事务并不知晓该组织性质的，都不能认定为间谍罪。

2. 间谍罪与叛逃罪的界限：叛逃罪系国家机关工作人员及掌握国家秘密的国家工作人员的叛逃行为，叛逃后参加间谍组织或者接受间谍任务的，应以间谍罪与叛逃罪实行数罪并罚。仅有叛逃行为而未实施间谍行为的，仍成立叛逃罪一罪。国家机关工作人员及掌握国家秘密的国家工作人员实施间谍行为，而不具有叛逃性质的，只成立间谍罪一罪。

二、为境外窃取、刺探、收买、非法提供国家秘密、情报罪（2022 年法硕非法学专业基础课法条分析题）

（一）为境外窃取、刺探、收买、非法提供国家秘密、情报罪的概念和构成要件

1. 概念

为境外窃取、刺探、收买、非法提供国家秘密、情报罪，是指为境外的机构、组织、人员，窃取、刺探、收买、非法提供国家秘密或者情报的行为。

2. 犯罪构成要件

（1）犯罪客体是国家的安全与利益，即危害到中华人民共和国的主权、领土完整与安全、政权、社会制度等方面的安全与利益。

（2）客观方面表现为为境外的机构、组织、人员窃取、刺探、收买、非法提供国家秘密或者情报的行为。

❶根据《保守国家秘密法》第 2 条的规定，"国家秘密"是关系国家安全和利益，依照法定程序确定，在一定时间内只限一定范围的人员知悉的事项。根据司法解释的规定，"情报"，是指关系国家安全和利益、尚未公开或者依照有关规定不应公开的事项。

❷通过窃取、刺探、收买三种方式实际获得了国家秘密或者情报的成立本罪的既遂；非法提供行为以将国家秘密或者情报提供给境外机构、组织、个人为本罪的既遂标准。

❸行为人只要实施了上述四种行为之一的，即构成本罪；实施了两种以上行为的，仍为一罪，不实行并罚。

（3）犯罪主体是一般主体。中国公民以及非中国公民均可以成为本罪的主体。

（4）主观方面为故意，即明知是国家秘密或情报，明知对方是境外机构、组织、个人，而故意向其非法提供或实施窃取、刺探、收买行为，希望或放任危害国家安全的结果发生。

（二）为境外窃取、刺探、收买、非法提供国家秘密、情报罪的认定

1. 本罪与间谍罪的界限

（1）主观认识不同。主观上明知对方为间谍组织而后为其窃取、刺探、收买、非法提供国家秘密、情报的，构成间谍罪，不构成本罪。本罪中的境外机构、组织、个人是非间谍性质的。

（2）客观表现不同。本罪在客观上仅限于窃取、刺探、收买、非法提供国家秘密、情报，而间谍罪除了窃取、刺探、收买、非法提供国家秘密、情报外，还有参加间谍组织、

接受间谍组织及其代理人的其他任务或者为敌人指示轰击目标的行为，甚至包括策动、引诱、收买国家工作人员叛变等行为。

2. 本罪与非法获取国家秘密罪、故意泄露国家秘密罪的界限：区分的关键在于是否明知对方是境外的组织、机构、个人而非法获取国家秘密或者泄露国家秘密。

（1）行为人知道或者应当知道没有标明密级的事项关系国家安全和利益，而为境外窃取、刺探、收买、非法提供的，成立本罪；

（2）误以为对方是境内机构、组织、个人而非法提供国家秘密的，应认定为故意泄露国家秘密罪；

（3）对于没有认识到是国家秘密即将其提供给境外机构、组织、个人的，应认定为过失泄露国家秘密罪。

三、叛逃罪

（一）叛逃罪的概念和构成要件 ★

1. 概念

叛逃罪，是指国家机关工作人员在履行公务期间，擅离岗位，叛逃境外或者在境外叛逃的行为，以及掌握秘密的国家工作人员，叛逃境外或者在境外叛逃的行为。

2. 犯罪构成要件

（1）犯罪客体是国家利益和安全；

（2）客观方面表现为国家机关工作人员在履行公务期间，擅离岗位，叛逃境外或者在境外叛逃的行为，以及掌握秘密的国家工作人员，叛逃境外或者在境外叛逃的行为；

（3）犯罪主体为国家机关工作人员和掌握秘密的国家工作人员；

（4）主观方面为故意。

（二）叛逃罪的认定

行为人在境外叛逃后又参加了间谍组织或者接受间谍组织任务的，应以叛逃罪和间谍罪，数罪并罚。

四、其他罪名

1. 分裂国家罪，是指自然人组织、策划、实施分裂国家、破坏国家统一的行为。
2. 煽动分裂国家罪，是指自然人煽动分裂国家、破坏国家统一的行为。

练一练

1. 下列关于危害国家安全罪的说法中，正确的是：（　　）[1]
A. 危害国家安全罪的主体是一般主体

---

[1]　D

B. 危害国家安全罪的主观方面可以是过失

C. 对于危害国家安全罪的犯罪分子都可以判处死刑

D. 对于危害国家安全的犯罪分子应当附加剥夺政治权利

2. 下列行为中，应以间谍罪（既遂）定罪处罚的是：（　　　）[1]

A. 甲非法获取国家秘密后，出售给外国间谍组织

B. 乙在境外参加外国间谍组织，回国后没来得及从事收集情报工作即被抓获

C. 丙为境外的公司刺探国内公司的相关商业秘密，尚未送出该秘密即被抓获

D. 丁将通过职务行为获得的国家秘密上传到互联网上，该秘密被外国间谍组织获取

3. 甲系海关工作人员，被派往某国考察。甲担心自己放纵走私被查处，拒不归国。为获得庇护，甲向某国难民署提供我国从未对外公布且影响我国经济安全的海关数据。关于本案，下列选项错误的是：（　　　）[2]

A. 甲构成叛逃罪

B. 甲构成为境外非法提供国家秘密、情报罪

C. 对甲不应数罪并罚

D. 即使《刑法》分则对叛逃罪未规定剥夺政治权利，也应对甲附加剥夺 1 年以上 5 年以下政治权利

4. 某国家机关工作人员甲借到英国探亲的机会滞留不归。1 年后甲受雇于 N 国的一个专门收集有关中国军事情报的间谍组织，随后受该组织的指派潜回中国，找到其在某军区参谋部工作的战友乙，以 1 万美元的价格从乙手中购买了 3 份军事机密材料。对甲的行为应：（　　　）[3]

A. 以叛逃罪论处　　　　　　　　B. 以叛逃罪和间谍罪论处

C. 以间谍罪论处　　　　　　　　D. 以非法获取军事秘密罪论处

5. 某国女间谍结识我国某官员甲后，谎称自己是留学生，需要一些资料写作毕业论文。甲为博取其芳心，便将自己掌握的国家秘密文件复印给她。甲的行为构成：（　　　）[4]

A. 间谍罪　　　　　　　　　　　B. 为境外非法提供国家秘密罪

C. 故意泄露国家秘密罪　　　　　D. 过失泄露国家秘密罪

---

[1]　B

[2]　C

[3]　C

[4]　B

第十五章 危害公共安全罪

第一节 危害公共安全罪的概念和构成要件

1. 概念

危害公共安全罪，是指故意或者过失地实施危害不特定多数人生命、健康和重大公私财产安全的行为。

2. 危害公共安全罪的构成要件（2017年法硕非法学、法学专业基础课简答题）

（1）本类犯罪侵犯的客体是社会的公共安全，即不特定多数人的生命、健康、重大公私财产安全。

（2）客观方面表现为实施了危害公共安全的行为。

❶危害公共安全行为的表现形式大多数是积极的作为，少数犯罪的形式也可以表现为消极的不作为；

❷由行为的危害性质所决定，危害公共安全的行为既包括实害犯，也包括行为犯、危险犯。

（3）犯罪主体多数是一般主体。

❶凡年满16周岁具有刑事责任能力的自然人都可以成为本罪主体，但是，已满14周岁不满16周岁的未成年人犯放火、爆炸、投放危险物质罪的，也应当负刑事责任。

❷少数犯罪主体则是特殊主体，行为人必须具有法定的特殊身份才能成为犯罪主体。比如，丢失枪支不报罪等。

❸危害公共安全的犯罪主体一般是自然人，但少数犯罪的主体可以是单位。比如，非法制造枪支罪等。

（4）主观方面既可表现为故意，也可以是过失。

第二节 本章的重点罪名

一、放火罪

[法条引述]

第114条 ［放火罪、决水罪、爆炸罪、投放危险物质罪、以危险方法危害公共安全罪］ 放火、决水、爆炸以及投放毒害性、放射性、传染病病原体等物质或者以其他危险方法危害公共安全，尚未造成严重后果的，处3年以上10年以下有期徒刑。

第 115 条 ［放火罪等］ 放火、决水、爆炸以及投放毒害性、放射性、传染病病原体等物质或者以其他危险方法致人重伤、死亡或者使公私财产遭受重大损失的，处 10 年以上有期徒刑、无期徒刑或者死刑。

［失火罪等］ 过失犯前款罪的，处 3 年以上 7 年以下有期徒刑；情节较轻的，处 3 年以下有期徒刑或者拘役。

1. 放火罪既遂与未遂的界限：放火行为是否已经使公共安全处于危险状态。

（1）放火罪是危险犯，即如果行为人着手实行了放火行为，并已将放火的对象物点燃，且具有造成严重后果的危险性，即可既遂；

（2）如果行为人还没有将放火的对象物点燃或者刚刚点燃还未能脱离引火物独立燃烧，则不能认为是放火罪既遂；

（3）完成放火行为后火灾是否实际发生，即是否实际造成危害公共安全的严重后果，对确定放火罪既遂与未遂没有影响。

2. 放火罪与失火罪的界限：行为人对火灾后果（即严重后果）的心理态度。

（1）如果行为人明知自己的行为可能导致火灾发生，并且希望或者放任火灾发生的，就构成放火罪；

（2）如果行为人应当预见自己的行为可能导致火灾发生，因为疏忽大意而没有预见，或者虽然已经预见但轻信能够避免以致造成火灾的，则为失火罪；

（3）失火罪中失火行为必须造成人身伤亡或者公私财产重大损失的严重后果，才能构成犯罪，其属于结果犯。

3. 本罪与以放火方法实施的其他犯罪的界限：是否危及了公共安全。

（1）放火罪与故意毁坏财物罪的界限。如果以放火方法故意毁坏公私财物，没有危及公共安全的，只能以故意毁坏财物罪论处。如果放火毁坏公私财物的行为危害公共安全的，则应当以放火罪论处。

（2）放火罪与破坏交通工具等罪的界限。如果以纵火焚烧的方法破坏交通工具、交通设施、电力设备、公用电信设施等，其行为同时具有放火罪和破坏交通工具等罪的特征的，此情况应当按破坏交通工具等罪论处，而不再定放火罪。没有危及公共安全的，一般按故意毁坏财物罪、故意杀人罪等罪定罪处罚。

（3）放火罪与故意杀人罪、故意伤害罪的界限。行为人企图以放火的方法烧死或者烧伤特定的个人的，如果其放火行为不危害公共安全，则应当以故意杀人罪或故意伤害罪论处。如果其放火危害公共安全的，其行为则应当按放火罪论处。

二、投放危险物质罪

1. 本罪与以投放危险物质的方法实施的故意杀人罪、故意毁坏财物罪的界限：行为是否危害公共安全。

（1）如果行为人用投放危险物质的方法杀害特定的人，如将毒物投放于被害人所喝的饮料中，不危害公共安全的，应构成故意杀人罪；

（2）如果行为人投放危险物质的行为虽然针对特定的个人，但已经危害公共安全的，如行为人为杀害被害人而将毒物投放于被害人所饮用的公用水井中，应构成投放危险物质罪。

2. 投放危险物质罪与污染环境罪的界限 ★

虽然二者主观方面均为故意，在危害后果方面也相似，但是却有着明显的区别：

（1）犯罪客体不同。投放危险物质罪的犯罪客体是公共安全；污染环境罪的犯罪客体是国家对环境保护和污染防治的管理活动。

（2）客观方面表现不同。投放危险物质表现为将毒害性、放射性、传染病病原体等危险物质进行投放，危害公共安全的行为，同时只要该行为危害公共安全，就构成犯罪既遂，系危险犯；而污染环境罪则表现为违反国家规定，排放、倾倒或者处置有放射性的废物、含传染病病原体的废物、有毒物质或者其他有害物质，严重污染环境的行为，同时只有该行为严重污染环境，方可构成犯罪既遂，系实害犯。

（3）犯罪主体不同。投放危险物质罪只能以自然人为主体；而污染环境罪的主体既可以是自然人也可以是单位。

3. 注意投放危险物质罪与投放虚假危险物质罪（属于扰乱公共秩序罪）的区别

（1）投放虚假危险物质罪，是指投放虚假的爆炸性、毒害性、放射性、传染病病原体等物质，严重扰乱社会秩序的行为。

（2）投放虚假危险物质的行为，只有严重扰乱了社会秩序，才成立本罪。"严重扰乱社会秩序"不仅表明行为的性质，而且也是对实害结果的要求。

练一练

1. 下列选项中，应以投放危险物质罪定罪处罚的有：（   ）[1]

A. 甲在其竞争对手销售的面粉中掺入毒鼠强

B. 乙为吸引顾客，在火锅底料中掺入罂粟壳

C. 丙工厂违反规定，向河流中排放有毒废物，造成下游大片农作物绝收

D. 丁意图报复本单位领导，在单位的公用饮水机中投放无色无味的剧毒农药

2. 甲曾向乙借款 9000 元，后不想归还借款，便预谋毒死乙。甲将注射了"毒鼠强"的白条鸡挂在乙家门上，乙怀疑白条鸡有毒未食用。随后，甲又乘去乙家串门之机，将"毒鼠强"投放到乙家米袋内。后乙和其妻子、女儿喝过米汤中毒，乙死亡，其他人经抢救脱险。关于甲的行为，下列选项错误的是：（   ）[2]

A. 构成投放危险物质罪

B. 构成投放危险物质罪与抢劫罪的想象竞合犯

C. 构成投放危险物质罪与故意杀人罪的想象竞合犯

---

〔1〕　AD

〔2〕　ABCD

D. 构成抢劫罪与故意杀人罪的吸收犯

3. 下列行为构成投放危险物质罪的是：（　　　）[1]

A. 甲故意非法开启实验室装有放射性物质的容器，致使多名实验人员遭受辐射

B. 乙投放毒害性、放射性、传染病病原体之外的其他有害物质，危害公共安全

C. 丙欲制造社会恐慌气氛，将食品干燥剂粉末冒充炭疽杆菌，大量邮寄给他人

D. 丁在食品中违法添加易使人形成瘾癖的罂粟壳粉末，食品在市场上极为畅销

4. 甲误将黄色燃料当硫磺，制造了"炸弹"，并投掷到邻居刘某家，意图杀死刘某，但"炸弹"未能爆炸，刘家五口人安然无恙，甲的行为应认定为：（　　　）[2]

A. 投放虚假危险物质罪（既遂）　　　　B. 故意杀人罪（未遂）

C. 爆炸罪（未遂）　　　　D. 投放危险物质罪（未遂）

三、以危险方法危害公共安全罪

1. 本罪与使用其他危险方法实施故意杀人、故意伤害、故意毁坏财物等其他犯罪的界限：行为人在使用其他危险方法时是否危害公共安全。

（1）凡是危害公共安全的，都以以危险方法危害公共安全罪定罪处罚；

（2）没有危害公共安全的，分别以故意杀人罪、故意伤害罪、故意毁坏财物罪等罪定罪处罚。

2. 司法解释规定的以危险方法危害公共安全罪论处的情形

（1）醉酒驾车，放任危害结果发生，造成重大伤亡事故的，或者酒后、醉酒驾车，发生交通事故后，继续驾车冲撞，造成重大伤亡的，或者醉酒后驾驶机动车在高速公路上逆向高速行驶的（不排除成立危险驾驶罪与以危险方法危害公共安全罪的想象竞合犯）。

（2）在公共场所私拉电网，危害公共安全的。

（3）故意传播"突发"传染病病原体，危害公共安全的。

（4）邪教组织人员以自焚、自爆或者其他危险方法危害公共安全的。

（5）故意破坏矿井下的通风装置，危害公共安全的。

（6）在火灾现场破坏消防器材或设施，危害公共安全。

（7）在具有瓦斯爆炸高度危险的情形下令多人下井采煤的。

（8）2019年1月8日最高人民法院、最高人民检察院、公安部《关于依法惩治妨害公共交通工具安全驾驶违法犯罪行为的指导意见》（注意与妨害安全驾驶罪的关系）规定：

❶ 公共交通工具，是指公共汽车、公路客运车，大、中型出租车等车辆。

❷ 乘客在公共交通工具行驶过程中，抢夺方向盘、变速杆等操纵装置，殴打、拉拽驾驶人员，或者有其他妨害安全驾驶行为，危害公共安全，尚未造成严重后果的，以以危险方法危害公共安全罪定罪处罚；致人重伤、死亡或者使公私财产遭受重大损失的，亦以以危险方法危害公共安全罪定罪处罚。

---

[1] AB
[2] C

❸乘客在公共交通工具行驶过程中，随意殴打其他乘客，追逐、辱骂他人，或者起哄闹事，妨害公共交通工具运营秩序，<u>以寻衅滋事罪定罪处罚</u>；妨害公共交通工具安全行驶，危害公共安全的，以<u>以危险方法危害公共安全罪定罪处罚</u>。

❹驾驶人员在公共交通工具行驶过程中，与乘客发生纷争后违规操作或者擅离职守，与乘客厮打、互殴，<u>危害公共安全</u>，尚未造成严重后果的，以以危险方法危害公共安全罪定罪处罚；致人重伤、死亡或者使公私财产遭受重大损失的，亦以以危险方法危害公共安全罪定罪处罚。

（9）2020年2月6日最高人民法院、最高人民检察院、公安部、司法部《关于依法惩治妨害新型冠状病毒感染肺炎疫情防控违法犯罪的意见》规定：

❶<u>已经确诊</u>的新型冠状病毒感染肺炎病人、病原携带者，拒绝隔离治疗或者隔离期未满擅自脱离隔离治疗，并<u>进入公共场所或者公共交通工具的</u>，以以危险方法危害公共安全罪定罪处罚；

❷新型冠状病毒感染肺炎<u>疑似病人</u>拒绝隔离治疗或者隔离期未满擅自脱离隔离治疗，并进入公共场所或者公共交通工具，造成新型冠状病毒传播的，以以危险方法危害公共安全罪定罪处罚；

❸其他拒绝执行卫生防疫机构依照传染病防治法提出的防控措施，引起新型冠状病毒<u>传播或者有传播严重危险的，以妨害传染病防治罪定罪处罚</u>。

（10）2019年11月14日最高人民法院《关于依法妥善审理高空抛物、坠物案件的意见》（注意与高空抛物罪的关系）规定：<u>故意从高空抛弃物品，尚未造成严重后果，但足以危害公共安全的或者致人重伤、死亡或者使公私财产遭受重大损失的，依照以危险方法危害公共安全罪定罪处罚</u>。为伤害、杀害特定人员实施上述行为的，<u>依照故意伤害罪、故意杀人罪定罪处罚</u>。

（11）2020年3月16日最高人民法院、最高人民检察院、公安部《关于办理涉窨井盖相关刑事案件的指导意见》规定：

❶盗窃、破坏正在使用中的<u>社会机动车通行道路上的窨井盖</u>，足以使汽车、电车发生倾覆、毁坏危险，尚未造成严重后果的或者造成严重后果的，以破坏交通设施罪定罪处罚。过失造成严重后果的，以过失损坏交通设施罪定罪处罚。

❷盗窃、破坏人员密集往来的非机动车道、人行道以及车站、码头、公园、广场、学校、商业中心、厂区、社区、院落等生产生活、人员聚集场所的窨井盖，足以危害公共安全，尚未造成严重后果的或者致人重伤、死亡或者使公私财产遭受重大损失的，依照以危险方法危害公共安全罪定罪处罚。过失致人重伤、死亡或者使公私财产遭受重大损失的，以过失以危险方法危害公共安全罪定罪处罚。

❸对于❶❷规定以外的其他场所的窨井盖，明知会造成人员伤亡后果而实施盗窃、破坏行为，致人受伤或者死亡的，<u>分别以故意伤害罪、故意杀人罪定罪处罚</u>。过失致人重伤或者死亡的，分别以过失致人重伤罪、过失致人死亡罪定罪处罚。

练一练

1. 甲喝醉后在家耍酒疯，随手将笔记本电脑从 15 楼扔出家外，砸中在小区散步的王某，致其重伤。根据新刑法的规定，甲的行为可能触犯：（　　）[1]

A. 以危险方法危害公共安全罪 　　　　 B. 故意伤害罪

C. 过失致人重伤罪 　　　　 D. 高空抛物罪

2. 甲对拆迁不满，在高速公路中间车道用树枝点燃一个焰高约 20 厘米的火堆，将其分成两堆后离开。火堆很快就被通行车辆轧灭。关于本案，下列选项正确的是：（　　）[2]

A. 甲的行为成立放火罪

B. 甲的行为成立以危险方法危害公共安全罪

C. 如认为甲的行为不成立放火罪，那么其行为也不可能成立以危险方法危害公共安全罪

D. 行为危害公共安全，但不构成放火、决水、爆炸等犯罪的，应以以危险方法危害公共安全罪论处

3. 下列情形构成以危险方法危害公共安全罪的是：（　　）[3]

A. 投放虚假的爆炸性、毒害性、放射性、传染病病原体等物质，严重扰乱社会秩序的

B. 故意破坏正在使用的矿井下的通风设备的

C. 违反国家规定，向土地大量排放危险废物，造成重大环境污染事故，导致多人死亡的

D. 故意传播突发性传染病病原体，危害公共安全的

4. 乘客甲明知擅自打开飞机应急舱门会危及飞行安全，在飞机被牵引车推出阶段故意将应急舱门打开，地勤人员发现应急充气滑梯弹出后将飞机迫停。甲的行为应认定为：（　　）[4]

A. 破坏交通工具罪 　　　　 B. 暴力危及飞行安全罪

C. 重大飞行事故罪 　　　　 D. 以危险方法危害公共安全罪

5. 甲在油罐和货物混存的货场，用打火机烧开货物外包装袋，盗窃袋内物资，被盗物资遇明火燃烧，甲见状逃离，火势蔓延，造成了物资及附近建筑的巨大损失。甲的行为应认定为：（　　）[5]

A. 盗窃罪 　　　　 B. 失火罪

C. 故意毁坏财物罪 　　　　 D. 以危险方法危害公共安全罪

---

[1] BCD
[2] C
[3] BCD
[4] D
[5] D

6. 甲在某机场到达大厅出口外引爆自制爆炸装置，造成一人轻伤。甲的行为应认定为：（　　）[1]

A. 爆炸罪
B. 寻衅滋事罪
C. 故意伤害罪
D. 以危险方法危害公共安全罪

四、破坏交通工具罪

[法条引述]

第116条 [破坏交通工具罪]　破坏火车、汽车、电车、船只、航空器，足以使火车、汽车、电车、船只、航空器发生倾覆、毁坏危险，尚未造成严重后果的，处3年以上10年以下有期徒刑。

第117条 [破坏交通设施罪]　破坏轨道、桥梁、隧道、公路、机场、航道、灯塔、标志或者进行其他破坏活动，足以使火车、汽车、电车、船只、航空器发生倾覆、毁坏危险，尚未造成严重后果的，处3年以上10年以下有期徒刑。

1. 本罪与以放火、爆炸等危险方法破坏交通工具的界限：交通工具是否正在使用中。

（1）所谓"正在使用"，是指正在行驶或航运中的交通工具，也包括停放在车库、码头、机场上的车辆、船只和飞机等已经交付使用，随时都可开动执行运输任务的交通工具。如果破坏的是尚未检验出厂或待修、待售之中的交通工具不构成本罪。

（2）交通工具包括火车、汽车、电车、船只、航空器。其中"汽车"包括作为交通运输的大型拖拉机，"电车"包括电瓶机动车、缆车。

（3）凡是以放火、爆炸等危险方法破坏的是正在使用中的交通工具，应当以破坏交通工具罪定罪处罚，因为特别法优于普通法。

（4）以放火、爆炸等危险方法破坏的是尚未交付使用或者正在修理中的交通工具的，同时危害公共安全的，应当分别以放火罪、爆炸罪定罪处罚。

2. 本罪与盗窃罪、故意毁坏财物罪的界限：犯罪对象与侵犯客体不同。

（1）本罪的犯罪对象必须是正在使用中的交通工具。如果行为人盗窃正在使用中的交通工具的重要部件、设施，足以使交通工具发生倾覆、毁坏危险，危害公共安全的，应当以破坏交通工具罪论处。

（2）如果行为人盗窃的不是正在使用中的交通工具，或者盗窃的仅仅是正在使用中的交通工具的附属设备，不影响交通运输安全的，则不能以破坏交通工具罪论处。符合盗窃罪特征的，可以按盗窃罪论处。

（3）如果行为人故意毁坏正在使用中的交通工具，足以使交通工具发生倾覆、毁坏危险，因而危害交通运输安全，应当以破坏交通工具罪论处。如果不影响交通运输安全，则不能以破坏交通工具罪论处。符合故意毁坏财物罪要件的，可以按故意毁坏财物罪论处。

3. 本罪既遂与未遂的界限：行为人的破坏行为是否造成交通工具发生倾覆、毁坏的现

---

[1]　A

实危险。如果行为人虽已着手实施破坏行为，但尚未达到足以使交通工具发生倾覆、毁坏危险，即因意志以外原因而停止的，也成立本罪未遂。

4. 与破坏交通设施罪的区别★：关键看破坏行为的直接指向是什么。

（1）如果破坏行为直接指向的是正在使用中的交通设施（轨道、桥梁、隧道、公路、机场、航道、灯塔、标志等），并对交通设施的破坏间接造成了交通工具倾覆、毁坏危险的后果，则应当以破坏交通设施罪论处。

小贴士 在"新冠肺炎"疫情防控期间，破坏轨道、桥梁、隧道、公路、机场、航道、灯塔、标志或者进行其他破坏活动，足以使火车、汽车、电车、船只、航空器发生倾覆、毁坏危险的，以破坏交通设施罪定罪处罚。但办理破坏交通设施案件，要区分具体情况，依法审慎处理。对于为了防止疫情蔓延，未经批准擅自封路阻碍交通，未造成严重后果的，一般不以犯罪论处，由主管部门予以纠正。

（2）如果破坏行为直接指向的是正在使用中的交通工具，且交通工具的倾覆、毁坏间接造成了交通设施损毁的后果，则应当以破坏交通工具罪论处。

练一练

1. 甲盗窃公路上的电力设备检修井盖卖钱，导致一辆汽车陷入窨井中而失控毁坏。甲的行为成立：（　　　）[1]

　　A. 破坏交通工具罪 　　　　　　　　B. 破坏交通设施罪

　　C. 破坏电力设备罪 　　　　　　　　D. 以危险方法危害公共安全罪

2. 陈某欲制造火车出轨事故，破坏轨道时将螺栓砸飞，击中在附近玩耍的幼童，致其死亡。陈某的行为被及时发现，未造成火车倾覆、毁坏事故。关于陈某的行为性质，下列选项正确的是：（　　　）[2]

　　A. 构成破坏交通设施罪的结果加重犯

　　B. 构成破坏交通设施罪的基本犯与故意杀人罪的想象竞合犯

　　C. 构成破坏交通设施罪的基本犯与过失致人死亡罪的想象竞合犯

　　D. 构成破坏交通设施罪的结果加重犯与过失致人死亡罪的想象竞合犯

3. 甲在行驶中的公共汽车上与售票员发生争执，气愤之下举起随身携带的铁锤猛砸汽车车窗，致车窗玻璃破碎、车窗变形，造成经济损失1万余元。甲的行为构成：（　　　）[3]

　　A. 破坏交通工具罪 　　　　　　　　B. 故意毁坏财物罪

　　C. 破坏交通设施罪 　　　　　　　　D. 以危险方法危害公共安全罪

---

［1］ B
［2］ C
［3］ B

4. 甲在高速公路服务站开店经营汽车补胎业务，故意在靠近经营点附近的高速公路上撒钉子，覆盖范围长达数百米，造成很多汽车爆胎，有足以致车辆倾覆危险，很多车主经常抱怨："为什么会有那么多钉子在路上？"甲闭口不谈，只是按照市场价格补胎收费。甲的行为构成：(　　)[1]

A. 故意毁坏财物罪 　　　　　　　　B. 破坏交通工具罪

C. 破坏交通设施罪 　　　　　　　　D. 诈骗罪

5. 关于危害公共安全罪的认定，下列选项正确的是：(　　)[2]

A. 甲重度醉酒后在高速公路超速驾驶机动车。甲构成以危险方法危害公共安全罪

B. 乙故意破坏旅游景点的缆车的关键设备，致数名游客从空中摔下。乙构成破坏交通设施罪

C. 丙吸毒后驾车将行人撞成重伤（负主要责任），但毫无觉察，驾车离去。丙构成交通肇事罪

D. 丁闯进地铁驾驶室，控制地铁运行，声称必须释放自己被关进监狱的弟弟，否则将地铁开进河里。丁构成破坏交通工具罪

五、破坏电力设备罪

[法条引述]

第118条 [破坏电力设备罪、破坏易燃易爆设备罪] 　破坏电力、燃气或者其他易燃易爆设备，危害公共安全，尚未造成严重后果的，处3年以上10年以下有期徒刑。

第119条 [破坏交通工具罪等] 　破坏交通工具、交通设施、电力设备、燃气设备、易燃易爆设备，造成严重后果的，处10年以上有期徒刑、无期徒刑或者死刑。

[过失损坏交通工具罪等] 　过失犯前款罪的，处3年以上7年以下有期徒刑；情节较轻的，处3年以下有期徒刑或者拘役。

破坏电力设备罪的构成要件：

1. 犯罪客体是公共供电中的公共安全。对象是正在使用中的电力设备。

2. 客观方面表现为破坏电力设备，危害公共安全的行为。

3. 犯罪主体是一般主体，即年满16周岁具有刑事责任能力的自然人。

4. 主观方面为故意。动机不影响本罪的成立。

练一练

1. 甲被公司处分后心怀不满，毁坏公司正在铺设的在建地铁专用电缆，造成重大财产损失。甲的行为构成：(　　)[3]

---

[1] C

[2] ACD

[3] B

A. 破坏交通设施罪   B. 破坏生产经营罪

C. 破坏电力设备罪   D. 以危险方法危害公共安全罪

2. 下列犯罪属于行为犯的是：(   )[1]

A. 污染环境罪   B. 投放危险物质罪

C. 破坏电力设备罪   D. 生产、销售假药罪

六、组织、领导、参加恐怖组织罪

（一）组织、领导、参加恐怖组织罪的概念和构成要件（2015 年法硕非法学专业基础课简答题）

1. 概念

组织、领导、参加恐怖组织罪，是指为制造社会恐慌、危害公共安全或者胁迫国家机关、国际组织，组织、纠集他人，策划、实施造成或意图造成人员伤亡、重大财产损失、公共设施损坏、社会秩序混乱的行为。

2. 犯罪构成要件

（1）犯罪客体是社会公共安全，即不特定多数人的生命、健康或重大公私财产的安全；

（2）客观方面表现为组织、领导、积极参加或者参加恐怖活动组织的行为；

（3）犯罪主体是一般主体，即年满 16 周岁具有刑事责任能力的自然人；

（4）主观方面表现为故意，即明知是以从事恐怖活动为主要内容的恐怖活动组织而故意组织、领导、积极参加或者参加该组织。

（二）组织、领导、参加恐怖组织罪的认定

1. 本罪的构成并不要求行为人在组织、领导或参加恐怖活动组织后还必须具体实施一定恐怖犯罪行为。只要行为人具有组织、领导或者参加恐怖活动组织的行为，就构成犯罪。

2. 如果行为人在组织、领导或参加恐怖活动组织后，具体实施了杀人、绑架、爆炸等犯罪行为的，应当将所实施的具体犯罪行为和组织、领导、参加恐怖组织罪实行数罪并罚。

3. 对于资助恐怖活动组织或者实施恐怖活动的个人，应认定为帮助恐怖活动罪而非本罪。

练一练

1. 下列选项不构成犯罪中止的是：(   )[2]

A. 甲收买 1 名儿童打算日后卖出。次日，看到拐卖儿童犯罪分子被判处死刑的新闻，偷偷将儿童送回家

---

[1] D
[2] ABCD

B. 乙使用暴力绑架被害人后，被害人反复向乙求情，乙释放了被害人

C. 丙加入某恐怖组织并参与了一次恐怖活动，后经家人规劝退出该组织

D. 丁为国家工作人员，挪用公款 3 万元用于孩子学费，4 个月后主动归还

2. 乙成立恐怖组织并开展培训活动，甲为其提供资助。受培训的丙、丁为实施恐怖活动准备凶器。因案件被及时侦破，乙、丙、丁未能实施恐怖活动。关于本案，下列选项正确的是：（ ）[1]

A. 甲构成帮助恐怖活动罪，不再适用《刑法》总则关于从犯的规定

B. 乙构成组织、领导恐怖组织罪

C. 丙、丁构成准备实施恐怖活动罪

D. 对丙、丁定罪量刑时，不再适用《刑法》总则关于预备犯的规定

七、非法持有宣扬恐怖主义、极端主义物品罪

[法条引述]

第 120 条之六 [非法持有宣扬恐怖主义、极端主义物品罪] 明知是宣扬恐怖主义、极端主义的图书、音频视频资料或者其他物品而非法持有，情节严重的，处 3 年以下有期徒刑、拘役或者管制，并处或者单处罚金。

非法持有宣扬恐怖主义、极端主义物品罪的构成要件：

1. 犯罪客体是社会公共安全。

2. 客观方面表现为明知是宣扬恐怖主义、极端主义的图书、音频视频资料或者其他物品而非法持有，情节严重的行为。

3. 犯罪主体是一般主体，即年满 16 周岁具有刑事责任能力的自然人。

4. 主观方面是故意。

八、劫持航空器罪

[法条引述]

第 121 条 [劫持航空器罪] 以暴力、胁迫或者其他方法劫持航空器的，处 10 年以上有期徒刑或者无期徒刑；致人重伤、死亡或者使航空器遭受严重破坏的，处死刑。

（一）劫持航空器罪的概念

劫持航空器罪，是指以暴力、胁迫或者其他方法劫持航空器，危害航空运输安全的行为。

（二）劫持航空器罪的认定

1. 本罪与以飞机为破坏对象的破坏交通工具罪的界限：行为人的犯罪目的和客观表现不同。

---

[1] ABCD

（1）劫持航空器罪的犯罪目的和客观表现是非法强行改变航空器的航向或者强行控制航空器，而破坏交通工具罪的犯罪目的和客观表现则是将作为交通工具的航空器本身加以毁坏。

（2）行为人以对航空器进行破坏的方法迫使航空器改变航向或者强行控制航空器的，应当以劫持航空器罪论处。行为人单纯以毁坏航空器为目的对正在使用中的航空器进行破坏的，则应当定破坏交通工具罪。

2. 一罪与数罪的界限

（1）如果行为人是以杀人、伤害、损坏航空器等方法劫持航空器的，其犯罪的暴力方法中已经包含了这些内容（属于结果加重犯），应当以劫持航空器定罪处罚；

（2）如果在劫持并控制航空器以后，又实施滥杀无辜或者强奸妇女等其他犯罪行为的，则应当以劫持航空器罪与所实施的其他犯罪数罪并罚。

3. 本罪既遂与未遂的界限：是否实际将航空器置于自己的控制之下。若行为人已经着手实施劫持航空器的行为，但由于意志以外的原因未能完成劫持行为并控制航空器的，则成立本罪未遂。

九、劫持船只、汽车罪

[法条引述]

第122条 ［劫持船只、汽车罪］ 以暴力、胁迫或者其他方法劫持船只、汽车的，处5年以上10年以下有期徒刑；造成严重后果的，处10年以上有期徒刑或者无期徒刑。

劫持船只、汽车罪的构成要件：

1. 犯罪客体是公共安全，对象限于正在使用中的船只、汽车。
2. 客观方面表现为以暴力、胁迫或者其他方法劫持船只、汽车的行为。
3. 犯罪主体是一般主体，即年满16周岁具有刑事责任能力的自然人。
4. 主观方面表现为故意。

注意

劫持火车、电车的行为，应以破坏交通工具罪或者以危险方法危害公共安全罪论处。

练一练

甲、乙等人佯装乘客登上长途车。甲用枪控制司机，令司机将车开到偏僻路段；乙等人用刀控制乘客，命乘客交出随身财物。一乘客反抗，被乙捅成重伤。财物到手下车时，甲打死司机。关于本案，下列选项正确的是：（　　）[1]

---

［1］ ABCD

A. 甲等人劫持汽车，构成劫持汽车罪

B. 甲等人构成抢劫罪，属于在公共交通工具上抢劫

C. 乙重伤乘客，无需以故意伤害罪另行追究刑事责任

D. 甲开枪打死司机，需以故意杀人罪另行追究刑事责任

十、非法制造、买卖、运输、邮寄、储存枪支、弹药、爆炸物罪

[法条引述]

第125条 [非法制造、买卖、运输、邮寄、储存枪支、弹药、爆炸物罪] 非法制造、买卖、运输、邮寄、储存枪支、弹药、爆炸物的，处3年以上10年以下有期徒刑；情节严重的，处10年以上有期徒刑、无期徒刑或者死刑。

[非法制造、买卖、运输、储存危险物质罪] 非法制造、买卖、运输、储存毒害性、放射性、传染病病原体等物质，危害公共安全的，依照前款的规定处罚。

单位犯前两款罪的，对单位判处罚金，并对其直接负责的主管人员和其他直接责任人员，依照第1款的规定处罚。

第127条 [盗窃、抢夺枪支、弹药、爆炸物、危险物质罪] 盗窃、抢夺枪支、弹药、爆炸物的，或者盗窃、抢夺毒害性、放射性、传染病病原体等物质，危害公共安全的，处3年以上10年以下有期徒刑；情节严重的，处10年以上有期徒刑、无期徒刑或者死刑。

[抢劫枪支、弹药、爆炸物、危险物质罪] [盗窃、抢夺枪支、弹药、爆炸物、危险物质罪] 抢劫枪支、弹药、爆炸物的，或者抢劫毒害性、放射性、传染病病原体等物质，危害公共安全的，或者盗窃、抢夺国家机关、军警人员、民兵的枪支、弹药、爆炸物的，处10年以上有期徒刑、无期徒刑或者死刑。

1. 本罪与盗窃、抢夺枪支、弹药、爆炸物罪及抢劫枪支、弹药、爆炸物罪的界限

（1）客观方面表现不同。本罪表现为实施非法制造、买卖、运输、邮寄、储存枪支、弹药、爆炸物的行为之一，而后两罪则表现为实施了盗窃、抢夺枪支、弹药、爆炸物行为之一或者实施了抢劫行为。

❶"运输、邮寄"的空间范围应限于国内；

❷"非法储存"，是指明知是他人非法制造、买卖、运输、邮寄的枪支、弹药而为其存放的行为，或者非法存放爆炸物的行为。

（2）犯罪主体不同。本罪主体除自然人外，还包括单位，而后两罪的犯罪主体则只能是自然人。

2. 本罪与非法持有、私藏枪支、弹药罪的界限

（1）犯罪对象的范围不同。本罪的犯罪对象包括枪支、弹药、爆炸物，而非法持有、私藏枪支、弹药罪的对象则仅限于枪支、弹药。

（2）客观方面表现不同。本罪一般是违反国家法律规定，私自储存数量较大的枪支、弹药、爆炸物，而非法持有、私藏枪支、弹药罪则一般是不具备配枪资格而非法携带、持

有枪支或者私自收藏少量枪支、弹药。

（3）犯罪主体范围不同。本罪的主体包括自然人和单位，而非法持有、私藏枪支、弹药罪的主体则只限于自然人。

3. 本罪与非法出租、出借枪支罪的界限

（1）犯罪对象不同。本罪的犯罪对象包括枪支、弹药、爆炸物，而后罪的犯罪对象则仅限于枪支。

（2）客观方面表现不同。本罪表现为非法制造、买卖、运输、邮寄、储存枪支、弹药、爆炸物的行为，而非法出租、出借枪支罪则表现为非法出租或者非法出借枪支的行为之一。

（3）犯罪主体不同。本罪的主体是一般主体，自然人和单位都可以成为本罪主体。而非法出租、出借枪支罪的犯罪主体则是特殊主体，即必须是依法配备公务用枪或者依法配置民用枪支的人员或单位。

十一、非法持有、私藏枪支、弹药罪

[法条引述]

第128条 ［非法持有、私藏枪支、弹药罪］ 违反枪支管理规定，非法持有、私藏枪支、弹药的，处3年以下有期徒刑、拘役或者管制；情节严重的，处3年以上7年以下有期徒刑。

［非法出租、出借枪支罪］ 依法配备公务用枪的人员，非法出租、出借枪支的，依照前款的规定处罚。

［非法出租、出借枪支罪］ 依法配置枪支的人员，非法出租、出借枪支，造成严重后果的，依照第1款的规定处罚。

单位犯第2款、第3款罪的，对单位判处罚金，并对其直接负责的主管人员和其他直接责任人员，依照第1款的规定处罚。

第129条 ［丢失枪支不报罪］ 依法配备公务用枪的人员，丢失枪支不及时报告，造成严重后果的，处3年以下有期徒刑或者拘役。

（一）非法持有、私藏枪支、弹药罪的概念和构成要件

1. 概念

非法持有、私藏枪支、弹药罪，是指违反法律规定，持有、私藏枪支、弹药的行为。

2. 犯罪构成要件

（1）犯罪客体是国家对枪支、弹药的管理制度。犯罪对象为枪支、弹药。

（2）客观方面表现为违反枪支、弹药管理的法律、法规的规定，持有、私藏枪支、弹药的行为。

❶ "非法持有"，是指不符合配备、配置枪支、弹药条件的人员，违反枪支管理法律、法规的规定，擅自持有枪支、弹药的行为；

❷ "私藏"，是指依法配备、配置枪支、弹药的人员，在配备、配置枪支、弹药的条件

消除后，违反枪支管理法律、法规的规定，私自藏匿所配备、配置的枪支、弹药且拒不交出的行为。

（3）犯罪主体是一般主体。

（4）主观方面表现为故意，即明知不能私自持有、藏匿枪支、弹药，而持有、私藏的。

（二）非法持有、私藏枪支、弹药罪的认定

1. 本罪与非法制造、买卖、运输、邮寄、储存枪支、弹药罪及盗窃、抢夺枪支、弹药罪和抢劫枪支、弹药罪间的界限：区分的关键在于非法持有、私藏枪支、弹药的行为是在不构成非法制造、买卖、运输、邮寄、储存、盗窃、抢夺、抢劫枪支、弹药罪基础上的持有、私藏行为；如果是在非法制造、买卖、运输、邮寄、储存、盗窃、抢夺、抢劫枪支、弹药罪的基础上再非法持有、私藏枪支、弹药的，不再单独认定为非法持有、私藏枪支、弹药罪，而应以上述犯罪定罪处罚。

2. 本罪属于行为犯，即故意违反枪支管理规定，非法持有、私藏枪支、弹药的行为，就构成本罪的既遂。

练一练

1. 现役军人甲盗窃所在部队军用子弹 100 发，藏在家中。其行为应：（　　）[1]

A. 以盗窃武器装备罪定罪处罚

B. 以盗窃弹药罪定罪处罚

C. 以盗窃弹药罪和非法持有弹药罪数罪并罚

D. 以盗窃弹药罪和私藏弹药罪数罪并罚

2. 警察甲为讨好妻弟乙，将公务用枪私自送乙把玩，丙乘乙在人前炫耀枪支时，偷取枪支送交派出所，揭发乙持枪的犯罪事实。关于本案，下列选项正确的是：（　　）[2]

A. 甲私自出借枪支，构成非法出借枪支罪

B. 乙非法持有枪支，构成非法持有枪支罪

C. 丙构成盗窃枪支罪

D. 丙揭发乙持枪的犯罪事实，构成刑法上的立功

3. 张某在火车站候车室窃得某人一提包，到僻静处打开一看，里面没有钱财，却有手枪一支，子弹若干发，张某便将枪支、子弹放回包内，然后藏于家中。张某的行为构成：（　　）[3]

A. 非法持有枪支、弹药罪　　　　　　B. 盗窃枪支、弹药罪

C. 非法储存枪支、弹药罪　　　　　　D. 非法携带枪支、弹药罪

---

〔1〕 B

〔2〕 AB

〔3〕 A

4. 甲在长途汽车站窃得他人挎包一个，事后发现包内有现金2000元、海洛因200克、手枪一把，遂将海洛因和手枪藏在家中。甲的行为构成：（　　　）[1]

A. 盗窃罪   B. 盗窃枪支罪

C. 非法持有枪支罪   D. 非法持有毒品罪

十二、违规制造、销售枪支罪

[法条引述]

第126条 ［违规制造、销售枪支罪］ 依法被指定、确定的枪支制造企业、销售企业，违反枪支管理规定，有下列行为之一的，对单位判处罚金，并对其直接负责的主管人员和其他直接责任人员，处5年以下有期徒刑；情节严重的，处5年以上10年以下有期徒刑；情节特别严重的，处10年以上有期徒刑或者无期徒刑：

（一）以非法销售为目的，超过限额或者不按照规定的品种制造、配售枪支的；

（二）以非法销售为目的，制造无号、重号、假号的枪支的；

（三）非法销售枪支或者在境内销售为出口制造的枪支的。

1. 概念

违规制造、销售枪支罪，是指依法被指定、确定的枪支制造、销售企业，违反枪支管理规定，擅自制造、销售枪支的行为。

2. 犯罪构成要件★

（1）犯罪客体是国家对枪支的管理制度。犯罪对象为枪支。

（2）客观方面表现为违反枪支管理的法律、法规的规定，实施法定的制造、销售枪支的行为。

（3）犯罪主体只能是依法被指定、确定的枪支制造企业、销售企业。

（4）主观方面表现为故意，对违规制造枪支的要求具备非法销售的法定目的。

依法被指定的枪支制造企业，在境内非法销售本企业制造的、射击精度不合格的枪支。该行为构成：（　　　）[2]

A. 非法制造、买卖枪支罪   B. 违规制造、销售枪支罪

C. 以危险方法危害公共安全罪   D. 生产、销售伪劣产品罪

十三、交通肇事罪

[法条引述]

第133条 ［交通肇事罪］ 违反交通运输管理法规，因而发生重大事故，致人重伤、死

---

［1］ ACD

［2］ B

亡或者使公私财产遭受重大损失的，处3年以下有期徒刑或者拘役；交通运输肇事后逃逸或者有其他特别恶劣情节的，处3年以上7年以下有期徒刑；因逃逸致人死亡的，处7年以上有期徒刑。(2017年法硕非法学专业基础课法条分析题)

(一) 交通肇事罪的概念和构成要件 (2010年法硕法学专业基础课简答题)

1. 概念

交通肇事罪，是指违反交通运输管理法规，因而发生重大事故，致人重伤、死亡或者使公私财产遭受重大损失的行为。

2. 犯罪构成要件

(1) 犯罪客体是交通运输安全。

❶所谓"交通运输"主要是指以电车、汽车、船只等交通工具进行公路和水路交通运输。

❷破坏交通运输安全，一般是指使用上述交通工具进行交通运输，发生重大事故，危害不特定多数人的生命、健康或者重大公私财产的安全。但是，如果使用自行车、三轮车、人力车、畜力车、残疾人专用车等非机动车进行交通运输，发生重大事故，致人伤亡的，也可以构成本罪。

(2) 客观方面表现为违反交通运输管理法规，因而发生重大事故，致人重伤、死亡或者使公私财产遭受重大损失的行为。

❶本罪的构成以违反交通运输管理法规为前提条件。

❷行为方式既可以是作为，如超速、超载或者强行超车等；也可以是不作为，如对刹车系统有故障的机动车不及时进行修理，致使刹车失灵，机动车失去控制，造成重大事故。

❸违反交通运输管理法规的行为，还必须发生了重大事故，致人重伤、死亡或者使公私财产遭受重大损失。

(3) 犯罪主体是一般主体。

❶实践中主要是从事交通运输的人员，具体包括驾驶汽车、电车、船只从事公路和水路运输的驾驶人员以及对上述交通工具的运输安全负有保障职责的其他人员；

❷非交通运输人员违反交通运输管理法规，造成重大交通事故，后果严重的，也应当按本罪论处；

❸司法解释规定，单位主管人员、机动车辆所有人或者机动车辆承包人指使、强令他人违章驾驶造成重大交通事故，致人重伤、死亡或者使公私财产遭受重大损失的，应以交通肇事罪定罪处罚。

(4) 主观方面为过失，即行为人应该预见自己的行为会发生危害社会的结果，因为疏忽大意而没有预见，或者虽然已经预见但轻信能够避免，以致发生了严重的后果。

(二) 交通肇事罪的认定

1. 事故责任认定 (体现为违规程度) 与严重后果的相互关系对本罪构成的影响：

[第1档] 3年以下有期徒刑或者拘役 (罪与非罪的界限)：

(1) 死亡1人或者重伤3人以上，负事故全部或者主要责任。

（2）死亡3人以上，负事故同等责任。

（3）造成公共财产或者其他财产直接损失，负事故全部或者主要责任，无能力赔偿数额在30万元以上的。

（4）致1人以上重伤，负事故全部或者主要责任，并且有下列情形之一的：

❶酒后、吸食毒品后驾驶机动车辆的；

❷无驾驶资格驾驶机动车辆的；

❸明知是安全装置不全或者安全机件失灵的机动车辆而驾驶的；

❹明知是无牌证或者已报废的机动车辆而驾驶的；

❺严重超载驾驶的；

❻为逃避法律追究逃离事故现场的。

练一练

甲在乡村公路上高速驾驶拖拉机，因视线不好将一拴在路边的耕牛撞死。对甲的行为：（　　）[1]

A. 不应认定为犯罪　　　　　　　　B. 以危险驾驶罪定罪处罚

C. 可以免予刑事处罚　　　　　　　D. 以交通肇事罪定罪处罚

[第2档] 3年以上7年以下有期徒刑：

（1）交通肇事后逃逸：交通肇事后为逃避法律追究而逃跑（逃逸前的行为已经构成交通肇事罪）。

（2）其他特别恶劣情节

❶死亡2人以上或者重伤5人以上，负事故全部或者主要责任的；

❷死亡6人以上，负事故同等责任的；

❸造成公共财产或者他人财产直接损失，负事故全部或者主要责任，无能力赔偿数额在60万元以上的。

[第3档] 7年以上有期徒刑：

因逃逸致人死亡：指行为人在交通肇事后为逃避法律追究而逃跑，致使被害人因得不到救助而死亡的情形。

2. 本罪与利用交通工具实施的其他犯罪的界限

（1）如果行为人利用交通工具杀害特定的个人，应当按故意杀人罪论处；

（2）如果出于泄愤报复或者其他反社会动机，驾驶汽车等交通工具在街道或者其他公共场所横冲直撞，制造事端，造成不特定的多数人死伤或者重大公私财产损失的，则应当以以危险方法危害公共安全罪论处。

3. 一罪与数罪的界限

（1）行为人在交通肇事后逃逸的，一般只能作为交通肇事罪的加重处罚情节，按交通

---

[1] A

肇事罪一罪加重处罚。因逃逸致人死亡的，处 7 年以上有期徒刑。根据司法解释的规定，"因逃逸致人死亡"，是指行为人在交通肇事后为逃避法律追究而逃跑，致使被害人因得不到救助而死亡的情形。

（2）司法解释规定，行为人在交通肇事后为了逃避法律追究，将被害人带离事故现场后隐藏或者遗弃，致使被害人因无法得到救助而死亡或者严重残疾的，应当以故意杀人罪或者故意伤害罪定罪处罚。

（3）行为人在交通肇事后，如果已经构成交通肇事罪，为了杀人灭口，而又故意将伤者撞死或者在交通肇事后明知被害人受伤，仍然驾车拖带被车钩住的被害人逃跑，致使被害人死亡的，其行为构成故意杀人罪或故意伤害（致死）罪，应当和交通肇事罪实行数罪并罚。

4. 交通肇事罪存在共犯的情形

司法解释规定，交通肇事后，单位主管人员、机动车所有人、承包人或者乘车人指使肇事人逃逸，致使被害人因得不到救治而死亡的，应以交通肇事罪的共犯论处。

练一练

1. 甲遇红灯停车时，与路人孙某发生口角，甲下车将孙某打倒在地，驾车离去。孙某坐在马路上，不听他人劝导，拒绝离开。10 分钟后，乙超速驾车经过此处，来不及刹车，将孙某撞死。下列选项中，正确的是：（　　）[1]

A. 甲构成故意伤害罪（致人死亡）　　　B. 甲构成寻衅滋事罪

C. 甲和乙共同构成交通肇事罪　　　　D. 乙构成交通肇事罪

2. 甲驾驶货车途经某村庄时，刮倒了路边的赵某。甲从后视镜中看见赵某被拖挂在车后，但为逃避责任继续行驶，致赵某被拖死。甲的行为构成：（　　）[2]

A. 交通肇事罪　　　　　　　　　　　B. 交通肇事罪和故意杀人罪

C. 故意杀人罪　　　　　　　　　　　D. 以危险方法危害公共安全罪

3. 关于交通肇事罪与其他犯罪关系的论述，下列选项正确的是：（　　）[3]

A. 甲酒后驾车撞死一行人，下车观察时，发现死者是其情敌刘某，甲早已预谋将刘某杀死。甲的行为应为故意杀人罪，而不能定为交通肇事罪

B. 乙明知车辆的安全装置不全，仍然指使其雇员王某驾驶该车辆运输货物；王某明知车辆有缺陷，仍超速行驶，造成交通事故，导致 1 人死亡。乙与王某均构成交通肇事罪

C. 丙在施工场地卸货倒车时，不慎将一装卸工人轧死。丙的行为构成重大责任事故罪，而不是交通肇事罪

---

[1]　D
[2]　C
[3]　BCD

D. 丁在一高速公路上驾车行驶时，因疲劳过度将车驶出高速公路，将行人常某撞死。对丁的行为应认定为交通肇事罪，而不是过失致人死亡罪

4. 根据刑法规定与相关司法解释，下列选项符合交通肇事罪中的"因逃逸致人死亡"的是：（　　）[1]

A. 交通肇事后因害怕被现场群众殴打，逃往公安机关自首，被害人因得不到救助而死亡

B. 交通肇事致使被害人当场死亡，但肇事者误以为被害人没有死亡，为逃避法律责任而逃逸

C. 交通肇事致人重伤后误以为被害人已经死亡，为逃避法律责任而逃逸，导致被害人得不到及时救助而死亡

D. 交通肇事后，将被害人转移至隐蔽处，导致其得不到救助而死亡

5. 甲系某公司经理，乙是其司机。某日，乙开车送甲去洽谈商务，途中因违章超速行驶当场将行人丙撞死，并致行人丁重伤。乙欲送丁去医院救治，被甲阻止。甲催乙送其前去洽谈商务，并称否则会造成重大经济损失。于是，乙打电话给120急救站后离开肇事现场。但因时间延误，丁不治身亡。关于本案，下列选项正确的是：（　　）[2]

A. 甲不构成犯罪，乙构成交通肇事罪

B. 甲、乙均构成交通肇事罪

C. 乙构成交通肇事罪和不作为的故意杀人罪，甲是不作为的故意杀人罪的共犯

D. 甲、乙均构成故意杀人罪

6. 卡车司机甲在行车途中，被一吉普车超过，甲顿生不快，便加速超过该车。不一会儿，该车又超过了甲，甲又加速超过该车。当该车再一次试图超车行至甲车左侧时，甲对坐在副座的乙说，"我要吓他一下，看他还敢超我。"随即将方向盘向左边一打，吉普车为躲避碰撞而翻下路基，司机重伤，另有一人死亡。甲驾车逃离。甲的行为构成：（　　）[3]

A. 故意杀人罪

B. 交通肇事罪

C. 破坏交通工具罪

D. 故意杀人罪和故意伤害罪的想象竞合犯

十四、危险驾驶罪与妨害安全驾驶罪

[法条引述]

第133条之一 在道路上驾驶机动车，有下列情形之一的，处拘役，并处罚金：

（一）追逐竞驶，情节恶劣的；

（二）醉酒驾驶机动车的；

（三）从事校车业务或者旅客运输，严重超过额定乘员载客，或者严重超过规定时速

[1] C
[2] B
[3] B

行驶的；

（四）违反危险化学品安全管理规定运输危险化学品，危及公共安全的。

机动车所有人、管理人对前款第3项、第4项行为负有直接责任的，依照前款的规定处罚。

有前两款行为，同时构成其他犯罪的，依照处罚较重的规定定罪处罚。

第133条之二［妨害安全驾驶罪］　对行驶中的公共交通工具的驾驶人员使用暴力或者抢控驾驶操纵装置，干扰公共交通工具正常行驶，危及公共安全的，处1年以下有期徒刑、拘役或者管制，并处或者单处罚金。

前款规定的驾驶人员在行驶的公共交通工具上擅离职守，与他人互殴或者殴打他人，危及公共安全的，依照前款的规定处罚。

有前两款行为，同时构成其他犯罪的，依照处罚较重的规定定罪处罚。

（一）危险驾驶罪的概念和构成要件（2022年法硕法学专业基础课论述题）

1. 概念

危险驾驶罪，是指违反道路安全管理法规，在道路上驾驶机动车实施危险驾驶的行为。

2. 犯罪构成要件

（1）犯罪客体是交通运输安全。

（2）客观方面表现为四种情形：

❶在道路上驾驶机动车追逐竞驶，情节恶劣的；

❷在道路上醉酒驾驶机动车的；

❸从事校车业务或者旅客运输，严重超过额定乘员载客，或者严重超过规定时速行驶；

❹违反危险化学品安全管理规定运输危险化学品，危及公共安全的。

小贴士

1. 所谓"道路"，是指公路、城市道路和虽在单位管辖范围内但允许社会机动车辆通行的地方，包括广场、公共停车场等用于公众通行的场所。

2. 追逐竞驶的，要求"情节恶劣"才成立犯罪。

3. 醉酒驾驶的，只要醉驾就构成犯罪。根据司法解释的规定，血液酒精含量达到80mg/100ml以上的，就属于醉酒驾驶机动车。

（3）犯罪主体是一般主体，即任何在道路上驾驶机动车的人以及从事校车业务或者旅客运输、违规运输危险化学品的机动车所有人、管理人。

（4）主观方面为故意。

（二）危险驾驶罪的认定

1. 本罪属于行为犯（前三种）、危险犯（后一种）。

（1）即上述危险驾驶的四种行为均对道路交通安全造成威胁，只要行为人具有上述四种具体行为之一即成立犯罪；

第十五章 ▶ 危害公共安全罪

（2）有危险驾驶行为同时构成其他犯罪（如交通肇事罪、危险物品肇事罪）的，系想象竞合犯，应依照处罚较重的规定定罪处罚。

2. 醉酒驾驶机动车，以暴力、威胁方法阻碍公安机关依法检查，又构成妨害公务罪等其他犯罪的，应依照数罪并罚的规定处罚。

（三）妨害安全驾驶罪的概念和构成要件（略）

练一练

1. 甲在封闭的居民小区内醉酒驾驶，拐弯时因采取措施不当，将人行道上的工人撞成重伤。甲的行为应认定为：（　　　）[1]

A. 危险驾驶罪 　　　　　　　　B. 交通肇事罪

C. 故意伤害罪 　　　　　　　　D. 过失致人重伤罪

2. 下列行为成立以危险方法危害公共安全罪的是：（　　　）[2]

A. 甲驾车在公路转弯处高速行驶，撞翻相向行驶车辆，致2人死亡

B. 乙驾驶越野车在道路上横冲直撞，撞翻数辆他人所驾汽车，致2人死亡

C. 丙醉酒后驾车，刚开出10米就撞死2人

D. 丁在繁华路段飙车，2名老妇受到惊吓致心脏病发作死亡

十五、重大责任事故罪，强令、组织他人违章冒险作业罪，危险作业罪

[法条引述]

第134条 [重大责任事故罪] 在生产、作业中违反有关安全管理的规定，因而发生重大伤亡事故或者造成其他严重后果的，处3年以下有期徒刑或者拘役；情节特别恶劣的，处3年以上7年以下有期徒刑。

[强令、组织他人违章冒险作业罪] 强令他人违章冒险作业，或者明知存在重大事故隐患而不排除，仍冒险组织作业，因而发生重大伤亡事故或者造成其他严重后果的，处5年以下有期徒刑或者拘役；情节特别恶劣的，处5年以上有期徒刑。

第134条之一 [危险作业罪] 在生产、作业中违反有关安全管理的规定，有下列情形之一，具有发生重大伤亡事故或者其他严重后果的现实危险的，处1年以下有期徒刑、拘役或者管制：

（一）关闭、破坏直接关系生产安全的监控、报警、防护、救生设备、设施，或者篡改、隐瞒、销毁其相关数据、信息的；

（二）因存在重大事故隐患被依法责令停产停业、停止施工、停止使用有关设备、设施、场所或者立即采取排除危险的整改措施，而拒不执行的；

---

[1] D

[2] B

（三）涉及安全生产的事项未经依法批准或者许可，擅自从事矿山开采、金属冶炼、建筑施工，以及危险物品生产、经营、储存等高度危险的生产作业活动的。

（一）重大责任事故罪，强令、组织他人违章冒险作业罪，危险作业罪的构成要件

1. 重大责任事故罪的构成要件

（1）犯罪客体是生产、作业的安全，即从事生产、作业的不特定或者多数人的生命、健康的安全和重大公私财产的安全；

（2）客观方面表现为在生产、作业中，违反有关安全管理的规定，因而发生重大伤亡事故或者造成其他严重后果的行为；

（3）犯罪主体为一般主体，即年满16周岁具有刑事责任能力的自然人，包括对生产、作业负有组织、指挥或者管理职责的负责人、管理人、实际控制人、投资人等人员，以及直接从事生产、作业的人员；

（4）主观方面为过失，即对于所造成的重大伤亡事故或者造成其他严重后果存在过失心理。

2. 强令、组织他人违章冒险作业罪的构成要件

（1）犯罪客体是生产、作业的安全，即从事生产、作业的不特定或者多数人的生命、健康的安全和重大公私财产的安全；

（2）客观方面表现为实施强令他人违章冒险作业，或者明知存在重大事故隐患而不排除，仍冒险组织作业，因而发生重大伤亡事故或者造成其他严重后果的行为；

（3）犯罪主体是一般主体，即年满16周岁具有刑事责任能力的自然人，主要是对生产、作业负有组织、指挥或者管理职责的负责人、管理人、实际控制人、投资人等人员；

（4）主观方面是过失，即对于所造成的重大伤亡事故或者造成其他严重后果存在过失心理。

3. 危险作业罪的构成要件

（1）犯罪客体是生产、作业的安全，即从事生产、作业的不特定或者多数人的生命、健康的安全和重大公私财产的安全；

（2）客观方面表现为在生产、作业中违反有关安全管理的规定，实施某些具有发生重大伤亡事故或者其他严重后果的现实危险的法定行为；

（3）犯罪主体是一般主体，即年满16周岁具有刑事责任能力的自然人，包括对生产、作业负有组织、指挥或者管理职责的负责人、管理人、实际控制人、投资人等人员，以及直接从事生产、作业的人员；

（4）主观方面是故意，即对于实施危险作业行为持故意的心理态度。

（二）相关情形的认定

1. 重大责任事故罪与重大飞行事故罪、铁路运营安全事故罪、重大劳动安全事故罪、危险物品肇事罪、工程重大安全事故罪、教育设施重大安全事故罪、消防责任事故罪等的界限：根据法条竞合犯的原理，特别法优于普通法；只有在不能适用特别法的情况下，才

能以重大责任事故罪论处。

2. 实施危险作业行为，因而发生重大伤亡事故或者造成其他严重后果的，认定为重大责任事故罪。

练一练

1. 工休期间，建筑工人甲在工地上将与自己相互嬉闹的工友乙推倒，致乙跌落摔死。甲的行为应认定为：( )[1]

A. 意外事件
B. 重大责任事故罪
C. 故意伤害罪
D. 过失致人死亡罪

2. 甲是某运输公司的经理，为了抢运煤炭，甲亲自跟车督促驾驶。在驾驶员乙已连续驾驶 10 多个小时的情况下，甲仍强令乙继续驾驶。乙因过度疲劳，操作失当，在驾驶中撞死路边一摆摊商贩。关于本案，下列说法中正确的是：( )[2]

A. 甲构成重大责任事故罪
B. 甲、乙成立交通肇事罪共犯
C. 甲构成交通肇事罪
D. 甲构成强令违章冒险作业罪

3. 甲是某搬运场司机，在搬运场驾车作业时违反操作规程，不慎将另一职工轧死。对甲的行为应当：( )[3]

A. 按过失致人死亡罪处理
B. 按交通肇事罪处理
C. 按重大责任事故罪处理
D. 按意外事件处理

4. 甲在建筑工地开翻斗车。某夜，甲开车时未注意路况，当场将工友乙撞死、丙撞伤。甲背丙去医院，想到会坐牢，遂将丙弃至路沟后逃跑。丙不得救治而亡。关于本案，下列选项错误的是：( )[4]

A. 甲违反交通运输管理法规，因而发生重大事故，致人死伤，触犯交通肇事罪
B. 甲在作业中违反安全管理规定，发生重大伤亡事故，触犯重大责任事故罪
C. 甲不构成交通肇事罪与重大责任事故罪的想象竞合犯
D. 甲为逃避法律责任，将丙带离事故现场后遗弃，致丙不得救治而亡，还触犯故意杀人罪

十六、危险物品肇事罪

[法条引述]

第 136 条 [危险物品肇事罪] 违反爆炸性、易燃性、放射性、毒害性、腐蚀性物品的管理规定，在生产、储存、运输、使用中发生重大事故，造成严重后果的，处 3 年以下有期徒刑或者拘役；后果特别严重的，处 3 年以上 7 年以下有期徒刑。

---

〔1〕 D
〔2〕 C
〔3〕 C
〔4〕 A

危险物品肇事罪的构成要件：

1. 犯罪客体是危险物品在生产、储存、运输、使用中的安全。

2. 客观方面表现为违反危险物品的管理规定，在生产、储存、运输、使用中发生重大事故，造成严重后果的行为。

3. 犯罪主体是一般主体，主要是从事生产、储存、运输、使用危险物品的人员。

4. 主观方面为过失。

练一练

1. 甲到本村乙家买柴油时，因屋内光线昏暗，甲欲点燃打火机看油量。乙担心引起火灾，上前阻止。但甲坚持说柴油见火不会燃烧，仍然点燃了打火机，结果引起油桶燃烧，造成火灾，导致甲、乙及一旁观看的丙被火烧伤，乙、丙经抢救无效死亡。后经检测，乙储存的柴油闪点不符合标准。甲的行为构成：（   ）[1]

A. 危险物品肇事罪　　　　　　B. 失火罪

C. 放火罪　　　　　　　　　　D. 重大责任事故罪

2. 下列情形不能认定为过失致人死亡罪的是：（   ）[2]

A. 甲在运输放射性物质过程中发生事故，造成4人死亡

B. 乙在工地塌方之后，仍然强令6名工人进入隧道抢救价值2000万元的机械，6名工人由此遇难

C. 丙遭受不法侵害，情急之下失手将不法侵害人打死，法院认为丙防卫过当，应当负刑事责任

D. 丁聚众斗殴致人死亡

---

[1] B
[2] ABD

破坏社会主义市场经济秩序罪 第十六章

第一节　破坏社会主义市场经济秩序罪的概念和构成要件

1. 概念

破坏社会主义市场经济秩序罪，是指违反国家市场经济管理法规，破坏市场经济秩序，使社会主义市场经济秩序遭受严重损害的行为。

2. 破坏社会主义市场经济秩序罪的构成要件★

（1）犯罪客体是我国的市场经济秩序。

（2）客观方面表现为违反国家的市场经济管理法规，破坏市场经济秩序，严重损害社会主义市场经济秩序的行为。"严重损害社会主义市场经济秩序的结果"，其标准包括数额的大小（非法所得的多少、违法经营数额的多少等）、后果的状况（如造成人身伤亡情况、财产损失情况、偷逃税额的多少、非法集资额的多少等）以及情节严重程度等。

（3）犯罪主体是个人或单位。

（4）主观方面多由故意构成，并且一般具有非法获利之目的。

第二节　本章的重点罪名

一、生产、销售伪劣产品罪

[法条引述]

第 140 条　[生产、销售伪劣产品罪]　生产者、销售者在产品中掺杂、掺假，以假充真，以次充好或者以不合格产品冒充合格产品，销售金额 5 万元以上不满 20 万元的，处 2 年以下有期徒刑或者拘役，并处或者单处销售金额 50% 以上 2 倍以下罚金；销售金额 20 万元以上不满 50 万元的，处 2 年以上 7 年以下有期徒刑，并处销售金额 50% 以上 2 倍以下罚金；销售金额 50 万元以上不满 200 万元的，处 7 年以上有期徒刑，并处销售金额 50% 以上 2 倍以下罚金；销售金额 200 万元以上的，处 15 年有期徒刑或者无期徒刑，并处销售金额 50% 以上 2 倍以下罚金或者没收财产。

（一）生产、销售伪劣产品罪的概念和构成要件

1. 概念

生产、销售伪劣产品罪，是指生产者、销售者在产品中掺杂、掺假，以假充真，以次

充好或者以不合格产品冒充合格产品，销售金额达 5 万元以上的行为。

2. 生产、销售伪劣产品罪的构成要件

（1）犯罪客体是复杂客体，即国家对产品质量的监督管理制度、市场管理制度和广大用户、消费者的合法权益。

（2）客观方面表现为生产者、销售者违反国家的产品质量管理法律、法规，生产、销售伪劣产品的行为。本罪在客观方面的行为可具体分为如下四种：①掺杂、掺假；②以假充真；③以次充好；④以不合格产品冒充合格产品。上述四种行为属选择行为。（2011 年法硕法学专业基础课简答题）

（3）犯罪主体是自然人和单位，即产品的生产者和销售者两类。生产者即产品的制造者（含产品的加工者），销售者即产品的批量或零散经销售卖者（含产品的直销者）。至于生产者、销售者是否具有合法的生产许可证或者营业执照不影响本罪的成立。

（4）主观方面表现为故意，一般具有非法牟利的目的。

❶ 行为人的故意表现为在生产领域内有意制造伪劣产品。

❷ 在销售领域内分两种情况：一是在销售产品中故意掺杂、掺假；二是明知是伪劣产品而售卖。

（二）生产、销售伪劣产品罪的认定

1. 本罪与非罪行为的界限：销售伪劣产品的数额是否达到刑法所规定的 5 万元（含 5 万元）。伪劣产品尚未销售，货值金额达到 15 万元以上的，以生产、销售伪劣产品罪（未遂）定罪处罚。

2. 竞合与并罚情形的处理

（1）生产、销售《刑法》第 141 条至第 148 条所列产品，不构成各条规定的犯罪，但是销售金额在 5 万元以上的，依照生产、销售伪劣产品罪定罪处罚；

（2）行为人生产销售、伪劣产品既达到第 140 条规定的生产、销售伪劣产品罪的数额标准，同时又触犯《刑法》第 141 条至第 148 条所列各罪（特别法）的，依照处罚较重的规定定罪处罚。

练一练

杨某生产假冒避孕药品，其成份为面粉和白糖的混合物，货值金额达 15 万多元，尚未销售即被查获。关于杨某的行为，下列选项正确的是：（   ）[1]

A. 不构成犯罪

B. 以生产、销售伪劣产品罪（未遂）定罪处罚

C. 以生产、销售伪劣产品罪（既遂）定罪处罚

D. 触犯生产假药罪与生产、销售伪劣产品罪（未遂），依照处罚较重的规定定罪处罚

---

[1] D

二、生产、销售、提供假药罪

[法条引述]

第141条 [生产、销售、提供假药罪] 生产、销售假药的，处3年以下有期徒刑或者拘役，并处罚金；对人体健康造成严重危害或者有其他严重情节的，处3年以上10年以下有期徒刑，并处罚金；致人死亡或者有其他特别严重情节的，处10年以上有期徒刑、无期徒刑或者死刑，并处罚金或者没收财产。

药品使用单位的人员明知是假药而提供给他人使用的，依照前款的规定处罚。

（一）生产、销售、提供假药罪的概念和构成要件

1. 概念

生产、销售、提供假药罪，是指生产者、销售者、药品提供者违反国家药品管理法规，生产、销售、提供假药的行为。

2. 犯罪构成要件

（1）犯罪客体是复杂客体，既侵犯了国家对药品的管理制度，又侵犯了不特定或者多数人的身体健康权利。

（2）客观方面表现为生产者、销售者、提供者违反国家药品管理法律、法规，生产、销售、提供假药的行为。

> **小贴士** 《药品管理法》第98条第2款规定，有下列情形之一的，为假药：
> （1）药品所含成份与国家药品标准规定的成份不符；
> （2）以非药品冒充药品或者以他种药品冒充此种药品；
> （3）变质的药品；
> （4）药品所标明的适应症或者功能主治超出规定范围。

> **注 意**
> 禁止未取得药品批准证明文件生产、进口药品；禁止使用未按照规定审评、审批的原料药、包装材料和容器生产药品。

（3）犯罪主体是自然人和单位，具体为假药的生产者、销售者、提供者三类。

（4）主观方面表现为故意，一般出于营利的目的。当然，生产者、销售者、提供者是否出于营利目的并不影响本罪的成立。

（二）生产、销售、提供假药罪的认定

1. 本罪与生产、销售伪劣产品罪的界限：犯罪对象与入罪标准不同。但根据刑法规定，行为同时构成生产、销售、提供假药罪与生产、销售伪劣产品罪的，从一重罪处罚而非特别法优于普通法。

2. 本罪与生产、销售、提供劣药罪的界限

（1）犯罪对象不同：一个是假药，一个是劣药；

（2）犯罪形态不同：生产、销售、提供假药罪是行为犯，而生产、销售、提供劣药罪是实害犯。

3. 具有下列情形之一的，以共同犯罪论处：

（1）提供资金、贷款、账号、发票、证明、许可证件的；

（2）提供生产、经营场所、设备或者运输、储存、保管、邮寄、销售渠道等便利条件的；

（3）提供生产技术或者原料、辅料、包装材料、标签、说明书的；

（4）提供虚假药物非临床研究报告、药物临床试验报告及相关材料的；

（5）提供广告宣传的；

（6）提供其他帮助的。

练一练

下列情形不属于生产、销售假药罪中的"假药"的是：（　　）[1]

A. 未取得药品批准证明文件生产、进口的药品

B. 药品所标明的适应症或者功能主治超出规定范围

C. 药品所含成份与国家药品标准规定的成份不符

D. 变质的药品

三、生产、销售、提供劣药罪

[法条引述]

第142条 [生产、销售、提供劣药罪] 生产、销售劣药，对人体健康造成严重危害的，处3年以上10年以下有期徒刑，并处罚金；后果特别严重的，处10年以上有期徒刑或者无期徒刑，并处罚金或者没收财产。

药品使用单位的人员明知是劣药而提供给他人使用的，依照前款的规定处罚。

（一）生产、销售、提供劣药罪的构成要件

1. 犯罪客体为复杂客体，既包括国家对药品的管理制度，也包括公民的健康权利。

2. 犯罪客观方面表现为生产、销售、提供劣药，对人体健康造成严重危害的行为。

3. 犯罪主体既包括自然人，也包括单位。

4. 犯罪主观方面为故意。

（二）生产、销售、提供劣药罪的认定

1.《药品管理法》第98条第3款规定，有下列情形之一的，为劣药：

[1] A

（1）药品成份的含量不符合国家药品标准；

（2）被污染的药品；

（3）未标明或者更改有效期的药品；

（4）未注明或者更改产品批号的药品；

（5）超过有效期的药品；

（6）擅自添加防腐剂、辅料的药品；

（7）其他不符合药品标准的药品。

注 意

禁止未取得药品批准证明文件生产、进口药品；禁止使用未按照规定审评、审批的原料药、包装材料和容器生产药品。

2. 生产、销售、提供假药罪与生产、销售、提供劣药罪亦属于法条竞合关系，前者属于特别法，后者属于普通法，当一个行为同时触犯两罪时，依照特别法优先于普通法的原则来处理。

练一练

1. 下列情形不属于生产、销售劣药罪中的"劣药"的是：（   ）[1]

A. 未标明或者更改有效期的药品

B. 未注明或者更改产品批号的药品

C. 超过有效期的药品

D. 使用未按照规定审批的原料药生产的药品

2. 甲将面粉制作的假冒的消炎药卖至某药店后，获利巨大。对甲的行为：（   ）[2]

A. 应以诈骗罪定罪处罚

B. 只能以生产、销售假药罪定罪处罚

C. 只能以生产、销售假冒产品罪定罪处罚

D. 应以生产、销售假药罪和生产、销售伪劣产品罪择一重罪处罚

四、妨害药品管理罪

[法条引述]

第142条之一 [妨害药品管理罪] 违反药品管理法规，有下列情形之一，足以严重危害人体健康的，处3年以下有期徒刑或者拘役，并处或者单处罚金；对人体健康造成严重危害或者有其他严重情节的，处3年以上7年以下有期徒刑，并处罚金：

（一）生产、销售国务院药品监督管理部门禁止使用的药品的；

---

[1] D

[2] D

（二）未取得药品相关批准证明文件生产、进口药品或者明知是上述药品而销售的；

（三）药品申请注册中提供虚假的证明、数据、资料、样品或者采取其他欺骗手段的；

（四）编造生产、检验记录的。

有前款行为，同时又构成本法第141条（生产、销售、提供假药罪）、第142条（生产、销售、提供劣药罪）规定之罪或者其他犯罪的，依照处罚较重的规定定罪处罚。

（一）妨害药品管理罪的构成要件

1. 犯罪客体是复杂客体，即国家对药品的管理制度和不特定多数人的身体健康、生命安全。

2. 客观方面表现为违反药品管理法规，实施法定的妨害药品管理足以严重危害人体健康的行为。

3. 犯罪主体是一般主体，即年满16周岁具有刑事责任能力的自然人以及单位。

4. 主观方面为故意。

（二）妨害药品管理罪的认定

1. 妨害药品管理罪属于危险犯，但同时触犯生产、销售、提供假药罪或者生产、销售、提供劣药罪的，依照处罚较重的规定定罪处罚。

2. 根据民间传统配方私自加工药品或者销售上述药品，数量不大，且未造成他人伤害后果或者延误诊治的，或者不以营利为目的实施带有自救、互助性质的生产、进口、销售药品的行为，不应当认定为犯罪。

3. 以提供给他人生产、销售、提供药品为目的，违反国家规定，生产、销售不符合药用要求的原料、辅料，以生产、销售伪劣产品罪从重处罚；同时构成其他犯罪的，依照处罚较重的规定定罪处罚。

五、生产、销售有毒、有害食品罪与生产、销售不符合安全标准的食品罪 ★

[法条引述]

第144条 ［生产、销售有毒、有害食品罪］ 在生产、销售的食品中掺入有毒、有害的非食品原料的，或者销售明知掺有有毒、有害的非食品原料的食品的，处5年以下有期徒刑，并处罚金；对人体健康造成严重危害或者有其他严重情节的，处5年以上10年以下有期徒刑，并处罚金；致人死亡或者有其他特别严重情节的，依照本法第141条的规定处罚。

第143条 ［生产、销售不符合安全标准的食品罪］ 生产、销售不符合食品安全标准的食品，足以造成严重食物中毒事故或者其他严重食源性疾病的，处3年以下有期徒刑或者拘役，并处罚金；对人体健康造成严重危害或者有其他严重情节的，处3年以上7年以下有期徒刑，并处罚金；后果特别严重的，处7年以上有期徒刑或者无期徒刑，并处罚金或者没收财产。

（一）生产、销售有毒、有害食品罪的构成要件

1. 犯罪客体是国家食品安全监管秩序和人的健康权利。

2. 客观方面表现为生产、销售的食品中掺入有毒、有害的非食品原料，或者销售明知掺有有毒、有害的非食品原料的食品的行为。

3. 犯罪主体为自然人和单位，具体为有毒、有害食品的生产者和销售者两类人。

4. 主观方面表现为故意，一般出于营利的目的。当然，生产者、销售者是否出于营利目的并不影响本罪的成立。

（二） 生产、销售不符合安全标准的食品罪的构成要件

1. 犯罪客体为复杂客体，即国家食品卫生管理制度和公民的生命权、健康权。

2. 犯罪客观方面为违反国家食品卫生安全管理法规，生产、销售不符合安全标准的食品，足以造成严重食物中毒事故或者其他严重食源性疾病的行为。

3. 犯罪主体是自然人和单位。

4. 犯罪主观方面为故意。

（三） 两罪的认定

1. 生产、销售有毒、有害食品罪的常见的行为有：将工业酒精勾兑成散装白酒出售给他人，将工业用猪油冒充食用油出售给他人，使用含有"瘦肉精"的饲料饲养生猪进而销售，使用禁用农药种植蔬菜进而销售，生产、销售"地沟油"等。

2. 在食品生产、销售、运输、贮存等过程中，掺入有毒、有害的非食品原料，或者使用有毒、有害的非食品原料生产食品的，或者在食用农产品种植、养殖、销售、运输、贮存等过程中，使用禁用农药、食品动物中禁止使用的药品及其他化合物等有毒、有害的非食品原料的，或者在保健食品或者其他食品中非法添加国家禁用药物等有毒、有害的非食品原料的，以生产、销售有毒、有害食品罪定罪处罚。

3. 生产、销售不符合食品安全标准的食品，具有下列情形之一的，应当认定为"足以造成严重食物中毒事故或者其他严重食源性疾病"：

（1） 含有严重超出标准限量的致病性微生物、农药残留、兽药残留、生物毒素、重金属等污染物质以及其他严重危害人体健康的物质的；

（2） 属于病死、死因不明或者检验检疫不合格的畜、禽、兽、水产动物肉类及其制品的；

（3） 属于国家为防控疾病等特殊需要明令禁止生产、销售的；

（4） 特殊医学用途配方食品、专供婴幼儿的主辅食品营养成分严重不符合食品安全标准的；

（5） 其他足以造成严重食物中毒事故或者严重食源性疾病的情形。

4. 在食品加工、销售、运输、贮存等过程中，违反食品安全标准，超限量或者超范围滥用食品添加剂，足以造成严重食物中毒事故或者其他严重食源性疾病的，或者在食用农产品种植、养殖、销售、运输、贮存等过程中，违反食品安全标准，超限量或者超范围滥用添加剂、农药、兽药等，足以造成严重食物中毒事故或者其他严重食源性疾病的，以生产、销售不符合安全标准的食品罪定罪处罚。

5. 在食品生产、销售、运输、贮存等过程中，使用不符合食品安全标准的食品包装材

料、容器、洗涤剂、消毒剂，或者用于食品生产经营的工具、设备等，造成食品被污染，符合《刑法》第143条、第144条规定的，以生产、销售不符合安全标准的食品罪或者生产、销售有毒、有害食品罪定罪处罚。

6. 生产、销售不符合食品安全标准的食品，有毒、有害食品，符合刑法规定的，以生产、销售不符合安全标准的食品罪或者生产、销售有毒、有害食品罪定罪处罚。同时构成其他犯罪的，依照处罚较重的规定定罪处罚。生产、销售不符合食品安全标准的食品，无证据证明足以造成严重食物中毒事故或者其他严重食源性疾病，不构成生产、销售不符合安全标准的食品罪，但是构成生产、销售伪劣产品罪等其他犯罪的，依照该其他犯罪定罪处罚。

7. 如果生产、销售不符合食品安全标准的食品添加剂，用于食品的包装材料、容器、洗涤剂、消毒剂，或者用于食品生产经营的工具、设备等，或者生产、销售用超过保质期的食品原料、超过保质期的食品、回收食品作为原料的食品，或者以更改生产日期、保质期、改换包装等方式销售超过保质期的食品、回收食品，构成犯罪的，以生产、销售伪劣产品罪定罪处罚。

有前述行为，同时构成生产、销售不符合安全标准的食品罪，生产、销售不符合安全标准的产品罪等其他犯罪的，依照处罚较重的规定定罪处罚。

8. 在畜禽屠宰相关环节，对畜禽使用食品动物中禁止使用的药品及其他化合物等有毒、有害的非食品原料，构成犯罪的，以生产、销售有毒、有害食品罪定罪处罚；对畜禽注水或者注入其他物质，足以造成严重食物中毒事故或者其他严重食源性疾病的，以生产、销售不符合安全标准的食品罪定罪处罚；虽不足以造成严重食物中毒事故或者其他严重食源性疾病，但符合刑法规定的，以生产、销售伪劣产品罪定罪处罚。

练一练

1. 下列选项中，应认定为生产、销售有毒、有害食品罪的有：（   ）[1]

A. 甲使用洗衣粉加工油条并出售　　　　B. 乙使用工业盐腌制鸭蛋并出售

C. 丙在屠宰过程中给牛肉注水并出售　　D. 丁在勾兑白酒时加入工业酒精并出售

2. 甲在其制作的玉米馒头中违规超量添加色素，销售金额累计22万元。此种色素为合法食品添加剂，超量使用不足以造成严重食物中毒事故或者其他严重食源性疾病。甲的行为应认定为：（   ）[2]

A. 不构成犯罪　　　　　　　　　　　　B. 生产、销售伪劣产品罪

C. 生产、销售有毒、有害食品罪　　　　D. 生产、销售不符合安全标准的食品罪

3. 刘某专营散酒收售，农村小卖部为其供应对象。刘某从他人处得知某村办酒厂生产的散酒价格低廉，虽掺有少量有毒物质，但不会致命，遂大量购进并转销给多家小卖部出售，结果致许多饮者中毒甚至双眼失明。下列选项正确的是：（   ）[3]

---

[1]　ABD

[2]　B

[3]　BC

A. 造成饮用者中毒的直接责任人是某村办酒厂，应以生产和销售有毒、有害食品罪追究其刑事责任；刘某不清楚酒的有毒成份，可不负刑事责任

B. 对刘某应当以生产和销售有毒、有害食品罪追究刑事责任

C. 应当对构成犯罪者并处罚金或没收财产

D. 村办酒厂和刘某构成共同犯罪

4. 关于生产、销售伪劣商品罪，下列选项正确的是：（　　）[1]

A. 甲既生产、销售劣药，对人体健康造成严重危害，同时又生产、销售假药的，应实行数罪并罚

B. 乙为提高猪肉的瘦肉率，在饲料中添加"瘦肉精"。由于生猪本身不是食品，故乙不构成生产有毒、有害食品罪

C. 丙销售不符合安全标准的饼干，足以造成严重食物中毒事故，但销售金额仅有500元。对丙应以销售不符合安全标准的食品罪论处

D. 丁明知香肠不符合安全标准，足以造成严重食源性疾患，但误以为没有毒害而销售，事实上香肠中掺有有毒的非食品原料。对丁应以销售不符合安全标准的食品罪论处

5. 关于生产、销售伪劣商品罪，下列选项正确的是：（　　）[2]

A. 甲未经批准进口一批药品销售给医院。但该药品质量合格，甲的行为仍构成销售假药罪

B. 甲大量使用禁用农药种植大豆。甲的行为属于"在生产的食品中掺入有毒、有害的非食品原料"，构成生产有毒、有害食品罪

C. 甲将纯净水掺入工业酒精中，冒充白酒销售。甲的行为不属于"在生产、销售的食品中掺入有毒、有害的非食品原料"，不成立生产、销售有毒、有害食品罪

D. 甲利用"地沟油"大量生产"食用油"后销售。因不能查明"地沟油"的具体毒害成分，对甲的行为不能以生产、销售有毒、有害食品罪论处

6. 关于生产、销售伪劣商品罪，下列判决正确的是：（　　）[3]

A. 甲销售的药品无批准文号，足以严重危害人体健康，且销售金额达500万元，如按妨害药品管理罪处理会导致处罚较轻，法院以销售伪劣产品罪定罪处罚

B. 甲明知病死猪肉有害，仍将大量收购的病死猪肉，冒充合格猪肉在市场上销售。法院以销售有毒、有害食品罪定罪处罚

C. 甲明知贮存的苹果上使用了禁用农药，仍将苹果批发给零售商。法院以销售有毒、有害食品罪定罪处罚

D. 甲以为是劣药而销售，但实际上销售了假药，且对人体健康造成严重危害。法院以销售劣药罪定罪处罚

[1] ACD
[2] B
[3] ACD

六、走私普通货物、物品罪

（一）走私普通货物、物品罪的概念和构成要件 ★

1. 概念

走私普通货物、物品罪，是指违反海关法规，逃避海关监管，非法运输、携带、邮寄国家禁止进出口的武器、弹药、核材料、假币、珍贵动物及其制品、珍稀植物及其制品、淫秽物品、废物、毒品以及国家禁止出口的文物、金银和其他贵重金属以外的货物、物品进出境，偷逃应缴纳关税数额较大或者 1 年内曾经因走私被给予 2 次行政处罚后又走私的行为。

2. 犯罪构成要件

（1）犯罪客体是国家对外贸易管制中关于普通货物、物品进出口的监管制度和征收关税制度。

（2）客观方面表现为行为人违反海关法规，逃避海关监管，走私普通货物、物品，偷逃数额较大的关税或者虽未达数额较大但 1 年内因走私受到 2 次行政处罚后又走私的行为。此外，下列行为也应以走私普通货物、物品罪论处：

❶ 未经海关许可并且未补缴应缴税额，擅自将批准进口的来料加工、来件装配，将补偿贸易的原材料、零件、制成品、设备等保税货物，在境内销售牟利的；（将保税货物在境内销售牟利）

❷ 未经海关许可并且未补缴应缴税额，擅自将特定减税、免税进口的货物、物品，在境内销售牟利的；（将减免关税的物品如捐赠物品在境内销售牟利）

❸ 直接向走私人非法收购国家禁止进口物品的，或者直接向走私人非法收购走私进口的其他货物、物品，数额较大的；（直接向走私人非法收购走私物品即二道贩子）

❹ 在内海、领海、界河、界湖运输、收购、贩卖国家禁止进出口物品的，或者运输、收购、贩卖国家限制进出口货物、物品，数额较大，没有合法证明的。（在境内运输、收购、贩卖走私物品，境内包括内海、领海等）

（3）犯罪主体是自然人和单位。

（4）主观方面表现为故意，并且具有偷逃关税的目的。

（二）走私普通货物、物品罪的认定

1. 本罪与其他有关走私罪的界限：走私对象不同。

（1）走私武器、弹药等特殊性质的物品分别构成不同的走私罪，走私除特殊性质物品以外的普通货物、物品的，构成本罪；

（2）在走私的普通货物、物品中藏匿枪支、弹药等特殊性质的物品，构成数罪的，实行数罪并罚；

（3）11 个走私罪中有 8 个走私罪打击的是双向行为，有 3 个走私罪是例外：走私文物罪与走私贵重金属罪属于禁止出口，走私废物罪属于禁止进口。

2. 武装掩护走私与暴力抗拒缉私的处理：武装掩护走私的，按照《刑法》第 151 条第 1 款的规定从重处罚。以暴力、威胁方法抗拒缉私的，应以走私普通货物、物品罪和妨

害公务罪实行数罪并罚。

3. 单位和个人（不包括单位直接负责的主管人员和其他直接责任人员）共同走私的，单位和个人均应对共同走私所偷逃的应缴税额负责。

4. 与走私普通货物、物品罪的罪犯通谋，为其提供贷款、资金、账号、发票、证明，或者为其提供运输、保管、邮寄或者其他方便的，以走私普通货物、物品罪的共犯论处。

练一练

1. 关于走私犯罪，下列选项正确的是：（　　　）[1]

A. 甲误将淫秽光盘当作普通光盘走私入境。虽不构成走私淫秽物品罪，但如按照普通光盘计算，其偷逃应缴税额较大时，应认定为走私普通货物、物品罪

B. 乙走私大量弹头、弹壳。由于弹头、弹壳不等于弹药，故乙不成立走私弹药罪

C. 丙走私枪支入境后非法出卖。此情形属于吸收犯，按重罪吸收轻罪的原则论处

D. 丁走私武器时以暴力抗拒缉私。此情形属于牵连犯，从一重罪论处

2. 下列行为（不考虑数量），应以走私普通货物、物品罪论处的是：（　　　）[2]

A. 将白银从境外走私进入中国境内

B. 走私国家禁止进出口的旧机动车

C. 走私淫秽物品，有传播目的但无牟利目的

D. 走私无法组装并使用（不属于废物）的弹头、弹壳

3. 下列关于走私罪的表述，正确的是：（　　　）[3]

A. 走私的废物中混有普通货物的，构成走私废物罪

B. 基于走私目的向海关人员行贿数额巨大的，应数罪并罚

C. 走私普通货物偷逃关税数额特别巨大的，可以判处死刑

D. 具有走私故意但对走私具体对象不明确而走私的，应认定无罪

4. 空姐甲长期在国外购买化妆品，经无申报通道携带入境，交由其表妹在网店销售，偷逃高额海关关税，获利数额巨大。甲的行为应认定为：（　　　）[4]

A. 逃税罪   B. 走私普通货物、物品罪

C. 非法经营罪   D. 为亲友非法牟利罪

5. 甲与走私普通货物、物品罪的犯罪人事前通谋，为其提供账户以转移走私所得。对甲的行为应认定为：（　　　）[5]

A. 掩饰、隐瞒犯罪所得罪   B. 洗钱罪

C. 走私普通货物、物品罪   D. 包庇罪

---

[1] A

[2] AD

[3] A

[4] B

[5] C

6. 甲在香港购买一批香烟，隐藏于免税货物中从海关入境。该批香烟偷逃关税 8 万元。甲的行为构成：（　　）[1]

A. 逃税罪
B. 非法经营罪

C. 走私普通货物罪
D. 掩饰、隐瞒犯罪所得罪

7. 甲避开海关从境外偷运一批淫秽光盘到境内无偿散发。甲的行为应定为：（　　）[2]

A. 走私淫秽物品罪
B. 传播淫秽物品罪

C. 传播淫秽物品牟利罪
D. 侵犯著作权罪

七、非国家工作人员受贿罪

[法条引述]

第 163 条 [非国家工作人员受贿罪]　公司、企业或者其他单位的工作人员，利用职务上的便利，索取他人财物或者非法收受他人财物，为他人谋取利益，数额较大的，处 3 年以下有期徒刑或者拘役，并处罚金；数额巨大或者有其他严重情节的，处 3 年以上 10 年以下有期徒刑，并处罚金；数额特别巨大或者有其他特别严重情节的，处 10 年以上有期徒刑或者无期徒刑，并处罚金。

公司、企业或者其他单位的工作人员在经济往来中，利用职务上的便利，违反国家规定，收受各种名义的回扣、手续费，归个人所有的，依照前款的规定处罚。

国有公司、企业或者其他国有单位中从事公务的人员和国有公司、企业或者其他国有单位委派到非国有公司、企业以及其他单位从事公务的人员有前两款行为的，依照本法第 385 条、第 386 条的规定定罪处罚。

（一）非国家工作人员受贿罪的概念和构成要件 ★

1. 概念

非国家工作人员受贿罪，是指公司、企业或者其他单位的工作人员利用职务上的便利，索取他人财物或者非法收受他人财物，为他人谋取利益，数额较大的行为。

2. 犯罪构成要件

（1）犯罪客体是国家对公司、企业以及非国有事业单位、其他组织的工作人员职务活动的管理制度。

（2）客观方面表现为利用职务上的便利，索取他人财物或非法收受他人财物，为他人谋取利益，数额较大的行为。公司、企业或者其他单位的工作人员在经济往来中，利用职务上的便利，违反国家规定，收受各种名义的回扣、手续费，归个人所有的，以非国家工作人员受贿罪处罚。

（3）犯罪主体是特殊主体，即公司、企业或者其他单位中的非国家工作人员。

---

[1]　C
[2]　A

（4）主观方面表现为故意，即公司、企业、其他单位人员故意利用其职务之便接受或者索取贿赂，为他人谋取利益。

（二）非国家工作人员受贿罪的认定

1. 本罪与受贿罪的界限：主体不同。本罪的主体是非国家工作人员，受贿罪的主体是国家工作人员。非国家工作人员与国家工作人员通谋，共同收受他人财物，构成共同犯罪的，分别为：

（1）利用国家工作人员的职务便利为他人谋取利益的，以受贿罪追究刑事责任；

（2）利用非国家工作人员的职务便利为他人谋取利益的，以非国家工作人员受贿罪追究刑事责任；

（3）分别利用各自的职务便利为他人谋取利益的，按照主犯的犯罪性质追究刑事责任，不能分清主从犯的，可以受贿罪追究刑事责任。

2. 本罪中的"其他单位"，既包括事业单位、社会团体、村民委员会、居民委员会、村民小组等常设性的组织，也包括为组织体育赛事、文艺演出或者其他正当活动而成立的组委会、筹委会、工程承包队等非常设性的组织。

（1）医院医生"开单提成"的行为按非国家工作人员受贿罪定罪；

（2）学校及其他教育机构中的教师，为教材、教具、校服或者其他物品的销售方谋取利益，数额较大的，成立非国家工作人员受贿罪。

练一练

1. 下列人员中，利用职务上的便利，非法收受他人财物，为他人谋取利益，可以构成非国家工作人员受贿罪的有：（　　　）[1]

A. 公立医院的医生　　　　　　　B. 村民委员会主任

C. 工程承包队队长　　　　　　　D. 文艺演出筹委会主任

2. 下列情形中，构成非国家工作人员受贿罪的有：（　　　）[2]

A. 医务人员甲收受某药品生产企业数额较大的财物后，在开处方时大量使用该企业的药品

B. 教师乙收受某出版社数额较大的财物后，在教学中指定学生购买该出版社出版的教学辅导书

C. 村民委员会主任丙收受自己表弟数额较大的财物后，在生育指标管理工作中帮其办理超指标生育证

D. 评标委员会中的特邀专家丁收受某竞标人数额较大的财物后，在评标活动中为其成功竞标创造条件

---

〔1〕 ABCD

〔2〕 ABD

3. 下列行为中，应以非国家工作人员受贿罪定罪处罚的是：（　　）[1]

A. 税务局局长甲，要求辖区内的公司为该局建设办公楼提供财物支持

B. 国有资产管理公司负责人乙，在处置国有资产的过程中，收受他人财物

C. 已离职的工商局局长丙，收受刘某的钱财，要求被自己提拔起来的工商局副局长停止对刘某销售伪劣产品案件的查处

D. 已退休的卫生局局长丁，与朋友共同出资设立有限责任公司，并担任副总经理，利用这一职务在采购物资时收受回扣归自己所有

4. 甲系某股份制电力公司所属某供电所抄表组抄表员。在一次抄表时，甲与某金属加工厂承包人乙合谋少记载该加工厂用电量，并将电表上的数字回拨，使加工厂少交3万元电费。事后甲从乙处索取好处费1万元。关于甲的行为触犯的罪名，下列选项正确的是：（　　）[2]

A. 贪污罪　　　　　　　　　　　B. 非国家工作人员受贿罪

C. 盗窃罪　　　　　　　　　　　D. 诈骗罪

5. 关于贿赂犯罪的认定，下列选项正确的是：（　　）[3]

A. 甲是公立高校普通任课教师，在学校委派其招生时，利用职务便利收受考生家长10万元。甲成立受贿罪

B. 乙是国有医院副院长，收受医药代表10万元，承诺为病人开处方时多开相关药品。乙成立非国家工作人员受贿罪

C. 丙是村委会主任，在村集体企业招投标过程中，利用职务收受他人财物10万元，为其谋利。丙成立非国家工作人员受贿罪

D. 丁为国有公司临时工，与本公司办理采购业务的副总经理相勾结，收受10万元回扣归二人所有。丁构成受贿罪

八、伪造货币罪

[法条引述]

第170条 [伪造货币罪]　伪造货币的，处3年以上10年以下有期徒刑，并处罚金；有下列情形之一的，处10年以上有期徒刑或者无期徒刑，并处罚金或者没收财产：

（一）伪造货币集团的首要分子；

（二）伪造货币数额特别巨大的；

（三）有其他特别严重情节的。

（一）伪造货币罪的概念

伪造货币罪，是指违反国家货币管理法规，仿照货币的形状、色彩、图案等特征，使用各种方法非法制造出外观上足以乱真的假货币，破坏货币的公共信用，破坏金融管理秩

---

[1]　D
[2]　BC
[3]　ABCD

序的行为。

（二）货币犯罪的认定

1. "货币"，是指可在国内市场流通或者兑换的人民币（包括中国人民银行发行的普通纪念币和贵金属纪念币）和境外货币。

2. 仿照真货币的图案、形状、色彩等特征非法制造假币，冒充真币的行为，应当认定为"伪造货币"。

3. 对真货币采用剪贴、挖补、揭层、涂改、移位、重印等方法加工处理，改变真币形态、价值的行为，应当认定为"变造货币"。

4. 同时采用伪造和变造手段，制造真伪拼凑货币的行为，以伪造货币罪定罪处罚。

5. 伪造以后运输、出售，应以伪造货币罪定罪并从重处罚。但这仅限于行为人出售、购买、运输自己伪造的货币的情形。如果行为人不仅伪造货币，而且出售、运输他人伪造的货币，即伪造的货币与出售、运输的假币不具有同一性时，应当实行数罪并罚。

6. 伪造货币后而持有、使用的，符合行为人为牟利而伪造货币的同一个犯意，其持有、使用自己伪造的货币的行为也仅成立伪造货币罪。

7. 行为人明知是伪造的货币而持有、使用但是没有伪造、运输、出售行为的，以持有、使用假币罪定罪处罚。

8. 行为人购买假币后使用，构成犯罪的，以购买假币罪定罪，从重处罚。

9. 行为人出售、运输假币构成犯罪，同时有使用假币行为的，实行数罪并罚。

10. 以使用为目的，伪造停止流通的货币，或者使用伪造的停止流通的货币的，以诈骗罪定罪处罚。

练一练

1. 下列行为如满足规定条件，应认定为伪造货币罪的是：（　　）[1]

A. 临摹欧元收藏　　　　　　　　B. 铸造珍稀古钱币

C. 将英镑揭层一分为二　　　　　D. 用黄金铸造流通的纪念金币

2. 甲伪造 10 万美元后，出售了其中的 5 万美元假币，还剩 5 万美元假币没有出售。对甲的行为应：（　　）[2]

A. 以伪造货币罪定罪处罚　　　　B. 以伪造货币罪与出售假币罪并罚

C. 以出售假币罪定罪处罚　　　　D. 以伪造货币罪与持有假币罪并罚

3. 关于货币犯罪，下列选项错误的是：（　　）[3]

A. 伪造货币罪中的"货币"，包括在国内流通的人民币、在国内可兑换的境外货币，以及正在流通的境外货币

---

〔1〕D

〔2〕A

〔3〕B

B. 根据《刑法》规定，伪造货币并出售或者运输伪造的货币的，依照伪造货币罪从重处罚。据此，行为人伪造美元，并运输他人伪造的欧元的，应按伪造货币罪从重处罚

C. 将低额美元的纸币加工成高额英镑的纸币的，属于伪造货币

D. 对人民币真币加工处理，使100元面额变为50元面额的，属于变造货币

4. 关于货币犯罪的认定，下列选项正确的是：(　　　)[1]

A. 以使用为目的，大量印制停止流通的第三版人民币的，不成立伪造货币罪

B. 伪造正在流通但在我国尚无法兑换的境外货币的，成立伪造货币罪

C. 将白纸冒充假币卖给他人的，构成诈骗罪，不成立出售假币罪

D. 将一半真币与一半假币拼接，制造大量半真半假面额100元纸币的，成立变造货币罪

5. 关于货币犯罪，下列选项正确的是：(　　　)[2]

A. 以货币碎片为材料，加入其他纸张，制作成假币的，属于变造货币

B. 将金属货币熔化后，制作成较薄的、更多的金属货币的，属于变造货币

C. 将伪造的货币赠与他人的，属于使用假币

D. 运输假币并使用假币的，按运输假币罪从重处罚

九、骗取贷款、票据承兑、金融票证罪

[法条引述]

第175条之一 [骗取贷款、票据承兑、金融票证罪]　以欺骗手段取得银行或者其他金融机构贷款、票据承兑、信用证、保函等，给银行或者其他金融机构造成重大损失的，处3年以下有期徒刑或者拘役，并处或者单处罚金；给银行或者其他金融机构造成特别重大损失或者有其他特别严重情节的，处3年以上7年以下有期徒刑，并处罚金。

单位犯前款罪的，对单位判处罚金，并对其直接负责的主管人员和其他直接责任人员，依照前款的规定处罚。

(一) 骗取贷款、票据承兑、金融票证罪的概念 (2014年法硕非法学专业基础课简答题)

骗取贷款、票据承兑、金融票证罪，是指以欺骗手段取得银行或者其他金融机构贷款、票据承兑、信用证、保函等，给银行或者其他金融机构造成重大损失的行为。

(二) 骗取贷款罪与贷款诈骗罪的界限

1. 贷款诈骗罪是以非法占有为目的，而本罪中的骗取贷款行为不以非法占有为目的，只是为了骗取贷款。

2. 贷款诈骗罪的主体只是自然人，而本罪的主体既可以是自然人，也可以是单位。

3. 贷款诈骗罪的犯罪对象是贷款，而本罪的犯罪对象除了贷款以外，还包括票据承

---

[1]　ABC
[2]　C

兑、信用证、保函等金融票证。

练一练

甲公司用伪造的产权证明作担保，向某商业银行借款 3000 万元用于生产经营。后因经营不善，导致该笔款项无法归还。甲公司的行为：（　　　）[1]

A. 不构成犯罪　　　　　　　　　B. 构成贷款诈骗罪

C. 构成骗取贷款罪　　　　　　　D. 构成合同诈骗罪

十、非法吸收公众存款罪

[法条引述]

第 176 条　[非法吸收公众存款罪]　非法吸收公众存款或者变相吸收公众存款，扰乱金融秩序的，处 3 年以下有期徒刑或者拘役，并处或者单处罚金；数额巨大或者有其他严重情节的，处 3 年以上 10 年以下有期徒刑，并处罚金；数额特别巨大或者有其他特别严重情节的，处 10 年以上有期徒刑，并处罚金。

单位犯前款罪的，对单位判处罚金，并对其直接负责的主管人员和其他直接责任人员，依照前款的规定处罚。

有前两款行为，在提起公诉前积极退赃退赔，减少损害结果发生的，可以从轻或者减轻处罚。

（一）非法吸收公众存款罪的概念和构成要件★

1. 概念

非法吸收公众存款罪，是指违反国家金融管理法规，非法吸收公众存款或者变相吸收公众存款，扰乱金融秩序的行为。

2. 犯罪构成要件

（1）犯罪客体是国家的金融管理秩序。

（2）客观方面表现为非法吸收公众存款或者变相吸收公众存款，扰乱金融秩序的行为。

❶ "非法吸收"，是指未经中国人民银行批准，向社会不特定对象吸收资金，出具凭证，承诺在一定期限内还本付息的活动。

❷ "变相吸收"，是指未经中国人民银行批准，不以吸收公众存款的名义，向社会不特定对象吸收资金，但承诺履行的义务与吸收公众存款性质相同的活动。

❸ 未向社会公开宣传，在亲友或者单位内部针对特定对象吸收资金的，不属于非法吸收或者变相吸收公众存款。"向社会公开宣传"，包括以各种途径向社会公众传播吸收资金的信息，以及明知吸收资金的信息向社会公众扩散而予以放任等情形。

---

[1]　C

❹下列情形应当认定为向社会公众吸收资金：a. 在向亲友或者单位内部人员吸收资金的过程中，明知亲友或者单位内部人员向不特定对象吸收资金而予以放任的；b. 以吸收资金为目的，将社会人员吸收为单位内部人员，并向其吸收资金的；c. 向社会公开宣传，同时向不特定对象、亲友或者单位内部人员吸收资金的。

（3）犯罪主体是一般主体，自然人和单位均可成为本罪的主体。

（4）主观方面表现为故意，但不能具有非法占有的目的。包括直接故意和间接故意。

（二）非法吸收公众存款罪的认定

1. 同时具备下列四个条件的，除《刑法》另有规定的以外，应当认定为"非法吸收公众存款或者变相吸收公众存款"：

（1）未经有关部门依法许可或者借用合法经营的形式吸收资金；

（2）通过网络、媒体、推介会、传单、手机信息等途径向社会公开宣传；

（3）承诺在一定期限内以货币、实物、股权等方式还本付息或者给付回报；

（4）向社会公众即社会不特定对象吸收资金。

2. 非法吸收或者变相吸收公众存款，具有下列情形之一的，应当依法追究刑事责任：

（1）非法吸收或者变相吸收公众存款数额在 100 万元以上的；

（2）非法吸收或者变相吸收公众存款对象 150 人以上的；

（3）非法吸收或者变相吸收公众存款，给存款人造成直接经济损失数额在 50 万元以上的。

（4）非法吸收或者变相吸收公众存款数额在 50 万元以上或者给存款人造成直接经济损失数额在 25 万元以上，同时具有下列情节之一的，应当依法追究刑事责任：

❶曾因非法集资受过刑事追究的；

❷2 年内曾因非法集资受过行政处罚的；

❸造成恶劣社会影响或者其他严重后果的。

3. 行为虽然构成非法吸收公众存款罪，但只能对犯罪行为进行部分评价，而适用非法经营罪能够对行为进行整体评价，则构成非法经营罪。意图非法占有社会不特定公众的资金，是集资诈骗罪；行为人只是临时占用投资人的资金，承诺还本付息的，是非法吸收公众存款罪。

练一练

甲非法举办推介会，以支付 40% 的年息为条件，向 50 多名退休人员"借款" 300 多万元。甲后将这笔钱转借给乙，并约定收取 60% 的年息。不料乙携款潜逃，致甲无法归还借款。甲的行为应认定为：（   ）[1]

A. 非法经营罪   B. 非法吸收公众存款罪

C. 集资诈骗罪   D. 贷款诈骗罪

---

[1] B

十一、妨害信用卡管理罪与窃取、收买、非法提供信用卡信息罪

[法条引述]

第 177 条之一 [妨害信用卡管理罪] 有下列情形之一，妨害信用卡管理的，处 3 年以下有期徒刑或者拘役，并处或者单处 1 万元以上 10 万元以下罚金；数量巨大或者有其他严重情节的，处 3 年以上 10 年以下有期徒刑，并处 2 万元以上 20 万元以下罚金：

（一）明知是伪造的信用卡而持有、运输的，或者明知是伪造的空白信用卡而持有、运输，数量较大的；

（二）非法持有他人信用卡，数量较大的；

（三）使用虚假的身份证明骗领信用卡的；

（四）出售、购买、为他人提供伪造的信用卡或者以虚假的身份证明骗领的信用卡的。

[窃取、收买、非法提供信用卡信息罪] 窃取、收买或者非法提供他人信用卡信息资料的，依照前款规定处罚。

银行或者其他金融机构的工作人员利用职务上的便利，犯第 2 款罪的，从重处罚。

（一）妨害信用卡管理罪的概念和构成要件 ★

1. 概念

妨害信用卡管理罪，是指违反信用卡管理法律、法规的规定，妨害信用卡管理的行为。

2. 犯罪构成要件

（1）犯罪客体是国家的信用卡管理制度。

（2）客观方面表现为实施了法定的妨害信用卡管理的行为。

（3）犯罪主体是一般主体。单位不能成为本罪的主体。

（4）主观方面表现为故意，并且一般具有牟取非法利益的目的。

（二）窃取、收买、非法提供信用卡信息罪的概念

窃取、收买、非法提供信用卡信息罪，是指违反信用卡管理法律、法规，窃取、收买、非法提供他人信用卡信息资料的行为。

（三）两罪的认定

1. 违背他人意愿，使用其居民身份证、军官证、士兵证、港澳居民往来内地通行证、台湾居民来往大陆通行证、护照等身份证明申领信用卡的，或者使用伪造、变造的身份证明申领信用卡的，应当认定为妨害信用卡管理中规定的"使用虚假的身份证明骗领信用卡"。

2. 窃取、收买、非法提供他人信用卡信息资料，足以伪造可进行交易的信用卡，或者足以使他人以信用卡持卡人名义进行交易，涉及信用卡 1 张以上不满 5 张的，以窃取、收买、非法提供信用卡信息罪定罪处罚。

3. 为信用卡申请人制作、提供虚假的财产状况、收入、职务等资信证明材料，涉及伪造、变造、买卖国家机关公文、证件、印章，或者涉及伪造公司、企业、事业单位、人民团体印章，应当追究刑事责任的，分别以伪造、变造、买卖国家机关公文、证件、印章

罪和伪造公司、企业、事业单位、人民团体印章罪定罪处罚。

4. 承担资产评估、验资、验证、会计、审计、法律服务等职责的中介组织或其人员，为信用卡申请人提供虚假的财产状况、收入、职务等资信证明材料，应当追究刑事责任的，分别以提供虚假证明文件罪和出具证明文件重大失实罪定罪处罚。

5. 窃取、收买、非法提供信用卡信息资料的行为，实质上是伪造、变造金融票证罪与信用卡诈骗罪的预备行为，为遏制和防范信用卡犯罪活动，立法将其独立成罪。银行或者其他金融机构的工作人员利用职务上的便利犯本罪的，应当从重处罚。

6. 复制他人信用卡、将他人信用卡信息资料写入磁条介质、芯片或者以其他方法伪造信用卡 1 张以上的，应当认定为"伪造信用卡"，以伪造金融票证罪定罪处罚。

> **小贴士**　"票证"包括："票"（汇票、本票、支票，对应的金融诈骗罪是票据诈骗罪）；"金融凭证"（委托收款凭证、汇款凭证、银行存单等银行结算凭证，对应的金融诈骗罪是金融凭证诈骗罪）；"信用证"（信用证或者附随的单据、文件，对应的金融诈骗罪是信用证诈骗罪）；"信用卡"（对应的金融诈骗罪是信用卡诈骗罪）。

练一练

下列行为中，可以认定为妨害信用卡管理罪的是：（　　　）[1]

A. 拾得他人信用卡并使用

B. 窃得他人信用卡并使用

C. 使用虚假的居民身份证骗领信用卡

D. 使用以虚假居民身份证骗领的信用卡

十二、洗钱罪

[法条引述]

第 191 条 [洗钱罪]　为掩饰、隐瞒毒品犯罪、黑社会性质的组织犯罪、恐怖活动犯罪、走私犯罪、贪污贿赂犯罪、破坏金融管理秩序犯罪、金融诈骗犯罪的所得及其产生的收益的来源和性质，有下列行为之一的，没收实施以上犯罪的所得及其产生的收益，处 5 年以下有期徒刑或者拘役，并处或者单处罚金；情节严重的，处 5 年以上 10 年以下有期徒刑，并处罚金：

（一）提供资金帐户的；

（二）将财产转换为现金、金融票据、有价证券的；

（三）通过转帐或者其他支付结算方式转移资金的；

（四）跨境转移资产的；

---

[1]　C

（五）以其他方法掩饰、隐瞒犯罪所得及其收益的来源和性质的。

单位犯前款罪的，对单位判处罚金，并对其直接负责的主管人员和其他直接责任人员，依照前款的规定处罚。

（一）洗钱罪的概念和构成要件 ★

1. 概念

洗钱罪，是指为掩饰、隐瞒毒品犯罪、黑社会性质的组织犯罪、恐怖活动犯罪、走私犯罪、贪污贿赂犯罪、破坏金融秩序犯罪、金融诈骗犯罪的违法所得及其产生的收益，而采用掩饰、隐瞒其来源和性质的方法，从而使其"合法化"的行为。

2. 犯罪构成要件

（1）犯罪客体是国家关于金融活动的管理制度。

（2）客观方面表现为行为人故意采用各种手段使毒品犯罪、黑社会性质的组织犯罪、恐怖活动犯罪、走私犯罪、贪污贿赂犯罪、破坏金融秩序犯罪、金融诈骗犯罪的违法所得及其产生的收益转换为"合法财产"的行为。

（3）犯罪主体是个人和单位。单位多指能够进行洗钱活动的银行、其他金融机构以及公司、企业等。

（4）主观方面表现为故意，即行为人明知是毒品犯罪、黑社会性质的组织犯罪、恐怖活动犯罪、走私犯罪、贪污贿赂犯罪、破坏金融秩序犯罪、金融诈骗犯罪的违法所得及其产生的收益，为掩饰、隐瞒其来源和性质而故意实施洗钱的活动。

（二）洗钱罪的认定

1. 被告人将洗钱罪规定的某一上游犯罪的犯罪所得及其收益误认为洗钱罪规定的上游犯罪范围内的其他犯罪所得及其收益的，不影响洗钱罪的"明知"的认定。

2. 本罪与走私犯罪、黑社会性质的组织犯罪、恐怖活动犯罪、毒品犯罪、贪污贿赂犯罪、破坏金融秩序犯罪、金融诈骗犯罪的共犯的界限：事前有无通谋。

3. 本罪与掩饰、隐瞒犯罪所得、犯罪所得收益罪的界限：法条竞合，但司法解释规定，明知是犯罪所得及其产生的收益而予以掩饰、隐瞒，构成掩饰、隐瞒犯罪所得、犯罪所得收益罪，同时又构成洗钱罪或者窝藏、转移、隐瞒毒品、毒赃罪的，依照处罚较重的规定定罪处罚。同时需要注意的是："自洗钱"仍然构成洗钱罪，但是掩饰、隐瞒自己的犯罪所得及其收益的，不构成掩饰、隐瞒犯罪所得、犯罪所得收益罪。

4. 上游犯罪尚未依法裁判，但查证属实的，不影响洗钱罪、掩饰、隐瞒犯罪所得、犯罪所得收益罪、窝藏、转移、隐瞒毒品、毒赃罪的审判。

5. 上游犯罪事实可以确认，因行为人死亡等原因依法不予追究刑事责任的，不影响洗钱罪、掩饰、隐瞒犯罪所得、犯罪所得收益罪、窝藏、转移、隐瞒毒品、毒赃罪的认定。

6. 上游犯罪事实可以确认，依法以其他罪名定罪处罚的，不影响洗钱罪、掩饰、隐瞒犯罪所得、犯罪所得收益罪、窝藏、转移、隐瞒毒品、毒赃罪的认定。

练一练

1. 甲实施集资诈骗行为后将犯罪所得通过一定方式转移到海外账户，掩饰该笔账款的性质和来源。对甲应该：（　　）[1]

A. 以集资诈骗罪一罪论处

B. 以集资诈骗罪和掩饰、隐瞒犯罪所得罪，数罪并罚

C. 以集资诈骗罪和洗钱罪，择一重罪论处

D. 以集资诈骗罪和洗钱罪，数罪并罚

2. 下列选项中，属于洗钱罪上游犯罪的有：（　　）[2]

A. 利用影响力受贿罪　　　　　　B. 妨害信用卡管理罪

C. 职务侵占罪　　　　　　　　　D. 集资诈骗罪

3. 甲公司明知乙受贿，仍提供银行账户帮助乙将受贿所得兑换成美元，汇往境外，并收取乙支付的高额"手续费"。对甲公司的行为应认定为：（　　）[3]

A. 受贿罪　　　　　　　　　　　B. 洗钱罪

C. 非法经营罪　　　　　　　　　D. 掩饰、隐瞒犯罪所得罪

4. 关于洗钱罪的认定，下列选项错误的是：（　　）[4]

A.《刑法》第191条虽未明文规定侵犯财产罪是洗钱罪的上游犯罪，但是，黑社会性质组织实施的侵犯财产罪，依然是洗钱罪的上游犯罪

B. 将上游的毒品犯罪所得误认为是贪污犯罪所得而实施洗钱行为的，不影响洗钱罪的成立

C. 上游犯罪事实上可以确认，因上游犯罪人死亡依法不能追究刑事责任的，不影响洗钱罪的认定

D. 单位贷款诈骗应以合同诈骗罪论处，合同诈骗罪不是洗钱罪的上游犯罪。为单位贷款诈骗所得实施洗钱行为的，不成立洗钱罪

5. 甲公司走私汽车获利人民币4000万元后，欲通过乙公司（非国有）的账户将这笔资金换成外汇转移至香港，并说明可按资金数额的10%支付"手续费"。乙公司得知该笔资金为甲公司走私犯罪所得，仍同意为该资金转账提供账户，并在收取"手续费"400万元后，将该资金折换成438万美元，以预付货款为名汇往甲公司在香港的账户。乙公司的行为构成：（　　）[5]

A. 走私罪（共犯）　　　　　　　B. 洗钱罪

C. 逃汇罪　　　　　　　　　　　D. 单位受贿罪

---

[1] D
[2] ABD
[3] B
[4] D
[5] B

十三、集资诈骗罪

[法条引述]

第192条 [集资诈骗罪] 以非法占有为目的，使用诈骗方法非法集资，数额较大的，处3年以上7年以下有期徒刑，并处罚金；数额巨大或者有其他严重情节的，处7年以上有期徒刑或者无期徒刑，并处罚金或者没收财产。

单位犯前款罪的，对单位判处罚金，并对其直接负责的主管人员和其他直接责任人员，依照前款的规定处罚。

（一）集资诈骗罪的概念和构成要件

1. 概念

集资诈骗罪，是指以非法占有为目的，使用诈骗方法非法集资，数额较大的行为。

2. 犯罪构成要件

（1）犯罪客体是出资人的财产所有权和国家对金融活动的管理秩序。

（2）客观方面表现为行为人使用诈骗方法非法集资，数额较大的行为。

❶非法集资，是指单位或个人，未经有关机关批准，向社会公众募集资金的行为。

❷使用诈骗方法，是指虚构或隐瞒资金用途、编造投资计划、捏造良好的经济效益、虚设高回报率为诱饵，或者用其他欺诈方法，以使出资人上当受骗。非法集资数额较大，是本罪成立的条件。

（3）犯罪主体是个人和单位。

（4）主观方面表现为故意，并具有非法占有出资人财产的目的。使用诈骗方法非法集资，具有下列情形之一的，可以认定为"以非法占有为目的"：

❶集资后不用于生产经营活动或者用于生产经营活动与筹集资金规模明显不成比例，致使集资款不能返还的；

❷肆意挥霍集资款，致使集资款不能返还的；

❸携带集资款逃匿的；

❹将集资款用于违法犯罪活动的；

❺抽逃、转移资金、隐匿财产，逃避返还资金的；

❻隐匿、销毁账目，或者搞假破产、假倒闭，逃避返还资金的；

❼拒不交代资金去向，逃避返还资金的；

❽其他可以认定非法占有目的的情形。

> **注意**
>
> 行为人部分非法集资行为具有非法占有目的的，对该部分非法集资行为所涉集资款以集资诈骗罪定罪处罚；非法集资共同犯罪中部分行为人具有非法占有目的，其他行为人没有非法占有集资款的共同故意和行为的，对具有非法占有目的的行为人以集资诈骗罪定罪处罚。

（二）集资诈骗罪的认定

1. 集资诈骗罪与非法吸收公众存款罪的界限：行为人是否具有非法占有的目的。（2019年法硕非法学、法学专业基础课简答题）

2. 为他人向社会公众非法吸收资金提供帮助，从中收取代理费、好处费、返点费、佣金、提成等费用，构成非法集资共同犯罪的，应当依法追究刑事责任。

3. 2019年1月30日最高人民法院、最高人民检察院、公安部《关于办理非法集资刑事案件若干问题的意见》的规定：

（1）单位实施非法集资犯罪活动，全部或者大部分违法所得归单位所有的，应当认定为单位犯罪。

（2）办理非法集资刑事案件中，人民法院、人民检察院、公安机关应当全面查清涉案单位，包括上级单位（总公司、母公司）和下属单位（分公司、子公司）的主体资格、层级、关系、地位、作用、资金流向等，区分情况依法作出处理。

❶上级单位已被认定为单位犯罪，下属单位实施非法集资犯罪活动，且全部或者大部分违法所得归下属单位所有的，对该下属单位也应当认定为单位犯罪。上级单位和下属单位构成共同犯罪的，应当根据犯罪单位的地位、作用，确定犯罪单位的刑事责任。

❷上级单位已被认定为单位犯罪，下属单位实施非法集资犯罪活动，但全部或者大部分违法所得归上级单位所有的，对下属单位不单独认定为单位犯罪。下属单位中涉嫌犯罪的人员，可以作为上级单位的其他直接责任人员依法追究刑事责任。

❸上级单位未被认定为单位犯罪，下属单位被认定为单位犯罪的，对上级单位中组织、策划、实施非法集资犯罪的人员，一般可以与下属单位按照自然人与单位共同犯罪处理。

❹上级单位与下属单位均未被认定为单位犯罪的，一般以上级单位与下属单位中承担组织、领导、管理、协调职责的主管人员和发挥主要作用的人员作为主犯，以其他积极参加非法集资犯罪的人员作为从犯，按照自然人共同犯罪处理。

十四、贷款诈骗罪

［法条引述］

第193条 ［贷款诈骗罪］ 有下列情形之一，以非法占有为目的，诈骗银行或者其他金融机构的贷款，数额较大的，处5年以下有期徒刑或者拘役，并处2万元以上20万元以下罚金；数额巨大或者有其他严重情节的，处5年以上10年以下有期徒刑，并处5万元以上50万元以下罚金；数额特别巨大或者有其他特别严重情节的，处10年以上有期徒刑或者无期徒刑，并处5万元以上50万元以下罚金或者没收财产：

（一）编造引进资金、项目等虚假理由的；

（二）使用虚假的经济合同的；

（三）使用虚假的证明文件的；

（四）使用虚假的产权证明作担保或者超出抵押物价值重复担保的；

（五）以其他方法诈骗贷款的。

（一）贷款诈骗罪的概念和构成要件 ★

1. 概念

贷款诈骗罪，是指以非法占有为目的，使用法定的虚构事实或者隐瞒真相的方法，诈骗银行或者其他金融机构的贷款，数额较大的行为。

［说明］个人进行贷款诈骗数额在 1 万元以上的，属于"数额较大"；个人进行贷款诈骗数额在 5 万元以上的，属于"数额巨大"；个人进行贷款诈骗数额在 20 万元以上的，属于"数额特别巨大"。

2. 犯罪构成要件

（1）犯罪客体是国家对银行贷款或者其他金融机构贷款的管理制度以及财产所有权。犯罪对象是银行或者其他金融机构的贷款。

（2）客观方面表现为采用法定的虚构事实或者隐瞒真相的方法，骗取银行或者其他金融机构的贷款，数额较大的行为。

（3）犯罪主体是一般主体，仅限自然人，单位不能成为本罪的主体。

（4）主观方面表现为故意，必须具有非法占有银行或者其他金融机构贷款的目的。

（二）贷款诈骗罪的认定

1. 本罪与骗取贷款罪的界限：是否具有非法占有的目的。

（1）对于具有下列情形之一的，应认定贷款诈骗的行为人具有非法占有目的：

❶假冒他人名义贷款的；

❷贷款后携款潜逃的；

❸未将贷款按贷款用途使用，而是用于挥霍致使贷款无法偿还的；

❹改变贷款用途，将贷款用于高风险的经济活动造成重大经济损失，导致无法偿还贷款的；

❺为谋取不正当利益，改变贷款用途，造成重大经济损失，致使无法偿还贷款的；

❻使用贷款进行违法犯罪活动的；

❼隐匿贷款去向，贷款到期后拒不偿还的。

（2）对于合法取得贷款后，没有按规定的用途使用贷款，到期没有归还贷款的，不能以贷款诈骗罪定罪处罚。

（3）对于确有证据证明行为人不具有非法占有的目的，因不具备贷款的条件而采取了欺骗手段获取贷款，案发时有能力履行还贷义务，或者案发时不能归还贷款是因为意志以外的原因，如因经营不善、被骗、市场风险等，应以骗取贷款罪定罪处罚。

2. 单位不能成为贷款诈骗罪的主体。单位实施贷款诈骗行为的，应追究单位内相关自然人个人的贷款诈骗罪的刑事责任，不再认定为单位合同诈骗罪。

练一练

1. 甲公司董事长乙明知公司已无继续经营的可能，虚构了标的额为 1000 万元的

贸易合同，骗取银行贷款 300 万元，致使银行损失数额巨大。下列选项中，正确的是：（   ）[1]

    A. 以贷款诈骗罪追究甲公司的刑事责任

    B. 以合同诈骗罪追究甲公司的刑事责任

    C. 以贷款诈骗罪追究乙的刑事责任

    D. 以合同诈骗罪追究甲公司和乙的刑事责任

2. 关于贷款诈骗罪的判断，下列选项正确的是：（   ）[2]

A. 甲以欺骗手段骗取银行贷款，给银行造成重大损失的，构成贷款诈骗罪

B. 乙以牟利为目的套取银行信贷资金，转贷给某企业，从中赚取巨额利益的，构成贷款诈骗罪

C. 丙公司以非法占有为目的，编造虚假的项目骗取银行贷款。该公司构成贷款诈骗罪

D. 丁使用虚假的证明文件，骗取银行贷款后携款潜逃的，构成贷款诈骗罪

3. 甲公司为了解决资金不足的问题，以与虚构的单位签订供货合同的方法，向银行申请获得贷款 200 万元，并将该款用于购置造酒设备和原料，后因生产、销售假冒注册商标的红酒被查处，导致银行贷款不能归还。甲公司获取贷款的行为构成：（   ）[3]

A. 贷款诈骗罪   B. 合同诈骗罪

C. 集资诈骗罪   D. 民事欺诈，不构成犯罪

十五、信用卡诈骗罪

[法条引述]

第 196 条 [信用卡诈骗罪] 有下列情形之一，进行信用卡诈骗活动，数额较大的，处 5 年以下有期徒刑或者拘役，并处 2 万元以上 20 万元以下罚金；数额巨大或者有其他严重情节的，处 5 年以上 10 年以下有期徒刑，并处 5 万元以上 50 万元以下罚金；数额特别巨大或者有其他特别严重情节的，处 10 年以上有期徒刑或者无期徒刑，并处 5 万元以上 50 万元以下罚金或者没收财产：

（一）使用伪造的信用卡，或者使用以虚假的身份证明骗领的信用卡的；

（二）使用作废的信用卡的；

（三）冒用他人信用卡的；

（四）恶意透支的。

前款所称恶意透支，是指持卡人以非法占有为目的，超过规定限额或者规定期限透支，并且经发卡银行催收后仍不归还的行为。

[盗窃罪] 盗窃信用卡并使用的，依照本法第 264 条的规定定罪处罚。

---

[1] C

[2] D

[3] A

（一）信用卡诈骗罪的概念和构成要件 ★

1. 概念

信用卡诈骗罪，是指以非法占有为目的，使用法定方法进行信用卡诈骗活动，数额较大的行为。信用卡，是指由商业银行或者其他金融机构发行的具有消费支付、信用贷款、转账结算、存取现金等全部功能或者部分功能的电子支付卡。

2. 犯罪构成要件

（1）犯罪客体是国家对信用卡的管理制度和他人财产的所有权。

（2）客观方面表现为使用法定方法进行信用卡诈骗活动，数额较大的行为。具体方式有：

❶ 使用伪造的信用卡，或者使用以虚假的身份证明骗领的信用卡的。即用不真实的信用卡进行消费、购物、提取现金等行为。

❷ 使用作废的信用卡的。即使用已经超过有效使用期限的信用卡或使用已挂失而开放的信用卡等行为。

❸ 冒用他人信用卡的。具体包括：a. 拾得他人信用卡并使用的；b. 骗取他人信用卡并使用的；c. 窃取、收买、骗取或者以其他非法方式获取他人信用卡信息资料，并通过互联网、通讯终端等使用的；d. 其他冒用他人信用卡的情形。

❹ 恶意透支的。恶意透支，是指持卡人以非法占有为目的，超过规定限额或者规定期限透支，并且经发卡银行两次催收后超过 3 个月仍不归还的行为。

> **小贴士**
>
> 1. "催收"同时符合下列条件的，应当认定为"有效催收"：①在透支超过规定限额或者规定期限后进行；②催收应当采用能够确认持卡人收悉的方式，但持卡人故意逃避催收的除外；③两次催收至少间隔 30 日；④符合催收的有关规定或者约定。
>
> 2. 根据相关司法解释，实施了前三种行为，诈骗数额在 5000 元以上 5 万元以下的，属于"数额较大"；恶意透支，数额在 5 万元以上不满 50 万元的，属于数额较大。

（3）犯罪主体是一般主体。单位不能成为本罪的主体。

（4）主观方面是故意，且具有非法占有的目的。有下列情形之一的，应认定为"恶意透支"中的"以非法占有为目的"：

❶ 明知没有还款能力而大量透支，无法归还的；

❷ 使用虚假资信证明申领信用卡后透支，无法归还的；

❸ 透支后逃匿、改变联系方式，逃避银行催收的；

❹ 抽逃、转移资金，隐匿财产，逃避还款的；

❺ 使用透支的资金进行违法犯罪活动的；

❻ 以其他方法占有资金，拒不归还的行为。

（二）信用卡诈骗罪的认定

1. 盗窃、抢劫信用卡并使用的，依照盗窃罪、抢劫罪定罪处罚。

2. 如果先伪造、变造信用卡并使用的，触犯伪造、变造金融票证罪和信用卡诈骗罪，属于牵连犯，择一重罪论处，一般定信用卡诈骗罪。如果先以虚假的身份证明骗领信用卡然后使用的，触犯妨害信用卡管理罪和信用卡诈骗罪，也属于牵连犯，择一重罪论处，一般定信用卡诈骗罪。

练一练

1. 甲在路上捡到一个手机，看到里面有银行卡信息，就用该信息将银行卡和微信绑定，用微信将银行卡内的资金转账给自己，数额较大，应认定为：（   ）[1]

A. 信用卡诈骗罪
B. 诈骗罪
C. 盗窃罪
D. 故意毁坏财物罪

2. 甲伪造身份证骗领了 5 张信用卡用其在网上银行套取 10 万元，用于个人消费后将卡销毁。甲的行为应认定为：（   ）[2]

A. 盗窃罪
B. 信用卡诈骗罪
C. 伪造身份证件罪
D. 妨害信用卡管理罪

3. 甲盗取李某的身份证及一张信用卡，对妻子乙谎称是在路上拾得的。甲与乙根据身份证号码试出了信用卡密码，持该卡共消费 4 万元。下列选项中，正确的是：（   ）[3]

A. 甲与乙构成盗窃罪
B. 甲与乙构成信用卡诈骗罪
C. 甲构成盗窃罪，乙构成信用卡诈骗罪
D. 甲构成信用卡诈骗罪，乙属于不当得利

4. 关于信用卡诈骗罪，下列选项错误的是：（   ）[4]

A. 以非法占有目的，用虚假身份证明骗领信用卡后又使用该卡的，应以妨害信用卡管理罪与信用卡诈骗罪并罚
B. 根据司法解释，在自动柜员机（ATM 机）上擅自使用他人信用卡的，属于冒用他人信用卡的行为，构成信用卡诈骗罪
C. 透支时具有归还意思，透支后经发卡银行两次催收，超过 3 个月仍不归还的，属于恶意透支，成立信用卡诈骗罪
D. 《刑法》规定，盗窃信用卡并使用的，以盗窃罪论处。与此相应，拾得信用卡并使用的，就应以侵占罪论处

---

[1] A
[2] B
[3] C
[4] ACD

5. 甲、乙为朋友。乙出国前，将自己的借记卡（背面写有密码）交甲保管。后甲持卡购物，将卡中 1.3 万元用完。乙回国后发现卡里没钱，便问甲是否用过此卡，甲否认。关于甲的行为性质，下列选项正确的是：(   )[1]

    A. 侵占罪　　　　　　　　　　　　B. 信用卡诈骗罪

    C. 诈骗罪　　　　　　　　　　　　D. 盗窃罪

6. 甲、乙、丙共谋犯罪。某日，三人拦截了丁，对丁使用暴力，然后强行抢走丁的钱包，但钱包内只有少量现金，并有一张银行借记卡。于是甲将丁的借记卡抢走，乙、丙逼迫丁说出密码。丁说出密码后，三人带着丁去附近的自动取款机上取钱。取钱时发现密码不对，三人又对丁进行殴打，丁为避免遭受更严重的伤害，说出了正确的密码，三人取出现金 5000 元。对甲、乙、丙行为的定性，下列选项错误的是：(   )[2]

    A. 抢劫（未遂）罪与信用卡诈骗罪　　B. 抢劫（未遂）罪与盗窃罪

    C. 抢劫（未遂）罪与敲诈勒索罪　　　D. 抢劫（既遂）罪与盗窃罪

7. 甲到银行自动取款机提款后，忘了将借记卡退出便匆匆离开。该银行工作人员乙对自动取款机进行检查时，发现了甲未退出的借记卡，便从该卡中取出 5000 元，并将卡中剩余的 3 万元转入自己的借记卡。对乙的行为的定性，下列选项错误的是：(   )[3]

    A. 乙的行为构成盗窃罪　　　　　　B. 乙的行为构成侵占罪

    C. 乙的行为构成职务侵占罪　　　　D. 乙的行为构成信用卡诈骗罪

十六、保险诈骗罪

[法条引述]

第 198 条 [保险诈骗罪] 有下列情形之一，进行保险诈骗活动，数额较大的，处 5 年以下有期徒刑或者拘役，并处 1 万元以上 10 万元以下罚金；数额巨大或者有其他严重情节的，处 5 年以上 10 年以下有期徒刑，并处 2 万元以上 20 万元以下罚金；数额特别巨大或者有其他特别严重情节的，处 10 年以上有期徒刑，并处 2 万元以上 20 万元以下罚金或者没收财产：

（一）投保人故意虚构保险标的，骗取保险金的；

（二）投保人、被保险人或者受益人对发生的保险事故编造虚假的原因或者夸大损失的程度，骗取保险金的；

（三）投保人、被保险人或者受益人编造未曾发生的保险事故，骗取保险金的；

（四）投保人、被保险人故意造成财产损失的保险事故，骗取保险金的；

（五）投保人、受益人故意造成被保险人死亡、伤残或者疾病，骗取保险金的。

有前款第 4 项、第 5 项所列行为，同时构成其他犯罪的，依照数罪并罚的规定处罚。

单位犯第 1 款罪的，对单位判处罚金，并对其直接负责的主管人员和其他直接责任人员，处 5 年以下有期徒刑或者拘役；数额巨大或者有其他严重情节的，处 5 年以上 10 年以

---

[1]　B

[2]　ABCD

[3]　BCD

下有期徒刑；数额特别巨大或者有其他特别严重情节的，处10年以上有期徒刑。

保险事故的鉴定人、证明人、财产评估人故意提供虚假的证明文件，为他人诈骗提供条件的，以保险诈骗的共犯论处。

（一）保险诈骗罪的概念和构成要件 ★

1. 概念

保险诈骗罪，是指违反保险法规，以非法占有为目的，进行保险诈骗活动，数额较大的行为。

2. 犯罪构成要件

（1）犯罪客体是国家的保险制度和保险人的财产所有权。

（2）客观方面表现为违反保险法规，采取虚构保险标的、保险事故或者制造保险事故等方法，骗取较大数额保险金的行为。

（3）犯罪主体为个人和单位，具体是指投保人、被保险人、受益人。

（4）主观方面表现为故意，并具有非法占有保险金之目的。

（二）保险诈骗罪的认定

1. 本罪与有关犯罪的关系：行为人为了达到骗取保险金的目的，故意以放火、杀人、伤害、传播传染病、虐待、遗弃等行为方式制造财产损失、被保险人死亡、伤残、疾病的结果，骗取保险金的，依照《刑法》的规定，应当以保险诈骗罪和行为构成的其他犯罪实行数罪并罚。

2. 罪数认定

（1）行为人已经着手实施保险诈骗行为，由于意志以外的原因未能获得保险金的，是保险诈骗未遂，情节严重的，应依法追究刑事责任，同时触犯其他犯罪的，按照数罪并罚的原则定罪处罚；

（2）行为人尚未着手实施保险诈骗行为，由于意志以外的原因未能获得保险金的，是保险诈骗犯罪预备，情节严重的，应依法追究刑事责任，同时触犯其他犯罪的，按照想象竞合犯的原则定罪处罚；

（3）以欺诈、伪造证明材料或者其他手段骗取养老、医疗、工伤、失业、生育等社会保险金或者其他社会保险待遇的，成立诈骗罪。

练一练

1. 甲为自己的厂房投保后，指使他人放火烧毁厂房，结果殃及附近民房，之后骗取了保险金。对甲的行为：（   ）[1]

A. 应以放火罪论处

B. 应以放火罪和保险诈骗罪数罪并罚

C. 应以保险诈骗罪论处

D. 应按牵连犯理论以放火罪从重处罚

---

[1] B

2. 甲将自己的汽车藏匿，以汽车被盗为由向保险公司索赔。保险公司认为该案存有疑点，随即报警。在掌握充分证据后，侦查机关安排保险公司向甲"理赔"。甲到保险公司二楼财务室领取 20 万元赔偿金后，刚走到一楼即被守候的多名侦查人员抓获。关于甲的行为，下列选项正确的是：(   )[1]

A. 保险诈骗罪未遂　　　　　　　　B. 保险诈骗罪既遂

C. 保险诈骗罪预备　　　　　　　　D. 合同诈骗罪

3. 甲因家中停电而点燃蜡烛时，意识到蜡烛没有放稳，有可能倾倒引起火灾，但想到如果就此引起火灾，反而可以获得高额的保险赔偿，于是外出吃饭，后来果然引起火灾，并将邻居家的房屋烧毁。甲以失火为由向保险公司索赔，获得赔偿。对于此案，下列选项正确的是：(   )[2]

A. 就放火罪而言，甲的行为属于不作为犯

B. 就放火罪而言，甲的行为属于作为与不作为的结合

C. 就保险诈骗罪而言，甲的行为属于不作为犯

D. 就保险诈骗罪而言，甲的行为属于作为与不作为的结合

4. 个体户甲开办的汽车修理厂系某保险公司指定的汽车修理厂家。甲在为他人修理汽车时，多次夸大汽车毁损程度，向保险公司多报汽车修理费用，从保险公司骗取 12 万余元。对甲的行为应：(   )[3]

A. 以诈骗罪论处　　　　　　　　B. 以保险诈骗罪论处

C. 以合同诈骗罪论处　　　　　　D. 属于民事欺诈，不以犯罪论处

十七、逃税罪

[法条引述]

第 201 条 [逃税罪]　纳税人采取欺骗、隐瞒手段进行虚假纳税申报或者不申报，逃避缴纳税款数额较大并且占应纳税额 10% 以上的，处 3 年以下有期徒刑或者拘役，并处罚金；数额巨大并且占应纳税额 30% 以上的，处 3 年以上 7 年以下有期徒刑，并处罚金。

扣缴义务人采取前款所列手段，不缴或者少缴已扣、已收税款，数额较大的，依照前款的规定处罚。

对多次实施前两款行为，未经处理的，按照累计数额计算。

有第 1 款行为，经税务机关依法下达追缴通知后，补缴应纳税款，缴纳滞纳金，已受行政处罚的，不予追究刑事责任；但是，5 年内因逃避缴纳税款受过刑事处罚或者被税务机关给予 2 次以上行政处罚的除外。

第 204 条 [骗取出口退税罪] [逃税罪]　以假报出口或者其他欺骗手段，骗取国家出口退税款，数额较大的，处 5 年以下有期徒刑或者拘役，并处骗取税款 1 倍以上 5 倍以

---

[1]　A
[2]　A
[3]　A

下罚金；数额巨大或者有其他严重情节的，处 5 年以上 10 年以下有期徒刑，并处骗取税款 1 倍以上 5 倍以下罚金；数额特别巨大或者有其他特别严重情节的，处 10 年以上有期徒刑或者无期徒刑，并处骗取税款 1 倍以上 5 倍以下罚金或者没收财产。

纳税人缴纳税款后，采取前款规定的欺骗方法，骗取所缴纳的税款的，依照本法第 201 条的规定定罪处罚；骗取税款超过所缴纳的税款部分，依照前款的规定处罚。

(一) 逃税罪的概念和构成要件 （2012 年法硕法学专业基础课简答题）

1. 概念

逃税罪，是指纳税人采取欺骗、隐瞒手段进行虚假纳税申报或者不申报，逃避缴纳税款数额较大并且占应纳税额 10% 以上或者扣缴义务人采取欺骗、隐瞒手段，不缴或少缴已扣、已收税款，数额较大的行为。

2. 犯罪构成要件

（1）犯罪客体是国家的税收征管秩序。

（2）客观方面表现为纳税人采取欺骗、隐瞒手段进行虚假纳税申报或者不申报，逃避缴纳税款数额较大并且达到应纳税额 10% 以上的行为，以及扣缴义务人采用上述手段不缴或少缴已扣已收税款，数额较大的行为。多次逃税数额较大未经处理的，按累计数额计算。对初次逃税，经税务机关下达追缴通知后，补缴应纳税款，缴纳滞纳金，已受行政处罚的，不予追究刑事责任，但 5 年内曾因逃税受过刑事处罚或者被税务机关给予 2 次以上行政处罚的除外。

（3）犯罪主体是特殊主体，即纳税人、扣缴义务人，包括自然人和单位。

（4）主观方面表现为故意，并具有逃避纳税义务，谋取非法利益的目的。因过失造成欠税、漏税的行为，不构成本罪。

(二) 逃税罪的认定

1. 纳税人在公安机关立案后再补缴应纳税款、缴纳滞纳金或者接受行政处罚的，不影响刑事责任的追究。

2. 纳税人缴纳税款后，采取假报出口等欺骗方法，骗取所缴纳的税款，属于逃避了自己应尽的纳税义务，成立逃税罪。但骗取的税款超过所缴纳的税款部分，应认定为骗取出口退税罪，实行数罪并罚。此系想象竞合犯，但应实行数罪并罚。

练一练

1. 某外贸公司在缴纳了 100 万元的税款后，采取虚报出口的手段，骗得税务机关退税 180 万元，后被查获。对该公司应：（   ）[1]

A. 以逃税罪处理

B. 以骗取出口退税罪处理

---

[1] C

C. 其中的 100 万元按逃税罪处理，余下的 80 万元按骗取出口退税罪处理

D. 其中的 100 万元按骗取出口退税罪处理，余下的 80 万元按逃税罪处理

2. ①纳税人逃税，经税务机关依法下达追缴通知后，补缴应纳税款，缴纳滞纳金，已受行政处罚的，一律不予追究刑事责任

②纳税人逃避追缴欠税，经税务机关依法下达追缴通知后，补缴应纳税款，缴纳滞纳金，已受行政处罚的，应减轻或者免除处罚

③纳税人以暴力方法拒不缴纳税款，后主动补缴应纳税款，缴纳滞纳金，已受行政处罚的，不予追究刑事责任

④扣缴义务人逃税，经税务机关依法下达追缴通知后，补缴应纳税款，缴纳滞纳金，已受行政处罚的，不予追究刑事责任

关于上述观点的正误判断，下列选项错误的是：（ ）[1]

A. 第①句正确，第②③④句错误　　　B. 第①②句正确，第③④句错误

C. 第①③句正确，第②④句错误　　　D. 第①②③句正确，第④句错误

十八、抗税罪

[法条引述]

第 202 条 [抗税罪] 以暴力、威胁方法拒不缴纳税款的，处 3 年以下有期徒刑或者拘役，并处拒缴税款 1 倍以上 5 倍以下罚金；情节严重的，处 3 年以上 7 年以下有期徒刑，并处拒缴税款 1 倍以上 5 倍以下罚金。

（一）抗税罪的概念和构成要件

1. 概念

抗税罪，是指纳税人以暴力、威胁方法拒不缴纳税款的行为。

2. 犯罪构成要件

（1）犯罪客体是复杂客体，既破坏了国家对税收的管理秩序，又侵犯了依法征税的税务人员的人身权利。

（2）客观方面表现为采用暴力、威胁方法拒不缴纳税款的行为（属于作为加不作为）。对象是依法征税的税务工作人员。

（3）犯罪主体为纳税人且为自然人，单位不能构成本罪。

（4）主观方面表现为故意，目的在于抗拒缴纳税款。

（二）抗税罪的认定

1. 本罪与非罪行为的界限：纳税人是否采用暴力、威胁手段抗拒纳税。以暴力、威胁方法拒不缴纳税款，涉嫌下列情形之一的，应予立案追诉：

（1）造成税务工作人员轻微伤以上的；

（2）以给税务工作人员及其亲友的生命、健康、财产等造成损害为威胁，抗拒缴纳税

---

[1] ABCD

款的；

（3）聚众抗拒缴纳税款的；

（4）以其他暴力、威胁方法拒不缴纳税款的。

2. 如果行为人使用暴力手段抗税，并故意造成税务人员重伤、死亡的，其犯罪性质发生转化，应当以故意伤害罪、故意杀人罪定罪处罚。如果是由于过失造成税务人员重伤、死亡的，仍然应当以抗税罪定罪处罚。

练一练

1. 下列行为中，构成逃税罪的是：（　　）[1]

A. 甲采用暴力方法拒不缴纳税款 2 万元

B. 乙以逃避海关监管的方式偷逃海关关税 5 万元

C. 丙虚开增值税专用发票，造成国家税款流失 25 万元

D. 丁缴纳某批次货物税款 10 万元后，假报该批次货物出口，骗取出口退税 8 万元

2. 个体工商户乙欠缴营业税 15 万元，当税务人员上门征收税款时，乙组织甲等多人进行暴力围攻，殴打税务人员，抗拒缴纳，其中甲出手最狠，将一名税务人员打成重伤。甲的行为构成：（　　）[2]

A. 逃税罪　　　　　　　　　　B. 抗税罪

C. 故意伤害罪　　　　　　　　D. 抗税罪与故意伤害罪实行并罚

十九、虚开增值税专用发票、用于骗取出口退税、抵扣税款发票罪

（一）虚开增值税专用发票、用于骗取出口退税、抵扣税款发票罪的概念和构成要件

1. 概念

虚开增值税专用发票、用于骗取出口退税、抵扣税款发票罪，是指违反国家发票管理、增值税征管的法规，实施虚假开具增值税专用发票或者虚开用于骗取出口退税、抵扣税款的其他发票的行为。

2. 犯罪构成要件

（1）犯罪客体是国家的税收征管秩序。

（2）客观方面表现为虚开增值税专用发票或者虚开用于骗取出口退税、抵扣税款的其他发票的行为。虚开的具体行为方式包括为他人虚开、为自己虚开、让他人为自己虚开、介绍他人虚开四种。行为人具备上述四种行为之一的，即成立本罪。

（3）犯罪主体是自然人和单位。

（4）主观方面为故意，即行为人明知虚开增值税专用发票或者用于骗取国家出口退税、抵扣税款的其他发票会造成国家税款的流失，而故意实施该行为，而且行为人多具有

---

[1] D
[2] C

获取非法利益的目的。

（二）虚开增值税专用发票、用于骗取出口退税、抵扣税款发票罪的认定

1. 只要具备了虚开增值税专用发票、用于骗取出口退税、抵扣税款发票的行为就构成本罪。

2. 如果同一行为人为了达到逃税或者骗取出口退税的目的而虚开增值税专用发票或者用于骗取出口退税、抵扣税款发票的，属于牵连犯，应从一重罪处断。

3. 盗窃增值税专用发票或者可以用于骗取出口退税、抵扣税款的其他发票的，依盗窃罪的规定定罪处罚。

4. 使用欺骗手段骗取增值税专用发票或者可以用于骗取出口退税、抵扣税款的其他发票的，依诈骗罪的规定定罪处罚。

练一练

1. 虚开增值税专用发票罪的行为方式有：（　　　）[1]

A. 为他人虚开增值税专用发票

B. 为自己虚开增值税专用发票

C. 让他人为自己虚开增值税专用发票

D. 介绍他人虚开增值税专用发票

2. 关于骗取出口退税罪和虚开增值税发票罪的说法，下列选项正确的是：（　　　）[2]

A. 甲公司具有进出口经营权，明知他人意欲骗取国家出口退税款，仍违反国家规定允许他人自带客户、自带货源、自带汇票并自行报关，骗取国家出口退税款。对甲公司应以骗取出口退税罪论处

B. 乙公司虚开用于骗取出口退税的发票，并利用该虚开的发票骗取数额巨大的出口退税，其行为构成虚开用于骗取出口退税发票罪与骗取出口退税罪，实行数罪并罚

C. 丙公司缴纳200万元税款后，以假报出口的手段，一次性骗取国家出口退税款400万元，丙公司的行为分别构成偷税罪与骗取出口退税罪，实行数罪并罚

D. 丁公司虚开增值税专用发票并骗取国家税款，数额特别巨大，情节特别严重，给国家利益造成特别重大损失。对丁公司应当以虚开增值税专用发票罪论处

二十、假冒注册商标罪

［法条引述］

第213条 ［假冒注册商标罪］ 未经注册商标所有人许可，在同一种商品、服务上使用与其注册商标相同的商标，情节严重的，处3年以下有期徒刑，并处或者单处罚金；情

---

［1］ ABCD

［2］ AC

节特别严重的，处3年以上10年以下有期徒刑，并处罚金。

（一）假冒注册商标罪的概念和构成要件（2009年法硕非法学专业基础课法条分析题）

1.概念

假冒注册商标罪，是指违反国家商标管理法规，未经注册商标所有人许可，在同一种商品、服务上使用与其注册商标相同的商标，情节严重的行为。

> **小贴士**
>
> 1."同一种商品"，是指名称相同的商品以及名称不同但指同一事物的商品。
> 2."与其注册商标相同的商标"，是指：
> （1）改变注册商标的字体、字母大小写或者文字横竖排列，与注册商标之间基本无差别的；
> （2）改变注册商标的文字、字母、数字等之间的间距，与注册商标之间基本无差别的；
> （3）改变注册商标颜色，不影响体现注册商标显著特征的；
> （4）在注册商标上仅增加商品通用名称、型号等缺乏显著特征要素，不影响体现注册商标显著特征的；
> （5）与立体注册商标的三维标志及平面要素基本无差别的；
> （6）其他与注册商标基本无差别、足以对公众产生误导的商标。

2.犯罪构成要件

（1）犯罪客体是国家的商标管理秩序和他人注册商标的专用权。

（2）客观方面为违反国家商标管理法规，未经注册商标所有人许可，在同一种商品、服务上使用与其注册商标相同的商标，情节严重的行为。

（3）犯罪主体是自然人和单位。

（4）主观方面表现为故意。实践中多具有营利或谋取非法利益的目的。

（二）假冒注册商标罪的认定

1.罪数认定

（1）实施假冒注册商标犯罪，又销售该假冒注册商标的商品，构成犯罪的，应当依照假冒注册商标罪定罪处罚。

（2）实施假冒注册商标犯罪，又销售明知是他人的假冒注册商标的商品，构成犯罪的，应当以假冒注册商标罪和销售假冒注册商标的商品罪，数罪并罚。

（3）明知他人实施本罪，而为其提供贷款、资金、账号、发票、证明、许可证件，或者提供生产、经营场所或者运输、储存、代理进出口等便利条件、帮助的，以侵犯知识产权犯罪的共犯论处。

2.行为人实施侵犯知识产权犯罪，同时构成生产、销售伪劣商品犯罪的，依照侵犯知识产权犯罪与生产、销售伪劣商品罪中处罚较重的规定定罪处罚。

练一练

甲加盟后，明知伪劣的"一滴香"调味品含有害非法添加剂，但因该产品畅销，便在"一滴香"上贴上赵氏调味品的注册商标私自出卖，前后共卖出 5 万多元"一滴香"。关于本案的定性，下列选项正确的是：（　　　　）[1]

A. 在"一滴香"上擅自贴上赵氏调味品注册商标，构成假冒注册商标罪

B. 因"一滴香"含有害人体的添加剂，甲构成销售有毒、有害食品罪

C. 卖出 5 万多元"一滴香"，甲触犯销售伪劣产品罪

D. 对假冒注册商标行为与出售"一滴香"行为，应数罪并罚

二十一、侵犯著作权罪

[法条引述]

第 217 条　[侵犯著作权罪]　以营利为目的，有下列侵犯著作权或者与著作权有关的权利的情形之一，违法所得数额较大或者有其他严重情节的，处 3 年以下有期徒刑，并处或者单处罚金；违法所得数额巨大或者有其他特别严重情节的，处 3 年以上 10 年以下有期徒刑，并处罚金：

（一）未经著作权人许可，复制发行、通过信息网络向公众传播其文字作品、音乐、美术、视听作品、计算机软件及法律、行政法规规定的其他作品的；

（二）出版他人享有专有出版权的图书的；

（三）未经录音录像制作者许可，复制发行、通过信息网络向公众传播其制作的录音录像的；

（四）未经表演者许可，复制发行录有其表演的录音录像制品，或者通过信息网络向公众传播其表演的；

（五）制作、出售假冒他人署名的美术作品的；

（六）未经著作权人或者与著作权有关的权利人许可，故意避开或者破坏权利人为其作品、录音录像制品等采取的保护著作权或者与著作权有关的权利的技术措施的。(2022 年法硕非法学、法学专业基础课简答题)

第 218 条　[销售侵权复制品罪]　以营利为目的，销售明知是本法第 217 条规定的侵权复制品，违法所得数额巨大或者有其他严重情节的，处 5 年以下有期徒刑，并处或者单处罚金。

（一）侵犯著作权罪的概念和构成要件★

1. 概念

侵犯著作权罪，是指以营利为目的，侵犯他人著作权，违法所得数额较大或者有其他

---

[1]　ABC

严重情节的行为。

2. 犯罪构成要件

（1）犯罪客体是著作权人的著作权和国家关于著作权的管理制度。

（2）客观方面表现为实施法定的侵犯著作权，违法所得数额较大或者有其他严重情节的行为。

（3）犯罪主体是自然人和单位。

（4）主观方面是故意，并且具有营利目的。除"销售"外，具有下列情形之一的，可以认定为"以营利为目的"：

❶以在他人作品中刊登收费广告、捆绑第三方作品等方式直接或者间接收取费用的；

❷通过信息网络传播他人作品，或者利用他人上传的侵权作品，在网站或者网页上提供刊登收费广告服务，直接或者间接收取费用的；

❸以会员制方式通过信息网络传播他人作品，收取会员注册费或者其他费用的；

❹其他利用他人作品牟利的情形。

（二）侵犯著作权罪的认定

1. 侵犯著作权罪的犯罪对象只能是他人受著作权法保护的合法作品。因此：

（1）以营利为目的盗版发行明知载有煽动分裂国家、破坏国家统一或者煽动颠覆国家政权、推翻社会主义制度内容的作品，不构成侵犯著作权罪，而应以煽动分裂国家罪或者煽动颠覆国家政权罪定罪处罚；

（2）以营利为目的盗版发行明知是公然侮辱他人或者捏造事实诽谤他人内容的作品，情节严重的，应以侮辱罪或者诽谤罪定罪处罚；

（3）盗版发行明知是歧视、侮辱少数民族内容的作品，情节恶劣的，应以出版歧视、侮辱少数民族作品罪定罪处罚；

（4）非法出版不受著作权法保护的其他作品的，应以非法经营罪定罪处罚。

2. 实施侵犯著作权罪，又销售该侵权复制品，构成犯罪的，应当以侵犯著作权罪一罪论处。

3. 实施侵犯著作权罪，又销售明知是他人的侵权复制品，构成犯罪的，应当以侵犯著作权罪和销售侵权复制品罪实行并罚。

练一练

1. 下列行为中，可以构成侵犯著作权罪的是：（　　）[1]

A. 出售假冒某画家署名的油画

B. 出版某出版社享有专有出版权的考试辅导书

C. 未经某作家许可，复制发行其创作的历史小说

---

[1]　ABCD

D. 未经某音像公司许可，复制发行其制作的音乐唱片

2. 甲为牟利，未经著作权人许可，私自复制影视作品的 DVD 出售，销售金额 4 万元，获纯利润 3 万余元。这批 DVD 因质量太差导致他人在播放时经常死机。对甲的行为应定为：（   ）[1]

A. 销售侵权复制品罪   B. 侵犯著作权罪

C. 非法经营罪   D. 生产、销售伪劣产品罪

3. 李某为了牟利，未经著作权人许可，私自复制了若干部影视作品的 VCD，并以批零兼营等方式销售，销售金额为 11 万元，其中纯利润 6 万元。李某的行为构成：（   ）[2]

A. 销售侵权复制品罪   B. 侵犯著作权罪

C. 非法经营罪   D. 生产、销售伪劣产品罪

4. 赵某多次临摹某著名国画大师的一幅名画，然后署上该国画大师姓名并加盖伪造印鉴，谎称真迹售得收入 6 万元。赵某的行为应：（   ）[3]

A. 按诈骗罪和侵犯著作权罪，数罪并罚

B. 按侵犯著作权罪处罚

C. 按生产、销售伪劣产品罪处罚

D. 按非法经营罪处罚

5. 下列行为中，应以侵犯著作权罪定罪处罚的有：（   ）[4]

A. 甲复制外国的淫秽影片出售，获利数额较大

B. 乙未经录像制作者许可，复制其制作的录像，获利数额较大

C. 丙未经权利人许可，复制发行他人计算机软件并出售牟利，获利数额较大

D. 丁未经拍摄者许可，将其拍摄的大量视频文件上传到网络免费供他人下载

二十二、侵犯商业秘密罪

[法条引述]

第 219 条 [侵犯商业秘密罪] 有下列侵犯商业秘密行为之一，情节严重的，处 3 年以下有期徒刑，并处或者单处罚金；情节特别严重的，处 3 年以上 10 年以下有期徒刑，并处罚金：

（一）以盗窃、贿赂、欺诈、胁迫、电子侵入或者其他不正当手段获取权利人的商业秘密的；

（二）披露、使用或者允许他人使用以前项手段获取的权利人的商业秘密的；

（三）违反保密义务或者违反权利人有关保守商业秘密的要求，披露、使用或者允许他人使用其所掌握的商业秘密的。

明知前款所列行为，获取、披露、使用或者允许他人使用该商业秘密的，以侵犯商业

---

[1] B
[2] B
[3] B
[4] BC

秘密论。

本条所称权利人，是指商业秘密的所有人和经商业秘密所有人许可的商业秘密使用人。

第219条之一 ［为境外窃取、刺探、收买、非法提供商业秘密罪］ 为境外的机构、组织、人员窃取、刺探、收买、非法提供商业秘密的，处5年以下有期徒刑，并处或者单处罚金；情节严重的，处5年以上有期徒刑，并处罚金。

第221条 ［损害商业信誉、商品声誉罪］ 捏造并散布虚伪事实，损害他人的商业信誉、商品声誉，给他人造成重大损失或者有其他严重情节的，处2年以下有期徒刑或者拘役，并处或单处罚金。

（一）侵犯商业秘密罪的概念和构成要件★

1. 概念

侵犯商业秘密罪，是指违反《反不正当竞争法》等规范商业秘密的法律规定，侵犯商业秘密，情节严重的行为。

2. 犯罪构成要件

（1）犯罪客体是商业秘密的权利人对商业秘密的专有权和国家对商业秘密的管理制度。商业秘密，是指不为公众所知悉，能为权利人带来经济效益，具有实用性并经权利人采取保密措施的技术信息和经营信息，是一种无形资产。

（2）客观方面表现为实施法定的侵犯商业秘密，情节严重的行为。

（3）犯罪主体是自然人和单位。包括商业秘密权利人的竞争对手、第三者、有保密义务的自然人和单位。

（4）主观方面表现为故意，包括直接故意和间接故意。

（二）为境外窃取、刺探、收买、非法提供商业秘密罪的构成要件

1. 犯罪客体是商业秘密权和国家对商业秘密的管理制度。

2. 客观方面表现为为境外的机构、组织、人员窃取、刺探、收买、非法提供商业秘密的行为。

3. 犯罪主体是自然人和单位。

4. 主观方面为故意。

练一练

1. 甲公司拥有某项独家技术，每年为公司带来100万元利润，故对该技术严加保密。乙公司经理丙为获得该技术，带人将甲公司技术员丁在其回家路上强行拦截并推入丙的汽车，对丁说如果他提供该技术资料就给他2万元，如果不提供就将他嫖娼之事公之于众。丁同意配合。次日丁向丙提供了该技术资料，并获得2万元报酬。丙的行为构成：（   ）[1]

[1] D

A. 强迫交易罪   B. 敲诈勒索罪

C. 绑架罪   D. 侵犯商业秘密罪

2. 下列关于侵犯商业秘密罪的说法，正确的是：（   ）[1]

A. 窃取权利人的商业秘密，给其造成重大损失的，构成侵犯商业秘密罪

B. 捡拾权利人的商业秘密资料而擅自披露，给其造成重大损失的，构成侵犯商业秘密罪

C. 明知对方窃取他人的商业秘密而购买和使用，给权利人造成重大损失的，构成侵犯商业秘密罪

D. 使用采取利诱手段获取权利人的商业秘密，给权利人造成重大损失的，构成侵犯商业秘密罪

二十三、合同诈骗罪

[法条引述]

第 224 条 [合同诈骗罪] 有下列情形之一，以非法占有为目的，在签订、履行合同过程中，骗取对方当事人财物，数额较大的，处 3 年以下有期徒刑或者拘役，并处或者单处罚金；数额巨大或者有其他严重情节的，处 3 年以上 10 年以下有期徒刑，并处罚金；数额特别巨大或者有其他特别严重情节的，处 10 年以上有期徒刑或者无期徒刑，并处罚金或者没收财产：

（一）以虚构的单位或者冒用他人名义签订合同的；

（二）以伪造、变造、作废的票据或者其他虚假的产权证明作担保的；

（三）没有实际履行能力，以先履行小额合同或者部分履行合同的方法，诱骗对方当事人继续签订和履行合同的；

（四）收受对方当事人给付的货物、货款、预付款或者担保财产后逃匿的；

（五）以其他方法骗取对方当事人财物的。

（一）合同诈骗罪的概念和构成要件★

1. 概念

合同诈骗罪，是指以非法占有为目的，在签订、履行合同过程中，骗取对方当事人财物，数额较大的行为。

2. 犯罪构成要件

（1）犯罪客体是国家对合同的管理制度、诚实信用的市场经济秩序和合同当事人的财产所有权；

（2）客观方面表现为在签订、履行合同的过程中，采用法定方式骗取合同对方当事人的财物，数额较大的行为；

（3）犯罪主体为自然人和单位；

---

[1] ACD

（4）主观方面是故意，并且具有非法占有合同当事人财物的目的。

（二）合同诈骗罪的认定

本罪与诈骗罪的界限：法条竞合，特别法优于普通法。

练一练

1. 下列行为中，应以合同诈骗罪定罪处罚的有：（　　　）[1]

A. 甲以虚构的单位与某公司签订合同，骗取数额较大的财物后潜逃

B. 乙与电脑公司签订代销合同，在收到对方送来的代销电脑后携带电脑潜逃

C. 丙谎称手中有优质投资项目，吸引公众投资，收取巨额投资款后挥霍一空

D. 丁以假房产证作担保，与银行签订借款合同，骗取巨款后购买豪车

2. 关于诈骗犯罪的论述，下列选项正确的是（不考虑数额）：（　　　）[2]

A. 与银行工作人员相勾结，使用伪造的银行存单，骗取银行巨额存款的，只能构成票据诈骗罪，不构成金融凭证诈骗罪

B. 单位以非法占有目的骗取银行贷款的，不能以贷款诈骗罪追究单位的刑事责任，但可以该罪追究策划人员的刑事责任

C. 购买意外伤害保险，制造自己意外受重伤假象，骗取保险公司巨额保险金的，仅构成保险诈骗罪，不构成合同诈骗罪

D. 签订合同时并无非法占有目的，履行合同过程中才产生非法占有目的，后收受被害人货款逃匿的，不构成合同诈骗罪

二十四、组织、领导传销活动罪

[法条引述]

第224条之一 [组织、领导传销活动罪]　组织、领导以推销商品、提供服务等经营活动为名，要求参加者以缴纳费用或者购买商品、服务等方式获得加入资格，并按照一定顺序组成层级，直接或者间接以发展人员的数量作为计酬或者返利依据，引诱、胁迫参加者继续发展他人参加，骗取财物，扰乱经济社会秩序的传销活动的，处5年以下有期徒刑或者拘役，并处罚金；情节严重的，处5年以上有期徒刑，并处罚金。

（一）组织、领导传销活动罪的构成要件 ★

1. 犯罪客体是正常的经济社会秩序。

2. 客观方面表现为组织、领导传销活动的行为。

3. 犯罪主体是一般主体，包括自然人和单位。

4. 主观方面表现为故意。

---

[1]　AB

[2]　B

（二）组织、领导传销活动罪的认定

1. 以非法占有为目的，组织、领导传销活动，同时构成组织、领导传销活动罪和集资诈骗罪的，依照处罚较重的规定定罪处罚。

2. 犯组织、领导传销活动罪，并实施故意伤害、非法拘禁、敲诈勒索、妨害公务、聚众扰乱社会秩序、聚众扰乱公共场所秩序、交通秩序等行为，构成犯罪的，依照数罪并罚的规定处罚。

练一练

1. 组织、领导传销活动罪中"传销活动"的特征包括：（   ）[1]

A. 目的是骗取他人财物

B. 参加者按照一定顺序组成层级开展活动

C. 计酬或者返利以参加者发展的人员数量为依据

D. 要求参加者以缴纳费用或者购买商品、服务等方式获得加入资格

2. 2010 年 7 月，甲成立了一公司，宣称只要购买该公司 999 元的产品，便可成为"商务代表"，获取发展人员资格，并以发展人员的数量支付报酬。甲共引诱 2987 人参加并形成了五级"销售"网络，骗取财物总值 200 余万元。对甲的行为：（   ）[2]

A. 应以诈骗罪定罪处罚   B. 应以非法经营罪定罪处罚

C. 应以集资诈骗罪定罪处罚   D. 应以组织、领导传销活动罪定罪处罚

二十五、强迫交易罪

[法条引述]

第 226 条 ［强迫交易罪］ 以暴力、威胁手段，实施下列行为之一，情节严重的，处 3 年以下有期徒刑或者拘役，并处或者单处罚金；情节特别严重的，处 3 年以上 7 年以下有期徒刑，并处罚金：

（一）强买强卖商品的；

（二）强迫他人提供或者接受服务的；

（三）强迫他人参与或者退出投标、拍卖的；

（四）强迫他人转让或者收购公司、企业的股份、债券或者其他资产的；

（五）强迫他人参与或者退出特定的经营活动的。

（一）强迫交易罪的犯罪的构成要件★

1. 犯罪客体为自愿、平等、公正的市场交易秩序。

2. 客观方面表现为以暴力、威胁方式实施下列行为，情节严重的：

---

[1] ABCD

[2] D

（1）强买强卖商品的；

（2）强迫他人提供或者接受服务的；

（3）强迫他人参与或者退出投标、拍卖的；

（4）强迫他人转让或者收购公司、企业的股份、债券或者其他资产的；

（5）强迫他人参与或者退出特定的经营活动的。

3. 犯罪主体为自然人以及单位。

4. 主观方面为故意。

（二）强迫交易罪的认定

1. 司法解释规定，从事正常商品买卖、交易或者劳动服务的人，以暴力、胁迫手段迫使他人交出与合理价钱、费用相差不大的钱物，情节严重的，以强迫交易罪定罪处罚；但以非法占有为目的，以买卖、交易、服务为幌子采用暴力、胁迫手段迫使他人交出与合理价钱、费用相差悬殊的钱物的，以抢劫罪定罪处刑。

2. 司法解释规定，以暴力、胁迫手段强迫他人借贷，属于"强迫他人提供或者接受服务"，情节严重的，以强迫交易罪追究刑事责任；同时构成故意伤害罪等其他犯罪的，依照处罚较重的规定定罪处罚。以非法占有为目的，以借贷为名采用暴力、胁迫手段获取他人财物，可以抢劫罪或者敲诈勒索罪追究刑事责任。

练一练

1. 张某乘坐出租车到达目的地后，故意拿出面值 100 元的假币给司机钱某，钱某发现是假币，便让张某给 10 元零钱，张某声称没有零钱，并执意让钱某找零钱。钱某便将假币退还张某，并说："算了，我也不要出租车钱了"。于是，张某对钱某的头部猛击几拳，还吼道："你不找钱我就让你死在车里。"钱某只好收下 100 元假币，找给张某 90 元人民币。张某的行为构成：（　　）[1]

A. 使用假币罪　　　　　　　　　　B. 敲诈勒索罪

C. 抢劫罪　　　　　　　　　　　　D. 强迫交易罪

2. 关于破坏社会主义市场经济秩序罪的认定，下列选项错误的是：（　　）[2]

A. 采用运输方式将大量假币运到国外的，应以走私假币罪定罪量刑

B. 以暴力、胁迫手段强迫他人借贷，情节严重的，触犯强迫交易罪

C. 未经批准，擅自发行、销售彩票的，应以非法经营罪定罪处罚

D. 为项目筹集资金，向亲戚宣称有高息理财产品，以委托理财方式吸收 10 名亲戚 300 万元资金的，构成非法吸收公众存款罪

3. 张某到加盟店欲批发 1 万元调味品，见店主甲态度不好表示不买了。甲对张某拳打

---

〔1〕　C

〔2〕　D

脚踢，并说"涨价 2000 元，不付款休想走"。张某无奈付款 1.2 万元买下调味品。关于本案的定性，下列选项正确的是：(   )[1]

A. 应以抢劫罪论处
B. 应以寻衅滋事罪论处
C. 应以敲诈勒索罪论处
D. 应以强迫交易罪论处

二十六、非法经营罪

[法条引述]

第 225 条 [非法经营罪]　违反国家规定，有下列非法经营行为之一，扰乱市场秩序，情节严重的，处 5 年以下有期徒刑或者拘役，并处或者单处违法所得 1 倍以上 5 倍以下罚金；情节特别严重的，处 5 年以上有期徒刑，并处违法所得 1 倍以上 5 倍以下罚金或者没收财产：

（一）未经许可经营法律、行政法规规定的专营、专卖物品或者其他限制买卖的物品的；

（二）买卖进出口许可证、进出口原产地证明以及其他法律、行政法规规定的经营许可证或者批准文件的；

（三）未经国家有关主管部门批准非法经营证券、期货、保险业务的，或者非法从事资金支付结算业务的；

（四）其他严重扰乱市场秩序的非法经营行为。

（一）非法经营罪的概念和构成要件★

1. 概念

非法经营罪，是指违反国家规定，非法经营，扰乱市场秩序，情节严重的行为。

2. 犯罪构成要件

（1）犯罪客体是国家依法管理市场的秩序；

（2）客观方面表现为违反国家规定，实施法定的非法经营且情节严重的行为；

（3）犯罪主体为自然人和单位；

（4）主观方面表现为故意，一般具有谋取非法经济利益的目的。

（二）非法经营罪的认定

1. 本罪与非罪行为的界限：非法经营行为是否情节严重。同时需要注意，2011 年 4 月 8 日最高人民法院《关于准确理解和适用刑法中"国家规定"的有关问题的通知》规定，对被告人的行为是否属于非法经营罪中"其它严重扰乱市场秩序的非法经营行为"，有关司法解释未作明确规定的，应当作为法律适用问题，逐级向最高人民法院请示。

2. 根据近年的立法和司法解释，对下列行为应认定为非法经营罪：

（1）在国家规定的交易场所外非法买卖外汇、扰乱市场秩序情节严重的。

（2）非法从事出版物的出版、印刷、复制、发行，该非法出版物虽不侵犯他人著作权，

---

[1]　D

不具侮辱、诽谤等内容，但是严重扰乱社会秩序的。

（3）违反国家规定，采取租用国际专线，私设转接设备或其他方法，擅自经营国际电信业务或者港澳台电信业务进行营利活动，扰乱电信市场管理秩序的。

（4）违反国家有关盐业管理规定，非法生产、储运、销售食盐，扰乱市场秩序，情节严重的。但如果行为人以非碘盐充当碘盐，或者以工业用盐等非食用盐充当食盐进行非法经营活动，可能同时又触犯生产、销售不符合安全标准的食品罪，生产、销售有毒、有害食品罪等犯罪，则属于想象竞合问题，应依照处罚较重的规定追究刑事责任。

（5）未取得药品生产、经营许可证件和批准文号，非法生产、销售盐酸克仑特罗（即"瘦肉精"）等禁止在饲料和动物饮用水中使用的药品，扰乱药品市场秩序，情节严重的以及在生产、销售的饲料中添加盐酸克仑特罗（瘦肉精）等禁止在饲料和动物饮用水中使用的药品，或者销售明知是添加有该类药品的饲料，情节严重的。

（6）违反国家在预防、控制突发传染病疫情等灾害期间有关市场经营、价格管理等规定，哄抬物价、牟取暴利，严重扰乱市场秩序，违法所得数额较大或者有其他严重情节的。

（7）未经国家批准擅自发行、销售彩票的。

（8）未经国家烟草专卖行政主管部门许可，无生产许可证、批发许可证、零售许可证，生产、批发、零售烟草制品的。

（9）违反国家规定，擅自设立互联网上网服务营业场所，或者擅自从事互联网上网服务经营活动的。

（10）从事《刑法》第224条之一以外的传销或者变相传销活动，扰乱市场秩序，情节严重的。

（11）违反国家规定，使用销售点终端机具（POS机）等方法，以虚构交易、虚开价格、现金退货等方式向信用卡持卡人直接支付现金，情节严重的。

（12）以提供给他人生产、销售食品为目的，违反国家规定，生产、销售国家禁止用于食品生产、销售的非食品原料，情节严重的。

（13）以提供给他人生产、销售食用农产品为目的，违反国家规定，生产、销售国家禁用农药、食品动物中禁止使用的药品及其他化合物等有毒、有害的非食品原料，或者生产、销售添加上述有毒、有害的非食品原料的农药、兽药、饲料、饲料添加剂、饲料原料，情节严重的。

（14）违反国家规定，私设生猪屠宰厂（场），从事生猪屠宰、销售等经营活动，情节严重的。非法经营行为，同时构成生产、销售伪劣产品罪，生产、销售不符合安全标准的食品罪，生产、销售有毒、有害食品罪，生产、销售伪劣农药、兽药罪等其他犯罪的，依照处罚较重的规定定罪处罚。

（15）违反国家规定，以营利为目的，通过信息网络有偿提供删除信息服务，或者明知是虚假信息，通过信息网络有偿提供发布信息等服务，扰乱市场秩序，情节严重的。

（16）违反国家药品管理法律法规，未取得或者使用伪造、变造的药品经营许可证，非法经营药品，情节严重的。

（17）以提供给他人开设赌场为目的，违反国家规定，非法生产、销售具有退币、退分、退钢珠等赌博功能的电子游戏设施设备或者其专用软件，情节严重的。

（18）非法生产、销售"伪基站"设备，情节严重的。

（19）中介机构非法代理买卖上市公司股票的。

（20）违反国家规定，未经依法核准擅自发行基金份额，募集基金，情节严重的。

（21）违反国家规定采挖、销售、收购麻黄草，没有证据证明行为人以制造毒品、非法买卖制毒物品为目的的。

（22）行为人出于医疗目的，违反有关药品管理的国家规定，非法贩卖国家规定管制的能够使人形成瘾癖的麻醉药品或者精神药品，扰乱市场秩序，情节严重的。

（23）2020年2月6日最高人民法院、最高人民检察院、公安部、司法部《关于依法惩治妨害新型冠状病毒感染肺炎疫情防控违法犯罪的意见》规定，违反国家规定，非法经营非国家重点保护野生动物及其制品（包括开办交易场所、进行网络销售、加工食品出售等），扰乱市场秩序，情节严重的，以非法经营罪定罪处罚。注意与非法猎捕、收购、运输、出售陆生野生动物罪的关系。

（24）2020年2月6日最高人民法院、最高人民检察院、公安部、司法部《关于依法惩治妨害新型冠状病毒感染肺炎疫情防控违法犯罪的意见》规定，在疫情防控期间，违反国家有关市场经营、价格管理等规定，囤积居奇，哄抬疫情防控急需的口罩、护目镜、防护服、消毒液等防护用品、药品或者其他涉及民生的物品价格，牟取暴利，违法所得数额较大或者有其他严重情节，严重扰乱市场秩序的，以非法经营罪定罪处罚。

（25）2019年7月23日最高人民法院、最高人民检察院、公安部、司法部《关于办理非法放贷刑事案件若干问题的意见》规定，违反国家规定，未经监管部门批准，或者超越经营范围，以营利为目的，经常性地向社会不特定对象发放贷款，扰乱金融市场秩序，情节严重的，依照《刑法》第225条第4项的规定，以非法经营罪定罪处罚。

（26）2020年1月1日最高人民法院《关于审理走私、非法经营、非法使用兴奋剂刑事案件适用法律若干问题的解释》第2条规定，违反国家规定，未经许可经营兴奋剂目录所列物质，涉案物质属于法律、行政法规规定的限制买卖的物品，扰乱市场秩序，情节严重的，以非法经营罪定罪处罚。

练一练

1. 下列行为中，应以非法经营罪（不考虑数额或者情节）定罪处罚的有：（ ）[1]

A. 甲在生产的饲料中添加"瘦肉精"

B. 乙私设转接设备，擅自经营国际电信业务

C. 丙组织多人出卖人体器官，并从中获取介绍费

D. 丁用POS机为他人刷信用卡套取现金，赚取手续费

---

[1] ABD

2. 下列情形中，应当以非法经营罪定罪处罚的是：（　　）[1]

A. 甲销售盗版图书，违法所得 20 万元

B. 乙开办公司专门为他人虚开增值税专用发票，违法所得 20 万元

C. 丙公司未经证监会批准，非法从事证券业务，违法所得 100 万元

D. 丁开办废品站专门从盗窃犯罪分子手中收购赃物，倒卖牟利，违法所得 20 万元

3. 甲伪造食盐专营许可证，从盐业公司购进 30 吨食盐进行销售。同时，还从一非法生产者处购进明知系假冒某注册商标的非碘盐，冒充碘盐进行销售，销售金额达 30 万元。关于本案，下列说法中正确的有：（　　）[2]

A. 甲的行为构成非法经营罪

B. 甲的行为构成假冒注册商标罪

C. 甲的行为构成销售伪劣产品罪

D. 甲伪造国家机关证件的行为与非法经营的行为具有牵连关系

4. 下列行为构成非法经营罪的是：（　　）[3]

A. 甲违反国家规定，擅自经营国际电信业务，扰乱电信市场秩序，情节严重

B. 乙非法组织传销活动，扰乱市场秩序，情节严重

C. 丙买卖国家机关颁发的野生动物进出口许可证

D. 丁复制、发行盗版的《国家计算机考试大纲》

二十七、提供虚假证明文件罪

［法条引述］

第 229 条 ［提供虚假证明文件罪］ 承担资产评估、验资、验证、会计、审计、法律服务、保荐、安全评价、环境影响评价、环境监测等职责的中介组织的人员故意提供虚假证明文件，情节严重的，处 5 年以下有期徒刑或者拘役，并处罚金；有下列情形之一的，处 5 年以上 10 年以下有期徒刑，并处罚金：

（一）提供与证券发行相关的虚假的资产评估、会计、审计、法律服务、保荐等证明文件，情节特别严重的；

（二）提供与重大资产交易相关的虚假的资产评估、会计、审计等证明文件，情节特别严重的；

（三）在涉及公共安全的重大工程、项目中提供虚假的安全评价、环境影响评价等证明文件，致使公共财产、国家和人民利益遭受特别重大损失的。

［提供虚假证明文件罪］ 有前款行为，同时索取他人财物或者非法收受他人财物构成犯罪的，依照处罚较重的规定定罪处罚。

［出具证明文件重大失实罪］ 第 1 款规定的人员，严重不负责任，出具的证明文件有

---

［1］ C

［2］ ACD

［3］ AC

重大失实，造成严重后果的，处 3 年以下有期徒刑或者拘役，并处或者单处罚金。

提供虚假证明文件罪的构成要件：

1. 犯罪客体是国家对中介服务市场的管理秩序。

2. 客观方面表现为承担资产评估、验资、验证、会计、审计、法律服务、保荐、安全评价、环境影响评价、环境监测等职责的中介组织的人员故意提供虚假证明文件，情节严重的行为。

3. 犯罪主体是特殊主体，即承担资产评估、验资、验证、会计、审计、法律服务、保荐、安全评价、环境影响评价、环境监测等职责的中介组织的人员和单位。

4. 主观方面为故意。

练一练

律师赵某接受律师事务所指派，为某公司股票上市提供法律意见。赵某在接受该公司的 10 万元财物之后，提供了虚假的法律意见书，导致不具备上市条件的该公司取得上市资格，严重损害了股东利益。赵某的行为构成：（   ）[1]

A. 受贿罪

B. 非国家工作人员受贿罪

C. 非国家工作人员受贿罪和提供虚假证明文件罪，择一重罪处罚

D. 非国家工作人员受贿罪和提供虚假证明文件罪，应当数罪并罚

---

[1] C

第十七章　侵犯公民人身权利、民主权利罪

第一节　侵犯公民人身权利、民主权利罪的概念和构成要件

1. 概念

侵犯公民人身权利、民主权利罪，是指侵犯公民的人身权利和与人身直接有关的权利，非法剥夺或者妨碍公民自由行使依法享有的管理国家事务和参加国家政治活动的权利，以及妨害公民婚姻、家庭权利的行为。

2. 侵犯公民人身权利、民主权利罪的构成要件

（1）犯罪客体是公民的人身权利与民主权利。

（2）客观方面表现为实施侵犯公民人身权利、民主权利的行为。公民的人身权利、民主权利得到充分的保障是实现宪法赋予公民当家做主权利的基础和条件，因此，刑法对公民的人身权利、民主权利给予了最大限度的保护。

（3）犯罪主体多为一般主体，少数为特殊主体。

（4）主观方面多表现为故意，极个别罪可由过失构成。

第二节　本章的重点罪名

一、故意杀人罪与过失致人死亡罪

[法条引述]

第 232 条［故意杀人罪］　故意杀人的，处死刑、无期徒刑或者 10 年以上有期徒刑；情节较轻的，处 3 年以上 10 年以下有期徒刑。

第 233 条［过失致人死亡罪］　过失致人死亡的，处 3 年以上 7 年以下有期徒刑；情节较轻的，处 3 年以下有期徒刑。本法另有规定的，依照规定。

（一）故意杀人罪的概念和构成要件

1. 概念

故意杀人罪，是指故意非法剥夺他人生命的行为。

2. 犯罪构成要件

（1）犯罪客体是他人的生命权利。所谓"他人的生命权"，是指对于己身以外的自然人，非经法律规定不得非法剥夺其生存的权利。

（2）客观方面表现为非法剥夺他人生命的行为；杀人行为一般表现为作为，有时也表现为不作为。本罪的行为对象是他人，因此自己剥夺自己生命的自杀行为，不符合故意杀人罪的构成。胎儿和尸体均不属于故意杀人罪的行为对象。毁坏尸体的行为可以构成侮辱、故意毁坏尸体罪，但是误以为活人而加以杀害的，属于对象不能犯未遂。

（3）犯罪主体为一般主体，已满 14 周岁的人犯本罪的，应当负刑事责任。

（4）主观方面为故意。包括直接故意和间接故意。

（二）故意杀人罪的认定

1. 自杀及相关行为的定性

（1）以暴力、威胁方法逼迫他人自杀或者以相约自杀的方式欺骗他人自杀而本人不自杀的，应当以故意杀人罪定罪处罚；

（2）诱骗、帮助不满 14 周岁的人或者丧失辨认或者控制能力的人自杀的，也应当以故意杀人罪定罪处罚；

（3）实施犯罪行为造成他人自杀身亡的，一般仅作为酌定量刑情节予以考虑（虐待罪、暴力干涉婚姻自由罪属于例外）；

（4）教唆、帮助意志完全自由的人自杀的，不以犯罪论处。

2. 安乐死。积极安乐死成立故意杀人罪，但在量刑上可以酌情从轻处罚。消极安乐死不成立故意杀人罪。

3. 故意杀人罪的认定

（1）根据《刑法》的规定，非法拘禁使用暴力致人死亡的、刑讯逼供或暴力取证致人死亡的、虐待被监管人致人死亡的、聚众"打砸抢"致人死亡的、聚众斗殴致人死亡的，均应以故意杀人罪论处。

（2）某些暴力性犯罪中包括故意杀人内容的，可以按照想象竞合犯的原则处理。例如，行为人以放火、决水、爆炸、投放危险物质、破坏交通工具、破坏交通设施等方式杀人，行为人的行为既构成故意杀人罪又构成危害公共安全罪，成立想象竞合犯，从一重罪处理。

（3）某些暴力性犯罪中包括故意杀人内容的，亦可直接按照该罪定罪处罚。例如，抢劫致人死亡的；杀害被绑架人的；强奸致人死亡的；等等。

（4）除上述情形，如果行为人在实施其他犯罪行为完毕之后，杀人灭口的，将原罪与故意杀人罪并罚。例如，犯组织、领导、参加黑社会性质组织罪，又实施故意杀人行为的，数罪并罚。

（三）过失致人死亡罪的认定

如果刑法规定的过失犯罪是以过失致人死亡作为某种犯罪的构成要件的，过失致人死亡不再单独定罪，而应以某种特定的过失犯罪定罪处罚。比如，失火罪、过失决水罪、过失爆炸罪、过失投放危险物质罪、交通肇事罪、重大责任事故罪等过失犯罪致人死亡的，应分别依照有关条文定罪量刑，不以过失致人死亡罪论处。

练一练

1. 关于故意杀人罪，下列选项正确的是：( )[1]

A. 甲意欲使乙在跑步时被车撞死，便劝乙清晨在马路上跑步，乙果真在马路上跑步时被车撞死，甲的行为构成故意杀人罪

B. 甲意欲使乙遭雷击死亡，便劝乙雨天到树林散步，因为下雨时在树林中行走容易遭雷击。乙果真雨天在树林中散步时遭雷击身亡。甲的行为构成故意杀人罪

C. 甲与乙有仇，意图致乙死亡。甲仿照乙的模样捏小面人，写上乙的姓名，在小面人身上扎针并诅咒49天。到第50天，乙因车祸身亡。甲的行为不可能致人死亡，所以不构成故意杀人罪

D. 甲以为杀害妻子乙后，乙可以升天，在此念头支配下将乙杀死。后经法医鉴定，甲具有辨认与控制能力。但由于甲的行为出于愚昧无知，所以不构成故意杀人罪

2. 甲意图毒死年迈的父亲，在其饭菜中掺入"毒鼠强"。甲父觉得饭菜有异味就没吃，在将饭菜倒掉时，不慎摔倒，引发脑血管破裂而死亡。甲的行为构成：( )[2]

A. 故意杀人罪（既遂）   B. 故意杀人罪（未遂）

C. 过失致人死亡罪   D. 投放危险物质罪

3. 下列行为中，应以故意杀人罪定罪处罚的有：( )[3]

A. 在聚众斗殴过程中致人死亡

B. 在脱逃过程中使用暴力致人死亡

C. 在刑讯逼供时致犯罪嫌疑人死亡

D. 在行政管理活动中滥用职权致他人死亡

4. 张某和赵某长期一起赌博。某日两人在工地发生争执，张某推了赵某一把，赵某倒地后后脑勺正好碰到石头上，导致颅脑损伤，经抢救无效死亡。关于张某的行为，下列选项正确的是：( )[4]

A. 构成故意杀人罪   B. 构成过失致人死亡罪

C. 构成故意伤害罪   D. 属于意外事件

5. 下列行为构成故意犯罪的是：( )[5]

A. 他人欲跳楼自杀，围观者大喊"怎么还不跳"，他人跳楼而亡

B. 司机急于回家，行驶时闯红灯，把马路上的行人撞死

C. 男子误将熟睡的孪生妻妹当成妻子，与其发生性关系

D. 作客的朋友在家中吸毒，主人装作没看见

---

[1] C
[2] B
[3] ABC
[4] B
[5] C

二、故意伤害罪

[法条引述]

第 234 条 [故意伤害罪] 故意伤害他人身体的，处 3 年以下有期徒刑、拘役或者管制。

犯前款罪，致人重伤的，处 3 年以上 10 年以下有期徒刑；致人死亡或者以特别残忍手段致人重伤造成严重残疾的，处 10 年以上有期徒刑、无期徒刑或者死刑。本法另有规定的，依照规定。(2007 年法硕非法学专业基础课法条分析题)

(一) 故意伤害罪的概念和构成要件

1. 概念。故意伤害罪，是指故意非法伤害他人身体的行为。

2. 犯罪构成要件

(1) 犯罪客体是他人的身体健康权利；

(2) 客观方面表现为非法损害他人身体健康的行为；

(3) 犯罪主体是一般主体，但年满 14 周岁并具有刑事责任能力的人应对故意伤害致人重伤或者死亡的犯罪负刑事责任；

(4) 主观方面表现为故意，即行为人明知自己的行为会造成他人重伤或者轻伤结果的发生而希望或者放任这种结果的发生。

(二) 故意伤害罪的认定

1. 行为人以一般殴打行为作为暴力手段实施抗税、强迫交易、侮辱、妨害公务等犯罪，过失造成被害人死亡的，既构成抗税罪、强迫交易罪、侮辱罪、妨害公务罪等犯罪，又构成过失致人死亡罪，应按想象竞合犯原则处理。

2. 我国《刑法》第 234 条规定的"本法另有规定的，依照规定"，是指行为人在实施其他故意犯罪的过程中，故意伤害他人，刑法其他条文另有规定的，应依照各有关条文定罪量刑，不以故意伤害罪论。例如，在强奸、抢劫等犯罪过程中致人重伤的，应依照各相关条文定罪量刑，不以故意伤害罪论处。

3. 故意伤害罪（致人重伤）的拟制规定。根据《刑法》的规定，对非法拘禁使用暴力致人伤残、刑讯逼供或暴力逼取证言致人伤残、聚众"打砸抢"致人伤残、聚众斗殴致人重伤的，应以故意伤害罪论处。

4. 根据司法解释的规定，在"新冠肺炎"疫情防控期间，故意伤害医务人员造成轻伤以上的严重后果，或者对医务人员实施撕扯防护装备、吐口水等行为，致使医务人员感染新型冠状病毒的，以故意伤害罪定罪处罚。

练一练

1. 下列选项中，应认定为故意伤害罪的是：(   )[1]

---

[1] C

  A. 抢劫未果却造成被害人轻伤的

  B. 强奸过程中造成被害人重伤的

  C. 刑讯逼供时造成犯罪嫌疑人伤残的

  D. 拐卖儿童过程中造成被拐卖儿童重伤的

  2. 甲女得知男友乙移情，怨恨中送其一双滚轴旱冰鞋，企盼其运动时摔伤。乙穿此鞋运动时，果真摔成重伤。关于本案的分析，下列选项正确的是：（ ）[1]

  A. 甲的行为属于作为的危害行为

  B. 甲的行为与乙的重伤之间存在刑法上的因果关系

  C. 甲具有伤害乙的故意，但不构成故意伤害罪

  D. 甲的行为构成过失致人重伤罪

  3. 下列行为不应以故意伤害罪论处的是：（ ）[2]

  A. 监狱监管人员吊打被监管人，致其骨折

  B. 非法拘禁被害人，大力反扭被害人胳膊，致其胳膊折断

  C. 经本人同意，摘取 17 周岁少年的肾脏 1 只，支付少年 5 万元补偿费

  D. 黑社会成员因违反帮规，在其同意之下，被截断 1 截小指头

  4. 关于自伤，下列选项错误的是：（ ）[3]

  A. 使用暴力逼取证人证言，致被害人伤残的，成立故意伤害罪

  B. 帮助有责任能力成年人自伤的，不成立故意伤害罪

  C. 受益人唆使 60 周岁的被保险人自伤、骗取保险金的，成立故意伤害罪与保险诈骗罪

  D. 父母故意不救助自伤的 12 周岁儿子而致其死亡的，视具体情形成立故意杀人罪或者遗弃罪

三、组织出卖人体器官罪

［法条引述］

  第 234 条之一 ［组织出卖人体器官罪］ 组织他人出卖人体器官的，处 5 年以下有期徒刑，并处罚金；情节严重的，处 5 年以上有期徒刑，并处罚金或者没收财产。

  ［故意伤害罪］［故意杀人罪］ 未经本人同意摘取其器官，或者摘取不满 18 周岁的人的器官，或者强迫、欺骗他人捐献器官的，依照本法第 234 条、第 232 条的规定定罪处罚。

  ［盗窃、侮辱、故意毁坏尸体、尸骨、骨灰罪］ 违背本人生前意愿摘取其尸体器官，或者本人生前未表示同意，违反国家规定，违背其近亲属意愿摘取其尸体器官的，依照本法第 302 条的规定定罪处罚。

---

 ［1］ C

 ［2］ D

 ［3］ C

（一）组织出卖人体器官罪的构成要件

1. 犯罪客体是他人的身体健康权、生命权以及国家对人体（活体）器官捐献管理秩序和人体器官移植规范的正常秩序。

2. 客观方面表现为违反国家有关《人体器官移植条例》的规定，组织他人出卖人体器官的行为。

3. 犯罪主体为一般主体，即年满 16 周岁具有刑事责任能力的自然人。

4. 主观方面表现为故意，并以出卖人体器官为内容。

（二）组织出卖人体器官罪的认定

1. 未经本人同意摘取其器官，或者摘取不满 18 周岁的人的器官，或者强迫、欺骗他人捐献器官的，依照《刑法》第 234 条、第 232 条的规定定罪处罚，即应以故意伤害罪、故意杀人罪定罪处罚。

2. 违背本人生前意愿摘取其尸体器官，或者本人生前未表示同意，违反国家规定，违背其近亲属意愿摘取其尸体器官的，应依照《刑法》第 302 条的规定定罪处罚，即以盗窃、侮辱、故意毁坏尸体罪定罪处罚。

练一练

关于故意伤害罪与组织出卖人体器官罪，下列选项正确的是：（　　　　）[1]

A. 非法经营尸体器官买卖的，成立组织出卖人体器官罪

B. 医生明知是未成年人，虽征得其同意而摘取其器官的，成立故意伤害罪

C. 组织他人出卖人体器官并不从中牟利的，不成立组织出卖人体器官罪

D. 组织者出卖一个肾脏获 15 万元，欺骗提供者说只卖了 5 万元的，应认定为故意伤害罪

四、强奸罪与负有照护职责人员性侵罪

［法条引述］

第 236 条 ［强奸罪］　以暴力、胁迫或者其他手段强奸妇女的，处 3 年以上 10 年以下有期徒刑。

奸淫不满 14 周岁的幼女的，以强奸论，从重处罚。

强奸妇女、奸淫幼女，有下列情形之一的，处 10 年以上有期徒刑、无期徒刑或者死刑：

（一）强奸妇女、奸淫幼女情节恶劣的；

（二）强奸妇女、奸淫幼女多人的；

（三）在公共场所当众强奸妇女、奸淫幼女的；

---

[1]　B

（四）2人以上轮奸的；

（五）奸淫不满10周岁的幼女或者造成幼女伤害的；

（六）致使被害人重伤、死亡或者造成其他严重后果的。

第236条之一 ［负有照护职责人员性侵罪］ 对已满14周岁不满16周岁的未成年女性负有监护、收养、看护、教育、医疗等特殊职责的人员，与该未成年女性发生性关系的，处3年以下有期徒刑；情节恶劣的，处3年以上10年以下有期徒刑。

有前款行为，同时又构成本法第236条规定之罪的，依照处罚较重的规定定罪处罚。

（一）强奸罪的概念和构成要件

1. 概念

强奸罪，是指违背妇女意志，以暴力、胁迫或者其他手段，强行与其发生性交或者奸淫不满14周岁的幼女的行为。

2. 犯罪构成要件

（1）犯罪客体是妇女性的不可侵犯的权利或者幼女的身心健康。侵害对象包括年满18周岁的成年妇女、已满14周岁不满18周岁的少女以及不满14周岁的幼女。

（2）客观方面表现为以暴力、胁迫或者其他手段强奸妇女的行为。行为人的行为是否构成强奸，应同时从以下两个方面进行判断：

❶性交行为违背妇女意志，这是强奸行为的内在属性。行为人误以为妻子为其他妇女而加以强奸的，仍构成犯罪，只不过属于对象不能犯的未遂。

❷性交行为被强行进行，这是强奸行为的外在属性。

（3）犯罪主体是一般主体，即14周岁以上并且具有刑事责任能力的人，但妇女单独不能成为强奸罪的主体，可以成为强奸罪的共同正犯或者间接正犯。

（4）主观方面表现为强行奸淫妇女的故意，即行为人明知自己的行为违背妇女的意志而强行与妇女性交。

（二）强奸罪的认定

1. 应当注意以下五点：

（1）行为人明知是精神病患者或者程度严重的痴呆者而与其发生性行为的，不管犯罪分子采取何种手段，都应以强奸罪论处。与间歇性精神病患者在未发病期间发生性交行为，妇女本人同意的，不构成强奸罪。

（2）在认定是否违背妇女意志时，不能以被害妇女作风好坏来划分。强行与作风不好的妇女发生性行为的，也应定强奸罪。

（3）认定强奸罪不能以被害妇女是否有反抗表示作为必要条件。对被害妇女未作反抗表示或者反抗表示不明显的，要具体分析、加以区别。

（4）行为人在强奸的过程中，因为使用暴力压制反抗或者因为强奸行为粗暴致使被害人重伤、死亡或者造成其他严重后果的，属于强奸罪的结果加重犯，以强奸罪一罪定罪处罚。

（5）行为人在强奸之后或者实施强奸的过程中，为了杀人灭口或者泄愤报复或者满足变态心理，而又对被害人实施杀害、伤害行为的，<u>应当以强奸罪与故意杀人罪、故意伤害罪数罪并罚</u>。

2. 司法解释相关规定

（1）行为人确实不知对方是不满 14 周岁的幼女，双方自愿发生性关系，未造成严重后果，情节显著轻微的，不认为是犯罪。但对于不满 12 周岁的被害人实施奸淫等性侵害行为的，应当认定为行为人明知对方是幼女。

（2）以金钱财物等方式引诱幼女与自己发生性关系的、知道或者应当知道幼女被他人强迫卖淫而仍与其发生性关系的，均以强奸罪论处。

（3）对幼女负有特殊职责的人员与幼女发生性关系的，以强奸罪论处。

（4）对已满 14 周岁的未成年女性负有特殊职责的人员，利用其优势地位或者被害人孤立无援的境地，迫使未成年被害人就范，而与其发生性关系的，以强奸罪定罪处罚。

（5）已满 14 周岁不满 16 周岁的人偶尔与幼女发生性关系，情节轻微、未造成严重后果的，不认为是犯罪。

（6）在校园、游泳馆、儿童游乐场等公共场所对未成年人实施强奸、猥亵犯罪，只要有其他多人在场，不论在场人员是否实际看到，均可以依照《刑法》第 236 条第 3 款、第 237 条的规定，认定为在公共场所"当众"强奸妇女，强制猥亵、侮辱妇女，猥亵儿童。

（7）介绍、帮助他人奸淫幼女、猥亵儿童的，以强奸罪、猥亵儿童罪的共犯论处。

（8）组织、强迫、引诱、容留、介绍未成年人卖淫构成犯罪的，应当从重处罚。

（三）负有照护职责人员性侵罪的构成要件

1. 犯罪客体是已满 14 周岁不满 16 周岁的未成年女性的不完全性自决能力和性的社会风尚。

2. 客观方面表现为对已满 14 周岁不满 16 周岁的未成年女性负有监护、收养、看护、教育、医疗等特殊职责的人员，与该未成年女性发生性关系的行为。

3. 犯罪主体是对已满 14 周岁不满 16 周岁的未成年女性负有监护、收养、看护、教育、医疗等特殊职责的人员。

4. 主观方面是故意，即明知发生性关系的对方系已满 14 周岁不满 16 周岁的未成年女性。

练一练

1. 下列关于强奸罪的说法中，正确的是：（　　　）[1]

A. 强奸罪的犯罪对象可以是男性

B. 强奸罪的犯罪主体不可以是女性

C. 只要与幼女发生性关系就应以强奸罪论处

———————————

[1]　D

D. 强奸引起被害人自杀的，不属于强奸"致使被害人死亡"

2. 下列选项中，应以强奸罪一罪追究刑事责任的是：（　　　）[1]

A. 甲利用业务关系，在女推销员半推半就的情况下与之发生性行为

B. 乙在拐卖过程中，违背被拐卖妇女的意志与之发生性行为

C. 丙宣传迷信，以"行为治疗法"蒙骗求医女性与之发生性行为

D. 丁将男性同事灌醉，趁其熟睡与之发生同性性行为

3. 甲明知卖淫女赵某未满14周岁，而与之发生性交易。甲的行为：（　　　）[2]

A. 不构成犯罪

B. 构成强奸罪

C. 构成猥亵儿童罪

D. 构成嫖宿幼女罪

五、强制猥亵、侮辱罪与猥亵儿童罪

[法条引述]

第237条 [强制猥亵、侮辱罪]　以暴力、胁迫或者其他方法强制猥亵他人或者侮辱妇女的，处5年以下有期徒刑或者拘役。

聚众或者在公共场所当众犯前款罪的，或者有其他恶劣情节的，处5年以上有期徒刑。

[猥亵儿童罪]　猥亵儿童的，处5年以下有期徒刑；有下列情形之一的，处5年以上有期徒刑：

（一）猥亵儿童多人或者多次的；

（二）聚众猥亵儿童的，或者在公共场所当众猥亵儿童，情节恶劣的；

（三）造成儿童伤害或者其他严重后果的；

（四）猥亵手段恶劣或者有其他恶劣情节的。

（一）强制猥亵、侮辱罪的概念和构成要件★

1. 概念

强制猥亵、侮辱罪，是指违背他人意志，以暴力、胁迫或者其他方法强制猥亵他人或者侮辱妇女的行为。

2. 犯罪构成要件

（1）犯罪客体是他人的人格、尊严和人身自由权利。本罪中的犯罪对象是他人，包含男人和女人。对不满14周岁的幼女进行侮辱属于猥亵不满14周岁的幼女，以猥亵儿童罪定罪处罚，但是不能包含性行为，否则成立强奸罪。

（2）客观方面表现为行为人违背被害人意志，以暴力、胁迫或者其他方法使被害人处于不能抗拒、不敢抗拒或者不知抗拒的状态进而强制猥亵或侮辱的行为。

（3）犯罪主体是一般主体。既包括男性，也包括女性。

（4）主观方面是故意，但不是以奸淫为目的。行为人通常具有寻求性刺激的内心倾向。

---

[1] C
[2] B

（二）强制猥亵、侮辱罪与猥亵儿童罪的认定

1. 强制猥亵、侮辱罪与强奸罪（未遂）的界限（2008 年法硕非法学专业基础课简答题）

（1）主观故意的内容不同。强奸罪是以与妇女发生性交行为为目的；强制猥亵、侮辱罪则不是以与被害人发生性交行为为目的。这是区分二者的关键所在。

（2）客观方面的行为不完全相同。强制猥亵、侮辱罪是对被害人实施性交行为以外的猥亵、侮辱行为，没有与被害人发生性交的行为；强奸罪则是对妇女实施性交行为，即使由于行为人自身原因而致性交行为未能完成，也应认定为强奸罪（未遂）。

（3）犯罪主体的范围不完全相同。强制猥亵、侮辱罪的实行犯既可以是男子，也可以是妇女；强奸罪目的行为（即与妇女的性交行为）的行为人则只能是男子。

2. 对已满 14 周岁的未成年男性实施猥亵，造成被害人轻伤以上后果，以故意伤害罪和强制猥亵罪的想象竞合犯从一重罪处理。

3. 强制猥亵、侮辱罪没有结果加重犯，而猥亵儿童罪有结果加重犯。

六、非法拘禁罪

[法条引述]

第 238 条 [非法拘禁罪] 非法拘禁他人或者以其他方法非法剥夺他人人身自由的，处 3 年以下有期徒刑、拘役、管制或者剥夺政治权利。具有殴打、侮辱情节的，从重处罚。

犯前款罪，致人重伤的，处 3 年以上 10 年以下有期徒刑；致人死亡的，处 10 年以上有期徒刑。使用暴力致人伤残、死亡的，依照本法第 234 条、第 232 条的规定定罪处罚。

为索取债务非法扣押、拘禁他人的，依照前两款的规定处罚。

国家机关工作人员利用职权犯前三款罪的，依照前三款的规定从重处罚。

（一）非法拘禁罪的概念和构成要件★

1. 概念

非法拘禁罪，是指非法拘禁他人或者以其他方法非法剥夺他人人身自由的行为。

2. 犯罪构成要件

（1）犯罪客体是他人的人身自由权。以索取赌债为目的偷盗他人婴儿的、以索取工程款为目的偷盗他人幼儿的、为了索要劳务报酬而偷走他人出生不久的儿子的行为均不能轻易成立非法拘禁罪。如果婴幼儿本身没有人身自由，上述情况行为人可以成立拐骗儿童罪。

（2）客观方面表现为非法对被害人的身体进行强制，使被害人失去人身自由的行为。

（3）犯罪主体是一般主体。

（4）主观方面表现为故意。行为人的动机多种多样，如为了报复、为了索取债务等，但是行为人为了出卖他人、为了勒索财物、为了绑架他人作为人质，则不构成本罪。

（二）非法拘禁罪的认定

1. 本罪的成立条件

本罪是典型的继续犯，从非法拘禁行为开始实施到解除非法拘禁状态为止都处于不间

断的继续状态，非法拘禁时间的长短只是量刑予以考虑的情节。

（1）国家机关工作人员利用职权犯非法拘禁罪的，应当从重处罚。根据司法解释的规定，具有下列情形之一，对国家机关工作人员以非法拘禁罪定罪论处：

❶非法剥夺他人人身自由24小时以上的；

❷非法剥夺他人人身自由，并使用械具或者捆绑等恶劣手段，或者实施殴打、侮辱、虐待行为的；

❸非法拘禁造成被拘禁人轻伤、重伤、死亡的；

❹非法拘禁情节严重，导致被拘禁人自杀、自残造成重伤、死亡或者精神失常的；

❺非法拘禁3人以上的；

❻司法工作人员对明知是没有违法犯罪事实的人非法拘禁的；

❼其他非法拘禁应予追究刑事责任的情形。

（2）2019年4月9日印发的最高人民法院、最高人民检察院、公安部、司法部《关于办理实施"软暴力"的刑事案件若干问题的意见》第6条规定，有组织地多次短时间非法拘禁他人的，应当认定为《刑法》第238条规定的"以其他方法非法剥夺他人人身自由"。非法拘禁他人3次以上、每次持续时间在4小时以上，或者非法拘禁他人累计时间在12小时以上的，应当以非法拘禁罪定罪处罚。第11条第2款规定，为强索不受法律保护的债务或者因其他非法目的，雇佣、指使他人采用"软暴力"手段非法剥夺他人人身自由构成非法拘禁罪，或者非法侵入他人住宅、寻衅滋事，构成非法侵入住宅罪、寻衅滋事罪的，对雇佣者、指使者，一般应当以共同犯罪中的主犯论处；因本人及近亲属合法债务、婚恋、家庭、邻里纠纷等民间矛盾而雇佣、指使，没有造成严重后果的，一般不作为犯罪处理，但经有关部门批评制止或者处理处罚后仍继续实施的除外。

2. 非法拘禁行为本身过失致人重伤、致人死亡的，成立非法拘禁罪的结果加重犯。具有殴打、侮辱情节的，从重处罚。为索取债务（无论债务是否合法）非法扣押、拘禁他人的，依照非法拘禁罪的规定处罚，但若索取的金额"远远"超过债务的金额，则另外成立绑架罪，与非法拘禁罪想象竞合。

3. 非法拘禁罪的转化问题（法律拟制）。行为人在非法拘禁过程中对被拘禁人使用非法拘禁之外的暴力过失造成其伤残或者死亡的，不再以非法拘禁罪定罪，而应以故意伤害罪、故意杀人罪定罪处罚。

4. 国家机关工作人员利用职权犯非法拘禁罪的，应当从重处罚。

练一练

1. 甲为索取赌债扣押"赌友"李某数天。甲的行为应认定为：（　　　）[1]

A. 绑架罪 　　　　　　　　　　　　B. 非法拘禁罪

C. 抢劫罪 　　　　　　　　　　　　D. 敲诈勒索罪

---

[1]　B

2. 下列选项中，构成非法拘禁罪的有：(   )[1]

A. 甲（警察）因私怨与刘某发生口角，用手铐将刘某铐在警车内

B. 乙为索取合法债务，非法扣押债务人涂某的妻子

C. 丙为了索要劳务报酬，偷走龙某出生不久的儿子

D. 丁为了追索高利贷，扣留债务人钱某

3. 民警甲为报私仇，趁乙与他人发生纠纷之机，将乙非法拘押，并使用警棍殴打乙，致使乙残疾。对甲的行为：(   )[2]

A. 应定为故意伤害罪，并从重处罚

B. 应定为非法拘禁罪，并从重处罚

C. 应定为刑讯逼供罪，并从重处罚

D. 应定为报复陷害罪，并从重处罚

4. 甲为要回 30 万元赌债，将乙扣押，但 2 天后乙仍无还款意思。甲等 5 人将乙押到一处山崖上，对乙说："3 天内让你家人送钱来，如今天不答应，就摔死你。"乙勉强说只有能力还 5 万元。甲刚说完"一分都不能少"，乙便跳崖。众人慌忙下山找乙，发现乙已坠亡。关于甲的行为定性，下列选项错误的是：(   )[3]

A. 属于绑架致使被绑架人死亡

B. 属于抢劫致人死亡

C. 属于不作为的故意杀人

D. 成立非法拘禁，但不属于非法拘禁致人死亡

5. 韩某在向张某催要赌债无果的情况下，纠集好友把张某挟持至韩家，并给张家打电话，声称如果再不还钱，就砍掉张某一只手。韩某的作为：(   )[4]

A. 构成非法拘禁罪

B. 构成绑架罪

C. 构成非法拘禁罪和绑架罪的想象竞合犯

D. 构成敲诈勒索罪

七、绑架罪

[法条引述]

第 239 条 [绑架罪] 以勒索财物为目的绑架他人的，或者绑架他人作为人质的，处10 年以上有期徒刑或者无期徒刑，并处罚金或者没收财产；情节较轻的，处 5 年以上 10年以下有期徒刑，并处罚金。

犯前款罪，杀害被绑架人的，或者故意伤害被绑架人，致人重伤、死亡的，处无期徒刑或者死刑，并处没收财产。

---

[1] ABD

[2] A

[3] ABC

[4] A

以勒索财物为目的偷盗婴幼儿的，依照前两款的规定处罚。（2006 年法硕非法学专业基础课法条分析题）

（一）绑架罪的概念和构成要件 ★

1. 概念

绑架罪，是指以勒索财物为目的绑架他人，或者绑架他人作为人质，或者以勒索财物为目的偷盗婴幼儿的行为。

绑架行为的结构是利用被绑架人的近亲属或者其他人对被绑架人安危的忧虑，以勒索财物或满足其他不法要求为目的，使用暴力、胁迫或者麻醉方法劫持或以实力控制他人。

2. 犯罪构成要件

（1）犯罪客体是人身自由以及人身安全。

（2）客观方面表现为绑架他人或者偷盗婴幼儿的行为。

❶ "绑架"，是指用暴力、胁迫、麻醉或者其他强制性手段将他人劫持，置于自己的控制之下，使其失去行动自由的行为；

❷ "偷盗婴幼儿"，是指采取不为婴幼儿父母、监护人、保姆等看护人知晓的秘密方式偷盗不满 1 周岁的婴儿或者 1 周岁以上 6 周岁以下的幼儿的行为。

（3）犯罪主体是一般主体，即年满 16 周岁的自然人。已满 14 周岁不满 16 周岁的自然人绑架他人后又撕票（杀害被害人）的，只追究其故意杀人罪的刑事责任。

（4）主观方面为故意，并以勒索财物或者劫持他人作为人质为目的。

（二）绑架罪的认定

1. 绑架罪与非法拘禁罪的界限：主观目的不同。按照刑法的规定，绑架罪必须是出于勒索财物或者绑架他人为人质的目的，而非法拘禁罪则没有这样的目的。

2. 绑架罪既遂与未遂的认定：是否以实力控制人质。

（1）行为人以勒索财物为目的劫持他人并把他人置于自己控制之下的，或者将他人置于自己控制之下作为人质的，或以勒索财物为目的完成偷盗婴幼儿行为的，即构成本罪既遂；

（2）行为人勒索财物的目的或者其他非法目的是否达到，不影响本罪既遂的成立；

（3）行为人实施了偷盗婴幼儿的行为但未能完成偷盗行为，或者完成偷盗行为但未能造成婴幼儿的父母、监护人或者其他合法之看护人失去对婴幼儿之监护的，属于未遂。

3. 行为人杀害被绑架人的，或者故意伤害被绑架人，致人重伤、死亡的，仍然认定为绑架罪，处无期徒刑或者死刑，并处没收财产。若绑架行为本身过失致人死亡的，成立绑架罪与过失致人死亡罪的想象竞合，不属于结果加重犯。绑架行为过失致人死亡，但绑架行为没有达到以实力控制被害人程度的，成立绑架未遂与过失致人死亡的想象竞合，也不成立结果加重犯。

4. 行为人在绑架过程中实施了其他加害被害人的行为构成犯罪的，应当与绑架罪实行数罪并罚。例如，绑架被害人至某房间后，趁被害人睡觉窃取其财物的，以绑架罪与盗窃罪，数罪并罚。

5. 根据司法解释的规定，绑架过程中又当场劫取被害人随身携带财物的，同时触犯绑架罪和抢劫罪两罪名，应择一重罪处罚。

6. 如果不是以勒索财物为目的将被害人杀死，而是基于其他原因杀害被害人，然后以绑架被害人为名，向被害人亲属勒索财物，应当以故意杀人罪、敲诈勒索罪（或诈骗罪）实行数罪并罚。但是行为人实施了绑架行为，因未勒索到财物或者出于其他原因杀害被绑架人后，再次掩盖事实勒索赎金的，分别成立绑架罪、敲诈勒索罪与诈骗罪的想象竞合，前后应当并罚。

练一练

1. 下列行为中，应以绑架罪定罪处罚的是：（   ）[1]

A. 以出卖为目的偷盗他人幼儿

B. 以索取赌债为目的偷盗他人婴儿

C. 以索取工程款为目的偷盗他人幼儿

D. 以索取虚构的欠款为目的偷盗他人婴儿

2. 甲将一名 3 岁男孩从幼儿园骗走，向其家长勒索钱财。因未收到该男孩家长的回信，甲便将该男孩以 8000 元卖给他人。对甲的行为：（   ）[2]

A. 应以绑架罪定罪处罚

B. 应以拐卖儿童罪定罪处罚

C. 应以绑架罪和拐卖儿童罪数罪并罚

D. 应以非法拘禁罪和拐卖儿童罪数罪并罚

3. 甲、乙、丙与周某打麻将赌钱，结果三人共输给周某 30 万元。事后，三人怀疑周某打麻将时做了手脚，遂将周某劫持到一空房内，逼其退还赌资。周某让妻子将 30 万元退还给了三人。甲、乙、丙三人的行为构成：（   ）[3]

A. 抢劫罪   B. 敲诈勒索罪

C. 绑架罪   D. 非法拘禁罪

4. 甲（15 周岁）拐骗一名男孩，准备将其出卖，后因小孩哭闹不止，甲对其进行殴打，造成重伤。甲的行为构成：（   ）[4]

A. 绑架罪   B. 拐卖儿童罪

C. 故意伤害罪   D. 非法拘禁罪

5. 甲、乙合谋勒索丙的钱财。甲与丙及丙的儿子丁（17 岁）相识。某日下午，甲将丁邀到一家游乐场游玩，然后由乙向丙打电话。乙称丁被绑架，令丙赶快送 3 万元现金到

---

[1] D

[2] C

[3] D

[4] C

约定地点，不许报警，否则杀害丁。丙因担心儿子的生命安全而没有报警，下午 7 点左右准备了 3 万元后送往约定地点。乙取得钱后通知甲，甲随后与丁分手回家。下列罪名不符合甲、乙的行为性质的是：(   )[1]

    A. 绑架罪   B. 抢劫罪

    C. 敲诈勒索罪   D. 非法拘禁罪

    6. 甲为勒索财物，打算绑架富商之子吴某（5 岁）。甲欺骗乙、丙说："富商欠我 100 万元不还，你们帮我扣押其子，成功后给你们每人 10 万元。"乙、丙将吴某扣押，但甲无法联系上富商，未能进行勒索。三天后，甲让乙、丙将吴某释放。吴某一人在回家路上溺水身亡。关于本案，下列选项正确的是：(   )[2]

    A. 甲、乙、丙构成绑架罪的共同犯罪，但对乙、丙只能适用非法拘禁罪的法定刑

    B. 甲未能实施勒索行为，属绑架未遂；甲主动让乙、丙放人，属绑架中止

    C. 吴某的死亡结果应归责于甲的行为，甲成立绑架致人死亡的结果加重犯

    D. 不管甲是绑架未遂、绑架中止还是绑架既遂，乙、丙均成立犯罪既遂

    7. 甲男（15 周岁）与乙女（16 周岁）因缺钱，共同绑架富商之子丙，成功索得 50 万元赎金。甲担心丙将来可能认出他们，提议杀丙，乙同意。乙给甲一根绳子，甲用绳子勒死丙。关于本案的分析，下列选项错误的是：(   )[3]

    A. 甲、乙均触犯故意杀人罪，因而对故意杀人罪成立共同犯罪

    B. 甲、乙均触犯故意杀人罪，对甲以故意杀人罪论处，但对乙应以绑架罪论处

    C. 丙系死于甲之手，乙未杀害丙，故对乙虽以绑架罪定罪，但对乙不能适用"杀害被绑架人"的规定

    D. 对甲以故意杀人罪论处，对乙以绑架罪论处，与二人成立故意杀人罪的共同犯罪并不矛盾

    8. 甲持刀将乙逼入山中，让乙通知其母送钱赎人。乙担心其母心脏病发作，遂谎称其开车撞人，需付 5 万元治疗费，其母信以为真。关于甲的行为性质，下列选项正确的是：(   )[4]

    A. 非法拘禁罪   B. 绑架罪

    C. 抢劫罪   D. 诈骗罪

八、拐卖妇女、儿童罪

[法条引述]

第 240 条 [拐卖妇女、儿童罪] 拐卖妇女、儿童的，处 5 年以上 10 年以下有期徒刑，并处罚金；有下列情形之一的，处 10 年以上有期徒刑或者无期徒刑，并处罚金或者没收财产；情节特别严重的，处死刑，并处没收财产：

---

    [1]   ABD
    [2]   D
    [3]   C
    [4]   B

（一）拐卖妇女、儿童集团的首要分子；

（二）拐卖妇女、儿童 3 人以上的；

（三）奸淫被拐卖的妇女的；

（四）诱骗、强迫被拐卖的妇女卖淫或者将被拐卖的妇女卖给他人迫使其卖淫的；

（五）以出卖为目的，使用暴力、胁迫或者麻醉方法绑架妇女、儿童的；

（六）以出卖为目的，偷盗婴幼儿的；

（七）造成被拐卖的妇女、儿童或者其亲属重伤、死亡或者其他严重后果的；

（八）将妇女、儿童卖往境外的。

拐卖妇女、儿童，是指以出卖为目的，有拐骗、绑架、收买、贩卖、接送、中转妇女、儿童的行为之一的。

（一）拐卖妇女、儿童罪的概念和构成要件 ★

1. 概念

拐卖妇女、儿童罪，是指以出卖为目的，拐骗、绑架、收买、贩卖、接送、中转妇女、儿童的行为。

2. 犯罪构成要件

（1）犯罪客体是妇女、儿童的人身自由权利。

（2）客观方面表现为实施了拐卖妇女、儿童的行为，即拐骗、绑架、收买、贩卖、接送或者中转年满 14 周岁的妇女或者未满 14 周岁的儿童的行为。拐卖已满 14 周岁的男子的行为，不构成本罪，可以非法拘禁罪等其他犯罪论处。

（3）犯罪主体是一般主体。

（4）主观方面表现为故意，并以出卖为目的。

（二）拐卖妇女、儿童罪的认定

1. 拐卖妇女、儿童罪的既遂标准是实力控制被拐卖的妇女、儿童即可，但是下列行为需要以实际出卖为既遂标准，才能够认定行为人具有"出卖"的目的：

（1）捡拾儿童后予以出卖的；

（2）以抚养为目的偷盗婴幼儿或者拐骗儿童，之后予以出卖的；

（3）以非法获利为目的，出卖亲生子女的；

（4）医疗机构、社会福利机构等单位的工作人员以非法获利为目的，将所诊疗、护理、抚养的儿童贩卖给他人的。

2. 司法解释关于拐卖妇女、儿童罪共犯的认定

（1）明知他人拐卖妇女、儿童，仍然向其提供被拐卖妇女、儿童的健康证明、出生证明或者其他帮助的，以拐卖妇女、儿童罪的共犯论处。

（2）明知他人系拐卖儿童的"人贩子"，仍然利用从事诊疗、福利救助等工作的便利或者了解被拐卖方情况的条件，居间介绍的，以拐卖儿童罪的共犯论处。

（3）将妇女拐卖给有关场所，致使被拐卖的妇女被迫卖淫或者从事其他色情服务的，

以拐卖妇女罪论处；有关场所的经营管理人员事前与拐卖妇女的犯罪人通谋的，对该经营管理人员以拐卖妇女罪的共犯论处；同时构成拐卖妇女罪和组织卖淫罪的，择一重罪论处。

3. 拐卖妇女、儿童罪与绑架罪的界限

（1）犯罪目的不同。前者以出卖为目的，后者以勒索财物或者扣押人质为目的。

（2）犯罪对象不同。前者仅限于妇女、儿童，后者的对象可以是任何人。

4. 特殊情况认定

（1）拐卖妇女、儿童，又对被拐卖的妇女、儿童实施故意杀害、伤害、猥亵、侮辱等行为，构成其他犯罪的，依照数罪并罚的规定处罚。

（2）拐卖妇女、儿童或者收买被拐卖的妇女、儿童，又组织、教唆被拐卖、收买的妇女、儿童进行犯罪的，以拐卖妇女、儿童罪或者收买被拐卖的妇女、儿童罪与其所组织、教唆的罪数罪并罚。

（3）拐卖妇女、儿童或者收买被拐卖的妇女、儿童，又组织、教唆被拐卖、收买的未成年妇女、儿童进行盗窃、诈骗、抢夺、敲诈勒索等违反治安管理活动的，以拐卖妇女、儿童罪或者收买被拐卖的妇女、儿童罪与组织未成年人进行违反治安管理活动罪数罪并罚。

（4）以介绍婚姻为名，采取非法扣押身份证件、限制人身自由等方式，或者利用妇女人地生疏、语言不通、孤立无援等境况，违背妇女意志，将其出卖给他人的，应当以拐卖妇女罪追究刑事责任。以介绍婚姻为名，与被介绍妇女串通骗取他人钱财，数额较大的，应当以诈骗罪追究刑事责任。

练一练

1. 甲以出卖为目的中转被拐卖的儿童张某，张某在此期间摆脱控制逃跑，甲因为腿受伤并没有追赶。甲的犯罪形态属于：（　　）[1]

A. 犯罪既遂 　　　　　　　　　　 B. 犯罪预备

C. 犯罪中止 　　　　　　　　　　 D. 犯罪未遂

2. 甲向乙表示愿意出高价"买"妻，乙与其妻丙商量，让丙假扮为被拐卖的妇女，并将丙"出卖"给甲，3天后，乙协助丙逃离甲家。对此，下列选项中正确的是：（　　）[2]

A. 甲构成拐卖妇女罪 　　　　　　 B. 乙构成拐卖妇女罪

C. 乙构成诈骗罪 　　　　　　　　 D. 丙不构成犯罪

3. 李某以出卖为目的偷盗一名男童，得手后因未找到买主，就产生了自己抚养的想法。在抚养过程中，因男童日夜啼哭，李某便将男童送回家中。关于李某的行为，下列选

---

[1] A

[2] C

项错误的是：（   ）[1]

   A. 构成拐卖儿童罪
   B. 构成拐骗儿童罪

   C. 属于拐卖儿童罪未遂
   D. 属于拐骗儿童罪中止

4. 甲在一豪宅院外将一个正在玩耍的男孩（3 岁）骗走，意图勒索钱财，但孩子说不清自己家里的联系方式，无法进行勒索。甲怕时间长了被发现，于是将孩子带到异地以 4000 元卖掉。对甲应当：（   ）[2]

   A. 以绑架罪与拐卖儿童罪的牵连犯从一重处断

   B. 以绑架罪一罪处罚

   C. 以拐卖儿童罪一罪处罚

   D. 以绑架罪与拐卖儿童罪并罚

5. 甲欲绑架女大学生乙卖往外地，乙强烈反抗，甲将乙打成重伤，并多次对乙实施强制猥亵行为。甲尚未将乙卖出便被公安人员抓获。关于甲行为的定性和处罚，下列判断错误的是：（   ）[3]

   A. 构成绑架罪，故意伤害罪与强制猥亵、侮辱罪，实行并罚

   B. 构成拐卖妇女罪，故意伤害罪，强制猥亵、侮辱罪，实行并罚

   C. 构成拐卖妇女罪，强制猥亵、侮辱罪，实行并罚

   D. 构成拐卖妇女罪，强制猥亵、侮辱罪，实行并罚，但由于尚未出卖，对拐卖妇女罪应适用未遂犯的规定

6. 甲拐骗了 5 名儿童，偷盗了 2 名婴儿，并准备全部卖往 A 地。在运送过程中甲因害怕他们哭闹，给他们注射了麻醉药。由于麻醉药过量，致使 2 名婴儿死亡，5 名儿童处于严重昏迷状态，后经救治康复。对甲的行为应以：（   ）[4]

   A. 拐卖儿童罪论处
   B. 拐骗儿童罪论处

   C. 过失致人死亡罪论处
   D. 绑架罪论处

7. 根据我国刑法的规定，偷盗婴幼儿的行为可因主观目的的不同而构成：（   ）[5]

   A. 非法拘禁罪
   B. 绑架罪

   C. 拐卖儿童罪
   D. 拐骗儿童罪

8. 甲于某日凌晨在路边捡回一名弃婴，抚养了 3 个月后，声称是自己的亲生儿子，以 3000 元卖给乙。甲的行为构成：（   ）[6]

   A. 遗弃罪
   B. 拐骗儿童罪

   C. 诈骗罪
   D. 拐卖儿童罪

---

[1] BCD
[2] D
[3] ABD
[4] A
[5] ABCD
[6] D

九、收买被拐卖的妇女、儿童罪

[法条引述]

第241条 [收买被拐卖的妇女、儿童罪] 收买被拐卖的妇女、儿童的，处3年以下有期徒刑、拘役或者管制。

[强奸罪] 收买被拐卖的妇女，强行与其发生性关系的，依照本法第236条的规定定罪处罚。

[非法拘禁罪] [故意伤害罪] [侮辱罪] 收买被拐卖的妇女、儿童，非法剥夺、限制其人身自由或者有伤害、侮辱等犯罪行为的，依照本法的有关规定定罪处罚。

收买被拐卖的妇女、儿童，并有第2款、第3款规定的犯罪行为的，依照数罪并罚的规定处罚。

[拐卖妇女、儿童罪] 收买被拐卖的妇女、儿童又出卖的，依照本法第240条的规定定罪处罚。

收买被拐卖的妇女、儿童，对被买儿童没有虐待行为，不阻碍对其进行解救的，可以从轻处罚；按照被买妇女的意愿，不阻碍其返回原居住地的，可以从轻或者减轻处罚。

（一）收买被拐卖的妇女、儿童罪的概念和构成要件

1. 概念

收买被拐卖的妇女、儿童罪，是指不以出卖为目的，收买被拐卖的妇女、儿童的行为。

2. 犯罪构成要件

（1）犯罪客体是人身不受买卖的权利。

（2）客观方面表现为收买被拐卖的妇女、儿童的行为，即以金钱或者金钱以外的有经济价值的物品为报酬，从第三者手中换取妇女、儿童并对其实施人身控制的行为。

（3）犯罪主体是一般主体。

（4）主观方面表现为故意。

（二）收买被拐卖的妇女、儿童罪的认定

1. 收买被拐卖的妇女，业已形成稳定的婚姻家庭关系，解救时被买妇女自愿继续留在当地共同生活的，可以视为"按照被买妇女的意愿，不阻碍其返回原居住地"。

2. 收买被拐卖的妇女，强行与其发生性关系的，依照强奸罪与收买被拐卖的妇女罪实行数罪并罚。

3. 收买被拐卖的妇女、儿童，非法剥夺、限制其人身自由或者有伤害、侮辱、虐待等犯罪行为的，分别依照有关非法拘禁罪、故意伤害罪、侮辱罪等规定处罚，并与收买被拐卖的妇女、儿童罪实行数罪并罚。

4. 收买被拐卖的妇女、儿童又出卖的，依照拐卖妇女、儿童罪定罪处罚。司法解释同时规定，以抚养为目的偷盗婴幼儿或者拐骗儿童，之后予以出卖的，以拐卖儿童罪论处。

5. 收买被拐卖的妇女、儿童，又以暴力、威胁方法阻碍国家机关工作人员解救被收买的妇女、儿童，或者聚众阻碍国家机关工作人员解救被收买的妇女、儿童，构成妨害公务罪、聚众阻碍解救被收买的妇女、儿童罪的（首要分子），依照数罪并罚的规定处罚。

6. 明知他人收买被拐卖的妇女、儿童，仍然向其提供被收买妇女、儿童的户籍证明、出生证明或者其他帮助的，以收买被拐卖的妇女、儿童罪的共犯论处。

7. 收买被拐卖的妇女、儿童，对被买儿童没有虐待行为，不阻碍对其进行解救的，可以从轻处罚；按照被买妇女的意愿，不阻碍其返回原居住地的，可以从轻或者减轻处罚。

8. 收买被拐卖的妇女、儿童后又组织、强迫卖淫或者组织乞讨、进行违反治安管理活动等构成其他犯罪的，依照数罪并罚的规定处罚，即收买被拐卖的妇女、儿童与组织残疾人、儿童乞讨罪、组织未成年人进行违反治安管理活动罪，数罪并罚。

练一练

1. 甲收买被拐卖的张某后，为让其心甘情愿地做自己的妻子，强行与张某发生了性关系。对甲的行为：（　　）[1]

A. 应以强奸罪定罪处罚

B. 应以收买被拐卖的妇女罪定罪处罚

C. 应以收买被拐卖的妇女罪与强奸罪数罪并罚

D. 应以收买被拐卖的妇女罪与强奸罪择一重罪定罪处罚

2. 甲得知乙一直在拐卖妇女，便对乙说："我的表弟丙没有老婆，你有合适的就告诉我一下。"不久，乙将拐骗的两名妇女带到甲家，甲与丙将其中一名妇女买下给丙做妻。关于本案，下列选项错误的是：（　　）[2]

A. 乙构成拐卖妇女罪　　　　　　　B. 甲构成拐卖妇女罪的共犯

C. 甲构成收买被拐卖的妇女罪　　　D. 丙构成收买被拐卖的妇女罪

3. 下列说法错误的是：（　　）[3]

A. 甲取得患有绝症的病人乙的同意而将其杀死，甲仍然构成故意杀人罪

B. 甲以出卖为目的收买生活贫困的妇女乙后，经乙同意将其卖给一个富裕人家为妻，甲仍然构成拐卖妇女罪

C. 甲征得不满 14 周岁的幼女乙同意而与之发生性行为，甲仍然构成强奸罪

D. 甲在收买被拐卖的妇女乙后，按照乙的意愿没有阻碍其返回原居住地，对甲不予追究收买被拐卖的妇女罪的刑事责任

4. 甲花 4 万元收买被拐卖妇女周某做智障儿子的妻子，周某不从，伺机逃走。甲为避

---

[1]　C

[2]　B

[3]　D

免人财两空，以 3 万元将周某出卖。（事实一）

乙收买周某，欲与周某成为夫妻，周某不从，乙多次暴力强行与周某发生性关系。（事实二）

不久，周某谎称怀孕要去医院检查，乙信以为真，周某乘机逃走向公安机关报案。警察丙带人先后抓获了甲、乙。讯问中，乙仅承认收买周某，拒不承认强行与周某发生性关系。丙恼羞成怒，当场将乙的一只胳膊打成重伤。乙大声呻吟，丙以为其佯装受伤不予理睬。（事实三）

（1）关于事实一的定性，下列选项正确的是：（　　）[1]

A. 甲行为应以收买被拐卖的妇女罪与拐卖妇女罪实行并罚

B. 甲虽然实施了收买与拐卖二个行为，但由于二个行为具有牵连关系，对甲仅以拐卖妇女罪论处

C. 甲虽然实施了收买与拐卖二个行为，但根据《刑法》的特别规定，对甲仅以拐卖妇女罪论处

D. 由于收买与拐卖行为侵犯的客体相同，而且拐卖妇女罪的法定刑较重，对甲行为仅以拐卖妇女罪论处，也能做到罪刑相适应

（2）关于事实二的定性，下列选项错误的是：（　　）[2]

A. 乙行为成立收买被拐卖的妇女罪与强奸罪，应当实行并罚

B. 乙行为仅成立收买被拐卖的妇女罪，因乙将周某当作妻子，故周某不能成为乙的强奸对象

C. 乙行为仅成立收买被拐卖的妇女罪，因乙将周某当作妻子，故缺乏强奸罪的故意

D. 乙行为仅成立强奸罪，因乙收买周某就是为了使周某成为妻子，故收买行为是强奸罪的预备行为

（3）关于事实三的定性，下列选项正确的是：（　　）[3]

A. 丙行为是刑讯逼供的结果加重犯

B. 对丙行为应以故意伤害罪从重处罚

C. 对丙行为应以刑讯逼供罪与过失致人重伤罪实行并罚

D. 对丙行为应以刑讯逼供罪和故意伤害罪实行并罚

十、拐骗儿童罪

[法条引述]

第 262 条 [拐骗儿童罪] 拐骗不满 14 周岁的未成年人，脱离家庭或者监护人的，处 5 年以下有期徒刑或者拘役。

---

[1] CD

[2] BCD

[3] B

（一）拐骗儿童罪的构成要件

1. 犯罪客体是儿童的人身自由和人身安全。

2. 客观方面表现为拐骗不满 14 周岁的儿童，使其脱离家庭或者监护人的行为。拐骗行为包括蒙骗、利诱，以及偷走、抢走儿童。

3. 犯罪主体为一般主体，即年满 16 周岁具有刑事责任能力的自然人。

4. 主观方面为故意，但不能是基于出卖、勒索财物的目的。

（二）拐卖妇女、儿童罪与拐骗儿童罪的区别

1. 主观方面不同。

2. 对象不同。

3. 行为方式不同。拐骗儿童罪中的拐骗行为既可以针对未成年人实施，也可以针对未成年的家长或监护人实施；拐骗的手段主要表现为蒙骗、利诱，将儿童偷走、抢走的行为。"拐"并不限于欺骗、利诱等平和方法，也包括暴力、胁迫等强制方法。

练一练

1. 甲以从事杂技表演的名义欺骗多名农村儿童。儿童均信以为真，便随甲进城。甲将这些儿童带至大城市，利用儿童从事乞讨活动。其间，甲曾与儿童的家属电话联系，称小孩生活得很好。关于本案，下列选项正确的是：（   ）[1]

A. 甲的行为构成组织儿童乞讨罪

B. 甲的行为构成拐骗儿童罪

C. 甲的行为构成诈骗罪

D. 甲的行为征得了儿童家长的同意，不成立犯罪

2. 甲因自己不能生育，花 1 万元从人贩子手中收买一男婴。3 个月后，甲嫌抚养孩子太辛苦，遂以 2 万元转卖给乙，并声称是自己的亲生儿子。甲的行为构成：（   ）[2]

A. 遗弃罪   B. 拐骗儿童罪

C. 诈骗罪   D. 拐卖儿童罪

十一、雇用童工从事危重劳动罪

[法条引述]

第 244 条之一 [雇用童工从事危重劳动罪]　违反劳动管理法规，雇用未满 16 周岁的未成年人从事超强度体力劳动的，或者从事高空、井下作业的，或者在爆炸性、易燃性、放射性、毒害性等危险环境下从事劳动，情节严重的，对直接责任人员，处 3 年以下有期徒刑或者拘役，并处罚金；情节特别严重的，处 3 年以上 7 年以下有期徒刑，并处罚金。

---

[1]　B

[2]　D

有前款行为，造成事故，又构成其他犯罪的，依照数罪并罚的规定处罚。

（一）雇用童工从事危重劳动罪的概念和构成要件

1. 概念

雇用童工从事危重劳动罪，是指违反劳动管理法规，雇用未满 16 周岁的未成年人从事超强度体力劳动，或者从事高空、井下作业，或者在爆炸性、易燃性、放射性、毒害性等危险环境下从事劳动，情节严重的行为。

2. 犯罪构成要件

（1）犯罪客体是未成年人的身心健康权利。

（2）客观方面表现为违反劳动管理法规，雇用未满 16 周岁的未成年人从事危重劳动，情节严重的行为。同时，按照法律规定，雇用童工从事危重劳动的行为，必须达到情节严重的程度才能构成犯罪。

（3）犯罪主体既可以是单位，也可以是自然人。按照法律规定，单位犯该罪，只追究"直接责任人员"（含直接负责的主管人员和其他直接责任人员）的刑事责任。

（4）主观方面是故意，即明知所雇用的是不满 16 周岁的未成年人。

（二）雇用童工从事危重劳动罪的认定

因雇用童工从事危重劳动又造成重大责任事故，构成犯罪的，比如，重大责任事故罪（自然人犯罪）、强令违章冒险作业罪（自然人犯罪）、危险物品肇事罪（自然人犯罪），应当按照数罪并罚的原则处理。

十二、诬告陷害罪

[法条引述]

第 243 条 ［诬告陷害罪］ 捏造事实诬告陷害他人，意图使他人受刑事追究，情节严重的，处 3 年以下有期徒刑、拘役或者管制；造成严重后果的，处 3 年以上 10 年以下有期徒刑。

国家机关工作人员犯前款罪的，从重处罚。

不是有意诬陷，而是错告，或者检举失实的，不适用前两款的规定。

（一）诬告陷害罪的概念和构成要件 ★

1. 概念

诬告陷害罪，是指捏造犯罪事实诬告陷害他人，意图使他人受刑事追究，情节严重的行为。

2. 犯罪构成要件

（1）犯罪客体是公民的人身权利和国家司法机关的正常活动。这里所说的对公民人身权利的侵犯，具体表现为对公民人身自由的一种威胁或者实际损害。

（2）客观方面表现为捏造他人犯罪的事实，并向国家机关或者有关单位与人员告发，或者采取其他足以引起司法机关追究活动的行为。

（3）犯罪主体是一般主体。

（4）主观方面表现为故意，并具有使他人受到刑事追究的目的。

（二）诬告陷害罪的认定

1. 国家机关工作人员犯诬告陷害罪的，从重处罚。

2. 诬告没有达到法定年龄或者没有责任能力的人犯罪的，仍构成诬告陷害罪。

3. 形式上诬告单位犯罪，但所捏造的事实导致可能对自然人进行刑事追究的，也成立诬告陷害罪。

4. 基于被告人同意的诬告行为不构成诬告陷害罪。

练一练

1. 甲为了报复素有矛盾的刘某，捏造刘某贪污的材料向检察机关举报，导致刘某被捕。甲的行为构成：（   ）[1]

A. 诬告陷害罪　　　　　　　　　B. 诽谤罪

C. 报复陷害罪　　　　　　　　　D. 伪证罪

2. 甲因与乙有仇，便捏造乙卖淫的事实，到处散布并向公安局告发，使乙受到严重精神伤害。甲的行为构成：（   ）[2]

A. 诬告陷害罪　　　　　　　　　B. 报复陷害罪

C. 侮辱罪　　　　　　　　　　　D. 诽谤罪

十三、侮辱罪与诽谤罪

[法条引述]

第246条 [侮辱罪] [诽谤罪]　以暴力或者其他方法公然侮辱他人或者捏造事实诽谤他人，情节严重的，处3年以下有期徒刑、拘役、管制或者剥夺政治权利。

前款罪，告诉的才处理，但是严重危害社会秩序和国家利益的除外。

通过信息网络实施第1款规定的行为，被害人向人民法院告诉，但提供证据确有困难的，人民法院可以要求公安机关提供协助。

（一）侮辱罪

1. 侮辱罪的概念和构成要件

（1）概念

侮辱罪，是指使用暴力或者其他方法，公然贬低他人人格，败坏他人名誉，情节严重的行为。

---

[1]　A

[2]　D

（2）犯罪构成要件

❶犯罪客体是他人的人格、名誉。

❷客观方面表现为以暴力或者其他方法公然侮辱他人，损害他人人格和名誉的行为。

第一，侮辱行为必须采取暴力或者其他方法进行。实践中，侮辱行为主要包括暴力、言词、文字图画三种方法。

第二，侮辱行为必须公然进行。

第三，侮辱行为必须针对特定的人进行（但不要求被害人在场）。

❸犯罪主体是一般主体。

❹主观方面表现为故意，并且具有损害他人人格、名誉的目的。

2. 侮辱罪的认定

（1）只有情节严重的侮辱行为才能构成本罪，如果没有达到情节严重的程度则不构成犯罪。犯侮辱罪的，告诉才处理，但严重危害社会秩序和国家利益的除外。

（2）通过信息网络实施侮辱罪的行为，被害人向人民法院告诉，但提供证据确有困难的，人民法院可以要求公安机关提供协助。

（3）强制猥亵、侮辱罪与侮辱罪可形成想象竞合。

［例］为寻求刺激在车站扒光妇女衣服，引起他人围观的，触犯强制猥亵、侮辱妇女罪，亦触犯侮辱罪，两者想象竞合。

（二）诽谤罪

1. 诽谤罪的概念和构成要件（2013年法硕非法学专业基础课简答题）

（1）概念

诽谤罪，是指捏造并公开散布某种虚构的事实，损害他人人格与名誉，情节严重的行为。

（2）犯罪构成要件

❶犯罪客体是公民的人格尊严和名誉权。对象是特定的人。

❷客观方面表现为捏造并散布某种虚构的事实，损害他人人格与名誉的行为。

第一，诽谤必须以捏造事实的方法进行。所谓捏造事实，是指无中生有，凭空虚构事实。

第二，诽谤必须散布其所捏造的事实。所谓散布，是指用口头、文字的方式将其捏造的虚假事实散布出去，让众多的人知道。

第三，诽谤行为必须针对特定的人进行，这一点与侮辱罪相同。

❸犯罪主体是一般主体。

❹主观方面表现为故意，并以损害他人人格、名誉为目的。

2. 诽谤罪的认定

（1）本罪与非罪的界限：诽谤行为，情节严重的，才能构成犯罪。犯诽谤罪的，告诉才处理，但严重危害社会秩序和国家利益的除外。通过信息网络实施诽谤罪规定的行为，被害人向人民法院告诉，但提供证据确有困难的，人民法院可以要求公安机关提供协助。

（2）本罪与侮辱罪的界限

❶行为手段不同。侮辱罪的行为方式可以是口头、文字图画的形式，也可以是暴力的方式；诽谤罪的行为方式只能是口头或者文字图画的方式，而不可能是暴力的方式。

❷行为方式不同。侮辱罪既可以不用具体事实，也可以用具体真实的被害人的隐私来损害被害人的人格和名誉，但不可能使用捏造并散布事实的方法；诽谤罪则必须捏造事实，并以公然散布这一事实为必要。

（3）本罪与诬告陷害罪的界限

❶犯罪客体不同。诬告陷害罪的犯罪客体是公民的人身权利和国家司法机关的正常活动；诽谤罪的犯罪客体是他人的人格与名誉。

❷犯罪客观方面不同。诬告陷害罪在客观上表现为捏造犯罪事实，并且向国家机关或者其他有关部门单位告发或者采用了足以引起司法机关追究活动的行为；诽谤罪则表现为捏造损害他人人格、名誉的事实，并向他人散布，但并没有向国家机关或者有关部门单位告发。

❸犯罪主观方面不同。诬告陷害罪的目的在于使他人受到刑事追究，而诽谤罪的目的在于损害他人人格、名誉，而不是为了使他人受到刑事追究。

练一练

1. 甲为报复，通过 AI 换脸技术把淫秽视频中的人脸换成乙的头像在网上传播，乙受辱精神失常。甲构成：（   ）[1]

A. 侮辱罪　　　　　　　　　　　B. 诽谤罪

C. 报复陷害罪　　　　　　　　　D. 传播淫秽物品罪

2. 关于侮辱罪与诽谤罪的论述，下列选项正确的是：（   ）[2]

A. 为寻求刺激在车站扒光妇女衣服，引起他人围观的，触犯强制猥亵、侮辱妇女罪，未触犯侮辱罪

B. 为报复妇女，在大街上边打妇女边骂"狐狸精"，情节严重的，应以侮辱罪论处，不以诽谤罪论处

C. 捏造他人强奸妇女的犯罪事实，向公安局和媒体告发，意图使他人受刑事追究，情节严重的，触犯诬告陷害罪，未触犯诽谤罪

D. 侮辱罪、诽谤罪属于亲告罪，未经当事人告诉，一律不得追究被告人的刑事责任

3. 关于侵犯公民人身权利罪的认定，下列选项正确的是：（   ）[3]

A. 甲征得 17 周岁的夏某同意，摘其一个肾脏后卖给他人，所获 3 万元全部交给夏某。甲的行为构成故意伤害罪

---

[1] A

[2] B

[3] AC

B. 乙将自己 1 岁的女儿出卖，获利 6 万元用于赌博。对乙出卖女儿的行为，应以遗弃罪追究刑事责任

C. 丙为索债将吴某绑于地下室。吴某挣脱后，驾车离开途中发生交通事故死亡。丙的行为不属于非法拘禁致人死亡

D. 丁和朋友为寻求刺激，在大街上追逐、拦截两位女生。丁的行为构成强制侮辱罪

十四、刑讯逼供罪

[法条引述]

第 247 条 [刑讯逼供罪] [暴力取证罪] 司法工作人员对犯罪嫌疑人、被告人实行刑讯逼供或者使用暴力逼取证人证言的，处 3 年以下有期徒刑或者拘役。致人伤残、死亡的，依照本法第 234 条、第 232 条的规定定罪从重处罚。

（一）刑讯逼供罪的概念和构成要件 ★

1. 概念

刑讯逼供罪，是指司法工作人员对犯罪嫌疑人、被告人实行刑讯逼供的行为。

2. 犯罪构成要件

（1）犯罪客体是复杂客体，既包括公民的人身权利，也包括司法机关的正常活动。

（2）客观方面表现为对犯罪嫌疑人、被告人使用肉刑或者变相使用肉刑即刑讯行为，逼取口供的行为。

❶ 肉刑，是指对犯罪嫌疑人、被告人的肉体实施暴力打击，如殴打、吊打、捆绑以及其他方法折磨人的肉体；

❷ 变相肉刑，是指对犯罪嫌疑人、被告人使用非暴力的摧残和折磨，如冻、饿、晒、车轮战等。

（3）犯罪主体是特殊主体，即司法工作人员。

（4）主观方面表现为故意，目的在于逼取口供，至于动机则不影响本罪的成立。

（二）刑讯逼供罪的认定

行为人在实施刑讯逼供行为时造成被害人伤残、死亡的，应以故意伤害罪、故意杀人罪定罪处罚。

练一练

1. 关于刑讯逼供罪的认定，下列选项错误的是：(   )[1]

A. 甲系机关保卫处长，采用多日不让小偷睡觉的方式，迫其承认偷盗事实。甲构成刑讯逼供罪

---

[1] ACD

B. 乙系教师，受聘为法院人民陪审员，因庭审时被告人刘某气焰嚣张，乙气愤不过，一拳致其轻伤。乙不构成刑讯逼供罪

C. 丙系检察官，为逼取口供殴打犯罪嫌疑人郭某，致其重伤。对丙应以刑讯逼供罪论处

D. 丁系警察，讯问时佯装要实施酷刑，犯罪嫌疑人因害怕承认犯罪事实。丁构成刑讯逼供罪

2. 某派出所民警甲接到关于某旅店老板乙涉嫌组织卖淫的举报，即前往该旅店，但没有碰见乙，便将怀疑是卖淫女的服务员丙带回派出所连夜审讯，要她交代从事卖淫以及乙组织卖淫活动的事。由于丙拒不承认有这些事，甲便指使其他民警对丙进行多次殴打逼其交代，丙于次日晨死于审讯室。法医出具的尸检报告称："因受外力击打造成下肢大面积皮下出血，引起患有心脏功能障碍的丙心力衰竭而死。"对于甲的行为，下列说法正确的是：（　　）[1]

A. 属于刑讯逼供行为　　　　　B. 属于暴力取证行为

C. 应按故意杀人罪处罚　　　　D. 属于意外事件，不负刑事责任

十五、报复陷害罪★

[法条引述]

第254条 [报复陷害罪]　国家机关工作人员滥用职权、假公济私，对控告人、申诉人、批评人、举报人实行报复陷害的，处2年以下有期徒刑或者拘役；情节严重的，处2年以上7年以下有期徒刑。

报复陷害罪的构成要件：

1. 犯罪客体是公民的民主权利，即控告权、申诉权、批评监督权和国家机关的正常活动。

2. 客观方面表现为滥用职权、假公济私，对控告人、申诉人、批评人、举报人实行报复陷害的行为。

3. 犯罪主体是特殊主体，即国家机关工作人员。

4. 主观方面表现为故意。

练一练

警察甲因公民吴某举报自己受贿而怀恨在心，遂用他人手机向某军官发了一条短信，捏造吴某与其妻子同居。该军官信任自己的妻子，未予理睬，甲的行为：（　　）[2]

A. 构成诽谤罪　　　　　　　　B. 构成诬告陷害

C. 构成报复陷害罪　　　　　　D. 不构成犯罪

---

[1]　BC
[2]　D

十六、非法侵入住宅罪

[法条引述]

第245条 [非法搜查罪] [非法侵入住宅罪] 非法搜查他人身体、住宅，或者非法侵入他人住宅的，处3年以下有期徒刑或者拘役。

司法工作人员滥用职权，犯前款罪的，从重处罚。

(一) 非法侵入住宅罪的概念和构成要件 ★

1. 概念

非法侵入住宅罪，是指非法强行闯入他人住宅，或者经要求退出仍拒绝退出，影响他人正常生活和居住安宁的行为。

2. 犯罪构成要件

(1) 犯罪客体是公民住宅不可侵犯的权利，即公民平稳、安宁的居住权；

(2) 客观方面为非法侵入他人住宅的行为，即非法强行闯入他人住宅，或者经要求退出仍拒绝退出，影响他人正常生活和居住安宁的行为；

(3) 犯罪主体为一般主体，即年满16周岁具有刑事责任能力的自然人；

(4) 主观方面是故意。

(二) 非法侵入住宅罪的认定

1. 司法工作人员滥用职权，犯非法侵入住宅罪的，从重处罚。

2. 从司法实践来看，非法侵入他人住宅，常常与其他犯罪结合在一起。例如，非法侵入他人住宅后，进行杀人、伤害、强奸等犯罪活动，在这种情况下，非法侵入他人住宅只是为了实现另一犯罪目的，也可以说是实施其他犯罪的必经步骤。因此，只应按照行为人旨在实施的主要罪行定罪量刑，不按数罪并罚处理。

3. 通常只是对那些非法侵入他人住宅，严重妨碍了他人的居住与生活安宁，而又不构成其他犯罪的，才以非法侵入住宅罪论处。入户抢劫或者入户盗窃的，仅认定为抢劫罪、盗窃罪，不实行数罪并罚。

4. 以"软暴力"手段非法进入或者滞留他人住宅的，应当以非法侵入住宅罪定罪处罚。

十七、破坏选举罪

[法条引述]

第256条 [破坏选举罪] 在选举各级人民代表大会代表和国家机关领导人员时，以暴力、威胁、欺骗、贿赂、伪造选举文件、虚报选举票数等手段破坏选举或者妨害选民和代表自由行使选举权和被选举权，情节严重的，处3年以下有期徒刑、拘役或者剥夺政治权利。

十八、暴力干涉婚姻自由罪

[法条引述]

第257条 [暴力干涉婚姻自由罪] 以暴力干涉他人婚姻自由的，处2年以下有期徒刑或者拘役。

犯前款罪，致使被害人死亡的，处2年以上7年以下有期徒刑。

第1款罪，告诉的才处理。

1. 概念

暴力干涉婚姻自由罪，是指以暴力手段，干涉他人婚姻和结婚离婚自由的行为。

2. 只有使用暴力手段干涉他人的婚姻自由的，才构成本罪。未使用暴力手段的，如仅以赶出家门、断绝关系等相威胁的，不构成暴力干涉婚姻自由罪。

3. 犯本罪的，告诉才处理，但是致使被害人死亡（包括被害人自杀）的除外，此时亦属于结果加重犯。

十九、重婚罪

[法条引述]

第258条 [重婚罪] 有配偶而重婚的，或者明知他人有配偶而与之结婚的，处2年以下有期徒刑或者拘役。

第259条 [破坏军婚罪] 明知是现役军人的配偶而与之同居或者结婚的，处3年以下有期徒刑或者拘役。

利用职权、从属关系，以胁迫手段奸淫现役军人的妻子的，依照本法第236条的规定定罪处罚。

> **注　意**
>
> 对于因遭受自然灾害流亡外地而重婚的、因配偶长期外出下落不明，造成家庭生活严重困难，又与他人结婚的，因强迫、包办婚姻或者因婚后受虐待外逃重婚的、被拐卖后再婚的，由于行为人主观上缺乏国家和社会期待其做出合法行为的可能性，不应以犯罪论处。

二十、虐待罪

[法条引述]

第260条 [虐待罪] 虐待家庭成员，情节恶劣的，处2年以下有期徒刑、拘役或者管制。

犯前款罪，致使被害人重伤、死亡的，处2年以上7年以下有期徒刑。

第1款罪，告诉的才处理，但被害人没有能力告诉，或者因受到强制、威吓无法告诉的除外。

（一）虐待罪的概念和构成要件 ★

1. 概念

虐待罪，是指虐待家庭成员，情节恶劣的行为。

2. 犯罪构成要件

（1）犯罪客体是共同生活的家庭成员在家庭生活中的平等权利和被害人的人身权利；

（2）客观方面表现为对共同生活的家庭成员经常以打骂、捆绑、冻饿、有病不给治、强迫超体力劳作、限制自由等方式，从肉体上或者精神上摧残、折磨的行为；

（3）犯罪主体是特殊主体，即共同生活的家庭成员；

（4）主观方面表现为故意。

（二）虐待罪的认定

1. 虐待家庭成员的行为，只有情节恶劣的，才构成犯罪，否则不构成犯罪。

2. 虐待致使被害人重伤、死亡（包括被害人自伤、自杀）的，成立虐待罪的结果加重犯。

（1）本处是指过失致使被害人重伤、死亡；

（2）如果行为人主观上具有希望或者放任被害人重伤或者死亡的故意，持凶器实施暴力，暴力手段残忍，暴力程度强，直接或者立即造成被害人重伤或者死亡的，应当以故意伤害罪或者故意杀人罪处罚。

3. 虐待罪，告诉的才处理，但被害人没有能力告诉，或者因受到强制、威吓无法告诉的除外。

练一练

甲与乙（女）2012年开始同居，生有一子丙。甲、乙虽未办理结婚登记，但以夫妻名义自居，周围群众公认二人是夫妻。对甲的行为，下列分析正确的是：（　　）[1]

A. 甲长期虐待乙的，构成虐待罪

B. 甲伤害丙（致丙轻伤）时，乙不阻止的，乙构成不作为的故意伤害罪

C. 甲如与丁（女）领取结婚证后，不再与乙同居，也不抚养丙的，可能构成遗弃罪

D. 甲如与丁领取结婚证后，不再与乙同居，某日采用暴力强行与乙性交的，构成强奸罪

二十一、虐待被监护、看护人罪

[法条引述]

第260条之一 [虐待被监护、看护人罪] 对未成年人、老年人、患病的人、残疾人等负有监护、看护职责的人虐待被监护、看护的人，情节恶劣的，处3年以下有期徒刑或

---

[1]　ABCD

者拘役。

单位犯前款罪的，对单位判处罚金，并对其直接负责的主管人员和其他直接责任人员，依照前款的规定处罚。

有第 1 款行为，同时构成其他犯罪的，依照处罚较重的规定定罪处罚。

（一）虐待被监护、看护人罪的概念和构成要件 ★

1. 概念

虐待被监护、看护人罪，是指对未成年人、老年人、患病的人、残疾人等负有监护、看护职责的人虐待被监护、看护的人，情节恶劣的行为。

2. 犯罪构成要件

（1）犯罪客体是被监护、看护人员的身心健康权利与监护、看护职责。本罪的行为对象仅限于未成年人、老年人、患病的人、残疾人等被监护、看护的人。

（2）客观方面表现为对被监护、看护的人实施虐待，情节恶劣的行为。

（3）犯罪主体为对上述行为对象负有监护、看护职责的人，包括自然人与单位。

（4）主观方面为故意，即行为人已经预见到自己的虐待行为会造成被监护、看护人肉体上的或精神上的痛苦，依然故意为之。

（二）虐待被监护、看护人罪的认定

1. 虐待行为既包括以积极的方式给被害人造成肉体上或者精神上痛苦的一切行为，也包括以消极的方式不满足未成年人、老年人、患病的人、残疾人生活需要的行为。

2. 当行为人不仅对未成年人、老年人、患病的人、残疾人等负有监护、看护职责，而且与被虐待的被监护、看护的人属于家庭成员关系时，行为同时触犯了虐待罪与虐待被监护、看护人罪，成立想象竞合。由于虐待被监护、看护人罪的法定刑高于虐待罪，故应按虐待被监护、看护人罪的法定刑处罚。

练一练

幼儿园教师甲在幼儿园卫生间多次用针刺戳尚某等 10 名幼儿的臂膀，虽未构成严重伤害，但情节十分恶劣。甲的行为应认定为：（   ）[1]

A. 侮辱罪

B. 猥亵儿童罪

C. 虐待被监护、看护人罪

D. 故意伤害罪

二十二、遗弃罪

[法条引述]

第 261 条 [遗弃罪]　对于年老、年幼、患病或者其他没有独立生活能力的人，负有扶养义务而拒绝扶养，情节恶劣的，处 5 年以下有期徒刑、拘役或者管制。

---

〔1〕　C

（一）遗弃罪的概念和构成要件

1. 概念

遗弃罪，是指对于年老、年幼、患病或者其他没有独立生活能力的人，负有扶养义务而拒绝扶养，情节恶劣的行为。

2. 犯罪构成要件

（1）犯罪客体是相互扶养的权利义务关系。

（2）客观方面表现为对年老、年幼、患病或者其他没有独立生活能力的人，负有扶养义务而拒绝扶养的行为。

❶拒绝扶养，是指拒不履行法定扶养义务的行为，如离被扶养人而去，将被扶养人赶走或者置于自己不能扶养的场所，不向被扶养人提供物质帮助和必要的照料等；

❷本罪的行为是一种典型的不作为，即纯正不作为犯。

（3）犯罪主体是特殊主体，即对被遗弃者负有法律上的扶养义务而且有扶养能力的人。

（4）主观方面表现为故意。

（二）遗弃罪的认定

1. 遗弃罪没有结果加重犯，遗弃行为过失致人重伤或者死亡的，构成遗弃罪与过失致人重伤罪、过失致人死亡罪的想象竞合。

2. 对于希望或者放任被害人死亡，不履行必要的扶养义务，致使被害人因缺乏生活照料而死亡，或者将生活不能自理的被害人带至荒山野岭等人迹罕至的场所扔弃，使被害人难以得到他人救助的，应当以故意杀人罪定罪处罚。

练一练

关于侵犯人身权利罪，下列选项错误的是：（   ）[1]

A. 医生甲征得乙（15周岁）同意，将其肾脏摘出后移植给乙的叔叔丙。甲的行为不成立故意伤害罪

B. 丈夫甲拒绝扶养因吸毒而缺乏生活能力的妻子乙，致乙死亡。因吸毒行为违法，乙的死亡只能由其本人负责，甲的行为不成立遗弃罪

C. 乙盗窃甲价值4000余元财物，甲向派出所报案被拒后，向县公安局告发乙抢劫价值4000余元财物。公安局立案后查明了乙的盗窃事实。对甲的行为不应以诬告陷害罪论处

D. 成年妇女甲与13周岁男孩乙性交，因性交不属于猥亵行为，甲的行为不成立猥亵儿童罪

---

[1] ABD

二十三、侵犯公民个人信息罪

[法条引述]

第 253 条之一 ［侵犯公民个人信息罪］ 违反国家有关规定，向他人出售或者提供公民个人信息，情节严重的，处 3 年以下有期徒刑或者拘役，并处或者单处罚金；情节特别严重的，处 3 年以上 7 年以下有期徒刑，并处罚金。

违反国家有关规定，将在履行职责或者提供服务过程中获得的公民个人信息，出售或者提供给他人的，依照前款的规定从重处罚。

窃取或者以其他方法非法获取公民个人信息的，依照第 1 款的规定处罚。

单位犯前三款罪的，对单位判处罚金，并对其直接负责的主管人员和其他直接责任人员，依照各该款的规定处罚。

（一）侵犯公民个人信息罪的概念和构成要件★

1. 概念

侵犯公民个人信息罪，是指违反国家有关规定，向他人出售或者提供公民个人信息，或者将在履行职责或者提供服务过程中获得的公民个人信息，出售或者提供给他人，以及窃取或者以其他方法非法获取公民个人信息，情节严重的行为。

> **小贴士**
>
> 1. 向特定人提供公民个人信息，以及通过信息网络或者其他途径发布公民个人信息的，应当认定为前述"提供公民个人信息"。
>
> 2. 未经被收集者同意，将合法收集的公民个人信息向他人提供的，属于前述"提供公民个人信息"，但是经过处理无法识别特定个人且不能复原的除外。
>
> 3. 违反国家有关规定，通过购买、收受、交换等方式获取公民个人信息，或者在履行职责、提供服务过程中收集公民个人信息的，属于前述规定的"以其他方法非法获取公民个人信息"。

2. 犯罪构成要件

（1）犯罪客体是公民个人身份信息的安全和公民身份管理秩序。"公民个人信息"，是指以电子或者其他方式记录的能够单独或者与其他信息结合以识别特定自然人身份或者反映特定自然人活动情况的各种信息，包括姓名、身份证号码、通信联络方式、住址、账号、密码、财产状况、行踪轨迹等。

（2）客观方面表现为：

❶违反国家有关规定，向他人出售或者提供公民个人信息。"出售"也属于"提供"，因为出售是一种常见类型，故法条将其独立规定。

❷违反国家有关规定，将在履行职责或者提供服务过程中获得的公民个人信息，出售或者提供给他人。

❸窃取或者以其他方法非法获取公民个人信息。既包括为了使本人获得而窃取或非法获取，也包括为了第三者获得而窃取或者非法获取。"窃取"也是"非法获取"的一种方式，只是由于窃取的方式较为常见，故法条将其独立规定。

❹上述三种类型的行为，均要求"情节严重"。

（3）犯罪主体是自然人和单位。

（4）主观方面是故意。

（二）侵犯公民个人信息罪的认定

1. 设立用于实施非法获取、出售或者提供公民个人信息违法犯罪活动的网站、通信群组，情节严重的，成立非法利用信息网络罪，同时构成侵犯公民个人信息罪的，从一重罪处罚。

2. 网络服务提供者拒不履行法律、行政法规规定的信息网络安全管理义务，经监管部门责令采取措施而拒不改正，致使用户的公民个人信息泄漏，造成严重后果的，成立拒不履行信息网络安全管理义务罪。

练一练

1. 我国刑法保护的公民个人信息包括：（　　）[1]

A. 财产状况　　　　　　　　B. 行踪轨迹

C. 身份证件号码　　　　　　D. 通讯联系方式

2. 下列行为构成侵犯公民个人信息罪（不考虑情节）的是：（　　）[2]

A. 甲长期用高倍望远镜偷窥邻居的日常生活

B. 乙将单位数据库中病人的姓名、血型、DNA 等资料，卖给某生物制药公司

C. 丙将捡到的几本通讯簿在网上卖给他人，通讯簿被他人用于电信诈骗犯罪

D. 丁将收藏的多封 50 年代的信封（上有收件人姓名、单位或住址等信息）高价转让他人

---

[1] ABCD
[2] BC

第一节　侵犯财产罪的概念和构成要件

1. 概念

侵犯财产罪，是指故意非法占有、挪用公私财物，或者故意破坏生产经营，毁坏公私财物的行为。

2. 侵犯财产罪的构成要件

（1）犯罪客体是公共财产和公民私人财产所有权；

（2）客观方面表现为非法占有、挪用或者毁坏公私财物的行为；

（3）犯罪主体除了挪用特定款物罪、拒不支付劳动报酬罪，其他均是自然人，既有一般主体，也有特殊主体；

（4）主观方面表现为故意。

第二节　本章重点罪名

一、抢劫罪

[法条引述]

第263条 ［抢劫罪］　以暴力、胁迫或者其他方法抢劫公私财物的，处3年以上10年以下有期徒刑，并处罚金；有下列情形之一的，处10年以上有期徒刑、无期徒刑或者死刑，并处罚金或者没收财产：

（一）入户抢劫的；

（二）在公共交通工具上抢劫的；

（三）抢劫银行或者其他金融机构的；

（四）多次抢劫或者抢劫数额巨大的；

（五）抢劫致人重伤、死亡的；

（六）冒充军警人员抢劫的；

（七）持枪抢劫的；

（八）抢劫军用物资或者抢险、救灾、救济物资的。（2008年法硕非法学专业基础课法条分析题）

第289条 ［故意伤害罪］［故意杀人罪］［抢劫罪］　聚众"打砸抢"，致人伤残、死亡的，依照本法第234条、第232条的规定定罪处罚。毁坏或者抢走公私财物的，除判令退赔外，对首要分子，依照本法第263条的规定定罪处罚。

（一）抢劫罪的概念和构成要件

1. 概念

抢劫罪，是指以非法占有为目的，当场使用暴力、胁迫或者其他方法，强行劫取公私财物的行为。

2. 犯罪构成要件

（1）犯罪客体是复杂客体，包括公私财物的所有权和他人的人身权利。

（2）客观方面表现为行为人对公私财物的所有人、保管人、看护人或持有人当场使用暴力胁迫或其他方法，迫使其立即交出财物或立即将财物抢走的行为。

[例1] 乙将摩托车停在楼下后，没有取走钥匙就上楼取东西，无关的丙站在摩托车旁。路经此地的甲误以为丙是车主，使用暴力将丙推倒在地，骑着摩托车逃走。甲仅成立盗窃罪。

[例2] 甲欲进王某家盗窃，正撬门时，路人李某经过。甲误以为李某是王某，会阻止自己盗窃，将李某打昏，再从王某家窃走财物。甲不构成抢劫罪，只成立普通的盗窃罪。

（3）犯罪主体是一般主体，即年满14周岁的具有辨认和控制自己行为能力的自然人。

（4）主观方面表现为故意，并以非法占有公私财物为目的。

（二）转化型抢劫的认定（2007年法硕非法学专业基础课简答题）

[法条引述]

第269条 [转化的抢劫罪] 犯盗窃、诈骗、抢夺罪，为窝藏赃物、抗拒抓捕或者毁灭罪证而当场使用暴力或者以暴力相威胁的，依照本法第263条的规定定罪处罚。

《刑法》理论上多将本条规定称之为"转化型抢劫罪"，其成立必须符合下述三个条件：

1. 行为人必须首先实施了"盗窃、诈骗、抢夺"行为，这是适用《刑法》第269条的前提条件。司法解释规定，实施上述行为虽未达到数额较大，但是，如果当场使用暴力或者以暴力相威胁，情节严重的，仍可以抢劫罪论处。

2. 行为人必须当场使用暴力或者以暴力相威胁，这是适用《刑法》第269条的时间条件和手段条件。

（1）所谓"当场"，是指犯罪分子实施犯罪的现场，或者刚一离开现场就被人发觉并追捕。如果在盗窃、诈骗、抢夺犯罪完成以后隔了一段时间，在其他地方被发现，当对其抓捕时，犯罪分子行凶抗拒，不适用转化型抢劫。其暴力行为构成犯罪的，应实行数罪并罚。

[例] 甲某晚潜入胡某家中盗窃贵重物品时，被主人发现。甲夺门而逃，胡某也没有再追赶。甲就躲在胡某家墙根处的草垛里睡了一晚，第二天早上村主任高某路过时，发现甲行踪诡秘，就对其盘问。甲以为高某发现了自己昨晚的盗窃行为，就对高某进行殴打，

致其重伤。甲构成盗窃罪、故意伤害罪（致人重伤），应数罪并罚。

（2）所谓"使用暴力或者以暴力相威胁"，是指犯罪分子对抓捕他的人实施殴打、伤害等足以危及身体健康和生命安全的行为，或者以立即实施这种行为相威胁。这里的暴力和以暴力相威胁，也应达到足以抑制他人反抗的程度。

> **注　意**
>
> 司法解释亦规定，对于以摆脱的方式逃脱抓捕，暴力强度较小，未造成轻伤以上后果的，可不认定为"使用暴力"，不以抢劫罪论处。

[例] 甲深夜入室盗窃，被主人李某发现后追赶。当甲跨上李某家院墙，正准备往外跳时，李某抓住甲的脚，试图拉住他。但甲顺势踹了李某一脚，然后逃离现场。甲不构成抢劫罪。

3. 行为人使用暴力或者以暴力相威胁是为了窝藏赃物、抗拒抓捕或者毁灭罪证，这是适用《刑法》第 269 条的目的条件。

（1）窝藏赃物，是指保护已经取得的赃物不被恢复应有状态。

（2）抗拒抓捕，是指拒绝司法人员的拘留、逮捕和一般公民的扭送。

（3）毁灭罪证，是指毁坏、消灭本人的犯罪证据。如果出于其他目的，不构成抢劫罪。

> **注　意**
>
> 如果行为人在实行盗窃、诈骗、抢夺过程中，尚未取得财物时被他人发现，为了非法取得财物，而使用暴力或者以暴力相威胁的，应直接认定为《刑法》第 263 条的抢劫罪，不再适用《刑法》第 269 条的转化型抢劫罪。

练一练

甲到某银行办理业务，发现李某使用 ATM 机后忘记拔卡，遂用李某的银行卡连续取款 1.2 万元。李某收到取款提示短信后返回，要求正在取款的甲交还钱款，甲转身逃跑并将尾随追赶的李某打成轻微伤。甲的行为应认定为：（　　　）[1]

A. 抢劫罪　　　　　　　　　　B. 侵占罪

C. 盗窃罪　　　　　　　　　　D. 信用卡诈骗罪

（三）"携带凶器抢夺"的认定

[法条引述]

第 267 条第 2 款 [抢劫罪]　携带凶器抢夺的，依照本法第 263 条的规定定罪处罚。

---

[1]　A

1. 根据司法解释的规定，"携带凶器抢夺"，是指行为人随身携带枪支、爆炸物、管制刀具等国家禁止个人携带的器械进行抢夺或者为了实施犯罪而携带其他器械进行抢夺的行为。

（1）携带凶器是一种主客观相统一的行为，要求行为人具有准备使用的意识。对此，必须结合凶器的性质综合分析。

（2）携带凶器的本质在于具有随时使用的可能性。所谓"携带"，是指在从事日常生活的住宅或者居室以外的场所，将某种物品带在身上或者置于身边附近，将其置于现实的支配之下的行为。

（3）携带凶器抢夺必须是携而未用。

2. 行为人随身携带国家禁止个人携带的器械以外的其他器械抢夺，但有证据证明该器械确实不是为了实施犯罪准备的，不以抢劫罪定罪。

3. 行为人将随身携带凶器有意加以显示、能为被害人察觉到的，直接适用《刑法》第 263 条的规定定罪处罚。

4. 行为人携带凶器抢夺后，在逃跑过程中为窝藏赃物、抗拒抓捕或者毁灭罪证而当场使用暴力或者以暴力相威胁的，适用《刑法》第 267 条第 2 款的规定定罪处罚。

（四）抢劫罪的既遂标准

司法解释规定，只要具备劫取了财物或者造成他人轻伤以上后果两者之一的，均属抢劫既遂。

（五）对抢劫罪的八种法定刑升格条件的理解

1. 入户抢劫

（1）"户"的范围

"户"在这里是指住所，其特征表现为供他人家庭生活和与外界相对隔离两个方面，前者为功能特征，后者为场所特征。一般情况下，集体宿舍、旅店宾馆、临时搭建工棚等不应认定为"户"，但在特定情况下，如果确实具有上述两个特征的，也可以认定为"户"。

（2）"入户"目的的非法性

进入他人住所须以实施抢劫等犯罪为目的。抢劫行为虽然发生在户内，但行为人不以实施抢劫等犯罪为目的进入他人住所，而是在户内临时起意实施抢劫的，不属于"入户抢劫"。

（3）暴力或者暴力胁迫行为必须发生在户内

入户实施盗窃被发现，行为人为窝藏赃物、抗拒抓捕或者毁灭罪证而当场使用暴力或者以暴力相威胁的，如果暴力或者暴力胁迫行为发生在户内，可以认定为"入户抢劫"；如果发生在户外，不能认定为"入户抢劫"。

2. 在公共交通工具上抢劫的。既包括在从事旅客运输的各种公共汽车，大、中型出租车、火车、船只、飞机等正在运营中的机动公共交通工具上对旅客、司售、乘务人员实施的抢劫，也包括对运行途中的机动公共交通工具加以拦截后，对公共交通工具上的人员实施的抢劫。

3. 抢劫银行或者其他金融机构的。其指抢劫银行或者其他金融机构的经营资金、有价证券和客户的资金等。抢劫正在使用中的银行或者其他金融机构的运钞车的，也可被视为"抢劫银行或者其他金融机构"。

4. 多次抢劫或者抢劫数额巨大的。"多次抢劫"，是指抢劫 3 次以上。"数额巨大"的认定参考盗窃罪数额巨大标准的认定。

5. 抢劫致人重伤、死亡的。其指因抢劫行为而（故意或者过失）导致他人重伤、死亡的行为。

6. 冒充军警人员抢劫的。其指冒充人民解放军、武装警察、人民警察进行抢劫的行为。司法解释规定，真正的军警人员实施抢劫的，从重处罚。

7. 持枪抢劫的。其指行为人使用枪支或者向被害人显示持有、佩带的枪支进行抢劫的行为。

8. 抢劫军用物资或者抢险、救灾、救济物资的。其指抢劫枪支、弹药、爆炸物以外的其他军用物资或者用于抢险、救灾、救济的物资的行为。

（六）抢劫罪的认定

1. 罪与非罪

（1）虽然实施的是抢劫行为，但是综合考察应属情节显著轻微危害不大的，按照《刑法》第 13 条但书的规定，不应当以抢劫罪论处；

（2）在债权债务等民事纠纷中，强行拿走或者扣留对方财物的，行为人主观上没有非法占有他人财物的故意，不构成抢劫罪。

2. 司法解释的相关规定

（1）行为人实施伤害、强奸等犯罪行为，在被害人未失去知觉，利用被害人不能反抗、不敢反抗的处境，临时起意劫取他人财物的，应以此前所实施的具体犯罪与抢劫罪实行数罪并罚；在被害人失去知觉或者没有发觉的情形下，以及实施故意杀人犯罪行为之后，临时起意拿走他人财物的，应以此前所实施的具体犯罪与盗窃罪实行数罪并罚。

（2）抢劫违禁品（毒品、假币、淫秽物品等）后又以违禁品实施其他犯罪的，应以抢劫罪与具体实施的其他犯罪实行并罚。抢劫赌资、犯罪所得的赃物的，以抢劫罪定罪，但行为人仅以其所输赌资或所赢赌债为抢劫对象，一般不以抢劫罪定罪处罚。

（3）为个人使用，以暴力、胁迫等手段取得家庭成员或近亲属财产的，一般不以抢劫罪定罪处罚，构成其他犯罪的，依照刑法的相关规定处理。教唆或者伙同他人采取暴力、胁迫等手段劫取家庭成员或近亲属财产的，可以抢劫罪定罪处罚。

（4）行为人为劫取财物而预谋故意杀人、故意伤害，或者在劫取财物过程中，为制服被害人反抗而故意杀人、故意伤害的，以抢劫罪定罪处罚（属于抢劫致人重伤、死亡）。行为人实施抢劫后，为灭口而故意杀人的，以抢劫罪和故意杀人罪，数罪并罚。

（5）行为人冒充正在执行公务的人民警察"抓赌""抓嫖"，没收赌资或者罚款的行为，构成犯罪的，以招摇撞骗罪从重处罚；在实施上述行为中使用暴力或者暴力威胁的，以抢劫罪定罪处罚。行为人冒充治安联防队员抓赌、抓嫖、没收赌资或者罚款的行为，构成犯罪的，以敲诈勒索罪定罪处罚；在实施上述行为中使用暴力或者暴力威胁的，以抢劫罪定罪处罚。

（6）驾驶机动车、非机动车夺取他人财物行为的定性。对于驾驶机动车、非机动车夺取他人财物的，一般以抢夺罪从重处罚。但具有下列情形之一，应当以抢劫罪处罚：①驾驶车辆，逼挤、撞击或强行逼倒他人以排除他人反抗，乘机夺取财物的；②驾驶车辆强抢财物时，因被害人不放手而采取强拉硬拽方法劫取财物的；③行为人明知其驾驶车辆强行夺取他人财物的手段会造成他人伤亡的后果，仍然强行夺取并放任造成财物持有人轻伤以上的后果的。

练一练

1. 甲饥饿难耐，深夜进入位于高层住宅一楼的小超市行窃尚未得手便惊醒了一直住在超市里的店主夫妇。甲用超市内销售的菜刀砍死前来查看的店主，砍伤店主妻子并点燃现场易燃物后逃离。火势在蔓延之前被邻居扑灭，但浓烟导致店主妻子窒息死亡。下列对于甲行为性质的认定，正确的是：（　　　）[1]

A. 甲进入超市实施盗窃，应属于紧急避险

B. 甲进入超市实施盗窃，不属于入户盗窃

C. 甲用刀砍死店主，应认定为故意杀人罪

D. 甲放火致人死亡，应认定为放火罪一罪

2. 甲指使乙重伤江某，乙同意后持钢管将江某打成轻伤，并在离开现场时，为防止江某报警，要求江某交出手机。对此，下列正确的选项有：（　　　）[2]

A. 甲的行为构成故意伤害罪　　　　　　B. 甲的行为构成抢劫罪

C. 乙的行为构成故意伤害罪　　　　　　D. 乙的行为构成抢劫罪

3. 甲、乙二人驾驶摩托车夺取吴某挎包，因车速过快而将吴某带倒，致其重伤。甲、乙的行为构成：（　　　）[3]

A. 抢夺罪　　　　　　　　　　　　　　B. 故意伤害罪

C. 抢劫罪　　　　　　　　　　　　　　D. 抢夺罪和过失致人重伤罪

4. 下列选项中，构成抢劫罪的有：（　　　）[4]

A. 甲携带管制刀具抢夺赵某财物

B. 乙杀死仇人钱某后，随手拿走其手机

C. 丙趁孙某醉酒搜走其随身携带的 2000 元现金

D. 丁扒窃得手后被李某发现，拿刀子威胁李某不得声张

---

[1] D
[2] ACD
[3] C
[4] AD

5. 甲冒充公安干警，将正在赌博的张某等四人用手铐铐住，拿走其赌资及随身携带的财物 2 万余元。甲的行为应认定为：(　　　)[1]

　　A. 诈骗罪　　　　　　　　　　　B. 抢劫罪

　　C. 招摇撞骗罪　　　　　　　　　D. 敲诈勒索罪

6. 甲乘杨某不备，用木棍将其打昏后，搜遍杨某全身，未得分文。经鉴定，杨某为轻伤。甲的行为应认定为：(　　　)[2]

　　A. 抢劫罪（未遂）　　　　　　　B. 抢劫罪（既遂）

　　C. 故意伤害罪　　　　　　　　　D. 抢劫罪（未遂）和故意伤害罪

7. 甲路过某饭馆时见万某酩酊大醉，便冒充万某的朋友上前将其扶走，到一偏僻的地方后，将万某随身携带的价值 5000 元的财物全部取走。甲的行为构成：(　　　)[3]

　　A. 盗窃罪　　　　　　　　　　　B. 诈骗罪

　　C. 侵占罪　　　　　　　　　　　D. 抢劫罪

8. 下列行为应认定为抢劫罪一罪的有：(　　　)[4]

　　A. 甲持刀拦路抢劫，杀死被害人后取走其财物

　　B. 乙将仇人杀死后，顺手拿走其身上的 3000 元现金

　　C. 丙在抢劫财物之后，为防止被害人报案，将其杀死

　　D. 丁在抢劫过程中，为压制被害人的反抗，杀死被害人后取走其财物

9. 甲于深夜到某办公大楼行窃时，被保安王某发现，王某拦住甲，甲将王某打昏，致其轻伤，随后逃跑。甲的行为应认定为：(　　　)[5]

　　A. 入户盗窃　　　　　　　　　　B. 犯罪既遂

　　C. 故意伤害罪　　　　　　　　　D. 抢劫罪

10. 甲冒充治安联防队员到某赌场"抓赌"，在赌徒慑于其联防队员身份而不敢反抗的情况下，"没收"赌资 5 万元。甲的行为构成：(　　　)[6]

　　A. 抢劫罪　　　　　　　　　　　B. 敲诈勒索罪

　　C. 诈骗罪　　　　　　　　　　　D. 抢夺罪

11. 张某出于报复动机将赵某打成重伤，发现赵某丧失知觉后，临时起意拿走了赵某的钱包，钱包里有 1 万元现金，张某将其占为己有。关于张某取财行为的定性，下列选项正确的是：(　　　)[7]

　　A. 构成抢劫罪　　　　　　　　　B. 构成抢夺罪

　　C. 构成盗窃罪　　　　　　　　　D. 构成侵占罪

---

〔1〕 B
〔2〕 B
〔3〕 A
〔4〕 AD
〔5〕 BD
〔6〕 B
〔7〕 C

二、盗窃罪

[法条引述]

第 264 条 [盗窃罪] 盗窃公私财物，数额较大的，或者多次盗窃、入户盗窃、携带凶器盗窃、扒窃的，处 3 年以下有期徒刑、拘役或者管制，并处或者单处罚金；数额巨大或者有其他严重情节的，处 3 年以上 10 年以下有期徒刑，并处罚金；数额特别巨大或者有其他特别严重情节的，处 10 年以上有期徒刑或者无期徒刑，并处罚金或者没收财产。

(一) 盗窃罪的概念和构成要件 (2012 年法硕非法学专业基础课法条分析题)

1. 概念

盗窃罪，是指以非法占有为目的，盗窃公私财物数额较大的，或者多次盗窃、入户盗窃、携带凶器盗窃、扒窃的行为。

2. 犯罪构成要件

(1) 犯罪客体是公私财物的所有权。

(2) 客观方面表现为秘密窃取 (相对于被害人) 公私财物数额较大的，或者多次盗窃、入户盗窃、携带凶器盗窃、扒窃的行为。

❶普通盗窃：犯罪分子采取主观上自认为不会被财物所有人、管理人、持有人发觉的方法，将公私财物据为己有，数额较大的行为。这里的"公私财物"既包括有体物，也包括无体物，既包括普通物品，也包括违禁品，但不包括刑法另有规定的特定物品，如枪支、弹药、爆炸物等。根据司法解释的规定，"数额较大"的起点标准一般为 1000 元至 3000 元。

❷"多次盗窃"，是指 2 年内盗窃 3 次以上的行为。

❸"入户盗窃"，是指非法进入供他人家庭生活，与外界相对隔离的住所盗窃的行为。

❹"携带凶器盗窃"，是指携带枪支、爆炸物、管制刀具等国家禁止个人携带的器械盗窃，或者为了实施违法犯罪而携带其他足以危害他人人身安全的器械盗窃的行为。

❺"扒窃"，是指在公共场所或者公共交通工具上盗窃他人紧密贴身占有的财物的行为。

> **小贴士**
>
> 1. 盗窃未遂，具有下列情形之一的，应成立犯罪追究刑事责任：①以数额巨大的财物为盗窃目标的；②以珍贵文物为盗窃目标的；③其他情节严重的情形。
>
> 2. 多次盗窃、入户盗窃但分文未取的，或者携带凶器盗窃、扒窃但取得的是不值得刑法保护的物品的，只能认定为盗窃未遂。

(3) 犯罪主体是一般主体：即年满 16 周岁具有辨认和控制自己行为能力的自然人。单位组织、指使盗窃，以盗窃罪追究组织者、指使者、直接实施者的刑事责任。

(4) 主观方面是故意，且必须具有不法占有的目的。

❶误把公共财物或他人财物当作自己的财物拿走的，或者将债务人的财物拿做抵押

的，由于行为人不具有非法占有的目的，不能以盗窃罪论处；

❷行为人将数额较大、巨大乃至特别巨大的财物误认为是价值微薄的财物而窃取的，不具有盗窃罪的故意，亦不应认定为盗窃罪。

（二）盗窃罪的认定

1. 按照最高人民法院的司法解释，偷拿家庭成员或者近亲属的财物，获得谅解的，一般可以不认为是犯罪；追究刑事责任的，应当酌情从宽。偷窃近亲属的财物，应包括偷窃已分居生活的近亲属的财物。

2. 盗窃罪既遂与未遂的界限：盗窃一般财物的，以财物的所有人、管理人、保护人、持有人失去对财物的控制并为盗窃犯罪人所控制的状态为既遂，刑法理论上称为"失控加控制说"；盗窃无形财物等特殊财物的，以盗窃犯罪人已经实际控制该财物的状态为既遂，刑法理论上称为"控制说"。

3. 盗窃罪与使用盗窃方法构成危害公共安全的其他犯罪的界限：行为人盗窃交通工具、交通设施、电力设备或者上述设备的重要零部件，足以危及公共安全或者已经造成刑法所规定的危害公共安全的损害结果的，属于想象竞合犯。

4. 盗窃罪与盗窃枪支、弹药、爆炸物罪系法条竞合，两者区分的界限在于：盗窃行为指向的对象不同。

5. 盗窃罪与因毒鱼、炸鱼而构成的其他犯罪的界限

（1）使用毒鱼或者炸鱼的方法，属于使用禁用的方法捕捞水产品，情节严重的，应当以非法捕捞水产品罪定罪处罚；

（2）如果毒鱼、炸鱼是出于非法占有的目的，且达到了数额较大的程度，应当以盗窃罪定罪处罚；

（3）如果在水库、鱼塘中使用毒药、炸药，已经危及公共安全的，应当以投放危险物质罪、爆炸罪定罪处罚。

6. 盗窃罪与偷开机动车辆而构成的其他犯罪的界限

（1）偷开机动车，导致车辆丢失的，以盗窃罪定罪处罚；

（2）为盗窃其他财物，偷开机动车作为犯罪工具使用后非法占有车辆，或者将车辆遗弃导致丢失的，被盗车辆的价值计入盗窃数额；

（3）为实施其他犯罪，偷开机动车作为犯罪工具使用后非法占有车辆，或者将车辆遗弃导致丢失的，以盗窃罪和其他犯罪数罪并罚，将车辆送回未造成丢失的，按照其所实施的其他犯罪从重处罚。

7. 盗窃过程中毁损公私财物行为的定性

（1）采用破坏性手段盗窃公私财物，造成其他财物损毁的，以盗窃罪从重处罚；同时构成盗窃罪和其他犯罪的，应择一重罪从重处罚。

（2）实施盗窃犯罪后，为掩盖罪行或者报复等，故意毁坏其他财物构成犯罪的，以盗窃罪和构成的其他犯罪数罪并罚。

（3）盗窃行为未构成犯罪，但损毁财物构成其他犯罪的，以其他犯罪定罪处罚。

8. 司法解释关于盗窃权利凭证数额的计算（有价支付凭证、有价证券、有价票证）

（1）盗窃不记名、不挂失的有价支付凭证、有价证券、有价票证的，应当按票面数额和盗窃时应得的孳息、奖金或者奖品等可得收益一并计算盗窃数额。

（2）盗窃记名的有价支付凭证、有价证券、有价票证，已经兑现的，按照兑现部分的财物价值计算盗窃数额；没有兑现，但失主无法通过挂失、补领、补办手续等方式避免损失的，按照给失主造成的实际损失计算盗窃数额。

9. 根据《刑法》第265条的规定，以牟利为目的，盗接他人通信线路、复制他人电信码号或者明知是盗接、复制的电信设备、设施而使用的，同样构成盗窃罪。所谓"以牟利为目的"，是指为了出售、出租、自用、转让等谋取经济利益的行为。

练一练

1. 甲（15周岁）深夜闯入临街店铺，意图行窃，被留下理货的店主（系聋哑人）发现。

（1）甲见势不妙，拔腿就跑，店主随后追赶，但因天黑路滑，不慎摔成重伤。甲的行为：（   ）[1]

A. 不构成犯罪　　　　　　　　　　B. 构成盗窃罪

C. 构成抢劫罪　　　　　　　　　　D. 构成非法侵入住宅罪

（2）甲解下腰带，将店主捆绑。在店内翻找财物未果，悻悻离开。甲的行为属于：（   ）[2]

A. 实质数罪　　　　　　　　　　　B. 犯罪未遂

C. 入户实施犯罪　　　　　　　　　D. 携带凶器实施犯罪

（3）甲为了防事情败露，双手紧紧扼住店主颈部，店主随手拿起一旁健身用的哑铃，砸死了甲。对此，店主：（   ）[3]

A. 承担刑事责任以及民事赔偿责任

B. 不承担刑事责任以及民事赔偿责任

C. 承担刑事责任但不承担民事赔偿责任

D. 不承担刑事责任但承担民事赔偿责任

2. 下列行为中，应当以盗窃罪定罪处罚的是：（   ）[4]

A. 甲窃取他人信用卡并使用，数额较大

B. 乙谎称张三委托其保管的名贵字画被盗，将该字画据为己有

C. 丙多次潜入陵园窃取骨灰

D. 丁捡到信用卡后，在柜台上试中密码取款，数额较大

---

[1]　A

[2]　B

[3]　B

[4]　A

3. 甲在候车室以需要紧急联络为名，向赵某借得高档手机，边打电话边向候车室外移动，出门后拔腿就跑，已经有所警觉的赵某猛追未果。甲的行为应认定为：（　　）[1]

A. 抢夺罪   B. 盗窃罪

C. 侵占罪   D. 抢劫罪

4. 下列表述中，符合我国刑法关于盗窃罪规定的是：（　　）[2]

A. 在长途汽车上显露匕首窃取财物的，属于携带凶器盗窃

B. 在公共场所窃取他人所穿衣服口袋内财物的，属于扒窃

C. 1 年之内在公共场所扒窃两次的，属于多次盗窃

D. 进入宾馆客房窃取财物的，属于入户盗窃

5. 甲以迷信方式恐吓刘某有灾祸，刘某一时慌乱，请甲帮助自己。甲让刘某带 10 万元现金作"镇邪物"，找法师"消灾"。途中，甲趁帮刘某拿包之机，用书本调换了 10 万元现金。甲的行为构成：（　　）[3]

A. 盗窃罪   B. 诈骗罪

C. 侵占罪   D. 敲诈勒索罪

三、侵占罪

[法条引述]

第 270 条 [侵占罪] 将代为保管的他人财物非法占为己有，数额较大，拒不退还的，处 2 年以下有期徒刑、拘役或者罚金；数额巨大或者有其他严重情节的，处 2 年以上 5 年以下有期徒刑，并处罚金。

将他人的遗忘物或者埋藏物非法占为己有，数额较大，拒不交出的，依照前款的规定处罚。

本条罪，告诉的才处理。

1. 概念

侵占罪，是指以非法占有为目的，将代为保管的他人财物（委托物侵占）或者将他人的遗忘物、埋藏物（脱离占有物侵占）非法占为己有，数额较大，拒不退还或者拒不交出的行为。

2. 犯罪构成要件★

（1）犯罪客体是他人财物的所有权以及委托关系。

（2）客观方面表现为将代为保管的他人财物或者将他人的遗忘物、埋藏物非法占为己有，数额较大拒不退还或者拒不交出的行为。

❶"代为保管的他人财物"，是指基于他人委托自己代为保管的财物或者根据事实上的管理而被认为是合法持有的财物。这里的"他人财物"，既可以是他人的个人财物，也可

---

[1] B

[2] B

[3] A

以是单位的财物。

❷ "遗忘物"，是指非基于他人本意而脱离他人占有，偶然（即不是基于委托关系）由行为人占有或者占有人不明的财物。

❸ "埋藏物"，是指埋于地下或者藏于他物之中的，他人（包括国家、单位）所有但并未占有，偶然由行为人发现的财物。藏在墙缝中、沉在水下的财物，也应属于埋藏物。

埋藏物必须是他人所有（包括国家、单位所有）的财物，而且应是所有权人明确的财物。所有权人明确，不必是事先明确，只要行为人在实施侵占行为时明确即可。行为人据为己有后才查明所有权人的，不应认定为侵占罪。如果是看见他人将某物埋藏于地下，趁所有权人走后取走的，以盗窃罪论处。

❹ 所谓"拒不退还或拒不交出"，是指行为人将财物非法占有后，当财物所有人发现并要求其退还或交出时，仍不退还或交出。

（3）犯罪主体是一般主体，即年满16周岁具有辨认和控制能力的自然人。

（4）主观方面是故意，且以非法占有为目的。

练一练

1. 下列选项中，行为人占有他人财物拒不退还，可构成侵占罪的有：（　　　）[1]

A. 民营酒店服务人员甲，在工作期间将他人遗忘在酒店房间的贵重物品带回家

B. 店主的亲属乙，在临时替店主看店的过程中将店中贵重货物带走销售

C. 个体司机丙，在承运货物期间将客户托运的贵重物品送给自己的朋友

D. 公司出纳丁，谎称自己被抢劫，将从银行领取的单位工资款私吞

2. 一乘客将一部价值2万元的照相机遗忘在出租车上，司机甲将其私藏起来。第二天，乘客根据出租车发票，通过出租车公司找到甲索要照相机，甲拒不承认。甲的行为：（　　　）[2]

A. 构成侵占罪

B. 构成职务侵占罪

C. 属于不当得利，不由刑法调整

D. 情节显著轻微危害不大，不认为是犯罪

3. 乙（16周岁）进城打工，用人单位要求乙提供银行卡号以便发放工资。乙忘带身份证，借用老乡甲的身份证以甲的名义办理了银行卡。乙将银行卡号提供给用人单位后，请甲保管银行卡。数月后，甲持该卡到银行柜台办理密码挂失，取出1万余元现金，拒不退还。甲的行为构成：（　　　）[3]

A. 信用卡诈骗罪　　　　　　　　　　B. 诈骗罪

---

〔1〕　AC

〔2〕　A

〔3〕　D

C. 盗窃罪（间接正犯）　　　　　　　　　D. 侵占罪

4. 下列行为成立侵占罪的是：（　　　）[1]

A. 张某欲向县长钱某行贿，甲欺骗张某说将 5 万元贿赂款代为转交钱某。张某答应，但甲拿到钱后据为己有

B. 乙将自己的房屋出售给赵某，虽收取房款却未进行所有权转移登记，后又将房屋出售给李某

C. 丙发现洪灾灾区的居民已全部转移，遂进入居民房屋，取走居民来不及带走的贵重财物

D. 丁分期付款购买汽车，约定车款付清前汽车由丁使用，所有权归卖方。丁在车款付清前将车另售他人

5. 不计数额，下列选项构成侵占罪的是：（　　　）[2]

A. 甲是个体干洗店老板，洗衣时发现衣袋内有钱，将钱藏匿

B. 乙受公司委托外出收取货款，隐匿收取的部分货款

C. 丙下飞机时发现乘客钱包掉在座位底下，捡起钱包离去

D. 丁是宾馆前台服务员，客人将礼品存于前台让朋友自取。丁见久无人取，私吞礼品

四、诈骗罪

[法条引述]

第 266 条 [诈骗罪]　诈骗公私财物，数额较大的，处 3 年以下有期徒刑、拘役或者管制，并处或者单处罚金；数额巨大或者有其他严重情节的，处 3 年以上 10 年以下有期徒刑，并处罚金；数额特别巨大或者有其他特别严重情节的，处 10 年以上有期徒刑或者无期徒刑，并处罚金或者没收财产。本法另有规定的，依照规定。

（一）诈骗罪的概念和构成要件

1. 概念

诈骗罪，是指以非法占有为目的，用虚构事实或者隐瞒真相的方法，骗取数额较大的公私财物的行为。

2. 犯罪构成要件

（1）犯罪客体是公私财物的所有权。

（2）客观方面表现为以虚构事实或者隐瞒真相的方法，骗取数额较大的公私财物的行为。

❶虚构事实，是指捏造不存在的事实，骗取受害人的信任。

❷隐瞒真相，是指对受害人掩盖客观存在的某种事实，使之产生错误认识。

❸诈骗罪的基本行为构造表现为：行为人实施欺骗行为——受骗人产生（作为）或继

---

[1] D
[2] AC

续维持错误认识（不作为）——受骗人基于错误认识处分财产——行为人或第三者取得财产——被害人（不一定是受骗人）遭受财产损害。总而言之，犯罪分子使用虚构事实或者隐瞒真相的方法，使公私财物所有人、管理人、持有人等产生错误认识（即有权处分人），似乎是"自愿地"将公私财物交给犯罪分子。

（3）犯罪主体为一般主体，即已满16周岁具有辨认和控制能力的自然人。

（4）主观方面为故意，且必须具有非法占有的目的。

（二）诈骗罪的认定

1. 诈骗罪与金融诈骗罪的界限：普通法条与特别法条的关系，应适用特别法优于普通法的规则。但是，诈骗罪的主体只能是自然人。而金融诈骗犯罪除了贷款诈骗罪、信用卡诈骗罪的主体只能是自然人外，其他金融诈骗犯罪的犯罪主体既可以是自然人，也可以是单位。

2. 诈骗罪与盗窃罪的界限：被害人是否基于错误认识处分财产（是否"自愿"地交出财物）。

3. 诈骗近亲属的财物，近亲属谅解的，一般可不按犯罪处理。诈骗近亲属的财物，确有追究刑事责任必要的，具体处理也应酌情从宽。

4. 根据立法解释、司法解释的规定：

（1）以虚假的身份证件办理入网手续并使用移动电话造成电信资费损失数额较大的，成立诈骗罪；

（2）使用伪造、变造、盗窃的武装部队车辆号牌，骗免养路费、通行费等各种规费，数额较大的，成立诈骗罪。

练一练

1. 下列选项中，应认定为诈骗罪的有：（　　　）[1]

A. 甲伪造名画，冒充真迹卖给他人

B. 乙设立赌博网站，招揽小学生参与赌博

C. 丙用冰糖冒充冰毒卖给他人，获利4000元

D. 丁用短信将邻居从家中骗出，趁机进入邻居家拿走1万元现金

2. 下列情形中，构成诈骗罪的是：（　　　）[2]

A. 甲将自己仿造的唐三彩冒充文物高价卖给他人

B. 乙盗窃他人信用卡后使用该卡从ATM机上取走1万元现金

C. 丙到柜台选购黄金戒指，乘机用事先准备好的假戒指调换了真戒指

D. 丁在酒店大堂借用李某价值5000元的手机后，边打边走，趁李某不备溜走

---

[1] AC

[2] A

3. 欣欣在高某的金店选购了一条项链，高某趁欣欣接电话之际，将为其进行礼品包装的项链调换成款式相同的劣等品（两条项链差价约 3000 元）。欣欣回家后很快发现项链被"调包"，即返回该店要求退还，高某以发票与实物不符为由拒不退换。关于高某的行为，下列说法错误的是：（　　　）〔1〕

  A. 构成盗窃罪   B. 构成诈骗罪

  C. 构成侵占罪   D. 不构成犯罪，属民事纠纷

4. 丙是乙的妻子。乙上班后，甲前往丙家欺骗丙说："我是乙的新任秘书，乙上班时好像忘了带提包，让我来取。"丙信以为真，甲从丙手中得到提包（价值 3300 元）后逃走。关于甲的行为，下列选项错误的是：（　　　）〔2〕

  A. 盗窃罪的直接正犯   B. 诈骗罪的间接正犯

  C. 盗窃罪的间接正犯   D. 诈骗罪的直接正犯

5. 甲路过某自行车修理店，见有一辆名牌电动自行车（价值 1 万元）停在门口，欲据为己有。甲见店内货架上无自行车锁便谎称要购买，催促店主去 50 米之外的库房拿货。店主临走时对甲说："我去拿锁，你帮我看一下店。"店主离店后，甲骑走电动自行车。甲的行为构成：（　　　）〔3〕

  A. 诈骗罪   B. 盗窃罪

  C. 侵占罪   D. 职务侵占罪

6. 甲在某银行的存折上有 4 万元存款。某日，甲将存款全部取出，但由于银行职员乙工作失误，未将存折底卡销毁。半年后，甲又去该银行办理存储业务，乙对甲说："你的 4 万元存款已到期。"甲听后，灵机一动，对乙谎称存折丢失。乙为甲办理了挂失手续，甲取走 4 万元。甲的行为构成：（　　　）〔4〕

  A. 侵占罪   B. 盗窃罪（间接正犯）

  C. 诈骗罪   D. 金融凭证诈骗罪

7. 甲与乙一起乘火车旅行。火车在某车站仅停 2 分钟，但甲欺骗乙说："本站停车 12 分钟"，乙信以为真，下车购物。乙刚下车，火车便发车了。甲立即将乙的财物转移至另一车厢，然后在下一站下车后携物潜逃。甲的行为构成：（　　　）〔5〕

  A. 诈骗罪   B. 侵占罪

  C. 盗窃罪   D. 故意毁坏财物罪

8. 药剂师甲明知不含毒品成分的药品已经过期失效，仍冒充为毒品卖给乙，乙将"毒品"卖给吸毒人员。本案中：（　　　）〔6〕

  A. 甲和乙均构成诈骗罪

---

〔1〕 BCD
〔2〕 ABC
〔3〕 B
〔4〕 C
〔5〕 C
〔6〕 C

B. 甲和乙均构成贩卖毒品罪

C. 甲构成诈骗罪，乙构成贩卖毒品罪

D. 甲构成销售假药罪，乙构成诈骗罪

9. 关于诈骗罪的认定，下列选项正确的是：（　　）[1]

A. 甲利用信息网络，诱骗他人点击虚假链接，通过预先植入的木马程序取得他人财物。即使他人不知点击链接会转移财产，甲也成立诈骗罪

B. 乙虚构可供交易的商品，欺骗他人点击付款链接，取得他人财物的，由于他人知道自己付款，故乙触犯诈骗罪

C. 丙将钱某门前停放的摩托车谎称是自己的，卖给孙某，让其骑走。丙就钱某的摩托车成立诈骗罪

D. 丁侵入银行计算机信息系统，将刘某存折中的5万元存款转入自己的账户。对丁应以诈骗罪论处

10. 甲将一只壶的壶底落款"民　叁年"磨去，放在自己的古玩店里出卖。某日，钱某看到这只壶，误以为是明代文物。甲见钱某询问，谎称此壶确为明代古董，钱某信以为真，按明代文物交款买走。又一日，顾客李某看上一幅标价很高的赝品，以为名家亲笔，但又心存怀疑。甲遂拿出虚假证据，证明该画为名家亲笔。李某以高价买走赝品。

（1）关于甲对钱某是否成立诈骗罪，下列选项错误的是：（　　）[2]

A. 甲的行为完全符合诈骗罪的犯罪构成，成立诈骗罪

B. 钱某自己有过错，甲不成立诈骗罪

C. 钱某已误以为是明代古董，甲没有诈骗钱某

D. 古玩投资有风险，古玩买卖无诈骗，甲不成立诈骗罪

（2）关于甲对李某是否成立诈骗罪，下列选项正确的是：（　　）[3]

A. 甲的行为完全符合诈骗罪的犯罪构成，成立诈骗罪

B. 标价高不是诈骗行为，虚假证据证明该画为名家亲笔则是诈骗行为

C. 李某已有认识错误，甲强化其认识错误的行为不是诈骗行为

D. 甲拿出虚假证据的行为与结果之间没有因果关系，甲仅成立诈骗未遂

五、敲诈勒索罪

[法条引述]

第274条［敲诈勒索罪］敲诈勒索公私财物，数额较大或者多次敲诈勒索的，处3年以下有期徒刑、拘役或者管制，并处或者单处罚金；数额巨大或者有其他严重情节的，处3年以上10年以下有期徒刑，并处罚金；数额特别巨大或者有其他特别严重情节的，处10年以上有期徒刑，并处罚金。

---

[1]　B
[2]　BCD
[3]　AB

（一）敲诈勒索罪的概念和构成要件★

1. 概念

敲诈勒索罪，是指以非法占有为目的，对公私财物的所有人、管理人实施威胁或者要挟的方法，多次索取公私财物或者索取数额较大的公私财物的行为。

2. 犯罪构成要件

（1）犯罪客体是复杂客体，主要客体是公私财产所有权，次要客体是他人的人身权利或者其他权益。

（2）客观方面为以对被害人实施威胁或者要挟（简称"恶害"）的方法，迫使其交付数额较大财物的行为。

❶"威胁或要挟"方法，是指对公私财物的所有者、保管者给予精神上的强制，造成其心理上一定程度的恐惧，以至于不敢反抗；

❷"威胁、要挟"的内容可以是合法的，也可以是非法的。

（3）犯罪主体是一般主体。

（4）主观方面是故意，且具有非法占有公私财物的目的。如果行为人为了追回自己合法债务而对债务人使用了威胁手段，由于其不具有非法占有的目的，不能构成本罪。

（二）敲诈勒索罪的认定

1. 本罪与非罪的界限

（1）是否达到敲诈勒索数额较大或多次敲诈勒索（2年内敲诈勒索3次以上）。

（2）敲诈勒索近亲属的财物，获得谅解的，一般不认为是犯罪；认定为犯罪的，应当酌情从宽处理。

（3）被害人对敲诈勒索的发生存在过错，且案件情节显著轻微，危害不大的，不认为是犯罪。

2. 本罪与抢劫罪的界限

（1）"威胁或者要挟"的实施方式不同。抢劫罪中的"胁迫"，是当场直接向被害人发出的，具有直接的公开性；而敲诈勒索罪的"威胁或者要挟"可以是当面对被害人公开实行，也可以是利用书信、通讯设备或者通过第三人转告通知被害人的方式间接实施。

（2）"威胁或者要挟"的内容不同。抢劫罪的"胁迫"，是直接侵犯人的生命健康的暴力威胁；敲诈勒索罪"威胁或者要挟"的内容较广泛，可以是以针对人身实施暴力、伤害相威胁，也可以是以毁人名誉、毁其前途、设置困境等相威胁。

（3）"威胁或者要挟"内容可能实施的时间不同。抢劫罪的暴力"胁迫"的发生时间，一般是威胁在当场予以实施；而敲诈勒索罪则是"威胁或者要挟"在将来某个时间将所威胁的具体内容付诸实施。

（4）非法取得利益的时间不同。抢劫罪非法取得利益的时间只能是当场取得；敲诈勒索罪非法取得利益的时间，有时是当场，更多的是在若干时日以后。

（5）构成犯罪的数额标准不同。抢劫罪的成立没有犯罪数额的要求，敲诈勒索罪的成立一般要求达到数额较大的标准。

3. 本罪与诈骗罪的界限

（1）犯罪客体不同。诈骗罪的客体是公私财物的所有权，而敲诈勒索罪的客体除了公私财产的所有权外，还包括他人的人身权利或其他利益。

（2）客观方面不同。诈骗罪是用欺骗的方法，即以虚构事实或者隐瞒事实真相的方法，使被害人产生一种应该交付财物给犯罪分子的错误认识或动机，并"自愿"地交付了财物。敲诈勒索罪则是以威胁或要挟的方法，造成被害人心理上、精神上的恐惧而被迫交付财物。

（3）行为同时具有诈骗与胁迫性质，被害人既陷入认识错误又产生恐惧心理，进而自愿处分财产的——构成诈骗罪与敲诈勒索罪的想象竞合犯，从一重罪处罚。

[例] 甲对女明星乙说："我偷拍了你的裸照，不给1万元就网上曝光！"乙以为甲手中的照片是自己的裸照，实际上是甲伪造的，但乙答应照办。甲成立诈骗罪与敲诈勒索罪的想象竞合犯，从一重罪。

4. 特殊情况的认定

（1）以在信息网络上发布、删除等方式处理网络信息为由，威胁、要挟他人，索取公私财物，数额较大，或者多次实施上述行为的，成立敲诈勒索罪；

（2）以受他人委托处理医疗纠纷为名实施敲诈勒索行为构成犯罪的，成立敲诈勒索罪；

（3）以非法占有为目的，采用"软暴力"手段强行索取公私财物，应当以敲诈勒索罪定罪处罚；

（4）本罪处罚的主要是手段行为的违法性，在行为人维护自己受损的权利时，不能单纯因为索赔数额巨大就认定为敲诈勒索罪，关键是看其手段行为是否为社会所接受（在有权利基础的情况下）。

练一练

1. 下列选项中，应认定为敲诈勒索罪的是：（　　　）[1]

A. 冒充人民警察敲诈他人巨额财物

B. 敲诈勒索亲属财物但获得对方谅解

C. 以在网上发帖相要挟获得职务晋升

D. 以公开不雅视频相要挟向他人借巨款后无力偿还

2. 关于敲诈勒索罪的判断，下列选项正确的是：（　　　）[2]

A. 甲将王某杀害后，又以王某被绑架为由，向其亲属索要钱财。甲除构成故意杀人罪外，还构成敲诈勒索罪与诈骗罪的想象竞合犯

B. 饭店老板乙以可乐兑水冒充洋酒销售，向实际消费数十元的李某索要数千元。李某

---

〔1〕　A

〔2〕　ABCD

不从，乙召集店员对其进行殴打，致其被迫将钱交给乙。乙的行为构成抢劫罪而非敲诈勒索罪

C. 职员丙被公司辞退，要求公司支付 10 万元补偿费，否则会将所掌握的公司商业秘密出卖给其他公司使用。丙的行为构成敲诈勒索罪

D. 丁为谋取不正当利益送给国家工作人员刘某 10 万元。获取不正当利益后，丁以告发相要挟，要求刘某返还 10 万元。刘某担心被告发，便还给丁 10 万元。对丁的行为应以行贿罪与敲诈勒索罪实行并罚

3. 下列行为构成敲诈勒索罪的是：(   )[1]

A. 甲到乙的餐馆吃饭，在食物中发现一只苍蝇，遂以向消费者协会投诉为由进行威胁，索要精神损失费 3000 元。乙迫于无奈付给甲 3000 元

B. 甲到乙的餐馆吃饭，偷偷在食物中投放一只事先准备好的苍蝇，然后以砸烂桌椅进行威胁，索要精神损失费 3000 元。乙迫于无奈付给甲 3000 元

C. 甲捡到乙的手机及身份证等财物后，给乙打电话，索要 3000 元，并称若不付钱就不还手机及身份证等物。乙迫于无奈付给甲 3000 元现金赎回手机及身份证等财物

D. 甲妻与乙通奸，甲获知后十分生气，将乙暴打一顿，乙主动写下一张赔偿精神损失费 2 万元的欠条。事后，甲持乙的欠条向其索要 2 万元，并称若乙不从，就向法院起诉乙

4. 甲、乙为劫取财物将在河边散步的丙杀死，当场取得丙随身携带的现金 2000 余元。甲、乙随后从丙携带的名片上得知丙是某公司总经理。两人经谋划后，按名片上的电话给丙的妻子丁打电话，声称丙已被绑架，丁必须于次日中午 12 点将 10 万元现金放在某处，否则杀害丙。丁立即报警，甲、乙被抓获。关于本案的处理，下列说法正确的是：(   )[2]

A. 以抢劫罪和绑架罪并罚

B. 以故意杀人罪、盗窃罪和绑架罪并罚

C. 以抢劫罪和敲诈勒索罪并罚

D. 以故意杀人罪、侵占罪和敲诈勒索罪并罚

5. 乙与丙因某事发生口角，甲知此事后，找到乙，谎称自己受丙所托带口信给乙，如果乙不拿出 2000 元给丙，丙将派人来打乙。乙害怕被打，就托甲将 2000 元带给丙。甲将钱占为己有。对甲的行为应当：(   )[3]

A. 按诈骗罪处理

B. 按敲诈勒索罪处理

C. 按侵占罪处理

D. 按抢劫罪处理

六、抢夺罪

[法条引述]

第 267 条第 1 款 [抢夺罪]　抢夺公私财物，数额较大的，或者多次抢夺的，处 3 年

---

[1]　B
[2]　C
[3]　A

以下有期徒刑、拘役或者管制，并处或者单处罚金；数额巨大或者有其他严重情节的，处3年以上10年以下有期徒刑，并处罚金；数额特别巨大或者有其他特别严重情节的，处10年以上有期徒刑或者无期徒刑，并处罚金或者没收财产。

（一）抢夺罪的概念和构成要件

1. 概念

抢夺罪，是指以非法占有为目的，公然夺取数额较大的公私财物或者多次抢夺的行为。

2. 犯罪构成要件

（1）犯罪客体是公私财产所有权。犯罪的对象是公私财物，只能是动产，不动产不能成为抢夺罪的对象。抢夺特定财物，如枪支、弹药、爆炸物或公文、证件、印章，应按照刑法有关规定论处，不构成本罪。

（2）客观方面表现为公然夺取公私财物的行为。

❶所谓"公然夺取"，是指当着财物所有人、保管人、看护人、持有人的面或者在上述被害人可以立即发现的情况下，乘其不备，公开夺取财物，行为人在夺取财物时并没有使用暴力和以暴力相威胁；

❷审判实践中，抢夺行为一般是乘人不备，突然把财物夺走，但也有在被害人有所察觉但防卫能力丧失的情况下（如患病、醉酒）把财物夺走；

❸对于虽未达到抢夺数额较大，但属于多次抢夺的，也符合抢夺罪的客观行为要件。

（3）犯罪主体是一般主体，即年满16周岁具有辨认和控制能力的自然人。

（4）主观方面是故意，并且具有非法占有的目的。

（二）抢夺罪与抢劫罪的区别

1. 犯罪客体不同。抢劫罪侵犯的是复杂客体，既侵犯财产，又侵犯人身；抢夺罪侵犯的是单一客体，只侵犯财产。根据司法解释的规定，抢夺公私财物，具有致人重伤、自杀（属于其他严重情节）、死亡（属于其他特别严重情节）的情形，属于抢夺罪的情节加重情形，不再认定为抢夺罪与过失致人重伤罪、过失致人死亡罪的想象竞合。

2. 客观方面不同。抢夺是"公然夺取"财物，而抢劫则是使用"暴力、胁迫或者其他方法"取得财物。

3. 主体不同。抢劫罪的主体是已满14周岁的自然人，抢夺罪的主体是已满16周岁的自然人。

练一练

1. 甲在商场看中一块价值2万元的手表，便以选购手表为名，要售货员将手表拿来看看。甲在接到售货员递过来的手表后立即逃走。甲的行为构成：（　　）[1]

---

〔1〕 A

A. 抢夺罪
B. 诈骗罪
C. 侵占罪
D. 盗窃罪

2. 某晚，甲潜入乙家中行窃，被发现后携所窃赃物（价值 900 余元）逃跑，乙紧追不舍。甲见杂货店旁有一辆未熄火摩托车，车主丙正站在车旁吸烟，便骑上摩托车继续逃跑。次日，丙在街上发现自己的摩托车和甲，欲将甲扭送公安局，甲一拳将丙打伤，后经法医鉴定为轻伤。甲的行为构成：（ ）[1]

A. 抢劫罪
B. 抢夺罪
C. 盗窃罪
D. 故意伤害罪

3. 陈某在街上趁刘某不备，将其手机（价值 2590 元）夺走。随后陈某反复使用该手机拨打国际长途电话，致使刘某损失话费 5200 元。一周后，陈某将该手机丢弃在某邮局门口，引起保安人员的怀疑，经询问案发。下列有关此案的说法中错误的是：（ ）[2]

A. 对陈某的行为以抢夺罪从重处罚即可
B. 对陈某的行为以盗窃罪从重处罚即可
C. 对陈某的行为以抢夺罪与盗窃罪实行数罪并罚
D. 对陈某的行为以抢夺罪与故意毁坏财物罪实行数罪并罚

4. 关于故意犯罪形态的认定，下列选项正确的是：（ ）[3]

A. 甲绑架幼女乙后，向其父勒索财物。乙父佯装不管乙安危，甲只好将乙送回。甲虽未能成功勒索财物，但仍成立绑架罪既遂
B. 甲抢夺乙价值 1 万元项链时，乙紧抓不放，甲只抢得半条项链。甲逃走 60 余米后，觉得半条项链无用而扔掉。甲的行为未得逞，成立抢夺罪未遂
C. 乙欲盗汽车，向甲借得盗车钥匙。乙盗车时发现该钥匙不管用，遂用其他工具盗得汽车。乙属于盗窃罪既遂，甲属于盗窃罪未遂
D. 甲在珠宝柜台偷拿一枚钻戒后迅速逃离，慌乱中在商场内摔倒。保安扶起甲后发现其盗窃行为并将其控制。甲未能离开商场，属于盗窃罪未遂

5. 关于抢夺罪，下列判断错误的是：（ ）[4]

A. 甲驾驶汽车抢夺乙的提包，汽车能致人死亡属于凶器。甲的行为应认定为携带凶器抢夺罪
B. 甲与乙女因琐事相互厮打时，乙的耳环（价值 8000 元）掉在地上。甲假装摔倒在地迅速将耳环握在手中，乙见甲摔倒便离开了现场。甲的行为成立抢夺罪
C. 甲骑着摩托车抢夺乙的背包，乙使劲抓住背包带，甲见状便加速行驶，乙被拖行十多米后松手。甲的行为属于情节特别严重的抢夺罪
D. 甲明知行人乙的提包中装有毒品而抢夺，毒品虽然是违禁品，但也是财物。甲的行为成立抢夺罪

[1] BCD
[2] ABD
[3] AC
[4] ABC

6. 甲乘在路上行走的妇女乙不注意之际，将乙价值 12 000 元的项链一把抓走，然后逃跑。跑了 50 米之后，甲以为乙的项链根本不值钱，就转身回来，跑到乙跟前，打了乙两耳光，并说 "出来混，也不知道戴条好项链"，然后将项链扔给乙。甲的行为构成：(   )[1]

A. 抢夺罪（未遂）　　　　　　　　B. 抢夺罪（中止）

C. 抢夺罪（既遂）　　　　　　　　D. 抢劫罪（转化型抢劫）

七、职务侵占罪

[法条引述]

第 271 条 [职务侵占罪]　公司、企业或者其他单位的工作人员，利用职务上的便利，将本单位财物非法占为己有，数额较大的，处 3 年以下有期徒刑或者拘役，并处罚金；数额巨大的，处 3 年以上 10 年以下有期徒刑，并处罚金；数额特别巨大的，处 10 年以上有期徒刑或者无期徒刑，并处罚金。

[贪污罪]　国有公司、企业或者其他国有单位中从事公务的人员和国有公司、企业或者其他国有单位委派到非国有公司、企业以及其他单位从事公务的人员有前款行为的，依照本法第 382 条、第 383 条的规定定罪处罚。

（一）职务侵占罪的概念和构成要件 ★

1. 概念

职务侵占罪，是指公司、企业或者其他单位的人员，利用职务上的便利，将本单位财物非法占有，数额较大的行为。

2. 犯罪构成要件

（1）犯罪客体是公司、企业或者其他单位的财产所有权。犯罪对象是行为人所属的公司、企业或者其他单位的财物，包括动产和不动产，有形财产和无形财产。

（2）客观方面表现为行为人利用职务上的便利，将本单位财物非法占为己有，数额较大的行为。

❶ 行为人必须利用职务上的便利，即利用自己在职务上所具有的主管或者管理、经手本单位财物的方便条件。如果行为人未利用自己职务上的便利，而是利用工作上的便利条件，如因工作关系而熟悉周围环境等便利条件，侵占本单位财物的行为，不能认定为本罪。

❷ 虽然职务侵占罪的行为方式包括侵占（侵吞）、窃取、骗取，但窃取的方式应限于共同占有时，骗取的方式仅指《刑法》第 183 条第 1 款：保险公司的工作人员利用职务上的便利，故意编造未曾发生的保险事故进行虚假理赔，骗取保险金归自己所有的，依照职务侵占罪定罪处罚。

（3）犯罪主体为特殊主体，即公司、企业或者其他单位中的非国家工作人员。

（4）主观方面为故意，并具有将本单位财物非法占为己有的目的。

---

[1]　C

（二）职务侵占罪的认定

1. 本罪与侵占罪的区别（2006 年法硕非法学专业基础课简答题）

（1）犯罪对象不同。职务侵占罪的犯罪对象是本单位财物，而侵占罪的对象是代为保管的他人财物、他人的遗忘物、埋藏物。

（2）行为方式不同。职务侵占罪要求行为人必须利用职务便利，采取窃取、骗取、侵吞等方式将本单位财物非法占为己有，而侵占罪的行为方式主要表现为将代为保管的他人财物非法占为己有，拒不退还，或将他人的遗忘物、埋藏物非法占为己有拒不交出，并未利用职务便利。

（3）主体不同。职务侵占罪的犯罪主体是公司、企业或者其他单位的人员，属于特殊主体，而侵占罪的犯罪主体是一般主体。

2. 本罪与盗窃罪、诈骗罪的区别

职务侵占罪和盗窃罪、诈骗罪同属于侵犯财产罪，都侵犯了公私财物的所有权，都是以非法占有他人财物为目的。行为方式上，职务侵占罪与盗窃罪、诈骗罪一样，有时也表现以盗窃、诈骗的手段非法占有他人财物。

（1）主体不同。前罪的主体必须是公司、企业或者其他单位中的非国家工作人员；后两罪的主体是一般主体。

（2）客观方面不同。前罪必须利用职务上的便利，采取多种非法手段占有他人财物，既有盗窃、诈骗手段，也有侵占和其他手段；后两罪则不需要利用职务上的便利，手段仅限于窃取或者诈骗。如果采取其他非法手段，则不能以盗窃罪或者诈骗罪论处。

（3）犯罪对象的范围不同。前罪侵占的财物必须是行为人本单位的财物，后两罪可以是非本单位的财物，对象没有特别限制。

3. 相关司法解释中涉及的应当以职务侵占罪定罪处罚的有：

（1）对村民小组组长利用职务上的便利，将村民小组集体财产非法占为己有，数额较大的行为。

（2）在国有资本控股、参股的股份有限公司中从事管理工作的人员，除受国家机关、国有公司、企业、事业单位委派从事公务的以外，不属于国家工作人员。对其利用职务上的便利，将本单位财物非法占为己有，数额较大的，应当以职务侵占罪定罪处罚。

练一练

1. 某私营健身机构经理安排会计甲将收取的 50 万元会员费存入甲的存折，供单位日常开支。3 个月后，甲取走存折中全部资金潜逃。甲的行为构成：（　　）[1]

A. 盗窃罪　　　　　　　　　　B. 职务侵占罪

C. 侵占罪　　　　　　　　　　D. 挪用资金罪

---

[1]　B

2. 公司保安甲在休假期内，以"第二天晚上要去医院看望病人"为由，欺骗保安乙，成功和乙换岗。当晚，甲将其看管的公司仓库内价值 5 万元的财物运走变卖。甲的行为构成：（ ）[1]

A. 盗窃罪
B. 诈骗罪
C. 职务侵占罪
D. 侵占罪

3. 甲系私营速递公司卸货员，主要任务是将公司收取的货物从汽车上卸下，再按送达地重新装车。某晚，乘公司监督人员上厕所之机，甲将客户托运的 1 台价值 1 万元的摄像机夹带出公司大院，藏在门外沟渠里，并伪造被盗现场。关于甲的行为，下列选项正确的是：（ ）[2]

A. 诈骗罪
B. 职务侵占罪
C. 盗窃罪
D. 侵占罪

4. 下列行为应以职务侵占罪论处的是：（ ）[3]

A. 甲系某村民小组的组长，利用职务上的便利，将村民小组集体财产非法据为己有，数额达到 5 万元

B. 乙为村委会主任，利用协助乡政府管理和发放救灾款物之机，将 5 万元救灾款非法据为己有

C. 丙是某国有控股公司部门经理，利用职务上的便利，将本单位的 5 万元公款非法据为己有

D. 丁与某私营企业的部门经理李某内外勾结，利用李某职务上的便利，共同将该单位的 5 万元资金非法据为己有

5. 甲在某公司招聘司机时，用假身份证应聘并被录用。甲在按照公司安排独自一人将价值 7 万元的货物从北京运往山东途中，在天津将该货物变卖后潜逃，得款 2 万元。甲的行为构成：（ ）[4]

A. 盗窃罪
B. 诈骗罪
C. 职务侵占罪
D. 侵占罪

八、挪用资金罪

[法条引述]

第 272 条 [挪用资金罪] 公司、企业或者其他单位的工作人员，利用职务上的便利，挪用本单位资金归个人使用或者借贷给他人，数额较大、超过 3 个月未还的，或者虽未超过 3 个月，但数额较大、进行营利活动的，或者进行非法活动的，处 3 年以下有期徒刑或者拘役；挪用本单位资金数额巨大的，处 3 年以上 7 年以下有期徒刑；数额特别巨大的，处 7 年以上有期徒刑。

---

[1] C
[2] C
[3] ACD
[4] C

[挪用公款罪]　国有公司、企业或者其他国有单位中从事公务的人员和国有公司、企业或者其他国有单位委派到非国有公司、企业以及其他单位从事公务的人员有前款行为的，依照本法第384条的规定定罪处罚。

有第1款行为，在提起公诉前将挪用的资金退还的，可以从轻或者减轻处罚。其中，犯罪较轻的，可以减轻或者免除处罚。

第273条　[挪用特定款物罪]　挪用用于救灾、抢险、防汛、优抚、扶贫、移民、救济款物，情节严重，致使国家和人民群众利益遭受重大损害的，对直接责任人员，处3年以下有期徒刑或者拘役；情节特别严重的，处3年以上7年以下有期徒刑。

（一）挪用资金罪的概念和构成要件 ★

1. 概念

挪用资金罪，是指公司、企业或者其他单位的工作人员，利用职务上的便利，挪用本单位资金归个人使用或者借贷给他人，数额较大、超过3个月未还的，或者虽然没有超过3个月，但是数额较大，进行营利活动，或者进行非法活动的行为。

2. 犯罪构成要件

（1）犯罪客体是公司、企业、其他单位的资金使用权。资金包括以货币形式表示的人民币、外币和以有价证券形式存在的股票、国库券、债券等。但不包括单位的物资设备和处于实物形态的财产。

（2）客观方面表现为行为人利用职务上的便利，挪用本单位资金归个人使用或者借贷给他人的行为。利用职务上的便利，是指行为人利用其主管、管理、经手本单位资金的便利。挪用资金归个人使用，是指有下列情形之一：

❶将资金供本人、亲友或者其他自然人使用的；

❷以个人名义将资金供其他单位使用的；

❸个人决定以单位名义将资金供其他单位使用，谋取个人利益的。

（3）犯罪主体是特殊主体，即只能是公司、企业或者其他单位的非国家工作人员。

（4）主观方面为故意，目的是非法暂时取得本单位资金的使用权，归个人使用或者借贷给他人。

（二）挪用资金罪的认定

1. 本罪与职务侵占罪的区别

（1）客体不同。前罪只侵犯资金的占有权、使用权和收益权，未侵犯处分权；后罪则侵犯了财产所有权的全部权能。

（2）犯罪对象的范围不同。前罪只限于本单位的资金；后罪包括本单位的资金和财物。

（3）犯罪的手段、方式不同。前罪不采用改变所有权的方法，只是将本单位资金挪给个人使用或借给他人使用；后罪则以侵吞、窃取、骗取等手段，非法占有本单位的财物。

（4）犯罪目的不同。前罪以非法使用为目的；后罪则以非法占为己有为目的。

2. 本罪与挪用公款罪的区别关键在于行为人的主体身份不同。前者是公司、企业或者其他单位中的非国家工作人员，后者是国家工作人员。

3. 特殊情况的认定

（1）对于受国家机关、国有公司、企业、事业单位、人民团体委托，管理、经营国有财产的非国家工作人员，利用职务上的便利，挪用国有资金归个人使用构成犯罪的，应当依照挪用资金罪的规定定罪处罚；

（2）筹建公司的工作人员在公司登记注册前，利用职务上的便利，挪用准备设立的公司在银行开设的临时账户上的资金，归个人使用或者借贷给他人，数额较大、超过3个月未还的，或者虽未超过3个月，但数额较大、进行营利活动的，或者进行非法活动的，应当依照挪用资金罪的规定追究刑事责任。

4. 类似罪名——挪用特定款物罪

（1）本罪是指挪用专用于救灾、抢险、防汛、优抚、扶贫、移民、救济款物，情节严重，致使国家和人民群众利益遭受重大损害的行为。

（2）"挪用"的理解："挪作他用（公用）"。本罪的"挪用"不同于挪用资金罪、挪用公款罪的"挪用"。本罪的挪用，只限于由有关单位改变专用款物用途，不包括挪作个人使用。

（3）本罪犯罪对象：用于救灾、抢险、防汛、优抚、扶贫、移民、救济款物，以及失业保障金、下岗职工基本生活保障金，预防、控制突发传染性疫情等灾害的救灾、优抚、救济等款物。

（4）本罪是纯正的单位犯罪，但只处罚直接责任人员。如果国家工作人员利用职务便利，挪用特定款物归个人使用，则构成挪用公款罪，并从重处罚。

练一练

某国有事业单位负责人甲决定以单位名义将本单位资金150余万元借贷给另一公司，所得高利息归本单位所有。甲虽未牟取个人利益，但最终使本金无法收回。关于该行为的定性，下列罪名可以排除的是：（   ）[1]

A. 挪用公款罪　　　　　　　　　　B. 挪用资金罪

C. 违法发放贷款罪　　　　　　　　D. 高利转贷罪

九、故意毁坏财物罪

[法条引述]

第275条 [故意毁坏财物罪] 故意毁坏公私财物，数额较大或者有其他严重情节的，处3年以下有期徒刑、拘役或者罚金；数额巨大或者有其他特别严重情节的，处3年以上7年以下有期徒刑。

---

[1] ABCD

1. 故意毁坏财物，是指对被害人财物实施故意毁灭或损坏，数额较大或者情节严重的行为。

（1）所谓"毁灭"，是指公私财物完全丧失价值与效用。

（2）所谓"损坏"，是指公私财物部分丧失价值与效用。毁灭与损坏的方式多种多样。

（3）如果采用放火、爆炸等危险方法毁坏财产，危害公共安全，不能以故意毁坏财物罪论处，而成立相关的危害公共安全犯罪。

2. 故意毁坏财物罪的认定

（1）盗窃过程中造成公私财物严重毁损的，以盗窃罪从重处罚；

（2）盗窃数额较小但是造成公私财物严重损坏的，以故意毁坏财物罪定罪处罚；

（3）盗窃行为完成以后为了掩盖盗窃行为或者出于报复等动机而故意毁坏公私财物的，应以盗窃罪和故意毁坏财物罪实行并罚。

练一练

1. 甲破解了张某的股票账户密码，偷偷登录其账户买卖股票"练手"，案发时造成张某股票账户资金亏损 15 万元。甲的行为应认定为：（   ）[1]

A. 盗窃罪　　　　　　　　　　　　B. 非法经营罪

C. 故意毁坏财物罪　　　　　　　　D. 非法侵入计算机信息系统罪

2. 下列选项中，应以故意毁坏财物罪定罪的是：（   ）[2]

A. 甲发现所盗手表是仿制的，将其丢弃

B. 乙偷开朋友的摩托车，导致车辆丢弃

C. 丙为泄愤，将多辆大货车中的柴油偷偷倒掉

D. 丁到某办公室盗窃时未发现现金，遂砸毁办公室的多台电脑

3. 甲对乙使用暴力，欲将其打残。乙慌忙掏出手机准备报警，甲一把夺过手机装进裤袋并将乙打成重伤。甲在离开现场 5 公里后，把乙价值 7000 元的手机扔进水沟。甲的行为构成：（   ）[3]

A. 故意伤害罪、盗窃罪　　　　　　B. 故意伤害罪、抢劫罪

C. 故意伤害罪、抢夺罪　　　　　　D. 故意伤害罪、故意毁坏财物罪

4. 下列说法错误的是：（   ）[4]

A. 甲将乙价值 2 万元的戒指扔入海中，由于戒指本身没有被毁坏，甲的行为不构成故意毁坏财物罪

B. 甲见乙迎面走来，担心自己的手提包被乙夺走，便紧抓手提包。乙见甲紧抓手提包，猜想包中有贵重物品，在与甲擦肩而过时，当面用力夺走甲的手提包。由于乙

---

［1］ C

［2］ CD

［3］ D

［4］ ABCD

并非乘人不备而夺取财物，所以不构成抢夺罪

C. 甲将一张作废的 IC 卡插入银行的自动取款机试探，碰巧自动取款机显示能够取出现金，于是甲取出 5000 元。甲将 IC 卡冒充借记卡的欺骗行为在本案中起到了主要作用，因而构成诈骗罪

D. 甲系汽车检修厂职工，发现自己将要检修的一辆公交车为仇人乙驾驶，便在检修时破坏了刹车装置，然后交付使用。乙驾驶该车时，因刹车失灵，导致与其他车辆相撞，造成三人死亡，一人重伤。由于甲不是对正在使用中的交通工具实施破坏手段，所以不构成破坏交通工具罪

十、破坏生产经营罪

[法条引述]

第 276 条 [破坏生产经营罪] 由于泄愤报复或者其他个人目的，毁坏机器设备、残害耕畜或者以其他方法破坏生产经营的，处 3 年以下有期徒刑、拘役或者管制；情节严重的，处 3 年以上 7 年以下有期徒刑。

（一）破坏生产经营罪的概念和构成要件

1. 概念

破坏生产经营罪，是指由于泄愤报复或者其他个人目的，毁坏机器设备、残害耕畜或者以其他方法破坏生产经营的行为。

2. 犯罪构成要件

（1）犯罪客体是国家、集体或者个人生产经营的正常活动和公私财产利益。

（2）客观方面表现为实施毁坏机器设备、残害耕畜或者以其他方法破坏生产经营的行为。本罪属于行为犯，即一旦实施上述破坏行为，一般就认定成立本罪。

（3）犯罪主体为一般主体。

（4）主观方面表现为直接故意，并且具备法定的泄愤报复目的或者其他个人目的。

（二）破坏生产经营罪的认定

破坏生产经营罪实际上是以毁坏财物的方法破坏他人的生产经营。由于其不是单纯的毁坏财物，而是毁坏生产资料，因而会存在间接损失，故其成立不以数额较大、情节严重（故意毁坏财物罪有要求）为前提。

练一练

1. 甲从竞争对手的网络店铺大量虚假购买商品，电商平台因此认定该店铺恶意刷单，并予以搜索降权处理，导致该店铺的商品难以被消费者检索到造成经济损失 35 万元。甲的行为应认定为：（　　）[1]

---

[1] B

    A. 不构成犯罪   B. 破坏生产经营罪

    C. 非法侵入计算机信息系统罪   D. 损害商业信誉罪

2. 甲被公司处分后心怀不满，毁坏公司正在铺设的在建地铁专用电缆，造成重大财产损失。甲的行为构成：(　　　)[1]

    A. 破坏交通设施罪   B. 破坏生产经营罪

    C. 破坏电力设备罪   D. 以危险方法危害公共安全罪

3. 甲（某公司股东）、乙（某公司总经理）为男女朋友，分手后，甲怀恨在心，经自己研究发现，该公司生产的保健品毫无保健作用。甲抛售股票后紧接着在网上公布该研究结果，并写明乙是公司总经理。该报告导致某公司股价狂跌，损失惨重。关于甲的行为，下列说法正确的是：(　　　)[2]

    A. 甲构成破坏生产经营罪   B. 甲构成侵犯公民个人信息罪

    C. 甲构成内幕交易罪   D. 甲不构成犯罪

十一、拒不支付劳动报酬罪

[法条引述]

第 276 条之一 [拒不支付劳动报酬罪] 以转移财产、逃匿等方法逃避支付劳动者的劳动报酬或者有能力支付而不支付劳动者的劳动报酬，数额较大，经政府有关部门责令支付仍不支付的，处 3 年以下有期徒刑或者拘役，并处或者单处罚金；造成严重后果的，处 3 年以上 7 年以下有期徒刑，并处罚金。

单位犯前款罪的，对单位判处罚金，并对其直接负责的主管人员和其他直接责任人员，依照前款的规定处罚。

有前两款行为，尚未造成严重后果，在提起公诉前支付劳动者的劳动报酬，并依法承担相应赔偿责任的，可以减轻或者免除处罚。

(一) 拒不支付劳动报酬罪的概念和构成要件★

1. 概念

拒不支付劳动报酬罪，是指以转移财产、逃匿等方法逃避支付劳动者的劳动报酬，或者有能力支付而不支付劳动者的劳动报酬，数额较大，经政府有关部门责令支付仍不支付的行为。"劳动报酬"包括工资、奖金、津贴、补贴、延长工作时间的工资报酬及特殊情况下支付的工资等。

2. 犯罪构成要件

(1) 犯罪客体是国家劳动秩序以及劳动者获得劳动报酬的权利；

(2) 客观方面为以转移财产、逃匿等方法逃避支付劳动者的劳动报酬，或者有能力支付而不支付劳动者的劳动报酬，数额较大，经政府有关部门责令支付仍不支付的行为；

---

[1]　B

[2]　D

（3）犯罪主体是有支付他人劳动报酬义务的自然人以及单位；

（4）主观方面是故意。

（二）拒不支付劳动报酬罪的认定

拒不支付劳动者的劳动报酬，尚未造成严重后果，在刑事立案前支付劳动者的劳动报酬，并依法承担相应赔偿责任的，可以认定为情节显著轻微危害不大，不认为是犯罪；在提起公诉前支付劳动者的劳动报酬，并依法承担相应赔偿责任的，可以减轻或者免除刑事处罚；在一审宣判前支付劳动者的劳动报酬，并依法承担相应赔偿责任的，可以从轻处罚。

第一节　妨害社会管理秩序罪的概念和构成要件

1. 概念

妨害社会管理秩序罪，是指妨害国家机关对社会的管理活动，破坏社会正常秩序，情节严重的行为。

2. 妨害社会管理秩序罪的构成要件

（1）犯罪客体是国家机关对社会的管理秩序；

（2）客观方面表现为妨害国家机关对社会依法实行管理活动，破坏社会正常秩序，情节严重的行为；

（3）犯罪主体多为自然人，且一般主体占多数，少数罪由特殊主体构成，极个别罪还可由单位构成；

（4）主观方面大多数表现为故意，个别犯罪可由过失构成。

第二节　本章重点罪名

一、妨害公务罪与袭警罪

[法条引述]

第 277 条 [妨害公务罪]　以暴力、威胁方法阻碍国家机关工作人员依法执行职务的，处 3 年以下有期徒刑、拘役、管制或者罚金。

以暴力、威胁方法阻碍全国人民代表大会和地方各级人民代表大会代表依法执行代表职务的，依照前款的规定处罚。

在自然灾害和突发事件中，以暴力、威胁方法阻碍红十字会工作人员依法履行职责的，依照第 1 款的规定处罚。

故意阻碍国家安全机关、公安机关依法执行国家安全工作任务，未使用暴力、威胁方法，造成严重后果的，依照第 1 款的规定处罚。

[袭警罪]　暴力袭击正在依法执行职务的人民警察的，处 3 年以下有期徒刑、拘役或者管制；使用枪支、管制刀具，或者以驾驶机动车撞击等手段，严重危及其人身安全的，处 3 年以上 7 年以下有期徒刑。

第 368 条第 1 款 [阻碍军人执行职务罪]　以暴力、威胁方法阻碍军人依法执行职务的，处 3 年以下有期徒刑、拘役、管制或者罚金。

（一）妨害公务罪

1. 妨害公务罪的概念和构成要件★

（1）概念

妨害公务罪，是指以暴力、威胁方法阻碍国家机关工作人员依法执行职务，阻碍人民代表大会代表依法执行代表职务，阻碍红十字会工作人员依法履行职责的行为，或者故意阻碍国家安全机关、公安机关依法执行国家安全工作任务，未使用暴力、威胁方法，但造成严重后果的行为。

（2）犯罪构成要件

❶犯罪客体是国家机关工作人员依法执行职务的活动。

❷客观方面表现为妨害公务的行为。妨害公务中的暴力不包括故意致人重伤或者杀人的行为，如果以重伤或者杀死的方法妨害公务的，应以故意伤害罪（重伤）或故意杀人罪论处。

❸犯罪主体是一般主体。

❹主观方面表现为故意，即明知是国家机关工作人员、人大代表、红十字会工作人员以及国家安全机关、公安机关工作人员正在依法执行职务，而以暴力、威胁或者其他方法阻碍。

2. 妨害公务罪的认定

（1）划清本罪与其他罪的界限。妨害公务罪只能发生在刑法所规定的 5 种人执行公务或者履行职责期间，否则不构成妨害公务罪，如果构成其他罪的，应当以所构成的犯罪定罪处罚。

（2）为防控"新冠肺炎"疫情需要，由政府部门组织动员的居（村）委会、社区工作人员可以认定为受国家机关委托从事公务的人员。对于防疫人员依职权行使的与防疫、检疫、强制隔离、隔离治疗等措施密切的相关行为，应认定为公务行为。对于由居（村）委会、物业公司等自发组织、采取有关防控疫情措施的人员，在执行防控措施时受到暴力、威胁的，对行为人不能认定为妨害公务罪，可以按照故意伤害罪、寻衅滋事罪、侮辱罪等追究刑事责任。

（二）袭警罪

袭警罪的构成要件：

1. 犯罪客体是公安机关的执法公务活动和人民警察的人身安全。

2. 客观方面表现为暴力袭击正在依法执行职务的人民警察的行为或者使用枪支、管制刀具，或者以驾驶机动车撞击等手段，严重危及其人身安全的行为。

3. 犯罪主体是年满 16 周岁具有刑事责任能力的自然人。

4. 主观方面表现为故意。

（三）罪数问题

原则上，实施犯罪行为后抗拒检查的，要与妨害公务罪（或者袭警罪），数罪并罚。但注意例外的情形：在走私、贩卖、运输、制造毒品罪，组织、运送他人偷越国（边）境犯罪过程中，抗拒检查的，仅作为前述三罪的加重情节处理，不并罚。

练一练

1. 普通公民甲采用暴力方法阻碍军官周某依法执行军事职务。甲的行为应定为：（　　）[1]

A. 阻碍军人执行职务罪　　　　　　B. 阻碍执行军事职务罪

C. 妨害公务罪　　　　　　　　　　D. 寻衅滋事罪

2. 对下列情形应当实行数罪并罚的是：（　　）[2]

A. 在走私普通货物、物品过程中，以暴力、威胁方法抗拒缉私的

B. 在走私毒品过程中，以暴力方法抗拒检查，情节严重的

C. 在组织他人偷越国（边）境过程中，以暴力方法抗拒检查的

D. 在运送他人偷越国（边）境过程中，以暴力方法抗拒检查的

3. 黄某、王某二人从境外走私入境假币150余万元。运载假币的渔船刚一到岸，即被海关缉私人员发现。黄某、王某手持铁棍、匕首将缉私人员打成重伤后携带假币逃走。黄某、王某的行为构成：（　　）[3]

A. 走私假币罪　　　　　　　　　　B. 运输假币罪

C. 故意伤害罪　　　　　　　　　　D. 妨害公务罪

4. 下列行为应以妨害公务罪论处的是：（　　）[4]

A. 甲与傅某相互斗殴，警察处理完毕后让各自回家。傅某当即离开，甲认为警察的处理不公平，朝警察小腿踢一脚后逃走

B. 乙夜间入户盗窃时，发现户主戴某是警察，窃得财物后正要离开时被戴某发现。为摆脱抓捕，乙对戴某使用暴力致其轻微伤

C. 丙为使其弟逃跑，将前来实施行政拘留的警察打倒在地，其弟顺利逃走

D. 丁在组织他人偷越国（边）境的过程中，以暴力方法抗拒警察检查

二、伪造、变造、买卖国家机关公文、证件、印章罪等

[法条引述]

第280条 [伪造、变造、买卖国家机关公文、证件、印章罪] [盗窃、抢夺、毁灭国

---

[1] A

[2] A

[3] AC

[4] C

家机关公文、证件、印章罪] 伪造、变造、买卖或者盗窃、抢夺、毁灭国家机关的公文、证件、印章的，处3年以下有期徒刑、拘役、管制或者剥夺政治权利，并处罚金；情节严重的，处3年以上10年以下有期徒刑，并处罚金。

[伪造公司、企业、事业单位、人民团体印章罪] 伪造公司、企业、事业单位、人民团体的印章的，处3年以下有期徒刑、拘役、管制或者剥夺政治权利，并处罚金。

[伪造、变造、买卖身份证件罪] 伪造、变造、买卖居民身份证、护照、社会保障卡、驾驶证等依法可以用于证明身份的证件的，处3年以下有期徒刑、拘役、管制或者剥夺政治权利，并处罚金；情节严重的，处3年以上7年以下有期徒刑，并处罚金。

（一）伪造、变造、买卖国家机关公文、证件、印章罪

1. 伪造、变造、买卖国家机关公文、证件、印章罪的概念和构成要件

（1）概念

伪造、变造、买卖国家机关公文、证件、印章罪，是指伪造、变造、买卖国家机关的公文、证件、印章的行为。

（2）犯罪构成要件

❶犯罪客体是国家机关的威信及其正常活动；

❷客观方面表现为伪造、变造、买卖国家机关公文、证件、印章的行为；

❸犯罪主体为一般主体；

❹主观方面为故意。

2. 伪造、变造、买卖国家机关公文、证件、印章罪的认定

行为人实施伪造、变造、买卖国家机关公文、证件、印章的行为，往往牵连构成其他犯罪，如诈骗罪、招摇撞骗罪等。对此，应择一重罪论处。

注　意

刑法只处罚伪造公司、企业、事业单位、人民团体印章的行为，构成伪造公司、企业、事业单位、人民团体印章罪。

（二）伪造、变造、买卖身份证件罪

1. 伪造、变造、买卖身份证件罪，是指伪造、变造、买卖居民身份证、护照、社会保障卡、驾驶证等依法可以用于证明身份的证件的行为。本罪属于伪造、变造、买卖国家机关公文、证件、印章罪的特别法条。

2. 实施本罪行为，同时构成其他犯罪的（比如诈骗罪），应依照处罚较重的规定定罪处罚。

练一练

1. 甲在医院缴费单上加盖自己私刻的收费章，逃避支付妻子透析治疗费用17万余元。

甲的行为：(　　　)[1]

  A. 按诈骗罪定罪处罚   B. 按伪造事业单位印章罪定罪处罚

  C. 按合同诈骗罪定罪处罚   D. 成立紧急避险

2. 甲承租乙的房屋后，伪造身份证与房产证交与中介公司，中介公司不知有假，为其售房给不知情的丙，甲获款 300 万元。关于本案，下列选项错误的是：(　　　)[2]

  A. 甲的行为触犯了伪造身份证件罪与伪造国家机关证件罪，同时是诈骗罪的教唆犯

  B. 甲是诈骗罪、伪造身份证件罪与伪造国家机关证件罪的正犯

  C. 伪造身份证件罪、伪造国家机关证件罪与诈骗罪之间具有牵连关系

  D. 由于存在牵连关系，对甲的行为应以诈骗罪从重处罚

3. 无业人员甲通过伪造国家机关公文，骗取某县工商局副局长的职位。在该局股级干部竞争上岗时，甲向干部乙声称："如果不给我 2 万元，你这次绝对没有机会。"乙为获得岗位，只好送甲 2 万元。关于对甲的行为的处理意见，下列选项正确的是：(　　　)[3]

  A. 甲触犯的伪造国家机关公文罪与招摇撞骗罪之间具有牵连关系，应从一重罪论处

  B. 对甲的行为以伪造国家机关公文罪与敲诈勒索罪实行并罚

  C. 对甲的行为以伪造国家机关公文罪与受贿罪实行并罚

  D. 甲触犯的伪造国家机关公文罪与受贿罪之间具有牵连关系，应从一重罪论处

三、招摇撞骗罪

[法条引述]

第279条 [招摇撞骗罪]　冒充国家机关工作人员招摇撞骗的，处 3 年以下有期徒刑、拘役、管制或者剥夺政治权利；情节严重的，处 3 年以上 10 年以下有期徒刑。

冒充人民警察招摇撞骗的，依照前款的规定从重处罚。

第372条 [冒充军人招摇撞骗罪]　冒充军人招摇撞骗的，处 3 年以下有期徒刑、拘役、管制或者剥夺政治权利；情节严重的，处 3 年以上 10 年以下有期徒刑。

(一) 招摇撞骗罪的概念和构成要件 ★

1. 概念

招摇撞骗罪，是指以谋取非法利益为目的，冒充国家机关工作人员招摇撞骗的行为。

2. 犯罪构成要件

(1) 犯罪客体是国家机关的威信及其正常活动，同时也损害公共利益或公民的合法权益。

(2) 客观方面表现为冒充国家机关工作人员进行招摇撞骗的行为。

---

 [1]　A

 [2]　A

 [3]　C

小贴士

　　1. 所谓"冒充国家机关工作人员"，是指冒充国家机关中依法从事公务的人员的身份或职位。包括：

　　（1）下级国家机关工作人员冒充上级国家机关工作人员；

　　（2）此种部门的国家机关工作人员冒充彼种部门的国家机关工作人员。

　　2. 所谓"招摇撞骗"，是指利用人们对国家机关工作人员的信任，假冒国家机关工作人员的身份并到处炫耀，寻找机会骗取非法利益，如骗取金钱、待遇、地位、荣誉或者玩弄女性等。冒充国家机关工作人员与进行招摇撞骗这两种行为必须同时具备并且存在有机联系。

　　（3）犯罪主体只限于自然人。

　　（4）主观方面表现为故意。其目的是骗取某种非法利益。

（二）招摇撞骗罪的认定

　　本罪与诈骗罪的界限：本罪限于以冒充国家机关工作人员的方式骗取包括财产在内的各种利益；而诈骗罪则不限定以冒充国家机关工作人员的方式骗取财物。如果行为人以冒充国家机关工作人员的特定方式招摇撞骗，骗取了包括财产在内的各种利益，应以招摇撞骗罪论处。如果所骗取的财物数额特别巨大，系想象竞合犯，应择一重罪处断，最终应按诈骗罪论处。

练一练

1. 甲伪造军官身份，蒙骗了多名妇女与之发生性关系。甲的行为应认定为：（　　　）[1]

A. 强奸罪

B. 招摇撞骗罪

C. 强奸罪与冒充军人招摇撞骗罪

D. 冒充军人招摇撞骗罪

2. 甲冒充负责征兵工作的军官，向一家长谎称可帮助其子入伍，索要了 5000 元现金。对甲的行为：（　　　）[2]

A. 应以诈骗罪定罪处罚

B. 应以招摇撞骗罪定罪处罚

C. 应以冒充军人招摇撞骗罪定罪处罚

D. 应以诈骗罪和冒充军人招摇撞骗罪数罪并罚

3. 下列行为中，构成招摇撞骗罪的是：（　　　）[3]

A. 甲冒充某省电视台记者骗取他人钱财，数额较大

B. 乙冒充工商局副局长玩弄多名女青年

---

[1]　D

[2]　C

[3]　B

C. 丙冒充国有公司总经理玩弄多名女青年，并致两人怀孕

D. 丁冒充某大学招生办主任骗取他人钱财，数额较大

四、非法获取国家秘密罪

[法条引述]

第 282 条第 1 款 ［非法获取国家秘密罪］ 以窃取、刺探、收买方法，非法获取国家秘密的，处 3 年以下有期徒刑、拘役、管制或者剥夺政治权利；情节严重的，处 3 年以上 7 年以下有期徒刑。

1. 本罪与间谍罪的界限

（1）侵犯的客体不同。间谍罪危害国家安全；本罪侵犯国家的保密制度。

（2）客观行为表现不同。间谍罪的行为内容复杂，获取国家秘密、情报只是其非法活动之一；本罪仅限于以窃取、刺探、收买的方法获取国家秘密的行为。如果行为人是因为参加间谍组织或者接受间谍组织及其代理人的任务，而为间谍组织窃取、刺探、收买国家秘密的，则应以间谍罪定罪处罚。

（3）主观目的不同。间谍罪是将国家情报提供给危害国家安全的外国间谍机构，本罪不具有危害国家安全的目的。

2. 本罪与为境外窃取、刺探、收买、非法提供国家秘密、情报罪的界限：①侵犯的客体、对象不同；②客观行为表现不同；③主观目的不同。

3. 非法获取国家秘密后，产生将国家秘密非法提供给境外机构、组织或者人员的想法的，只认定为境外非法提供国家秘密罪即可。

练一练

1. 国家机关工作人员甲通过电子邮件，将因工作便利获悉的国家经济秘密发送给某境外机构。甲的行为构成：（   ）[1]

  A. 间谍罪   B. 非法获取国家秘密罪

  C. 故意泄露国家秘密罪   D. 为境外非法提供国家秘密罪

2. 某国间谍戴某，结识了我国某国家机关机要员黄某。戴某谎称来华投资建厂需了解政策动向，让黄某借工作之便为其搞到密级为"机密"的《内参报告》四份。戴某拿到文件后送给黄某一部手机，并为其子前往某国留学提供了 6 万元资金。黄某的行为：（   ）[2]

  A. 以资助危害国家安全犯罪活动罪、非法获取国家秘密罪，数罪并罚

  B. 以为境外窃取、刺探、收买、非法提供国家秘密、情报罪与受贿罪，数罪并罚

  C. 以非法获取国家秘密罪、受贿罪，数罪并罚

  D. 以故意泄露国家秘密罪、受贿罪，从一重罪处断

---

［1］ D

［2］ B

五、投放虚假危险物质罪，编造、故意传播虚假恐怖信息罪

[法条引述]

第291条之一 [投放虚假危险物质罪] [编造、故意传播虚假恐怖信息罪] 投放虚假的爆炸性、毒害性、放射性、传染病病原体等物质，或者编造爆炸威胁、生化威胁、放射威胁等恐怖信息，或者明知是编造的恐怖信息而故意传播，严重扰乱社会秩序的，处5年以下有期徒刑、拘役或者管制；造成严重后果的，处5年以上有期徒刑。

[编造、故意传播虚假信息罪] 编造虚假的险情、疫情、灾情、警情，在信息网络或者其他媒体上传播，或者明知是上述虚假信息，故意在信息网络或者其他媒体上传播，严重扰乱社会秩序的，处3年以下有期徒刑、拘役或者管制；造成严重后果的，处3年以上7年以下有期徒刑。

> **小贴士**
>
> 1. 编造、故意传播虚假恐怖信息，严重扰乱社会秩序，同时又构成其他犯罪的，择一重罪处罚。
>
> 2. 编造虚假的"新冠肺炎"疫情信息，在信息网络或者其他媒体上传播，或者明知是虚假疫情信息，故意在信息网络或者其他媒体上传播，严重扰乱社会秩序的，以编造、故意传播虚假信息罪定罪处罚。

练一练

甲给机场打电话谎称"3架飞机上有炸弹"，机场立即紧急疏散乘客，对飞机进行地毯式安检，3小时后才恢复正常航班秩序。关于本案，下列选项正确的是：（　　）[1]

A. 为维护社会稳定，无论甲的行为是否严重扰乱社会秩序，都应追究甲的刑事责任

B. 为防范危害航空安全行为的发生，保护人民群众，应以危害公共安全相关犯罪判处甲死刑

C. 从事实和法律出发，甲的行为符合编造、故意传播虚假恐怖信息罪的犯罪构成，应追究其刑事责任

D. 对于散布虚假信息，危及航空安全，造成国内国际重大影响的案件，可突破司法程序规定，以高效办案取信社会

六、组织考试作弊罪

[法条引述]

第284条之一 [组织考试作弊罪] 在法律规定的国家考试中，组织作弊的，处3年

---

〔1〕 C

以下有期徒刑或者拘役，并处或者单处罚金；情节严重的，处 3 年以上 7 年以下有期徒刑，并处罚金。

为他人实施前款犯罪提供作弊器材或者其他帮助的，依照前款的规定处罚。

[非法出售、提供试题、答案罪] 为实施考试作弊行为，向他人非法出售或者提供第 1 款规定的考试的试题、答案的，依照第 1 款的规定处罚。

[代替考试罪] 代替他人或者让他人代替自己参加第 1 款规定的考试的，处拘役或者管制，并处或者单处罚金。

（一）组织考试作弊罪的概念和构成要件

1. 概念

组织考试作弊罪，是指在法律规定的国家考试中，组织作弊或者为他人实施组织考试作弊犯罪提供作弊器材或者其他帮助的行为。

2. 犯罪构成要件

（1）犯罪客体是国家公平公正的考试制度；

（2）客观方面表现为在法律规定的国家考试中组织作弊或者为他人实施组织考试作弊犯罪提供作弊器材或者其他帮助的行为；

（3）犯罪主体为已满 16 周岁并具有刑事责任能力的自然人；

（4）主观方面为故意。

（二）组织考试作弊罪的认定

1. 成立本罪仅限于"法律规定的国家考试"，不包括其他考试，如就业、入职、培训、结业、学期统考等考试。具体是指全国人民代表大会及其常务委员会制定的法律所规定的考试。根据有关法律规定，下列考试属于"法律规定的国家考试"：

（1）普通高等学校招生考试、研究生招生考试、高等教育自学考试、成人高等学校招生考试等国家教育考试；

（2）中央和地方公务员录用考试；

（3）国家统一法律职业资格考试、国家教师资格考试、注册会计师全国统一考试、会计专业技术资格考试、资产评估师资格考试、医师资格考试、执业药师职业资格考试、注册建筑师考试、建造师执业资格考试等专业技术资格考试；

（4）其他依照法律由中央或者地方主管部门以及行业组织的国家考试。

前述规定的考试涉及的特殊类型招生、特殊技能测试、面试等考试，属于"法律规定的国家考试"。

2. 组织考试作弊，在考试开始之前被查获，但已经非法获取考试试题、答案或者具有其他严重扰乱考试秩序情形的，应当认定为组织考试作弊罪既遂。

3. 为实施考试作弊行为，向他人非法出售或者提供法律规定的国家考试的试题、答案，试题不完整或者答案与标准答案不完全一致的，不影响非法出售、提供试题、答案罪的认定。

4. 以窃取、刺探、收买方法非法获取法律规定的国家考试的试题、答案，又组织考试作弊或者非法出售、提供试题、答案，以非法获取国家秘密罪和组织考试作弊罪或者非法出售、提供试题、答案罪数罪并罚。

5. 在法律规定的国家考试以外的其他考试中，组织作弊，为他人组织作弊提供作弊器材或者其他帮助，或者非法出售、提供试题、答案，符合非法获取国家秘密罪，非法生产、销售窃听、窃照专用器材罪，非法使用窃听、窃照专用器材罪，非法利用信息网络罪，扰乱无线电通讯管理秩序罪等犯罪构成要件的，依法追究刑事责任。

6. 设立用于实施考试作弊的网站、通讯群组或者发布有关考试作弊的信息，情节严重的，以非法利用信息网络罪定罪处罚；同时构成组织考试作弊罪，非法出售、提供试题、答案罪，非法获取国家秘密罪等其他犯罪的，依照处罚较重的规定定罪处罚。

练一练

2016年4月，甲利用乙提供的作弊器材，安排大学生丙在地方公务员考试中代替自己参加考试。但丙考试成绩不佳，甲未能进入复试。关于本案，下列选项正确的是：（ ）[1]

A. 甲组织他人考试作弊，应以组织考试作弊罪论处

B. 乙为他人考试作弊提供作弊器材，应按组织考试作弊罪论处

C. 丙考试成绩虽不佳，仍构成代替考试罪

D. 甲让丙代替自己参加考试，构成代替考试罪

七、拒不履行信息网络安全管理义务罪

[法条引述]

第286条之一 [拒不履行信息网络安全管理义务罪] 网络服务提供者不履行法律、行政法规规定的信息网络安全管理义务，经监管部门责令采取改正措施而拒不改正，有下列情形之一的，处3年以下有期徒刑、拘役或者管制，并处或者单处罚金：

（一）致使违法信息大量传播的；

（二）致使用户信息泄露，造成严重后果的；

（三）致使刑事案件证据灭失，情节严重的；

（四）有其他严重情节的。

单位犯前款罪的，对单位判处罚金，并对其直接负责的主管人员和其他直接责任人员，依照前款的规定处罚。

有前两款行为，同时构成其他犯罪的，依照处罚较重的规定定罪处罚。

（一）拒不履行信息网络安全管理义务罪的概念和构成要件

1. 概念

拒不履行信息网络安全管理义务罪，是指网络服务提供者不履行法律、行政法规规定

---

[1] CD

的信息网络安全管理义务，经监管部门责令采取改正措施而拒不改正，情节严重的行为。

2. 犯罪构成要件

（1）犯罪客体是信息网络安全管理秩序罪。

（2）客观方面表现为行为人不履行法律、行政法规规定的信息网络安全管理义务，经监管部门责令采取改正措施而拒不改正，情节严重的行为：

❶致使违法信息大量传播的；

❷致使用户信息泄露，造成严重后果的；

❸致使刑事案件证据灭失，情节严重的；

❹有其他严重情节的。

（3）犯罪主体包括自然人和单位，但必须是网络服务提供者。

（4）主观方面为故意。

（二）拒不履行信息网络安全管理义务罪的认定

1. 有拒不履行信息网络安全管理义务罪的行为，同时构成其他犯罪的，依照处罚较重的规定定罪处罚。

2. 网络服务提供者不履行法律、行政法规规定的信息网络安全管理义务，经监管部门责令采取改正措施而拒不改正，致使虚假"新冠肺炎"疫情信息或者其他违法信息大量传播的，以拒不履行信息网络安全管理义务罪定罪处罚。

八、帮助信息网络犯罪活动罪

[法条引述]

第287条之二 ［帮助信息网络犯罪活动罪］ 明知他人利用信息网络实施犯罪，为其犯罪提供互联网接入、服务器托管、网络存储、通讯传输等技术支持，或者提供广告推广、支付结算等帮助，情节严重的，处3年以下有期徒刑或者拘役，并处或者单处罚金。

单位犯前款罪的，对单位判处罚金，并对其直接负责的主管人员和其他直接责任人员，依照第1款的规定处罚。

有前两款行为，同时构成其他犯罪的，依照处罚较重的规定定罪处罚。

（一）帮助信息网络犯罪活动罪的概念和构成要件

1. 概念

帮助信息网络犯罪活动罪，是指明知他人利用信息网络实施犯罪，为其犯罪提供互联网接入、服务器托管、网络存储、通讯传输等技术支持，或者提供广告推广、支付结算等帮助，情节严重的行为。

2. 犯罪构成要件

（1）犯罪客体是信息网络安全管理秩序；

（2）客观方面表现为为利用信息网络犯罪提供互联网接入、服务器托管、网络存储、通讯传输等技术支持，或者提供广告推广、支付结算等帮助，情节严重的行为；

（3）犯罪主体为一般主体，即年满 16 周岁、具有刑事责任能力的自然人和单位；

（4）主观方面为故意，即明知他人利用信息网络实施犯罪活动而为其提供帮助，但并不要求以获利为目的。

（二）帮助信息网络犯罪活动罪的认定

有帮助信息网络犯罪活动罪行为，同时构成其他犯罪的，依照处罚较重的规定定罪处罚。

练一练

下列选项是正确的是：(   )[1]

A. 甲使用变造的货币购买商品，触犯使用假币罪与诈骗罪，构成想象竞合犯

B. 乙走私毒品，又走私假币构成犯罪的，以走私毒品罪和走私假币罪实行数罪并罚

C. 丙先后三次侵入军人家中盗窃军人制服，后身穿军人制服招摇撞骗。对丙应按牵连犯从一重罪处罚

D. 丁明知黄某在网上开设赌场，仍为其提供互联网接入服务。丁触犯开设赌场罪与帮助信息网络犯罪活动罪，构成想象竞合犯

九、非法侵入计算机信息系统罪

[法条引述]

第285条 [非法侵入计算机信息系统罪] 违反国家规定，侵入国家事务、国防建设、尖端科学技术领域的计算机信息系统的，处 3 年以下有期徒刑或者拘役。

[非法获取计算机信息系统数据、非法控制计算机信息系统罪] 违反国家规定，侵入前款规定以外的计算机信息系统或者采用其他技术手段，获取该计算机信息系统中存储、处理或者传输的数据，或者对该计算机信息系统实施非法控制，情节严重的，处 3 年以下有期徒刑或者拘役，并处或者单处罚金；情节特别严重的，处 3 年以上 7 年以下有期徒刑，并处罚金。

[提供侵入、非法控制计算机信息系统程序、工具罪] 提供专门用于侵入、非法控制计算机信息系统的程序、工具，或者明知他人实施侵入、非法控制计算机信息系统的违法犯罪行为而为其提供程序、工具，情节严重的，依照前款的规定处罚。

单位犯前三款罪的，对单位判处罚金，并对其直接负责的主管人员和其他直接责任人员，依照各该款的规定处罚。

非法侵入计算机信息系统罪的构成要件：

1. 犯罪客体为国家事务、国防建设、尖端科学技术领域的计算机信息系统安全。

2. 客观方面表现为违反国家规定，非法侵入国家事务、国防建设、尖端科学技术领域

---

[1] BD

的计算机信息系统的行为。"计算机信息系统",是指具备自动处理数据功能的系统,包括计算机、网络设备、通信设备、自动化控制设备等。

3. 犯罪主体是一般自然人以及单位。

4. 主观方面是故意。

十、破坏计算机信息系统罪

[法条引述]

第286条 [破坏计算机信息系统罪] 违反国家规定,对计算机信息系统功能进行删除、修改、增加、干扰,造成计算机信息系统不能正常运行,后果严重的,处5年以下有期徒刑或者拘役;后果特别严重的,处5年以上有期徒刑。

违反国家规定,对计算机信息系统中存储、处理或者传输的数据和应用程序进行删除、修改、增加的操作,后果严重的,依照前款的规定处罚。

故意制作、传播计算机病毒等破坏性程序,影响计算机系统正常运行,后果严重的,依照第1款的规定处罚。

单位犯前三款罪的,对单位判处罚金,并对其直接负责的主管人员和其他直接责任人员,依照第1款的规定处罚。

第287条之一 [非法利用信息网络罪] 利用信息网络实施下列行为之一,情节严重的,处3年以下有期徒刑或者拘役,并处或者单处罚金:

(一) 设立用于实施诈骗、传授犯罪方法、制作或者销售违禁物品、管制物品等违法犯罪活动的网站、通讯群组的;

(二) 发布有关制作或者销售毒品、枪支、淫秽物品等违禁物品、管制物品或者其他违法犯罪信息的;

(三) 为实施诈骗等违法犯罪活动发布信息的。

单位犯前款罪的,对单位判处罚金,并对其直接负责的主管人员和其他直接责任人员,依照第1款的规定处罚。

有前两款行为,同时构成其他犯罪的,依照处罚较重的规定定罪处罚。

第295条 [传授犯罪方法罪] 传授犯罪方法的,处5年以下有期徒刑、拘役或者管制;情节严重的,处5年以上10年以下有期徒刑;情节特别严重的,处10年以上有期徒刑或者无期徒刑。

破坏计算机信息系统罪的构成要件:

1. 犯罪客体是国家对计算机信息系统的安全运行管理制度和计算机信息系统的所有人和合法用户的合法权益。犯罪对象是计算机信息系统,包括数据、应用程序和系统功能。

2. 客观方面表现为行为人实施了破坏计算机信息系统的行为。

3. 犯罪主体是一般自然人以及单位。

4. 主观方面是故意。

> **小贴士** 利用计算机实施金融诈骗、盗窃、贪污、挪用公款、窃取国家秘密或者其他犯罪的，依照刑法有关规定定罪处罚。

练一练

1. 甲在互联网上有偿提供制毒工艺视频，乙从甲处购买了该视频，并根据视频中的工艺试制少量毒品，后被抓获。甲的行为应认定为：（   ）[1]

A. 非法经营罪 　　　　　　　　　　B. 制造毒品罪（帮助犯）

C. 非法利用信息网络罪 　　　　　　D. 传授犯罪方法罪

2. 关于利用计算机网络的犯罪，下列选项正确的是：（   ）[2]

A. 通过互联网将国家秘密非法发送给境外的机构、组织、个人的，成立故意泄露国家秘密罪

B. 以营利为目的，在计算机网络上建立赌博网站，或者为赌博网站担任代理，接受投注的，属于《刑法》第303条规定的"开设赌场"

C. 以牟利为目的，利用互联网传播淫秽电子信息的，成立传播淫秽物品罪

D. 组织多人故意在互联网上编造、传播爆炸、生化、放射威胁等虚假恐怖信息，严重扰乱社会秩序的，成立聚众扰乱社会秩序罪

3. 下列情形应以破坏计算机信息系统罪论处的是：（   ）[3]

A. 甲采用密码破解手段，非法进入国家尖端科学技术领域的计算机信息系统，窃取国家机密

B. 乙因与单位领导存在矛盾，即擅自对单位在计算机中存储的数据和应用程序进行修改操作，给单位的生产经营管理造成严重的混乱

C. 丙通过破解密码的手段，进入某银行计算机信息系统，为其朋友的银行卡增加存款额10万元

D. 丁为了显示自己在计算机技术方面的本事，设计出一种计算机病毒，并通过互联网进行传播，影响计算机系统正常运行，造成严重后果

十一、聚众斗殴罪

[法条引述]

第292条 [聚众斗殴罪] 聚众斗殴的，对首要分子和其他积极参加的，处3年以下有期徒刑、拘役或者管制；有下列情形之一的，对首要分子和其他积极参加的，处3年以上10年以下有期徒刑：

---

[1] D

[2] B

[3] BD

（一）多次聚众斗殴的；

（二）聚众斗殴人数多，规模大，社会影响恶劣的；

（三）在公共场所或者交通要道聚众斗殴，造成社会秩序严重混乱的；

（四）持械聚众斗殴的。

聚众斗殴，致人重伤、死亡的，依照本法第234条、第232条的规定定罪处罚。

（一）聚众斗殴罪的概念和构成要件 ★

1. 概念

聚众斗殴罪，是指聚集多人进行斗殴的行为。

2. 犯罪构成要件

（1）犯罪客体是公共秩序。

（2）客观方面表现为首要分子聚集众多的人实施斗殴行为。斗殴方式有持械的，也有徒手的。

（3）犯罪主体是一般主体，即聚众斗殴的首要分子和其他积极参加者。

（4）主观方面表现为故意。

（二）聚众斗殴罪的认定

1. 罪与非罪的界限

（1）本罪处罚的对象是首要分子和其他积极参加者，非首要分子或非积极参加者，即使参与了聚众斗殴行为，也不能以本罪定罪处罚；

（2）一般的因民事纠纷而引发的斗殴行为，不宜以聚众斗殴罪定罪处罚。

2. 聚众斗殴，致人重伤、死亡的，应以故意伤害罪、故意杀人罪论处。

练一练

1. 下列聚众斗殴的情形中，属于"持械"的有：（　　　）[1]

A. 牵引恶犬参与斗殴

B. 携带非法持有的枪支参与斗殴

C. 在斗殴现场抢夺对方棍棒并使用

D. 斗殴时使用事先藏匿在斗殴地点的砍刀

2. 甲、乙两村因水源发生纠纷。甲村20名村民手持铁锹等农具，在两村交界处强行修建引水设施。乙村18名村民随即赶到，手持木棍、铁锹等与甲村村民互相谩骂、互扔石块，甲村3人被砸成重伤。因警察及时疏导，两村村民才逐渐散去。关于本案，下列选项正确的是：（　　　）[2]

A. 村民为争水源而斗殴，符合聚众斗殴罪的主观要件

---

[1] BD

[2] AD

B. 不分一般参加斗殴还是积极参加斗殴，甲、乙两村村民均触犯聚众斗殴罪

C. 因警察及时疏导，两村未发生持械斗殴，属于聚众斗殴未遂

D. 对扔石块将甲村 3 人砸成重伤的乙村村民，应以故意伤害罪论处

十二、寻衅滋事罪

[法条引述]

第 293 条 [寻衅滋事罪] 有下列寻衅滋事行为之一，破坏社会秩序的，处 5 年以下有期徒刑、拘役或者管制：

（一）随意殴打他人，情节恶劣的；

（二）追逐、拦截、辱骂、恐吓他人，情节恶劣的；

（三）强拿硬要或者任意损毁、占用公私财物，情节严重的；

（四）在公共场所起哄闹事，造成公共场所秩序严重混乱的。

纠集他人多次实施前款行为，严重破坏社会秩序的，处 5 年以上 10 年以下有期徒刑，可以并处罚金。

（一）寻衅滋事罪的概念和构成要件（2021 年法硕非法学、法学专业基础课简答题）

1. 概念

寻衅滋事罪，是指肆意挑衅，无事生非，起哄闹事，进行扰乱破坏，情节恶劣的行为。

2. 犯罪构成要件

（1）犯罪客体是公共秩序。

（2）客观方面表现为实施了法定的寻衅滋事的行为。

（3）犯罪主体是一般主体。

（4）主观方面表现为故意。基于蔑视法纪、显示威风、寻求精神刺激或者发泄等卑劣下流的动机。

（二）寻衅滋事罪的认定

1. 罪与非罪的界限：是否达到了情节恶劣或情节严重的程度。

2. 因寻衅滋事致人轻伤的，仍应按寻衅滋事罪论处，致人重伤、死亡的，则应按故意伤害罪或故意杀人罪论处。

3. 本罪与抢劫罪的区别：前者是为了达到自己称王称霸的逞强目的，行为人在大庭广众下耍威风，占便宜，其并不在意财物的价值，也不顾忌被害人、群众知悉或告发；而后者则是出于非法占有公私财物的目的，劫夺被害人有价值或所有的财物，并且尽量避免被害人辨认或他人知悉。

4. 编造虚假信息，或者明知是编造的虚假信息，在信息网络上散布，或者组织、指使人员在信息网络上散布，起哄闹事，造成公共秩序严重混乱的，以寻衅滋事罪定罪处罚。

5. 采用"软暴力"手段，使他人产生心理恐惧或者形成心理强制，分别属于强迫交易罪中的"威胁"、寻衅滋事罪中的"恐吓"，可以强迫交易罪、寻衅滋事罪定罪处罚。

6. 新冠肺炎疫情防控期间，随意殴打医务人员，情节恶劣的，以寻衅滋事罪定罪处罚；采取暴力或者其他方法公然侮辱、恐吓医务人员，以侮辱罪或者寻衅滋事罪定罪处罚；以不准离开工作场所等方式非法限制医务人员人身自由，以非法拘禁罪定罪处罚。

7. 特殊情况认定

（1）聚众扰乱社会秩序，情节严重，致使工作、生产、营业和教学、科研、医疗无法进行，造成严重损失的，首要分子和其他积极参加的人成立聚众扰乱社会秩序罪；

（2）聚众扰乱车站、码头、民用航空站、商场、公园、影剧院、展览会、运动场或者其他公共场所秩序，聚众堵塞交通或者破坏交通秩序，抗拒、阻碍国家治安管理工作人员依法执行职务，情节严重的，对首要分子以聚众扰乱公共场所秩序、交通秩序罪定罪处罚；

（3）多次组织、资助他人非法聚集，扰乱社会秩序，情节严重的，成立组织、资助非法聚集罪。

练一练

1. 甲在疫情防护期间，为发泄不满情绪，将值班医生打成轻微伤，并毁坏其防护用具，致使该医生无法正常工作，且情节恶劣。甲成立：（　　）[1]

A. 故意伤害罪　　　　　　　　　B. 妨害传染病防治罪

C. 故意毁坏财物罪　　　　　　　D. 寻衅滋事罪

2. 下列选项中，应认定为寻衅滋事罪的是：（　　）[2]

A. 因宅基地纠纷将邻居家电视机砸毁

B. 因感情纠纷随意殴打路人情节恶劣

C. 因债务纠纷率众人拿走债务人财物

D. 因医患纠纷将主治医生困在办公室

3. 甲、乙（均为17周岁）经常在小学校门外拦截小学生索要玩具，严重扰乱了学校周边的社会秩序。甲、乙的行为构成：（　　）[3]

A. 抢劫罪　　　　　　　　　　　B. 寻衅滋事罪

C. 抢夺罪　　　　　　　　　　　D. 敲诈勒索罪

4. 甲在公园游玩时遇见仇人胡某，顿生杀死胡某的念头，便欺骗随行的朋友乙、丙说："我们追逐胡某，让他出洋相。"三人捡起木棒追逐胡某，致公园秩序严重混乱。将胡某追到公园后门偏僻处后，乙、丙因故离开。随后甲追上胡某，用木棒重击其头部，致其死亡。关于本案，下列选项正确的是：（　　）[4]

A. 甲触犯故意杀人罪与寻衅滋事罪

---

[1]　D
[2]　B
[3]　B
[4]　ABC

B. 乙、丙的追逐行为是否构成寻衅滋事罪，与该行为能否产生救助胡某的义务是不同的问题

C. 乙、丙的追逐行为使胡某处于孤立无援的境地，但无法预见甲会杀害胡某，不成立过失致人死亡罪

D. 乙、丙属寻衅滋事致人死亡，应从重处罚

5. 下列选项中，在情节严重的情况下，应认定为妨害公务罪的是：(　　)[1]

A. 甲 3 次煽动他人在政府门前广场非法聚集

B. 乙为了解决医疗纠纷，带领多人封堵公立医院大门

C. 丙纠集多人打砸警车，阻止警察带走涉嫌诈骗的丈夫

D. 丁纠集多名亲友，在村口阻碍警察带走被收买的儿童

6. 新冠肺炎疫情期间，甲怀疑医院救治不力致其母死亡，遂在医院设灵堂、烧纸钱，向医院讨说法。关于本案，下列说法错误的是：(　　)[2]

A. 疫情期间要严厉打击涉医违法犯罪，对社会影响恶劣的涉医犯罪行为，要依法从严惩处

B. 甲属于起哄闹事，只有造成医院的秩序严重混乱的，才构成聚众扰乱社会秩序罪

C. 如甲母的死亡确系医院救治不力所致，则不能轻易将甲的行为认定为聚众扰乱社会秩序罪

D. 如以聚众扰乱社会秩序罪判处甲有期徒刑 3 年、缓刑 3 年，为有效维护医疗秩序，法院可同时发布禁止令，禁止甲 1 年内出入医疗机构

十三、高空抛物罪

[法条引述]

第 291 条之二 [高空抛物罪]　从建筑物或者其他高空抛掷物品，情节严重的，处 1 年以下有期徒刑、拘役或者管制，并处或者单处罚金。

有前款行为，同时构成其他犯罪的，依照处罚较重的规定定罪处罚。

（一）高空抛物罪的构成要件

1. 犯罪客体是社会管理秩序以及社会公众的不安全感。
2. 客观方面表现为从建筑物或者其他高空抛掷物品，情节严重的行为。
3. 犯罪主体是年满 16 周岁具有刑事责任能力的自然人。
4. 主观方面表现为故意。

（二）高空抛物罪的认定

有高空抛物的行为，同时构成其他犯罪的，依照处罚较重的规定定罪处罚。

---

[1]　C
[2]　D

练一练

司法机关在认定高空抛物行为人是否具有犯罪故意时，应结合行为人的生活阅历及生活常识综合考量：（　　）[1]

A. 行为人对抛物场所的认识　　　　B. 行为人对抛物高度的认识

C. 行为人对抛物时间的认识　　　　D. 行为人对所抛具体物品的认识

十四、催收非法债务罪

[法条引述]

第293条之一 [催收非法债务罪]　有下列情形之一，催收高利放贷等产生的非法债务，情节严重的，处3年以下有期徒刑、拘役或者管制，并处或者单处罚金：

（一）使用暴力、胁迫方法的；

（二）限制他人人身自由或者侵入他人住宅的；

（三）恐吓、跟踪、骚扰他人的。

催收非法债务罪的构成要件：

1. 犯罪客体是国家对社会风尚的管理秩序。

2. 客观方面表现为实施下列催收高利放贷等产生的非法债务，情节严重的行为：

（1）使用暴力、胁迫方法的；

（2）限制他人人身自由或者侵入他人住宅的；

（3）恐吓、跟踪、骚扰他人的。

3. 犯罪主体为已满16周岁并具有刑事责任能力的自然人。

4. 主观方面为故意。

十五、冒名顶替罪

[法条引述]

第280条之二 [冒名顶替罪]　盗用、冒用他人身份，顶替他人取得的高等学历教育入学资格、公务员录用资格、就业安置待遇的，处3年以下有期徒刑、拘役或者管制，并处罚金。

组织、指使他人实施前款行为的，依照前款的规定从重处罚。

国家工作人员有前两款行为，又构成其他犯罪的，依照数罪并罚的规定处罚。

冒名顶替罪的构成要件：

1. 犯罪客体是国家对高等学历教育制度、公务员录用制度、就业安置政策和制度的管理秩序，以及公民的身份权利。

---

[1]　ABCD

2. 客观方面表现为盗用、冒用他人身份，顶替他人取得的高等学历教育入学资格、公务员录用资格、就业安置待遇的行为以及组织、指使他人实施前述行为的行为。

3. 犯罪主体为已满 16 周岁并具有刑事责任能力的自然人。

4. 主观方面为故意。

十六、组织、领导、参加黑社会性质组织罪

（一）组织、领导、参加黑社会性质组织罪的概念和构成要件

1. 概念

组织、领导、参加黑社会性质组织罪，是指组织、领导或者参加以暴力、威胁或者其他手段，有组织地进行违法犯罪活动，称霸一方，为非作歹，欺压、残害群众，严重破坏经济、社会生活秩序的黑社会性质组织的行为。

2. 犯罪构成要件

（1）犯罪客体是复杂客体，既侵犯了经济秩序、社会生活秩序，同时又侵犯了公民的人身财产权利。

（2）客观方面表现为组织、领导、参加黑社会性质组织的行为。所谓"黑社会性质的组织"，根据《刑法》第 294 条的规定，应当同时具备以下特征：（2010 年法硕非法学专业基础课简答题）

❶形成较稳定的犯罪组织，人数较多，有明确的组织者、领导者，骨干成员基本固定；

❷有组织地通过违法犯罪活动或者其他手段获取经济利益，具有一定的经济实力，以支持该组织的活动；

❸以暴力、威胁或者其他手段，有组织地多次进行违法犯罪活动，为非作恶，欺压、残害群众；

❹通过实施违法犯罪活动，或者利用国家工作人员的包庇或者纵容，称霸一方，在一定区域或者行业内，形成非法控制或者重大影响，严重破坏经济、社会生活秩序。

（3）犯罪主体为一般主体，且限于组织、领导、积极参加者、其他参加者。

（4）主观方面表现为故意，即明知是黑社会性质组织而决意组织、领导、积极参与或参加。

（二）组织、领导、参加黑社会性质组织罪的认定

1. 组织、领导、参加黑社会性质组织，又利用黑社会（性质）组织实施其他犯罪的，应当实行数罪并罚。

2. 3 人以上为实施"套路贷"而组成的较为固定的犯罪组织，应当认定为犯罪集团（即"黑恶"势力）。对首要分子应按照集团所犯全部罪行处罚。实施"套路贷"过程中，未采用明显的暴力或者威胁手段，其行为特征从整体上表现为以非法占有为目的，通过虚构事实、隐瞒真相骗取被害人财物的，一般以诈骗罪定罪处罚；对于在实施"套路贷"过程中多种手段并用，构成诈骗、敲诈勒索、非法拘禁、虚假诉讼、寻衅滋事、强迫交易、抢劫、绑架等多种犯罪的，应当根据具体案件事实，区分不同情况，依照刑法及有关司法

解释的规定数罪并罚或者择一重处。

练一练

1. 2012 年至 2018 年，甲与其两名兄弟纠集数十名社会闲散人员，在某豌豆主产区要求农民低价出售豌豆给他们。多年来，数名不服从要求的农民被打成重伤，其他农民不得不将豌豆低价出售。甲的行为应认定为：（　　　　）[1]

A. 组织、领导黑社会性质组织罪　　　　B. 强迫交易罪

C. 故意伤害罪　　　　　　　　　　　　D. 寻衅滋事罪

2. 关于黑社会性质组织犯罪的认定问题，下列说法正确的是：（　　　　）[2]

A. 黑社会性质组织是犯罪集团，具有犯罪集团的一般属性

B. 黑社会性质组织所从事的危害行为，既包括犯罪行为，又包括违法行为

C. 组织、领导、参加黑社会性质组织罪，既包括组织、领导、参加黑社会性质组织的行为，又包括在该黑社会性质组织统一策划、指挥下从事的其他犯罪行为

D. 具有国家工作人员的非法保护，是认定黑社会性质组织的必要条件

3. 某组织采用暴力、威胁手段长期控制某地长途汽车客运业务。甲参加该组织后，按照组织的指示，将一名"不听话"的司机打成重伤。甲的行为应认定为：（　　　　）[3]

A. 故意伤害罪　　　　　　　　　　　　B. 参加恐怖组织罪

C. 参加黑社会性质组织罪　　　　　　　D. 参加黑社会性质组织罪和故意伤害罪

十七、赌博罪

[法条引述]

第 303 条 [赌博罪]　以营利为目的，聚众赌博或者以赌博为业的，处 3 年以下有期徒刑、拘役或者管制，并处罚金。

[开设赌场罪]　开设赌场的，处 5 年以下有期徒刑、拘役或者管制，并处罚金；情节严重的，处 5 年以上 10 年以下有期徒刑，并处罚金。

[组织参与国（境）外赌博罪]　组织中华人民共和国公民参与国（境）外赌博，数额巨大或者有其他严重情节的，依照前款的规定处罚。

（一）赌博罪

1. 赌博罪的概念和构成要件（2016 年法硕非法学专业基础课简答题）

（1）概念

赌博罪，是指以营利为目的，聚众赌博或者以赌博为业的行为。

---

[1] ABC
[2] AB
[3] D

（2）犯罪构成要件

❶犯罪客体是国家对社会风尚的管理秩序。

❷客观方面表现为聚众赌博或者以赌博为业的行为。

第一，所谓"聚众赌博"，是指组织、招引多人进行赌博，本人从中抽头渔利；

第二，所谓"以赌博为业"，是指嗜赌成性，一贯赌博，以赌博所得为其生活或挥霍的主要来源。

❸犯罪主体为一般主体。

第一，根据司法解释，我国公民在我国领域外周边地区聚众赌博、开设赌场，以吸引我国公民为主要客源的亦可构成赌博罪、开设赌场罪；

第二，明知他人实施赌博犯罪活动，而为其提供资金、计算机网络、通讯、费用结算等直接帮助的，以赌博罪的共犯论处。

❹主观方面是故意并且以营利为目的。不以营利为目的，进行带有少量财物输赢的娱乐活动，以及提供棋牌室等娱乐场所只收取正常的场所和服务费用的经营行为等，不以赌博罪论处。

2. 赌博罪的认定

（1）以营利为目的，在计算机网络上建立赌博网站，或者为赌博网站担任代理，接受投注的，构成开设赌场罪而非赌博罪；明知是赌博网站，而为其提供某些服务或者帮助的，属于开设赌场罪的共同犯罪，以开设赌场罪定罪处罚。

（2）未经国家批准擅自发行、销售彩票，构成犯罪的，应以非法经营罪定罪处罚。

（3）通过赌博或者为国家工作人员赌博提供资金的形式实施行贿、受贿行为，应按照贿赂犯罪定罪处罚。

（4）关于赌博罪与诈骗罪之间的关系

❶设置圈套引诱他人"赌博"，使用欺骗方法获取钱财，胜负并不取决于偶然的，不符合赌博罪的特征，而完全符合诈骗罪的犯罪构成。如果该行为人的其他赌博行为已构成赌博罪，则应将赌博罪与诈骗罪实行并罚。

❷但如果仍然存在概率，则仍然属于赌博行为，成立赌博罪，若被识破，设赌者又使用暴力或以暴力相威胁，从重处罚。致参赌者伤害或死亡的，数罪并罚。

（二）开设赌场罪

开设赌场罪的构成要件：

1. 犯罪客体是国家对社会风尚的管理秩序。

2. 客观方面是为赌博提供场所、设定赌博方式、提供赌具、筹码、资金等组织赌博的行为。

3. 犯罪主体为一般主体，即任何已满16周岁并具有刑事责任能力的自然人均可成为本罪主体。

4. 主观方面为故意，主要以营利为目的。

（三）组织参与国（境）外赌博罪

组织参与国（境）外赌博罪的构成要件：

1. 犯罪客体是国家对社会风尚的管理秩序。

2. 客观方面表现为组织中华人民共和国公民参与国（境）外赌博，数额巨大或者有其他严重情节的行为。

3. 犯罪主体为一般主体，即任何已满 16 周岁并具有刑事责任能力的自然人均可成为本罪主体。

4. 主观方面为故意。

练一练

1. 甲开设网站，以体育彩票开奖号码作为参考号码，接受该网站注册会员投注并开奖，从中抽头渔利 6 万元。甲的行为应认定为：（   ）[1]

A. 非法经营罪　　　　　　　　　　B. 赌博罪

C. 开设赌场罪　　　　　　　　　　D. 诈骗罪

2. 甲为境外赌球网站担任代理，开设个人微信公众号接受投注，情节严重。甲的行为应认定为：（   ）[2]

A. 帮助信息网络犯罪活动罪　　　　B. 赌博罪

C. 非法经营罪　　　　　　　　　　D. 开设赌场罪

3. 甲长期以赌博所得为主要生活来源。某日，甲在抢劫赌徒乙的赌资得逞后，为防止乙日后报案，将其杀死。对甲的处理，下列选项正确的是：（   ）[3]

A. 应以故意杀人罪、抢劫罪并罚

B. 应以抢劫罪从重处罚

C. 应以赌博罪、抢劫罪并罚

D. 应以赌博罪、抢劫罪、故意杀人罪并罚

十八、侵害英雄烈士名誉、荣誉罪

[法条引述]

第 299 条之一 [侵害英雄烈士名誉、荣誉罪] 侮辱、诽谤或者以其他方式侵害英雄烈士的名誉、荣誉，损害社会公共利益，情节严重的，处 3 年以下有期徒刑、拘役、管制或者剥夺政治权利。

侵害英雄烈士名誉、荣誉罪的构成要件：

1. 犯罪客体是社会公共利益，即英雄烈士所带给社会的精神与价值利益。

---

[1]　C
[2]　D
[3]　D

2. 客观方面表现为侮辱、诽谤或者以其他方式侵害英雄烈士的名誉、荣誉，损害社会公共利益，情节严重的行为。

3. 犯罪主体为一般主体，即任何已满 16 周岁并具有刑事责任能力的自然人均可成为本罪主体。

4. 主观方面为故意。

十九、伪证罪

[法条引述]

第 305 条 [伪证罪] 在刑事诉讼中，证人、鉴定人、记录人、翻译人对与案件有重要关系的情节，故意作虚假证明、鉴定、记录、翻译，意图陷害他人或者隐匿罪证的，处 3 年以下有期徒刑或者拘役；情节严重的，处 3 年以上 7 年以下有期徒刑。

（一）伪证罪的概念和构成要件★

1. 概念

伪证罪，是指在刑事诉讼中，证人、鉴定人、记录人、翻译人对与案件有重要关系的情节，故意作虚假证明、鉴定、记录、翻译，意图陷害他人或者隐匿罪证的行为。

2. 犯罪构成要件

（1）犯罪客体主要是司法机关的正常活动，同时还危害公民的人身权利及其他合法权益。

（2）客观方面表现为在刑事诉讼中，对与案件有重要关系的情节作虚假的证明、鉴定、记录、翻译。伪证罪的伪证行为具有虚假性、关联性和时间性的基本特征。

（3）犯罪主体是特殊主体，即刑事诉讼中的证人、鉴定人、记录人、翻译人。

（4）主观方面表现为故意，即有意作虚假的证明、鉴定、记录、翻译，并有陷害他人或者隐匿罪证的目的。

（二）本罪与诬告陷害罪的界限

1. 行为对象不完全相同。本罪的行为对象主要是犯人；而后罪的行为对象是任何公民。

2. 行为方式不同。本罪是对与案件有重要关系的重要情节作伪证；而后罪则是捏造整个犯罪事实。

3. 犯罪主体不同。本罪是特殊主体，只限于证人、鉴定人、记录人、翻译人；而后罪则是一般主体。

4. 行为内容不同。本罪的行为内容包括陷害他人或包庇犯罪；而后罪则只是陷害他人。

5. 行为实施的时间不同。本罪发生在立案以后的刑事诉讼过程中；而后罪则发生在立案侦查之前。

1. 下列行为中，应按伪证罪定罪处罚的是：（   ）[1]

A. 甲捏造事实，向公安机关检举余某奸淫幼女

B. 乙担任被告人文某的辩护人，伪造证据，意图使文某逃避刑事处罚

C. 丙在进行遗嘱真伪鉴定时，故意做出虚假鉴定结论，造成法院错判

D. 丁在为犯罪嫌疑人申某作哑语翻译时，故意进行错误翻译，致申某无罪释放

2. 下列行为构成伪证罪的是：（   ）[2]

A. 在民事诉讼中，证人作伪证的

B. 在刑事诉讼中，辩护人伪造证据的

C. 在刑事诉讼中，证人故意作虚假证明意图陷害他人的

D. 在刑事诉讼中，诉讼代理人帮助当事人伪造证据的

二十、妨害作证罪

[法条引述]

第307条 [妨害作证罪] 以暴力、威胁、贿买等方法阻止证人作证或者指使他人作伪证的，处3年以下有期徒刑或者拘役；情节严重的，处3年以上7年以下有期徒刑。

[帮助毁灭、伪造证据罪] 帮助当事人毁灭、伪造证据，情节严重的，处3年以下有期徒刑或者拘役。

司法工作人员犯前两款罪的，从重处罚。

第306条 [辩护人、诉讼代理人毁灭证据、伪造证据、妨害作证罪] 在刑事诉讼中，辩护人、诉讼代理人毁灭、伪造证据，帮助当事人毁灭、伪造证据，威胁、引诱证人违背事实改变证言或者作伪证的，处3年以下有期徒刑或者拘役；情节严重的，处3年以上7年以下有期徒刑。

辩护人、诉讼代理人提供、出示、引用的证人证言或者其他证据失实，不是有意伪造的，不属于伪造证据。

(一) 妨害作证罪的概念和构成要件 ★

1. 概念

妨害作证罪，是指以暴力、威胁、贿买等方法阻止证人作证，或者指使他人作伪证的行为。

2. 犯罪构成要件

(1) 犯罪客体是国家司法机关的正常诉讼活动。

---

[1] D

[2] C

（2）客观方面表现为行为人实施了以暴力、威胁、贿买等方法阻止证人作证或者指使他人作伪证的行为。

❶ 所谓"暴力"，是指使用殴打、绑架等人身强制的方法，使证人不敢作证或者使他人作伪证；

❷ 所谓"威胁"，是指以杀害、伤害证人及其近亲属，毁坏其财产，揭露其隐私等方法相威胁迫使证人不敢、不愿作证或者促使他人作伪证；

❸ 所谓"贿买"，是指以金钱、财物或其他利益进行收买、利诱，使证人不愿作证或者促使他人作伪证。

（3）犯罪主体为一般主体。

（4）主观方面是故意。

（二）妨害作证罪的认定

1. 关于妨害作证罪的成立时间范围，虽然刑法典并没有作限制性规定，但一般发生在诉讼过程中，而且既可能发生在刑事诉讼中，也可能发生在民事诉讼或行政诉讼中。

2. 在刑事诉讼中，辩护人、诉讼代理人毁灭、伪造证据，帮助当事人毁灭、伪造证据，威胁、引诱证人违背事实改变证言或者作证的，成立辩护人、诉讼代理人毁灭证据、伪造证据、妨害作证罪。

练一练

1. 乙放在办公室内的 1 万元现金被丙窃取。为了报复丙，乙向公安机关谎称被盗现金数额为 5 万元。乙的同事甲在接受公安机关询问时，按照乙的唆使证明被盗数额为 5 万元。甲的行为应认定为：（   ）[1]

A. 伪证罪   B. 诬告陷害罪

C. 包庇罪   D. 报复陷害罪

2. 王某担任辩护人时，编造了一份隐匿罪证的虚假证言，交给被告人陈小二的父亲陈某，让其劝说证人李某背熟后向法庭陈述，并给李某 5000 元好处费。陈某照此办理。李某收受 5000 元后，向法庭作了伪证，致使陈小二被无罪释放。后陈某给陈小二 10 万美元，让其逃往国外。关于本案，下列选项错误的是：（   ）[2]

A. 王某的行为构成辩护人妨害作证罪

B. 陈某劝说李某作伪证的行为构成妨害作证罪的教唆犯

C. 李某构成辩护人妨害作证罪的帮助犯

D. 陈某让陈小二逃往国外的行为构成脱逃罪的共犯

3. 律师王某在代理一起民事诉讼案件时，编造了一份对自己代理的一方当事人有利的虚假证言，指使证人李某背熟以后向法庭陈述，致使本该败诉的己方当事人因此而胜诉。

---

[1]　A

[2]　BCD

王某的行为构成：（　　　）[1]

A. 伪证罪

B. 诉讼代理人妨害作证罪

C. 妨害作证罪

D. 帮助伪造证据罪

二十一、虚假诉讼罪

［法条引述］

第 307 条之一 ［虚假诉讼罪］ 以捏造的事实提起民事诉讼，妨害司法秩序或者严重侵害他人合法权益的，处 3 年以下有期徒刑、拘役或者管制，并处或者单处罚金；情节严重的，处 3 年以上 7 年以下有期徒刑，并处罚金。

单位犯前款罪的，对单位判处罚金，并对其直接负责的主管人员和其他直接责任人员，依照前款的规定处罚。

有第 1 款行为，非法占有他人财产或者逃避合法债务，又构成其他犯罪的，依照处罚较重的规定定罪从重处罚。

司法工作人员利用职权，与他人共同实施前三款行为的，从重处罚；同时构成其他犯罪的，依照处罚较重的规定定罪从重处罚。

（一）虚假诉讼罪的概念和构成要件 ★

1. 概念

虚假诉讼罪，是指以捏造的事实提起民事诉讼，妨害司法秩序或者严重侵害他人合法权益的行为。

2. 犯罪构成要件

（1）犯罪客体是正常的司法秩序和利益相关人的合法权益。

（2）客观方面表现为以捏造的事实提起民事诉讼，妨害司法秩序或者严重侵害他人合法权益的行为。

（3）犯罪主体为一般主体，即年满 16 周岁具有刑事责任能力的自然人和单位。

（4）主观方面表现为故意。通常以谋取不正当利益为目的进行恶意诉讼，但本罪的成立并不要求该目的必须存在。

（二）虚假诉讼罪的认定

1. 实施虚假诉讼行为，非法占有他人财产或者逃避合法债务，又构成诈骗罪，职务侵占罪，拒不执行判决、裁定罪，贪污罪等犯罪的，依照处罚较重的规定定罪从重处罚。

2. 司法工作人员利用职权，与他人共同实施虚假诉讼行为的，从重处罚；同时构成滥用职权罪，民事枉法裁判罪，执行判决、裁定滥用职权罪等犯罪的，依照处罚较重的规定定罪从重处罚。

---

［1］ C

3. 诉讼代理人、证人、鉴定人等诉讼参与人与他人通谋，代理提起虚假民事诉讼、故意作虚假证言或者出具虚假鉴定意见，共同实施虚假诉讼行为的，依照共同犯罪的规定定罪处罚；同时构成妨害作证罪，帮助毁灭、伪造证据罪等犯罪的，依照处罚较重的规定定罪从重处罚。

4. 采取伪造证据等手段篡改案件事实，骗取人民法院裁判文书，构成犯罪的，依照伪造、变造、买卖国家机关公文、证件、印章罪，伪造公司、企业、事业单位、人民团体印章罪，伪造、变造、买卖身份证件罪，妨害作证罪，帮助毁灭、伪造证据罪等规定追究刑事责任。

练一练

1. 甲因经营不善欠下巨额债务，为转移财产，与朋友乙伪造甲向乙借款 300 万元的借款合同，让乙向法院提起诉讼，第三人丙得知后申请参加诉讼，法院经开庭审理查明，该借款合同属于甲、乙恶意伪造。甲的行为应认定为：( )[1]

A. 伪证罪　　　　　　　　　　B. 妨害作证罪
C. 虚假诉讼罪　　　　　　　　D. 扰乱法庭秩序罪

2. 甲向法院提起诉讼，要求乙偿还借款 12 万元，并向法院提供了盖有乙的印章、指纹的借据及附件，后法院判决乙向甲偿还"借款"12 万元。经乙申诉后查明，上述借据及附件均系甲伪造，乙根本没有向甲借款。甲的行为构成：( )[2]

A. 虚假诉讼罪　　　　　　　　B. 诈骗罪
C. 合同诈骗罪　　　　　　　　D. 票据诈骗罪

二十二、窝藏、包庇罪

[法条引述]

第 310 条 [窝藏、包庇罪]　明知是犯罪的人而为其提供隐藏处所、财物，帮助其逃匿或者作假证明包庇的，处 3 年以下有期徒刑、拘役或者管制；情节严重的，处 3 年以上 10 年以下有期徒刑。

犯前款罪，事前通谋的，以共同犯罪论处。

(一) 窝藏、包庇罪的概念和构成要件

1. 概念

窝藏、包庇罪，是指明知是犯罪的人而为其提供隐藏处所、财物，帮助其逃匿或者作假证明包庇的行为。

2. 犯罪构成要件★

(1) 犯罪客体是司法机关追诉、制裁犯罪分子的正常活动。

---

[1]　C
[2]　AB

（2）客观方面表现为为犯罪的人提供隐藏处所、财物，帮助其逃匿或者作假证明包庇的行为。

❶窝藏犯罪分子的行为，不限于提供隐藏处所、财物，而是包括一切帮助犯罪分子逃匿的行为；

❷包庇犯罪分子的行为，是指向司法机关作虚假证明，即以非证人的身份向司法机关提供虚假的证明材料掩盖犯罪分子的罪行或减轻其罪责。

（3）犯罪主体是一般主体。

（4）主观方面表现为故意，即行为人明知是犯罪的人而予以窝藏、包庇。

（二）窝藏、包庇罪的认定

1. 包庇罪与伪证罪的界限

（1）犯罪主体不同。本罪的主体是一般主体；后者的主体是特殊主体。

（2）犯罪的场合不同。本罪可以发生在刑事诉讼之前、之中和之后；而后罪则只能发生在刑事诉讼之中。

（3）针对的对象不同。本罪包庇的对象包括已决犯和未决犯；而伪证罪的对象则只能是未决犯。

（4）犯罪目的不同。本罪的目的是使犯罪分子逃避法律制裁；而后罪的目的既包括隐匿罪证，使犯罪分子逃避法律制裁，也包括陷害他人使无罪者受到刑事追究。

2. 本罪与事前有通谋的共同犯罪的界限：是否有共谋。若行为人事前有事后予以窝藏、包庇的通谋，说明行为人有共同犯罪的故意，行为人在共同犯罪中窝藏或作虚假证明来掩盖罪行的不能以本罪论处，而应以共同犯罪论处。

3. 司法解释的具体规定

（1）保证人在犯罪的人取保候审期间，协助其逃匿，或者明知犯罪的人的藏匿地点、联系方式，但拒绝向司法机关提供的，应当对保证人以窝藏罪定罪处罚。

虽然为犯罪的人提供隐藏处所、财物，但不是出于帮助犯罪的人逃匿的目的，不以窝藏罪定罪处罚；对未履行法定报告义务的行为人，依法移送有关主管机关给予行政处罚。

（2）明知是犯罪的人，为帮助其逃避刑事追究，或者帮助其获得从宽处罚，实施下列行为之一的，应当以包庇罪定罪处罚：

❶故意顶替犯罪的人欺骗司法机关的；

❷故意向司法机关作虚假陈述或者提供虚假证明，以证明犯罪的人没有实施犯罪行为，或者犯罪的人所实施行为不构成犯罪的；

❸故意向司法机关提供虚假证明，以证明犯罪的人具有法定从轻、减轻、免除处罚情节的；

❹其他作假证明包庇的行为。

（3）行为人将犯罪的人所犯之罪误认为其他犯罪的，不影响窝藏、包庇罪中的"明知"的认定。行为人虽然实施了提供隐藏处所、财物等行为，但现有证据不能证明行为人知道犯罪的人实施了犯罪行为的，不能认定为窝藏、包庇罪中的"明知"。

（4）被窝藏、包庇的人实施的犯罪事实清楚，证据确实、充分，但尚未到案、尚未依法裁判或者因不具有刑事责任能力依法未予追究刑事责任的，不影响窝藏、包庇罪的认定。但是，被窝藏、包庇的人归案后被宣告无罪的，应当依照法定程序宣告窝藏、包庇行为人无罪。

（5）为帮助同一个犯罪的人逃避刑事处罚，实施窝藏、包庇行为，又实施洗钱行为，或者掩饰、隐瞒犯罪所得及其收益行为，或者帮助毁灭证据行为，或者伪证行为的，依照处罚较重的犯罪定罪，并从重处罚，不实行数罪并罚。

（6）共同犯罪人之间互相实施的窝藏、包庇行为，不以窝藏、包庇罪定罪处罚，但对共同犯罪以外的犯罪人实施窝藏、包庇行为的，以所犯共同犯罪和窝藏、包庇罪并罚。

练一练

1. 甲驾车闯红灯，当场撞死行人王某。甲的朋友乙闻讯后让甲离开，并在交警调查时谎称是自己开车肇事。乙的行为应认定为：（   ）[1]

A. 交通肇事罪　　　　　　　　　　B. 包庇罪

C. 窝藏罪　　　　　　　　　　　　D. 伪证罪

2. 甲目睹了朋友乙抢劫王某的全过程，后实施下列行为构成窝藏罪的是：（   ）[2]

A. 劝说乙不要自首

B. 转账 5000 元给乙，供其外出躲藏

C. 经法院通知无正当理由拒不出庭作证的

D. 对侦查人员表示：乙只是捡拾了王某掉落的东西

3. 甲明知王某是逃犯，在公安人员前来抓捕王某时，给其 3000 元帮他逃跑。甲的行为构成：（   ）[3]

A. 窝藏罪　　　　　　　　　　　　B. 妨害公务罪

C. 包庇罪　　　　　　　　　　　　D. 私放在押人员罪

4. 下列行为中，应以窝藏罪定罪处罚的是：（   ）[4]

A. 甲利用担任司法警察的职务便利，将正在服刑的李某放走

B. 乙明知赵某的现金为贩毒所得，仍将其兑换成外币汇往境外

C. 丙明知刘某的 3 辆摩托车是盗窃所得，仍将其藏匿在自家车库中

D. 丁明知蔡某刚从监狱脱逃出来，仍向他提供万元现金助其逃跑

5. 甲明知男友乙实施了抢劫商店的行为，但为了掩盖乙的犯罪事实，在法庭审理时，作证说案发时乙在家中。对甲的行为应认定为：（   ）[5]

---

[1]　B

[2]　B

[3]　A

[4]　D

[5]　C

A. 窝藏罪   B. 包庇罪

C. 伪证罪   D. 徇私枉法罪

6. 甲因抢劫被公安机关追捕，逃至朋友乙家，对乙说："公安要抓我，想在你这里躲几天。"乙遂收留甲在家。乙的行为构成：（   ）[1]

A. 窝藏、包庇罪   B. 包庇罪

C. 窝藏罪   D. 妨害公务罪

7. 甲杀人后将凶器忘在现场，打电话告诉乙真相，请乙帮助扔掉凶器。乙随即把凶器藏在自家地窖里。数月后，甲生活无着落准备投案自首时，乙向甲汇款 2 万元，使其继续在外生活。关于本案，下列选项正确的是：（   ）[2]

A. 乙藏匿凶器的行为不属毁灭证据，不成立帮助毁灭证据罪

B. 乙向甲汇款 2 万元不属帮助甲逃匿，不成立窝藏罪

C. 乙的行为既不成立帮助毁灭证据罪，也不成立窝藏罪

D. 甲虽唆使乙毁灭证据，但不能认定为帮助毁灭证据罪的教唆犯

8. 甲路过偏僻路段，看到其友乙强奸丙的犯罪事实。甲的下列行为构成包庇罪的是：（   ）[3]

A. 用手机向乙通报公安机关抓捕乙的消息

B. 对侦查人员的询问沉默不语

C. 对侦查人员声称乙、丙系恋人，因乙另有新欢遭丙报案诬陷

D. 经法院通知，无正当理由，拒绝出庭作证

二十三、掩饰、隐瞒犯罪所得、犯罪所得收益罪

[法条引述]

第 312 条 [掩饰、隐瞒犯罪所得、犯罪所得收益罪] 明知是犯罪所得及其产生的收益而予以窝藏、转移、收购、代为销售或者以其他方法掩饰、隐瞒的，处 3 年以下有期徒刑、拘役或者管制，并处或者单处罚金；情节严重的，处 3 年以上 7 年以下有期徒刑，并处罚金。

单位犯前款罪的，对单位判处罚金，并对其直接负责的主管人员和其他直接责任人员，依照前款的规定处罚。

(一) 掩饰、隐瞒犯罪所得、犯罪所得收益罪的概念和构成要件

1. 概念

掩饰、隐瞒犯罪所得、犯罪所得收益罪，是指明知是犯罪所得及其产生的收益而予以窝藏、转移、收购、代为销售或以其他方法掩饰、隐瞒的行为。

---

[1] C
[2] D
[3] C

2. 犯罪构成要件★

（1）犯罪客体是司法机关追究刑事犯罪的正常活动。行为对象是犯罪所得及因犯罪所得而产生的收益。

（2）客观方面表现为窝藏、转移、收购、代为销售或以其他方法掩饰、隐瞒的行为。本罪是选择性罪名，行为人只要实施了其中一种行为，即可构成本罪。

（3）犯罪主体是一般主体，单位也可以成立本罪。

（4）主观方面表现为故意，即行为人明知是犯罪所得及其产生的收益而予以窝藏、转移、收购、代为销售或以其他方法掩饰、隐瞒。

（二）掩饰、隐瞒犯罪所得、犯罪所得收益罪的认定

1. 罪与非罪的界限：情节是否严重。对于一时贪图便宜，对来路不明的物品加以收买的，偶尔窝藏、转移或代为销售少量赃物的，都不宜以犯罪论处。此外，犯罪分子将本人犯罪所得赃物自行窝藏、转移的，属于其原先犯罪行为的附属行为，不单独构成本罪。

2. 本罪与窝藏罪之间的区别

（1）行为对象不同。本罪窝藏的是犯罪所得的赃物及其产生的收益；而后者窝藏的是实施犯罪的人。

（2）故意的内容不同。本罪故意的内容是为了赃物及其产生的收益不被司法机关发觉，从而继续非法占有赃物及其产生的收益；而后者是帮助犯罪分子逃匿，使其逍遥法外。

3. 本罪与洗钱罪的关系：属于普通法与特别法的关系。但是，司法解释规定，明知是犯罪所得及其产生的收益而予以掩饰、隐瞒，构成掩饰、隐瞒犯罪所得、犯罪所得收益罪，同时又构成洗钱罪的，依照处罚较重的规定定罪处罚。

4. 特殊情况的认定

（1）事前与盗窃、抢劫、诈骗、抢夺等犯罪分子通谋，掩饰、隐瞒犯罪所得及其产生的收益的，以盗窃、抢劫、诈骗、抢夺等犯罪的共犯论处。

（2）对犯罪所得及其产生的收益实施盗窃、抢劫、诈骗、抢夺等行为，构成犯罪的，分别以盗窃罪、抢劫罪、诈骗罪、抢夺罪等定罪处罚。

（3）认定掩饰、隐瞒犯罪所得、犯罪所得收益罪，以上游犯罪事实成立为前提。

❶上游犯罪尚未依法裁判，但查证属实的，不影响掩饰、隐瞒犯罪所得、犯罪所得收益罪的认定；

❷上游犯罪事实经查证属实，但因行为人未达到刑事责任年龄等原因依法不予追究刑事责任的，不影响掩饰、隐瞒犯罪所得、犯罪所得收益罪的认定。

（4）盗用单位名义实施掩饰、隐瞒犯罪所得及其产生的收益行为，违法所得由行为人私分的，依照刑法和司法解释有关自然人犯罪的规定定罪处罚。

练一练

1. 甲抢劫出租车，将被害司机尸体藏入后备箱后打电话给堂兄乙，请其帮忙。乙帮

助甲把尸体埋掉，并把被害司机的证件、衣物等烧掉。2 天后，甲把抢来的出租车送给乙。乙的行为构成：（　　）[1]

A. 抢劫罪
B. 包庇罪
C. 掩饰、隐瞒犯罪所得罪
D. 帮助毁灭证据罪

2. 下列行为应以掩饰、隐瞒犯罪所得罪论处的是：（　　）[2]

A. 甲用受贿所得 1000 万元购买了一处别墅
B. 乙明知是他人用于抢劫的汽车而更改车身颜色
C. 丙与抢劫犯事前通谋后代为销售抢劫财物
D. 丁明知是他人盗窃的汽车而为其提供伪造的机动车来历凭证

二十四、拒不执行判决、裁定罪

[法条引述]

第 313 条 [拒不执行判决、裁定罪]　对人民法院的判决、裁定有能力执行而拒不执行，情节严重的，处 3 年以下有期徒刑、拘役或者罚金；情节特别严重的，处 3 年以上 7 年以下有期徒刑，并处罚金。

单位犯前款罪的，对单位判处罚金，并对其直接负责的主管人员和其他直接责任人员，依照前款的规定处罚。

（一）拒不执行判决、裁定罪的概念和构成要件

1. 概念

拒不执行判决、裁定罪，是指对人民法院的判决、裁定有能力执行而拒不执行，情节严重的行为。"人民法院的判决、裁定"，是指人民法院依法作出的具有执行内容并已发生法律效力的判决、裁定，还包括人民法院为依法执行支付令、生效的调解书、仲裁裁决、公证债权文书等所作的裁定。

2. 犯罪构成要件★

（1）犯罪客体是国家的审判、执行制度。

（2）客观方面表现为对人民法院的判决、裁定有能力执行而拒不执行，情节严重的行为。

（3）犯罪主体是特殊主体，即负有执行人民法院判决、裁定义务的当事人。单位也可成为本罪的犯罪主体。

（4）主观方面表现为故意，即对已生效的判决、裁定，有义务、有能力履行，而拒不履行。

（二）拒不执行判决、裁定罪的认定

1. 罪与非罪的界限。一是看行为人是否属于有能力执行而拒不执行；二是看是否达

---

[1]　CD
[2]　D

到情节严重的程度。具体包括：

（1）被执行人隐藏、转移、故意毁损财产或者无偿转让财产、以明显不合理的低价转让财产，致使判决、裁定无法执行的；

（2）担保人或者被执行人隐藏、转移、故意毁损或者转让已向人民法院提供担保的财产，致使判决、裁定无法执行的；

（3）协助执行义务人接到人民法院协助执行通知书后，拒不协助执行，致使判决、裁定无法执行的；

（4）被执行人、担保人、协助执行义务人与国家机关工作人员通谋，利用国家机关工作人员的职权妨害执行，致使判决、裁定无法执行的；

（5）其他有能力执行而拒不执行，情节严重的情形。

国家机关工作人员有上述第4种行为的，以拒不执行判决、裁定罪的共犯追究刑事责任。国家机关工作人员收受贿赂或者滥用职权，有上述第4种行为的，同时又构成受贿罪、滥用职权罪的，依照处罚较重的规定定罪处罚。

2. 使用暴力方法拒不执行判决、裁定造成执行人员重伤或者死亡的，择一重罪处罚，以故意伤害罪或者故意杀人罪定罪处罚。

练一练

1. 某人将来执行的法院干警多次打跑，致使判决无法执行，对此行为应认定为：
（   ）[1]

A. 妨害公务罪　　　　　　　　　B. 故意伤害罪

C. 寻衅滋事罪　　　　　　　　　D. 拒不执行判决、裁定罪

2. 下列被执行人的行为中，构成拒不执行判决、裁定罪的有：（   ）[2]

A. 甲拒绝履行法院的腾房公告，导致判决无法执行

B. 乙将法院裁定拍卖的公寓恶意出租，导致裁定无法执行

C. 丙找借口将被法院扣押的车辆开走拒不开回，导致判决无法执行

D. 丁将被法院裁定查封的100箱药品卖给第三方，导致判决无法执行

3. 甲欠乙10万元久拖不还，乙向法院起诉并胜诉后，甲在履行期限内仍不归还。于是，乙向法院申请强制执行。当法院的执行人员持强制执行裁定书到甲家执行时，甲率领家人手持棍棒在门口守候，并将试图进入室内的执行人员打成重伤。甲的行为构成：（   ）[3]

A. 拒不执行判决、裁定罪　　　　B. 聚众扰乱社会秩序罪

C. 妨害公务罪　　　　　　　　　D. 故意伤害罪

---

[1] D
[2] ABC
[3] D

二十五、脱逃罪

[法条引述]

第316条第1款 [脱逃罪] 依法被关押的罪犯、被告人、犯罪嫌疑人脱逃的，处5年以下有期徒刑或者拘役。

（一）脱逃罪的概念和构成要件

1. 概念

脱逃罪，是指依法被关押的罪犯、被告人、犯罪嫌疑人逃脱司法机关的羁押和监管的行为。

2. 犯罪构成要件

（1）犯罪客体是国家监管机关的正常监管秩序。

（2）客观方面表现为从羁押场所脱逃的行为。

❶所谓"脱逃"，是指行为人逃离司法机关的监管场所，如从监狱、看守所逃跑或在押解途中逃跑；

❷"脱逃"的方法多种多样，秘密、公开逃跑，使用暴力，未使用暴力，单独、结伙均可。

（3）犯罪主体是特殊主体，即限于依法被拘留、逮捕、关押的罪犯、被告人、犯罪嫌疑人。

（4）主观方面表现为故意，脱逃的目的是逃避羁押和刑罚的执行。

（二）脱逃罪的认定

1. 罪与非罪的界限。对确属错拘、错捕、错判而逃离羁押场所的，都不能认定为脱逃罪。

2. 本罪与故意杀人罪、故意伤害罪的界限。行为人在脱逃过程中使用暴力致人重伤、死亡的，是牵连犯，应当以故意伤害罪、故意杀人罪定罪处罚。

练一练

1. 下列人员中，可以成为脱逃罪主体的有：（   ）[1]

A. 依法被判处管制的罪犯　　　　　B. 依法被关押的罪犯

C. 依法被关押的被告人　　　　　　D. 依法被关押的犯罪嫌疑人

2. 对下列行为不应当认定为脱逃罪的是：（   ）[2]

A. 犯罪嫌疑人在从甲地押解到乙地的途中，乘押解人员不备，偷偷溜走

B. 被判处管制的犯罪分子未经执行机关批准到外地经商，直至管制期满未归

---

〔1〕 BCD

〔2〕 BCD

C. 被判处有期徒刑的犯罪分子组织多人有计划地从羁押场所秘密逃跑

D. 被判处无期徒刑的 8 名犯罪分子采取暴动方法逃离羁押场所

3. 下列行为人可以成为脱逃罪主体的是：(   )[1]

A. 被判处管制的犯罪分子

B. 依法被关押的罪犯

C. 依法被关押的被告人

D. 依法被关押但尚无充分证据证明有罪的犯罪嫌疑人

二十六、扰乱法庭秩序罪

[法条引述]

第 309 条 [扰乱法庭秩序罪]　有下列扰乱法庭秩序情形之一的，处 3 年以下有期徒刑、拘役、管制或者罚金：

（一）聚众哄闹、冲击法庭的；

（二）殴打司法工作人员或者诉讼参与人的；

（三）侮辱、诽谤、威胁司法工作人员或者诉讼参与人，不听法庭制止，严重扰乱法庭秩序的；

（四）有毁坏法庭设施，抢夺、损毁诉讼文书、证据等扰乱法庭秩序行为，情节严重的。

（一）扰乱法庭秩序罪的概念和构成要件 ★

1. 概念

扰乱法庭秩序罪，是指采用聚众哄闹、冲击法庭，侵犯司法工作人员或者诉讼参与人人身权利等方式扰乱法庭秩序，情节严重的行为。

2. 犯罪构成要件

（1）犯罪客体是人民法院审理案件的正常秩序；

（2）客观方面表现为法定的四种扰乱法庭秩序的行为；

（3）犯罪主体为一般主体，即年满 16 周岁、具有刑事责任能力的自然人；

（4）主观方面表现为故意。

（二）扰乱法庭秩序罪的认定

1. 实践中对于发生在法庭之外的杀害、伤害法官等行为，按所构成的犯罪论处，不定扰乱法庭秩序罪。

2. 对于扰乱审判秩序，同时构成其他犯罪的，应当按处罚较重的罪定罪处罚。

练一练

某法院开庭审理一起民事案件，参加旁听的原告之夫李某认为证人王某的证言不实，便

---

[1]　BCD

当场大声指责，受到法庭警告。李某不听劝阻，大喊"给我打"，在场旁听的十多个原告方的亲属一拥而上，对王某拳打脚踢，法庭秩序顿时大乱。审判长予以制止，李某一伙又对审判长和审判员进行围攻、殴打，审判长只好匆匆宣布休庭。李某的上述行为触犯了：（　　）[1]

A. 打击报复证人罪　　　　　　B. 聚众冲击国家机关罪
C. 扰乱法庭秩序罪　　　　　　D. 妨害作证罪

二十七、妨害传染病防治罪 ★

[法条引述]

第330条 [妨害传染病防治罪]　违反传染病防治法的规定，有下列情形之一，引起甲类传染病以及依法确定采取甲类传染病预防、控制措施的传染病传播或者有传播严重危险的，处3年以下有期徒刑或者拘役；后果特别严重的，处3年以上7年以下有期徒刑：

（一）供水单位供应的饮用水不符合国家规定的卫生标准的；

（二）拒绝按照疾病预防控制机构提出的卫生要求，对传染病病原体污染的污水、污物、场所和物品进行消毒处理的；

（三）准许或者纵容传染病病人、病原携带者和疑似传染病病人从事国务院卫生行政部门规定禁止从事的易使该传染病扩散的工作的；

（四）出售、运输疫区中被传染病病原体污染或者可能被传染病病原体污染的物品，未进行消毒处理的；

（五）拒绝执行县级以上人民政府、疾病预防控制机构依照传染病防治法提出的预防、控制措施的。

单位犯前款罪的，对单位判处罚金，并对其直接负责的主管人员和其他直接责任人员，依照前款的规定处罚。

甲类传染病的范围，依照《中华人民共和国传染病防治法》和国务院有关规定确定。

1. 概念

妨害传染病防治罪，是指违反传染病防治法的规定，引起甲类传染病传播或者有传播严重危险的行为。

2. 犯罪构成要件

（1）犯罪客体是国家关于传染病防治的管理制度；

（2）客观方面表现为行为人违反国家传染病防治法的规定，实施了法定的引起甲类传染病传播或者有传播严重危险的行为；

（3）犯罪主体为一般主体，单位也可成为本罪主体；

（4）主观方面为过失。

---

[1]　AC

二十八、医疗事故罪

[法条引述]

第335条 [医疗事故] 医务人员由于严重不负责任，造成就诊人死亡或者严重损害就诊人身体健康的，处3年以下有期徒刑或者拘役。

1. 概念

医疗事故罪，是指医务人员由于严重不负责任，造成就诊人死亡或者严重损害就诊人身体健康的行为。

2. 犯罪构成要件★

（1）犯罪客体是国家对医务工作的管理秩序和就诊人的生命、健康权利。

（2）客观方面表现为对医疗护理工作严重不负责任，致使就诊人死亡或健康受到严重损害的行为。

（3）犯罪主体是特殊主体，即医务人员，包括医疗防疫人员、药剂人员、护理人员、其他专业技术人员。

（4）主观方面表现为过失。即行为人对于就诊人死亡或者严重损害就诊人身体健康的后果，存在疏忽大意的过失或过于自信的过失。

练一练

下列选项中，构成医疗事故罪的有：（ ）[1]

A. 医生甲在诊疗时未对患者认真检查，致其病情恶化，不治身亡

B. 护士乙在监护重症病人时，玩手机游戏，致该病人因缺氧成为植物人

C. 药剂师丙在配药时心不在焉，错发药品，幸被护士发现，未造成严重后果

D. 家庭接生员丁给同村村民做阑尾炎手术，致患者并发感染，丧失劳动能力

二十九、非法行医罪

[法条引述]

第336条 [非法行医罪] 未取得医生执业资格的人非法行医，情节严重的，处3年以下有期徒刑、拘役或者管制，并处或者单处罚金；严重损害就诊人身体健康的，处3年以上10年以下有期徒刑，并处罚金；造成就诊人死亡的，处10年以上有期徒刑，并处罚金。

[非法进行节育手术罪] 未取得医生执业资格的人擅自为他人进行节育复通手术、假节育手术、终止妊娠手术或者摘取宫内节育器，情节严重的，处3年以下有期徒刑、拘役或者管制，并处或者单处罚金；严重损害就诊人身体健康的，处3年以上10年以下有期徒刑，并处罚金；造成就诊人死亡的，处10年以上有期徒刑，并处罚金。

---

[1] AB

（一）非法行医罪的概念和构成要件

1. 概念

非法行医罪，是指未取得医生执业资格的人非法行医，情节严重的行为。"未取得医生执业资格的人非法行医"的情形包括：

（1）未取得或者以非法手段取得医师资格从事医疗活动的；

（2）被依法吊销医师执业证书期间从事医疗活动的；

（3）未取得乡村医生执业证书，从事乡村医疗活动的；

（4）家庭接生员实施家庭接生以外的医疗行为的。

2. 犯罪构成要件

（1）犯罪客体是国家对医务工作的管理秩序和就诊人的生命、健康权利。

（2）客观方面表现为非法行医，情节严重的行为。即无医生执业资格从事营利性的诊治活动，如冒充医生在医疗单位从业、挂牌行医、在药店坐堂看病等。

（3）犯罪主体为未取得医生执业资格的自然人。

（4）主观方面为故意。

（二）非法行医罪的认定

1. 本罪与非法进行节育手术罪的界限：非法进行节育手术罪，是指未取得医生执业资格的人擅自为他人进行节育复通手术、假节育手术、终止妊娠手术或者摘取宫内节育器，情节严重的行为。未取得医生执业资格的人，非法行医情节严重，同时又实施非法进行节育手术情节严重的，应数罪并罚。

2. 本罪与医疗事故罪的界限★

（1）主体不同。本罪的行为人无医师执业资格，而后罪的行为人则有医师执业资格。

（2）主观方面不同。本罪是故意，后罪是过失。

（3）客观方面不同。本罪限于非法的诊治活动，后罪是从事合法的诊疗、护理活动。

3. 司法解释规定，实施非法行医犯罪，同时构成生产、销售假药罪，生产、销售劣药罪，诈骗罪等其他犯罪的，依照刑法处罚较重的规定定罪处罚。

练一练

1. 甲自称神医，擅长治愈癌症，患者云某服用了甲自制的"神药"后，因该"药"含有国家禁止使用的有毒成分导致心力衰竭而死亡。甲的行为触犯：（　　）[1]

A. 医疗事故罪　　　　　　　B. 非法行医罪

C. 过失致人死亡罪　　　　　D. 生产、销售假药罪

2. 医生甲退休后，擅自为人看病2年多。某日，甲为乙治疗，需注射青霉素。乙自述以前曾注射过青霉素，甲便未做皮试就给乙注射青霉素，乙因青霉素过敏而死亡。关于

---

［1］ BCD

本案，下列选项正确的是：(　　　)[1]

A. 以非法行医罪的结果加重犯论处　　　B. 以非法行医罪的基本犯论处

C. 以过失致人死亡罪论处　　　D. 以医疗事故罪论处

3. 甲系某医院外科医师，应邀在朋友乙的私人诊所兼职期间，擅自为多人进行了节育复通手术。甲的行为：(　　　)[2]

A. 构成非法行医罪　　　B. 构成非法进行节育手术罪

C. 构成医疗事故罪　　　D. 不构成犯罪

三十、非法植入基因编辑、克隆胚胎罪

[法条引述]

第336条之一 [非法植入基因编辑、克隆胚胎罪]　将基因编辑、克隆的人类胚胎植入人体或者动物体内，或者将基因编辑、克隆的动物胚胎植入人体内，情节严重的，处3年以下有期徒刑或者拘役，并处罚金；情节特别严重的，处3年以上7年以下有期徒刑，并处罚金。

非法植入基因编辑、克隆胚胎罪的构成要件：

1. 犯罪客体是公共卫生以及他人的生命、健康权利。

2. 客观方面表现为将基因编辑、克隆的人类胚胎植入人体或者动物体内，或者将基因编辑、克隆的动物胚胎植入人体内，情节严重的行为。

3. 犯罪主体是一般主体，即年满16周岁、具有刑事责任能力的自然人。

4. 主观方面为故意。

练一练

下列构成非法植入基因编辑、克隆胚胎罪的有：(　　　)[3]

A. 将克隆的动物胚胎植入其他动物子宫

B. 将克隆的人类胚胎植入动物子宫

C. 将克隆的动物胚胎植入人类的子宫

D. 将克隆的人类胚胎植入人类的子宫

三十一、污染环境罪

[法条引述]

第338条 [污染环境罪]　违反国家规定，排放、倾倒或者处置有放射性的废物、含传染病病原体的废物、有毒物质或者其他有害物质，严重污染环境的，处3年以下有期徒

---

[1]　A

[2]　D

[3]　BCD

刑或者拘役，并处或者单处罚金；情节严重的，处 3 年以上 7 年以下有期徒刑，并处罚金；有下列情形之一的，处 7 年以上有期徒刑，并处罚金：

（一）在饮用水水源保护区、自然保护地核心保护区等依法确定的重点保护区域排放、倾倒、处置有放射性的废物、含传染病病原体的废物、有毒物质，情节特别严重的；

（二）向国家确定的重要江河、湖泊水域排放、倾倒、处置有放射性的废物、含传染病病原体的废物、有毒物质，情节特别严重的；

（三）致使大量永久基本农田基本功能丧失或者遭受永久性破坏的；

（四）致使多人重伤、严重疾病，或者致人严重残疾、死亡的。

有前款行为，同时构成其他犯罪的，依照处罚较重的规定定罪处罚。

（一）污染环境罪的概念和构成要件（2014 年法硕法学专业基础课简答题）

1. 概念

污染环境罪，是指违反国家规定，排放、倾倒或者处置有放射性的废物、含传染病病原体的废物、有毒物质或者其他危险废物，严重污染环境的行为。

2. 犯罪构成要件

（1）犯罪客体是国家对环境保护和污染防治的管理活动；

（2）客观方面表现为违反国家规定，实施了严重污染环境的行为；

（3）犯罪主体既包括自然人，也包括单位；

（4）主观方面表现为故意。

（二）污染环境罪的认定

1. 行为人明知他人无经营许可证或者超出经营许可范围，向其提供或者委托其收集、贮存、利用、处置危险废物，严重污染环境的，以污染环境罪的共同犯罪论处。

2. 实施本罪行为，又构成妨害公务罪的，以污染环境罪与妨害公务罪数罪并罚。

3. 违反国家规定，排放、倾倒、处置含有毒害性、放射性、传染病病原体等物质的污染物，同时构成污染环境罪、投放危险物质罪等犯罪的，依照处罚较重的犯罪定罪处罚。

练一练

甲公司将 3000 公斤生产废料直接倒入河中，该废料遇水反应生成毒气，毒气随风飘至附近数个村庄，致上百村民呼吸系统受损，并造成直接经济损失 100 多万元。甲公司及其直接责任人员的行为构成：（　　　）[1]

A. 污染环境罪　　　　　　　　B. 重大责任事故罪

C. 投放危险物质罪　　　　　　D. 以危险方法危害公共安全罪

---

〔1〕 AC

三十二、盗伐林木罪等

[法条引述]

第345条第1、2、4款 [盗伐林木罪] 盗伐森林或者其他林木，数量较大的，处3年以下有期徒刑、拘役或者管制，并处或者单处罚金；数量巨大的，处3年以上7年以下有期徒刑，并处罚金；数量特别巨大的，处7年以上有期徒刑，并处罚金。

[滥伐林木罪] 违反森林法的规定，滥伐森林或者其他林木，数量较大的，处3年以下有期徒刑、拘役或者管制，并处或者单处罚金；数量巨大的，处3年以上7年以下有期徒刑，并处罚金。

盗伐、滥伐国家级自然保护区内的森林或者其他林木的，从重处罚。

第341条 [危害珍贵、濒危野生动物罪] 非法猎捕、杀害国家重点保护的珍贵、濒危野生动物的，或者非法收购、运输、出售国家重点保护的珍贵、濒危野生动物及其制品的，处5年以下有期徒刑或者拘役，并处罚金；情节严重的，处5年以上10年以下有期徒刑，并处罚金；情节特别严重的，处10年以上有期徒刑，并处罚金或者没收财产。

[非法狩猎罪] 违反狩猎法规，在禁猎区、禁猎期或者使用禁用的工具、方法进行狩猎，破坏野生动物资源，情节严重的，处3年以下有期徒刑、拘役、管制或者罚金。

[非法猎捕、收购、运输、出售陆生野生动物罪] 违反野生动物保护管理法规，以食用为目的非法猎捕、收购、运输、出售第1款规定以外的在野外环境自然生长繁殖的陆生野生动物，情节严重的，依照前款的规定处罚。

(一) 盗伐林木罪的概念和构成要件

1. 概念

盗伐林木罪，是指以非法占有为目的，盗伐森林或者其他林木，数量较大的行为。

2. 犯罪构成要件

(1) 犯罪客体为国家林业管理制度和国家、集体或公民的林木所有权；

(2) 客观方面表现为盗伐森林或者其他林木，数量较大的行为；

(3) 犯罪主体是一般自然人以及单位；

(4) 犯罪主观方面是故意且具有非法占有的目的。

(二) 盗伐林木罪的认定

1. 盗伐林木罪一般表现为：

(1) 擅自砍伐国家、集体、他人所有或者他人承包经营管理的森林或者其他林木的；

(2) 擅自砍伐本单位或者本人承包经营管理的森林或者其他林木的；

(3) 在林木采伐许可证规定的地点以外采伐国家、集体、他人所有或者他人承包经营管理的森林或者其他林木的。

2. 将国家、集体、他人所有并已经伐倒的树木窃为己有，以及偷砍他人房前屋后、自留地种植的零星树木，数额较大的，以盗窃罪定罪处罚。

3. 根据司法解释，盗伐林木"数量较大"，以 2 至 5 立方米或者幼树 100 至 200 株为起点。对于 1 年内多次盗伐少量林木未经处罚的，累计其盗伐林木的数量，构成犯罪的，依法定罪量刑。

4. 根据司法解释，滥伐林木"数量较大"，以 10 至 20 立方米或者幼树 500 至 1000 株为起点。对于 1 年内多次滥伐林木未经处罚的，累计其滥伐林木的数量，构成犯罪的，应当依法定罪量刑。

练一练

1. 甲公司竖立的广告牌被路边树枝遮挡，甲公司在未取得采伐许可的情况下，将遮挡广告牌的部分树枝砍掉，所砍树枝共计 6 立方米。关于本案，下列选项正确的是：(   )[1]

A. 盗伐林木包括砍伐树枝，甲公司的行为成立盗伐林木罪

B. 盗伐林木罪是行为犯，不以破坏林木资源为要件，甲公司的行为成立盗伐林木罪

C. 甲公司不以非法占有为目的，只成立滥伐林木罪

D. 不能以盗伐林木罪判处甲公司罚金

2. 李某多次尾随盗伐林木人员，将其砍倒尚未运走的林木偷偷运走，销赃获利数千元。此外，他还盗伐了他人自留地、责任田等地边田坎种植的零星树木 5 个多立方米。对李某的上述行为应当：(   )[2]

A. 以盗伐林木罪定罪处罚

B. 以盗窃罪定罪处罚

C. 以盗伐林木罪和盗窃罪定罪，实行数罪并罚

D. 以盗伐林木罪、盗窃罪和掩饰、隐瞒犯罪所得罪定罪，实行数罪并罚

三十三、走私、贩卖、运输、制造毒品罪

[法条引述]

第 347 条 [走私、贩卖、运输、制造毒品罪] 走私、贩卖、运输、制造毒品，无论数量多少，都应当追究刑事责任，予以刑事处罚。

走私、贩卖、运输、制造毒品，有下列情形之一的，处 15 年有期徒刑、无期徒刑或者死刑，并处没收财产：

（一）走私、贩卖、运输、制造鸦片 1000 克以上、海洛因或者甲基苯丙胺 50 克以上或者其他毒品数量大的；

（二）走私、贩卖、运输、制造毒品集团的首要分子；

（三）武装掩护走私、贩卖、运输、制造毒品的；

---

[1] D

[2] B

（四）以暴力抗拒检查、拘留、逮捕，情节严重的；

（五）参与有组织的国际贩毒活动的。

走私、贩卖、运输、制造鸦片200克以上不满1000克、海洛因或者甲基苯丙胺10克以上不满50克或者其他毒品数量较大的，处7年以上有期徒刑，并处罚金。

走私、贩卖、运输、制造鸦片不满200克、海洛因或者甲基苯丙胺不满10克或者其他少量毒品的，处3年以下有期徒刑、拘役或者管制，并处罚金；情节严重的，处3年以上7年以下有期徒刑，并处罚金。

单位犯第2款、第3款、第4款罪的，对单位判处罚金，并对其直接负责的主管人员和其他直接责任人员，依照各该款的规定处罚。

利用、教唆未成年人走私、贩卖、运输、制造毒品，或者向未成年人出售毒品的，从重处罚。

对多次走私、贩卖、运输、制造毒品，未经处理的，毒品数量累计计算。

第356条 [毒品犯罪的再犯] 因走私、贩卖、运输、制造、非法持有毒品罪被判过刑，又犯本节规定之罪的，从重处罚。

第357条 [毒品的范围及毒品数量的计算] 本法所称的毒品，是指鸦片、海洛因、甲基苯丙胺（冰毒）、吗啡、大麻、可卡因以及国家规定管制的其他能够使人形成瘾癖的麻醉药品和精神药品。

毒品的数量以查证属实的走私、贩卖、运输、制造、非法持有毒品的数量计算，不以纯度折算。

第349条 [包庇毒品犯罪分子罪] [窝藏、转移、隐瞒毒品、毒赃罪] 包庇走私、贩卖、运输、制造毒品的犯罪分子的，为犯罪分子窝藏、转移、隐瞒毒品或者犯罪所得的财物的，处3年以下有期徒刑、拘役或者管制；情节严重的，处3年以上10年以下有期徒刑。

[包庇毒品犯罪分子罪] 缉毒人员或者其他国家机关工作人员掩护、包庇走私、贩卖、运输、制造毒品的犯罪分子的，依照前款的规定从重处罚。

犯前两款罪，事先通谋的，以走私、贩卖、运输、制造毒品罪的共犯论处。

（一）走私、贩卖、运输、制造毒品罪的概念和构成要件

1. 概念

走私、贩卖、运输、制造毒品罪，是指明知是毒品而故意实施走私、贩卖、运输、制造的行为。

2. 犯罪构成要件

（1）犯罪客体是国家对毒品的管理制度。

（2）客观方面表现为走私、贩卖、运输、制造毒品的行为。

本罪是选择性罪名，凡实施了上述行为之一的，即以该行为确定罪名；如实施两种以上的行为，即以数行为确立一个罪名，如贩卖、运输毒品罪，不实行数罪并罚。

（3）犯罪主体是一般主体，自然人和单位均可构成。其中已满14周岁的人对贩卖毒品罪应当负刑事责任。

（4）主观方面表现为故意，即明知是毒品而故意走私、贩卖、运输、制造。

（二）走私、贩卖、运输、制造毒品罪的认定

1. 本罪与非罪的界限

（1）情节是否显著轻微。行为人只要实施了走私、贩卖、运输、制造毒品的行为，不论毒品的数量多少，一律构成犯罪。但是，如果确属情节显著轻微，危害不大的，不以犯罪论处。

（2）对多次走私、贩卖、运输、制造毒品，未经处理的，毒品数量累计计算。

（3）毒品的数量以查证属实的走私、贩卖、运输、制造、非法持有毒品的数量计算，不以纯度折算。

（4）利用、教唆未成年人走私、贩卖、运输、制造毒品，或者向未成年人出售毒品的，从重处罚。

（5）有证据证明行为人不以牟利为目的，为他人代购仅用于吸食的毒品，毒品数量超过非法持有毒品罪规定的最低数量标准的，对托购者、代购者应以非法持有毒品罪定罪。代购者从中牟利，变相加价贩卖毒品的，对代购者应以贩卖毒品罪定罪。明知他人实施毒品犯罪而为其居间介绍、代购代卖的，无论是否牟利，都应以相关毒品犯罪的共犯论处。

（6）行为人为吸毒者代购毒品，在运输过程中被查获，没有证据证明托购者、代购者是为了实施贩卖毒品等其他犯罪，毒品数量达到较大以上的，对托购者、代购者以运输毒品罪的共犯论处。

（7）行为人为他人代购仅用于吸食的毒品，在交通、食宿等必要开销之外收取"介绍费""劳务费"，或者以贩卖为目的收取部分毒品作为酬劳的，应视为从中牟利，属于变相加价贩卖毒品，以贩卖毒品罪定罪处罚。

2. 本罪与诈骗罪的界限：明知不是毒品而作为毒品贩卖的，应当认定为诈骗罪；误认为是毒品而贩卖的，应当以毒品犯罪的未遂处理。如果行为人在非毒品中掺入毒品贩卖，只要贩卖物中含有毒品，均应按贩卖毒品罪论处。

练一练

1. 下列行为构成走私毒品罪的是：（　　　）[1]

A. 甲包庇走私毒品罪的犯罪分子

B. 乙被胁迫帮助贩卖毒品的犯罪分子运送毒品入境

C. 丙为走私毒品犯罪分子掩饰、隐瞒犯罪所得

D. 丁非法携带大量用于制造毒品原料出境

2. 甲、乙通过丙向丁购买毒品，甲购买的目的是自己吸食，乙购买的目的是贩卖，

---

[1]　B

丙则通过介绍毒品买卖，从丁处获得一定的好处费。对于本案，下列选项正确的是：（   ）[1]

A. 甲的行为构成贩卖毒品罪　　　　　B. 乙的行为构成贩卖毒品罪

C. 丙的行为构成贩卖毒品罪　　　　　D. 丁的行为构成贩卖毒品罪

3. 甲毒瘾发作，委托乙到住在同一小区的毒贩（另案处理）处代购毒品，并支付了"劳务费"，乙购买了 2 小包海洛因交给甲吸食。对此，下列说法正确的是：（   ）[2]

A. 甲构成贩卖毒品罪　　　　　　　　B. 乙构成贩卖毒品罪

C. 乙构成非法持有毒品罪　　　　　　D. 甲、乙均不构成犯罪

4. 关于毒品犯罪，下列选项正确的是：（   ）[3]

A. 甲无牟利目的，为江某代购仅用于吸食的毒品，达到非法持有毒品罪的数量标准。对甲应以非法持有毒品罪定罪

B. 乙为蒋某代购仅用于吸食的毒品，在交通费等必要开销之外收取了若干"劳务费"。对乙应以贩卖毒品罪论处

C. 丙与曾某互不知情，受雇于同一雇主，各自运输海洛因 500 克。丙将海洛因从一地运往另一地后，按雇主吩咐交给曾某，曾某再运往第三地。丙应对运输 1000 克海洛因负责

D. 丁盗窃他人 200 克毒品后，将该毒品出卖。对丁应以盗窃罪和贩卖毒品罪实行数罪并罚

5. 甲窃得一包冰毒后交乙代为销售，乙销售后得款 3 万元与甲平分。关于本案，下列选项错误的是：（   ）[4]

A. 甲的行为触犯盗窃罪与贩卖毒品罪

B. 甲贩卖毒品的行为侵害了新的法益，应与盗窃罪实行并罚

C. 乙的行为触犯贩卖毒品罪、非法持有毒品罪、转移毒品罪与掩饰、隐瞒犯罪所得罪

D. 对乙应以贩卖毒品罪一罪论处

6. 甲、乙均为吸毒人员，且关系密切。乙因买不到毒品，多次让甲将自己吸食的毒品转让几克给乙，甲每次均以购买价转让毒品给乙，未从中牟利。关于本案，下列选项错误的是：（   ）[5]

A. 贩卖毒品罪必须以营利为目的，故甲的行为不成立贩卖毒品罪

B. 贩卖毒品罪以获利为要件，故甲的行为不成立贩卖毒品罪

C. 甲属于无偿转让毒品，不属于贩卖毒品，故不成立贩卖毒品罪

D. 甲只是帮助乙吸食毒品，《刑法》没有将吸食毒品规定为犯罪，故甲不成立犯罪

---

〔1〕 BCD

〔2〕 B

〔3〕 ABD

〔4〕 C

〔5〕 ABCD

7. 关于毒品犯罪，下列选项正确的是：(   )[1]

A. 明知他人实施毒品犯罪而为其居间介绍、代购代卖的，即使没有牟利目的，也成立贩卖毒品罪

B. 为便于隐蔽运输，对毒品掺杂使假的行为，或者为了销售，去除毒品中的非毒品物质的行为，不成立制造毒品罪

C. 甲认为自己管理毒品不安全，将数量较大毒品委托给乙保管时，甲、乙均成立非法持有毒品罪

D. 行为人对同一宗毒品既走私又贩卖的，量刑时不应重复计算毒品数量

8. 甲在强制戒毒所戒毒时，无法抗拒毒瘾，设法逃出戒毒所。甲径直到毒贩陈某家，以赊账方式买了少量毒品过瘾。后甲逃往乡下，告知朋友乙详情，请乙收留。乙让甲住下（事实一）。甲对陈某的毒品动起了歪脑筋，探知陈某将毒品藏在厨房灶膛内。某夜，甲先用毒包子毒死陈某的 2 条看门狗（价值 6000 元），然后翻进陈某院墙，从厨房灶膛拿走陈某 50 克纯冰毒（事实二）。甲拿出 40 克冰毒，让乙将 40 克冰毒和 80 克其他物质混合，冒充 120 克纯冰毒卖出（事实三）。

（1）关于事实一，下列选项正确的是：(   )[2]

A. 甲是依法被关押的人员，其逃出戒毒所的行为构成脱逃罪

B. 甲购买少量毒品是为了自吸，购买毒品的行为不构成犯罪

C. 陈某出卖毒品给甲，虽未收款，仍属于贩卖毒品既遂

D. 乙收留甲的行为构成窝藏罪

（2）关于事实二的判断，下列选项正确的是：(   )[3]

A. 甲翻墙入院从厨房取走毒品的行为，属于入户盗窃

B. 甲进入陈某厨房的行为触犯非法侵入住宅罪

C. 甲毒死陈某看门狗的行为是盗窃预备与故意毁坏财物罪的想象竞合

D. 对甲盗窃 50 克冰毒的行为，应以盗窃罪论处，根据盗窃情节轻重量刑

（3）关于事实三的判断，下列选项正确的是：(   )[4]

A. 甲让乙卖出冰毒应定性为甲事后处理所盗赃物，对此不应追究甲的刑事责任

B. 乙将 40 克冰毒掺杂、冒充 120 克纯冰毒卖出的行为，符合诈骗罪的构成要件

C. 甲、乙既成立诈骗罪的共犯，又成立贩卖毒品罪的共犯

D. 乙在冰毒中掺杂使假，不构成制造毒品罪

三十四、非法持有毒品罪

[法条引述]

第 348 条　[非法持有毒品罪]　非法持有鸦片 1000 克以上、海洛因或者甲基苯丙胺 50

---

[1]　ABCD

[2]　BC

[3]　ABCD

[4]　BCD

克以上或者其他毒品数量大的，处 7 年以上有期徒刑或者无期徒刑，并处罚金；非法持有鸦片 200 克以上不满 1000 克、海洛因或者甲基苯丙胺 10 克以上不满 50 克或者其他毒品数量较大的，处 3 年以下有期徒刑、拘役或者管制，并处罚金；情节严重的，处 3 年以上 7 年以下有期徒刑，并处罚金。

本罪与走私、贩卖、运输、制造毒品罪的界限：如果有证据证明非法持有毒品是为了进行走私、制造、贩卖、运输毒品犯罪的，应以走私、贩卖、运输、制造毒品罪论处；根据查获的证据，不能认定非法持有较大数量毒品是为了走私、贩卖、运输、制造毒品犯罪的，才构成本罪。

练一练

1. 关于非法持有毒品罪，下列选项正确的是：（　　）[1]

A. 非法持有毒品的，无论数量多少都应当追究刑事责任

B. 持有毒品不限于本人持有，包括通过他人持有

C. 持有毒品者而非所有者时，必须知道谁是所有者

D. 因贩卖而持有毒品的，应当实行数罪并罚

2. 陈某向王某声称要购买 80 克海洛因，王某便从外地购买了 80 克海洛因。到达约定交货地点后，陈某掏出仿真手枪威胁王某，从王某手中夺取了 80 克海洛因。此后半年内，因没有找到买主，陈某一直持有 80 克海洛因。半年后，陈某将 80 克海洛因送给其毒瘾很大的朋友刘某，刘某因过量吸食海洛因而死亡。关于本案，下列选项错误的是：（　　）[2]

A. 王某虽然是陈某抢劫的被害人，但其行为仍成立贩卖毒品罪

B. 陈某持仿真手枪取得毒品的行为构成抢劫罪，但不属于持枪抢劫

C. 陈某抢劫毒品后持有该毒品的行为，被抢劫罪吸收，不另成立非法持有毒品罪

D. 陈某将毒品送给刘某导致其过量吸食进而死亡的行为，成立过失致人死亡罪

3. 甲 15 周岁，系我国某边镇中学生。甲和乙一起上学，在路上捡到一手提包。打开后，发现内有 1000 元钱和 4 小袋白粉末。甲说："这袋上有中文'海洛因'和英文'heroin'及'50g'的字样。我在电视上看过，这东西就是白粉，我们把它卖了，还能发一笔财。"二人遂将 4 袋白粉均分。甲先将一袋白粉卖与他人，后在学校组织去邻国旅游时，携带另一袋白粉并在境外出售。甲的行为：（　　）[3]

A. 构成走私毒品罪　　　　　　　　B. 构成非法持有毒品罪

C. 构成贩卖毒品罪　　　　　　　　D. 构成走私、贩卖毒品罪

---

[1] B
[2] D
[3] C

三十五、组织他人偷越国（边）境罪与运送他人偷越国（边）境罪

[法条引述]

第 318 条 ［组织他人偷越国（边）境罪］ 组织他人偷越国（边）境的，处 2 年以上 7 年以下有期徒刑，并处罚金；有下列情形之一的，处 7 年以上有期徒刑或者无期徒刑，并处罚金或者没收财产：

（一）组织他人偷越国（边）境集团的首要分子；

（二）多次组织他人偷越国（边）境或者组织他人偷越国（边）境人数众多的；

（三）造成被组织人重伤、死亡的；

（四）剥夺或者限制被组织人人身自由的；

（五）以暴力、威胁方法抗拒检查的；

（六）违法所得数额巨大的；

（七）有其他特别严重情节的。

犯前款罪，对被组织人有杀害、伤害、强奸、拐卖等犯罪行为，或者对检查人员有杀害、伤害等犯罪行为的，依照数罪并罚的规定处罚。

第 321 条 ［运送他人偷越国（边）境罪］ 运送他人偷越国（边）境的，处 5 年以下有期徒刑、拘役或者管制，并处罚金；有下列情形之一的，处 5 年以上 10 年以下有期徒刑，并处罚金：

（一）多次实施运送行为或者运送人数众多的；

（二）所使用的船只、车辆等交通工具不具备必要的安全条件，足以造成严重后果的；

（三）违法所得数额巨大的；

（四）有其他特别严重情节的。

在运送他人偷越国（边）境中造成被运送人重伤、死亡，或者以暴力、威胁方法抗拒检查的，处 7 年以上有期徒刑，并处罚金。

犯前两款罪，对被运送人有杀害、伤害、强奸、拐卖等犯罪行为，或者对检查人员有杀害、伤害等犯罪行为的，依照数罪并罚的规定处罚。

三十六、组织卖淫罪

[法条引述]

第 358 条 ［组织卖淫罪］［强迫卖淫罪］ 组织、强迫他人卖淫的，处 5 年以上 10 年以下有期徒刑，并处罚金；情节严重的，处 10 年以上有期徒刑或者无期徒刑，并处罚金或者没收财产。

组织、强迫未成年人卖淫的，依照前款的规定从重处罚。

犯前两款罪，并有杀害、伤害、强奸、绑架等犯罪行为的，依照数罪并罚的规定处罚。

［协助组织卖淫罪］ 为组织卖淫的人招募、运送人员或者有其他协助组织他人卖淫行为的，处 5 年以下有期徒刑，并处罚金；情节严重的，处 5 年以上 10 年以下有期徒刑，并处罚金。

（一）组织卖淫罪的概念和构成要件

1. 概念

组织卖淫罪，是指以招募、雇佣、纠集、强迫、引诱、容留等手段，控制多人从事卖淫的行为。

2. 犯罪构成要件

（1）犯罪客体为国家对社会风尚的管理秩序。

（2）客观方面表现为组织多人卖淫的行为。

❶组织多人卖淫，是指以招募、雇佣、引诱、容留等手段，控制3个或3个以上的女人或男人从事卖淫活动。

❷通常表现为两种形式：第一，没有固定的卖淫场所，行为人通过掌握控制卖淫人员，有组织地进行卖淫；第二，设置卖淫场所或变相的卖淫场所，控制一些卖淫人员在该场所内卖淫。

（3）犯罪主体只能是卖淫活动的组织者，既可以是一人，也可以是数人。

（4）主观方面是故意，一般是以营利为目的，也可以是出于其他目的。

（二）组织卖淫罪的认定

1. 一罪与数罪问题：在组织卖淫犯罪活动中，对被组织卖淫的人有引诱、容留、介绍卖淫行为的，依照处罚较重的规定定罪处罚。但是，对被组织卖淫的人以外的其他人有引诱、容留、介绍卖淫行为的，应当分别定罪，实行数罪并罚。

2. 行为人既有组织卖淫犯罪行为，又有强迫卖淫犯罪行为，构成组织、强迫卖淫罪，而非数罪并罚。

3. 本罪与协助组织卖淫罪的界限：两罪之间本属于实行与帮助的共犯关系，但刑法对于帮助行为单独定罪处罚。

练一练

下列选项中，属于成立组织卖淫罪必须具备的条件是：（　　　）[1]

A. 卖淫人员在3人以上　　　　　　B. 组织者在3人以上

C. 非法获利数额巨大　　　　　　　D. 设置固定的卖淫场所

三十七、强迫卖淫罪

（一）强迫卖淫罪的概念和构成要件 ★

1. 概念

强迫卖淫罪，是指以暴力、胁迫或者其他强制手段，迫使他人卖淫的行为。

---

[1] A

2. 犯罪构成要件

（1）犯罪客体为国家对社会风尚的管理秩序和公民的人身权利。

（2）客观方面表现为强迫他人卖淫的行为。"强迫卖淫"，是指违背他人意志，采用强制手段，迫使受害者卖淫。"强制手段"包括：对他人的人身采用暴力；对他人采用暴力威胁、精神胁迫；除暴力和胁迫以外的其他强制被害人的方法。"他人"即强迫卖淫的对象，包括妇女、幼女、男子。

（3）犯罪主体是一般主体。

（4）主观方面是故意。

（二）强迫卖淫罪的认定

1. 本罪与组织卖淫罪的界限

（1）侵犯的客体不同。组织卖淫罪侵犯的是社会道德风尚及社会治安管理秩序；而本罪除侵犯社会道德风尚及社会治安管理秩序外，还包括他人的人身权利。

（2）实施行为的内容不同。组织卖淫的行为，是指以招募、雇佣、引诱、容留的手段，控制多人从事卖淫活动，不违背受害人意志；而本罪是采用强迫手段，违背卖淫者的意志。但是在组织他人卖淫的犯罪活动中，对被组织卖淫的人有强迫、引诱、容留、介绍卖淫行为，只成立组织卖淫罪一罪。

（3）故意的内容不同。组织卖淫罪的行为人主观上具有组织多人的故意；而本罪的行为人在主观上则具有强迫的故意，对象为一人亦可。

2. 旅馆业、饮食服务业、文化娱乐业、出租汽车业等单位的人员，利用本单位的条件，组织、强迫、引诱、容留、介绍他人卖淫的，依照组织卖淫罪，强迫卖淫罪，协助组织卖淫罪，引诱、容留、介绍卖淫罪，引诱幼女卖淫罪的规定定罪处罚。该单位的主要负责人，从重处罚。

3. 旅馆业、饮食服务业、文化娱乐业、出租汽车业等单位的人员，在公安机关查处卖淫、嫖娼活动时，为违法犯罪分子通风报信，情节严重的，以包庇罪的规定定罪处罚。事前与犯罪分子通谋的，以共同犯罪论处。

三十八、传播性病罪

［法条引述］

第360条［传播性病罪］ 明知自己患有梅毒、淋病等严重性病卖淫、嫖娼的，处5年以下有期徒刑、拘役或者管制，并处罚金。

（一）传播性病罪的概念和构成要件

1. 概念

传播性病罪，是指明知自己身患梅毒、淋病等严重性病，而进行卖淫或者嫖娼活动的行为。

2. 犯罪构成要件

（1）犯罪客体为国家对社会风尚的管理秩序和公民的人身健康权利。

（2）客观方面表现为明知自己身患梅毒、淋病等严重性病，仍然进行卖淫或者嫖娼活动的行为。至于实际上是否已造成他人染上性病的结果，不影响本罪的成立。

（3）犯罪主体是特殊主体，行为人必须身患梅毒、淋病等严重性病。

（4）主观方面是故意，要求必须明知自己患有严重性病。所谓"明知"，是指已经知道或者应当知道。在以下场合，可推定行为人"明知"：

❶ 有证据证明曾到医院就医，被诊断为患有严重性病的；

❷ 根据本人的知识和经验，能够知道自己患有严重性病的；

❸ 通过其他方法能够证明行为人是"明知"的。

（二）传播性病罪的认定

1. 如果行为人以加害他人、报复社会为目的而实施卖淫或者嫖娼活动的，不能一概以传播性病罪定罪处罚。因为如果行为人具有传染性病的意图而实施卖淫、嫖娼行为，但客观上并没有发生这种结果的，仍可以传播性病罪论处。如果行为人为了伤害他人，以卖淫、嫖娼为手段，意在使他人染上性病，且客观上造成了伤害结果的，则是传播性病罪与故意伤害罪的想象竞合，应从一重罪处罚。

2. 明知自己患有艾滋病或者感染艾滋病病毒而卖淫、嫖娼的，以传播性病罪定罪，从重处罚。但是具有下列情形之一，致使他人感染艾滋病病毒的，认定为"重伤"，以故意伤害罪定罪处罚：

（1）明知自己感染艾滋病病毒而卖淫、嫖娼的；

（2）明知自己感染艾滋病病毒，故意不采取防范措施而与他人发生性关系的。

3. 组织、强迫明知是有严重性病的人进行卖淫的案件，应以组织、强迫卖淫罪定罪，并按照"情节严重"的法定刑升格处罚。

三十九、制作、复制、出版、贩卖、传播淫秽物品牟利罪

[法条引述]

第363条第1款 [制作、复制、出版、贩卖、传播淫秽物品牟利罪] 以牟利为目的，制作、复制、出版、贩卖、传播淫秽物品的，处3年以下有期徒刑、拘役或者管制，并处罚金；情节严重的，处3年以上10年以下有期徒刑，并处罚金；情节特别严重的，处10年以上有期徒刑或者无期徒刑，并处罚金或者没收财产。

1. 制作、复制、出版、贩卖、传播淫秽物品牟利罪，是指自然人或者单位以牟利为目的，制作、复制、出版、贩卖、传播淫秽物品的行为。

2. 行为人直接从走私分子手里购买淫秽物品后加以贩卖，或者在我国的内海、领海、界河、界湖贩卖淫秽物品的，应以走私淫秽物品罪定罪处罚。

四十、传播淫秽物品罪

[法条引述]

第364条第1款 [传播淫秽物品罪] 传播淫秽的书刊、影片、音像、图片或者其他

淫秽物品，情节严重的，处 2 年以下有期徒刑、拘役或者管制。

传播淫秽物品罪，是指自然人或者单位不以牟利为目的，传播淫秽的书刊、影片、音像、图片或其他淫秽物品，情节严重的行为。

练一练

孙某制作、复制大量的淫秽光盘，除出卖外，还多次将淫秽光盘借给许多人观看。其行为应：（ 　　 ）[1]

A. 以制作、复制、贩卖、传播淫秽物品牟利罪处罚

B. 以组织播放淫秽音像制品罪从重处罚

C. 以制作、复制、贩卖淫秽物品牟利罪和传播淫秽物品罪数罪并罚

D. 以传播淫秽物品罪从重处罚

---

[1] C

第二十章 贪污贿赂罪

第一节　贪污贿赂罪的概念和构成要件 ★

1. 概念

贪污贿赂罪，是指国家工作人员（行贿类的犯罪除外）利用职务上的便利，非法占有、使用公共财物，索取、收受贿赂或者取得其他非法利益，破坏职务廉洁性的行为。

2. 贪污贿赂罪的构成要件

（1）犯罪客体是公务活动的廉洁性，多数犯罪同时也侵犯了公共财产或者国有资产的所有权。少数犯罪还侵犯了公民私人财产以及其他单位的财产所有权。本类犯罪的本质就在于以公权牟取私利，具有渎职性与贪利性犯罪的双重特点。

（2）客观方面表现为实施贪污、挪用公款、受贿、行贿、介绍贿赂、巨额财产来源不明、隐瞒境外存款不报、私分国有财产等行为。

（3）犯罪主体多为国家工作人员，为特殊主体，但少数罪由一般主体构成，如行贿罪、介绍贿赂罪等。

（4）主观方面表现为故意。过失不构成本类犯罪。

第二节　本章的重点罪名

一、贪污罪

[法条引述]

第382条 [贪污罪]　国家工作人员利用职务上的便利，侵吞、窃取、骗取或者以其他手段非法占有公共财物的，是贪污罪。

受国家机关、国有公司、企业、事业单位、人民团体委托管理、经营国有财产的人员，利用职务上的便利，侵吞、窃取、骗取或者以其他手段非法占有国有财物的，以贪污论。

与前两款所列人员勾结，伙同贪污的，以共犯论处。

第383条 [贪污罪的处罚规定]　对犯贪污罪的，根据情节轻重，分别依照下列规定处罚：

（一）贪污数额较大或者有其他较重情节的，处3年以下有期徒刑或者拘役，并处罚金。

（二）贪污数额巨大或者有其他严重情节的，处3年以上10年以下有期徒刑，并处罚金或者没收财产。

（三）贪污数额特别巨大或者有其他特别严重情节的，处 10 年以上有期徒刑或者无期徒刑，并处罚金或者没收财产；数额特别巨大，并使国家和人民利益遭受特别重大损失的，处无期徒刑或者死刑，并处没收财产。

对多次贪污未经处理的，按照累计贪污数额处罚。

犯第 1 款罪，在提起公诉前如实供述自己罪行、真诚悔罪、积极退赃，避免、减少损害结果的发生，有第 1 项规定情形的，可以从轻、减轻或者免除处罚；有第 2 项、第 3 项规定情形的，可以从轻处罚。

犯第 1 款罪，有第 3 项规定情形被判处死刑缓期执行的，人民法院根据犯罪情节等情况可以同时决定在其死刑缓期执行二年期满依法减为无期徒刑后，终身监禁，不得减刑、假释。

（一）贪污罪的概念和构成要件★

1. 概念

贪污罪，是指国家工作人员利用职务上的便利，侵吞、窃取、骗取或者以其他手段非法占有公共财物的行为。

2. 犯罪构成要件

（1）犯罪客体是复杂客体，即国家工作人员职务行为的廉洁性和公共财产的所有权。依照《刑法》第 91 条的规定，下列财产属于公共财产：

❶国有财产；

❷劳动群众集体所有的财产；

❸用于扶贫和其他公益事业的社会捐助或者专项基金的财产；

❹在国家机关、国有公司、企业、集体企业和人民团体管理、使用或者运输中的私人财产，以公共财产论。

（2）客观方面表现为利用职务上的便利，侵吞、窃取、骗取或者以其他手段非法占有公共财物的行为。

❶利用职务上的便利，是指利用职务上主管、管理、经营、经手公共财物的权力及方便条件；

❷利用职务上的便利，既包括利用本人职务上主管、管理公共财物的职务便利，也包括利用职务上有隶属关系的其他国家工作人员的职务便利；

❸利用与职务行为无关仅因工作关系熟悉作案环境或易于接近作案目标、凭工作人员身份容易进入某些单位等方便条件非法占有公共财物的，不成立贪污罪。

（3）犯罪主体是特殊主体，即国家工作人员以及受委托管理、经营国有财产的人员。

❶依据《刑法》第 93 条的规定，国家工作人员，是指在国家机关中从事公务的人员，在国有公司、企业、事业单位、人民团体中从事公务的人员和国家机关、国有公司、企业、事业单位委派到非国有公司、企业、事业单位、社会团体从事公务的人员，以及其他依照法律从事公务的人员。

1. "其他依照法律从事公务的人员"应当具有两个特征：一是在特定条件下行使国家管理职能；二是依照法律规定从事公务。具体包括：①依法履行职责的各级人民代表大会代表；②依法履行审判职责的人民陪审员；③协助乡镇人民政府、街道办事处从事行政管理工作的村民委员会、居民委员会等农村和城市基层组织人员；④其他由法律授权从事公务的人员。

2. 根据立法解释，村民委员会等村基层组织人员协助人民政府从事下列行政管理工作，属于《刑法》第93条第2款规定的"其他依照法律从事公务的人员"：①救灾、抢险、防汛、优抚、扶贫、移民、救济款物的管理；②社会捐助公益事业款物的管理；③国有土地的经营和管理；④土地征收、征用补偿费用的管理；⑤代征、代缴税款；⑥有关计划生育、户籍、征兵工作；⑦协助人民政府从事的其他行政管理工作。（2015年法硕法学专业基础课简答题）

❷依据《刑法》第382条第2款的规定，受国家机关、国有公司、企业、事业单位、人民团体委托管理、经营国有财产的人员，视为其他依照法律从事公务的人员，以国家工作人员论，可以成为本罪的主体。其中"受委托管理、经营国有财产"，是指因承包、租赁、临时聘用等管理、经营国有财产。

❸国家工作人员以外的其他人与上述国家工作人员勾结，伙同贪污的，以共犯论处。

司法解释规定，对于在公司、企业或者其他单位中，非国家工作人员与国家工作人员勾结，分别利用各自的职务便利，共同将本单位财物非法占有的，应当尽量区分主从犯，按照主犯的犯罪性质定罪。司法实践中，如果根据案件的实际情况，各共同犯罪人在共同犯罪中的地位、作用相当，难以区分主从犯的，可以贪污罪定罪处罚。

（4）主观方面表现为故意，并且具有非法占有公共财物的目的。

（二）贪污罪的认定

1. 《刑法》第394条规定，国家工作人员在国内公务活动或者对外交往中接受礼物，依照国家规定应当交公而不交公，数额较大的，以贪污罪定罪处罚。

2. 贪污数额较大（3万元以上）或者有其他较重情节的，即构成犯罪。对多次贪污未经处理的，按照累计贪污数额处罚。"多次贪污未经处理"，是指贪污行为未被发现或者虽经发现，但未给予刑事处罚或任何行政纪律处分。

3. 贪污数额特别巨大（300万元以上），并使国家和人民利益遭受特别重大损失的，处无期徒刑或者死刑，并处没收财产。若被判处死刑缓期执行的，人民法院根据犯罪情节等情况可以同时决定在其死刑缓期执行2年期满依法减为无期徒刑后，终身监禁，不得减刑、假释。

4. 在提起公诉前如实供述自己罪行、真诚悔罪、积极退赃，避免、减少损害结果的发生，贪污数额较大或者有其他较重情节，可以从轻、减轻或者免除处罚；贪污数额巨大或者有其他严重情节、贪污数额特别巨大或者有其他特别严重情节的，可以从轻处罚。

练一练

1. 某国有资本参股公司财务总监甲（非国家工作人员）勾结该公司董事乙（国家工作人员），分别利用各自的职务便利，共同将公司财物占为己有，数额特别巨大。对甲、乙行为性质的认定正确的是：（   ）[1]

 A. 按照甲的身份性质定罪   B. 按照乙的身份性质定罪

 C. 按照主犯的犯罪性质定罪   D. 按照甲、乙的犯罪性质定罪

2. 下列行为应当以贪污罪论处的是：（   ）[2]

 A. 国家工作人员甲在国内公务活动中收受礼物，依照国家规定应当交公而不交公，数额较大

 B. 乙受国家机关的委托经营某小型国有企业，利用职务上的便利，将该国有企业的资产转移到个人名下

 C. 国家工作人员丙利用职务上的便利，挪用公款数额巨大不能退还

 D. 国家工作人员丁利用职务之便，将依法扣押的陈某私人所有的汽车据为己有

3. 甲为非国家工作人员，是某国有公司控股的股份有限公司主管财务的副总经理；乙为国家工作人员，是该公司财务部主管。甲与乙勾结，分别利用各自的职务便利，共同侵吞了本单位的财物 100 万元。甲、乙两人应当：（   ）[3]

 A. 甲定职务侵占罪，乙定贪污罪，两人不是共同犯罪

 B. 甲定职务侵占罪，乙定贪污罪，但两人是共同犯罪

 C. 甲定职务侵占罪，乙是共犯，也定职务侵占罪

 D. 乙定贪污罪，甲是共犯，也定贪污罪

4. 李某系 A 市建设银行某储蓄所记账员。2002 年 3 月 20 日下午下班时，李某发现本所出纳员陈某将 2 万元营业款遗忘在办公桌抽屉内（未锁）。当日下班后，李某趁所内无人之机，返回所内将该 2 万元取出，用报纸包好后藏到自己办公桌下面的垃圾袋中，并用纸箱遮住垃圾袋。次日上午案发，赃款被他人找出。对此，下列说法正确的是：（   ）[4]

 A. 李某的行为属于贪污既遂   B. 李某的行为属于贪污未遂

 C. 李某的行为属于盗窃既遂   D. 李某的行为属于盗窃未遂

5. 关于贪污罪的认定，下列选项正确的是：（   ）[5]

---

[1] C
[2] ABD
[3] C
[4] C
[5] ACD

A. 国有公司中从事公务的甲，利用职务便利将本单位收受的回扣据为己有，数额较大。甲行为构成贪污罪

B. 土地管理部门的工作人员乙，为农民多报青苗数，使其从房地产开发商处多领取20万元补偿款，自己分得10万元。乙行为构成贪污罪

C. 村民委员会主任丙，在协助政府管理土地征用补偿费时，利用职务便利将其中数额较大款项据为己有。丙行为构成贪污罪

D. 国有保险公司工作人员丁，利用职务便利编造未发生的保险事故进行虚假理赔，将骗取的5万元保险金据为己有。丁行为构成贪污罪

6. 某国有公司出纳甲意图非法占有本人保管的公共财物，但不使用自己手中的钥匙和所知道的密码，而是使用铁棍将自己保管的保险柜打开并取走现金3万元。之后，甲伪造作案现场，声称失窃。关于本案，下列选项正确的是：（   ）[1]

A. 甲虽然是国家工作人员，但没有利用职务上的便利，故应认定为盗窃罪

B. 甲虽然没有利用职务上的便利，但也不属于将他人占有的财物转移为自己占有，故应认定为侵占罪

C. 甲将自己基于职务保管的财物据为己有，应成立贪污罪

D. 甲实际上是通过欺骗手段获得财物的，应认定为诈骗罪

二、挪用公款罪 （2011年法硕非法学专业基础课法条分析题）

[法条引述]

第384条 [挪用公款罪] 国家工作人员利用职务上的便利，挪用公款归个人使用，进行非法活动的，或者挪用公款数额较大、进行营利活动的，或者挪用公款数额较大、超过3个月未还的，是挪用公款罪，处5年以下有期徒刑或者拘役；情节严重的，处5年以上有期徒刑。挪用公款数额巨大不退还的，处10年以上有期徒刑或者无期徒刑。

挪用用于救灾、抢险、防汛、优抚、扶贫、移民、救济款物归个人使用的，从重处罚。

（一）挪用公款罪的概念和构成要件 ★

1. 概念

挪用公款罪，是指国家工作人员利用职务上的便利，挪用公款归个人使用，进行非法活动，或者挪用公款数额较大、进行营利活动，或者挪用公款数额较大、超过3个月未还的行为。

2. 犯罪构成要件

（1）犯罪客体是复杂客体，即国家工作人员职务行为的廉洁性、国家财经管理制度以及公款使用收益权。

（2）客观方面表现为利用职务之便挪用公款归个人使用，进行非法活动，或者挪用公款数额较大、进行营利活动，或者挪用公款数额较大、超过3个月未还的行为。

---

[1] C

> **小贴士**
>
> 　　1. 挪用公款"归个人使用",根据立法解释,是指有下列情形之一:
> 　　(1) 将公款供本人、亲友或者其他自然人使用的;
> 　　(2) 以个人名义将公款供其他单位使用的;
> 　　(3) 个人决定以单位名义将公款供其他单位使用,谋取个人利益的。
> 　　2. 挪用公款归个人使用,进行走私、嫖娼、赌博、非法经营等违法犯罪活动的,以犯罪论。根据司法解释的规定,数额在 3 万元以上的应当追究刑事责任。
> 　　3. 挪用公款数额较大,归个人进行营利活动的,以犯罪论。进行营利活动通常是指进行经商、办企业等经营性活动,至于经营性活动是否获利,不影响本罪的成立。根据司法解释的规定,数额较大,是指在 5 万元以上,应当追究刑事责任。
> 　　4. 挪用公款归个人使用,数额较大,超过 3 个月未还的,以犯罪论。根据司法解释的规定,数额较大,是指在 5 万元以上,应当追究刑事责任。

　　(3) 犯罪主体是特殊主体,即国家工作人员。
　　(4) 主观方面表现为故意,并以归个人使用为目的。

(二) 挪用公款罪的认定

　　1. 本罪与挪用特定款物罪的界限

　　(1) 主体不同。挪用公款罪的主体是国家工作人员;挪用特定款物罪的主体是经手、经办、管理特定款物的单位,但是直接责任人员不一定是国家工作人员。

　　(2) 客体不同。挪用公款罪的客体是国家工作人员职务行为的廉洁性、国家财经管理制度以及公款使用权;挪用特定款物罪的客体是国家对特定款物专款专用的财经管理制度以及国家和人民群众的利益。

　　(3) 主观方面不同。挪用公款罪以挪用公款归个人使用为目的,即挪作私用;挪用特定款物罪的目的则是为了其他公用,即挪作他用。如果行为人挪用特定款物归个人使用,应以挪用公款罪从重处罚。

　　(4) 行为对象不同。挪用公款罪的行为对象是公款,包括特定款物在内。挪用特定款物罪的行为对象仅限于特定款物,即救灾、抢险、防汛、优抚、扶贫、移民、救济款物。

　　(5) 客观方面成立犯罪的条件有所不同。挪用公款罪将挪用公款行为分为 3 种情况,并分别规定了不同的构成犯罪的客观要件;而挪用特定款物罪则在客观上要求致使国家和人民群众利益遭受重大损害的结果发生,否则不构成犯罪。

　　2. 本罪与挪用资金罪的界限

　　(1) 主体不同。挪用资金罪的主体是特殊主体,即公司、企业或者其他单位的工作人员;挪用公款罪的主体也是特殊主体,但属于国家工作人员。

　　(2) 客体不同。挪用公款罪的对象是公款,客体是公共财产,具体表现为公款的使用权;挪用资金罪的行为对象是本单位的资金,客体是公司、企业或者其他单位资金的使用权。二者都侵犯了职务行为的廉洁性,但挪用公款罪侵犯的是国家工作人员职务行为廉洁性，而挪用资金罪侵犯的是普通受雇用人员即非国家工作人员职务行为的廉洁性。

3. 本罪与贪污罪的界限：最大区别在于行为人主观上是否具有"非法占有目的"。如下情形可以认为具有"非法占有目的"：

（1）行为人"携带挪用的公款潜逃的"，对其携带挪用的公款部分，以贪污罪定罪处罚；

（2）行为人挪用公款后采取虚假发票平账、销毁有关账目等手段，使所挪用的公款已难以在单位财务账目上反映出来，且没有归还行为的，应当以贪污罪定罪处罚；

（3）行为人截取单位收入不入账，非法占有，使所占有的公款难以在单位财务账目上反映出来，且没有归还行为的，应当以贪污罪定罪处罚；

（4）有证据证明行为人有能力归还所挪用的公款而拒不归还，并隐瞒挪用的公款去向的，应当以贪污罪定罪处罚。

4. 挪用公款罪的特殊处罚：挪用公款数额巨大不退还的，处10年以上有期徒刑或者无期徒刑。所谓"不退还"，是指挪用公款数额巨大，因客观原因在一审宣判前不能退还的。否则，将转化成贪污罪。

练一练

1. 国家工作人员利用职务上的便利实施的下列行为，构成挪用公款罪的有：（   ）[1]

A. 甲将优抚资金10万元借给朋友购买股票，2个月内归还

B. 乙将价值10万元的防汛物资借给朋友建造住宅，半年后归还

C. 丙将教育专项资金100万元用作自己开办公司的注册资金，1个月内归还

D. 丁将救济款项50万元用于本单位购买高级轿车

2. 某村委会主任甲利用职务便利，将国家下拨的扶贫款20万元用于炒股，后因亏损而无法归还。甲的行为构成：（   ）[2]

A. 贪污罪　　　　　　　　　　B. 挪用公款罪

C. 挪用资金罪　　　　　　　　D. 职务侵占罪

3. 国有公司财务人员甲于2007年6月挪用单位救灾款100万元，供自己购买股票，后股价大跌，甲无力归还该款项。2008年1月，甲挪用单位办公经费70万元为自己购买商品房。2周后，甲采取销毁账目的手段，使挪用的办公经费70万元中的50万元难以在单位财务账上反映出来。甲一直未归还上述所有款项。关于甲的行为定性，下列选项正确的是：（   ）[3]

A. 甲挪用救灾款的行为不构成挪用特定款物罪

B. 甲挪用办公经费的行为构成挪用公款罪，挪用数额为70万元

---

[1] ABC

[2] B

[3] ACD

C. 甲挪用办公经费后销毁账目且未归还的行为构成贪污罪，贪污数额为 50 万元

D. 对于甲应当以挪用公款罪、贪污罪实行并罚

4. 下列选项中，属于挪用公款"归个人使用"的有：( )[1]

A. 将公款供本人、亲友或者其他自然人使用

B. 以个人名义将公款供国有公司、企业使用

C. 以单位名义将公款供具有法人资格的私有公司、企业使用

D. 个人决定以单位名义将公款供国有公司、企业使用，谋取个人利益

5. 国有公司负责人甲的下列行为，应当认定为挪用公款归个人使用的是：( )[2]

A. 经单位集体决定后将公款供其他私人公司使用

B. 经单位集体决定后将公款供个人承包企业使用

C. 以个人名义将公款供其他国有资本控股企业使用

D. 个人决定以单位名义将公款供其他单位使用但没有谋取个人利益

三、受贿罪（2020 年法硕非法学专业基础课法条分析题）

[法条引述]

第 385 条 [受贿罪] 国家工作人员利用职务上的便利，索取他人财物的，或者非法收受他人财物，为他人谋取利益的，是受贿罪。

国家工作人员在经济往来中，违反国家规定，收受各种名义的回扣、手续费，归个人所有的，以受贿论处。

第 386 条 [受贿罪的处罚规定] 对犯受贿罪的，根据受贿所得数额及情节，依照本法第 383 条的规定处罚。索贿的从重处罚。

第 388 条 [受贿罪] 国家工作人员利用本人职权或者地位形成的便利条件，通过其他国家工作人员职务上的行为，为请托人谋取不正当利益，索取请托人财物或者收受请托人财物的，以受贿论处。

（一）受贿罪的概念和构成要件★

1. 概念

受贿罪，是指国家工作人员利用职务上的便利，索取他人财物，或者非法收受他人财物，为他人谋取利益的行为。

2. 犯罪构成要件

（1）犯罪客体是国家工作人员职务行为的廉洁性。受贿罪的实质在于以公权交换私利。

（2）客观方面表现为"利用职务上的便利"，索取他人财物或者非法收受他人财物，为他人谋取利益的行为。

❶ 既包括利用本人职务上主管、负责、承办某项公共事务的职权，也包括利用职务上

---

[1] ABD

[2] C

有隶属、制约关系的其他国家工作人员的职权。担任单位领导职务的国家工作人员通过不属自己主管的下级部门的国家工作人员的职务为他人谋取利益的，应当认定为"利用职务上的便利"为他人谋取利益。

❷"索取贿赂"。索贿构成犯罪的，并不以为他人谋取利益为必要条件，即无论索贿者是否意图为他人谋取利益或者实际上为他人谋取了利益，只要利用职务之便向他人索贿的，就应当以受贿罪论处。

❸"非法收受他人财物"。此种情形下，要有"为他人谋取利益"的要件，才构成受贿罪。所谓"为他人谋取利益"，是指行为人意图为他人谋取利益，或者承诺为他人谋取利益，或者实际上已经为他人谋取了利益。至于行为人是为他人谋取正当利益还是不正当利益，是合法利益还是非法利益，都不影响本罪的成立。

> **小贴士**
>
> 1. 贿赂犯罪中的"财物"，包括货币、物品和财产性利益。财产性利益包括可以折算为货币的物质利益如房屋装修、债务免除等，以及需要支付货币的其他利益如会员服务、旅游等。后者的犯罪数额，以实际支付或者应当支付的数额计算。
> 2. 具有下列情形之一的，应当认定为"为他人谋取利益"：
> （1）实际或者承诺为他人谋取利益的；
> （2）明知他人有具体请托事项的；
> （3）履职时未被请托，但事后基于该履职事由收受他人财物的；
> （4）国家工作人员索取、收受具有上下级关系的下属或者具有行政管理关系的被管理人员的财物价值3万元以上，可能影响职权行使的，视为承诺为他人谋取利益。
> 3. 国家工作人员利用职务上的便利为请托人谋取利益之前或者之后，约定在其离职后收受请托人财物，并在离职后收受的，以受贿论处。国家工作人员利用职务上的便利为请托人谋取利益，离职前后连续收受请托人财物的，离职前后收受部分均应计入受贿数额。

（3）犯罪主体是特殊主体，即国家工作人员。
（4）主观方面表现为故意。

> **小贴士** 国家工作人员收受请托人财物后及时退还或者上交的，不是受贿。国家工作人员受贿后，因自身或者与其受贿有关联的人、事被查处，为掩饰犯罪而退还或者上交的，不影响认定受贿罪。

（二）受贿罪的认定

1. 国家工作人员出于贪污、受贿的故意，非法占有公共财物、收受他人财物之后，将赃款赃物用于单位公务支出或者社会捐赠的，不影响贪污罪、受贿罪的认定，但量刑时可以酌情考虑。特定关系人索取、收受他人财物，国家工作人员知道后未退还或者上交的，应当认定国家工作人员具有受贿故意。

2. 受贿罪与非国家工作人员受贿罪的界限★

（1）主体不同。受贿罪的主体是国家工作人员；非国家工作人员受贿罪的主体是公司、企业或者其他单位的工作人员。国有公司、企业中从事公务的人员和国有公司、企业委派到非国有公司、企业从事公务的人员受贿的，以受贿罪论，不构成非国家工作人员受贿罪。

（2）客体不同。受贿罪的客体是国家工作人员职务行为的廉洁性；非国家工作人员受贿罪的客体是国家对公司、企业工作人员职务活动的管理制度。

3. 受贿罪与贪污罪的界限

（1）犯罪主体的范围不同。受贿罪仅限于国家工作人员；贪污罪还包括受委托管理、经营国有财产的人员。

（2）犯罪目的的内容不同。贪污罪在主观上以非法占有自己主管、管理、经手的公共财物为目的；受贿罪在主观上则表现为以非法占有他人或者其他单位的公私财物为目的。

（3）行为对象不同。贪污罪的行为对象是公共财物；受贿罪的对象既包括公共财物，也包括公民私有的财物。

（4）行为方式不同。贪污罪的行为方式是侵吞、窃取、骗取等方法，非法占有自己主管、管理、经手的公共财物；受贿罪则是利用职务之便向他人索取财物，或者非法收受他人财物，为他人谋取利益。

4. 斡旋受贿的认定。斡旋受贿行为构成受贿罪的条件包括★：

（1）斡旋受贿的行为主体必须是国家工作人员。

（2）客观方面表现为行为人利用本人职权或者地位形成的便利条件，通过其他国家工作人员职务上的行为，而不是直接利用自己职务范围内的权力。这种"便利条件"具体而言，即行为人与被其利用的国家工作人员之间在职务上虽然没有隶属、制约关系，但是行为人可以利用本人职权或者地位产生的影响和一定的工作联系，如单位内不同部门的国家工作人员之间，上下级单位没有职务上隶属、制约关系的国家工作人员之间，有工作联系的不同单位的国家工作人员之间，都符合"便利条件"。

（3）无论是索贿行为还是非法收受贿赂的行为，斡旋受贿构成受贿罪均要求"为请托人谋取不正当利益"。

练一练

1. 我国《刑法》第385条第1款规定："国家工作人员利用职务上的便利，索取他人财物的，或者非法收受他人财物，为他人谋取利益的，是受贿罪。"对该规定中"为他人谋取利益"的正确理解有：（　　）[1]

A. "为他人谋取利益"包括承诺为他人谋取利益

---

[1] AC

B. "为他人谋取利益"必须发生在得到他人财物之后

C. "为他人谋取利益"中的利益既包括正当利益，也包括不正当利益

D. "为他人谋取利益"既是收受型受贿罪的要件，也是索取型受贿罪的要件

2. 关于贿赂犯罪，下列选项错误的是：（   ）[1]

A. 国家工作人员利用职务便利，为请托人谋取利益并收受其财物而构成受贿罪的，请托人当然构成行贿罪

B. 因被勒索给予国家工作人员以财物的，当然不构成行贿罪

C. 行贿人在被追诉前主动交待行贿行为的，可以从轻或者减轻处罚

D. 某国家机关利用其职权或地位形成的便利条件，通过其他国家机关的职务行为，为请托人谋取利益，索取请托人财物的，构成单位受贿罪

3. 甲加盖违章建筑，并串通负责房屋征收的国家机关工作人员乙，乙利用职务上的便利帮甲多得了200万元征收补偿款，事后，甲将其中的5万元送给乙。

（1）甲的行为应认定为：（   ）[2]

A. 诈骗罪　　　　　　　　　　　B. 贪污罪

C. 行贿罪　　　　　　　　　　　D. 侵占罪

（2）乙的行为应认定为：（   ）[3]

A. 诈骗罪　　　　　　　　　　　B. 贪污罪

C. 受贿罪　　　　　　　　　　　D. 职务侵占罪

4. 甲（建委主任）在与乙商议后，由乙出面收取现金300万元，甲为请托人办理建筑审批手续。乙的行为：（   ）[4]

A. 构成受贿罪　　　　　　　　　B. 构成利用影响力受贿罪

C. 不构成犯罪　　　　　　　　　D. 构成受贿罪和利用影响力受贿罪

5. 甲找到某国有企业出纳乙称自己公司生意困难，让乙想办法提供点资金，并许诺给乙好处。乙便找机会从公司账户中拿出50万借给甲。甲从中拿了5万元给乙。之后，甲因违法行为被公安机关逮捕，乙害怕受牵连，携带100万元公款潜逃。关于乙的全部犯罪行为，下列说法错误的是：（   ）[5]

A. 挪用公款罪与受贿罪，应择一重罪从重处罚

B. 应以挪用资金罪、职务侵占罪论处，实行数罪并罚

C. 应以挪用公款罪、贪污罪论处，实行数罪并罚

D. 应以挪用公款罪、贪污罪、受贿罪论处，实行数罪并罚

6. 国家工作人员甲利用职务上的便利为某单位谋取利益。随后，该单位的经理送给甲一张购物卡，并告知其购物卡的价值为2万元、使用期限为1个月。甲收下购物卡后忘

---

[1] ABD

[2] A

[3] C

[4] A

[5] ABC

记使用，导致购物卡过期作废，卡内的 2 万元被退回到原单位。关于甲的行为，下列选项正确的是：（　　　）[1]

  A. 甲的行为不构成受贿罪

  B. 甲的行为构成受贿（既遂）罪

  C. 甲的行为构成受贿（未遂）罪

  D. 甲的行为构成受贿（预备）罪

  7. 甲的女儿 2013 年参加高考，没有达到某大学录取线。甲委托该高校所在市的教委副主任乙向该大学主管招生的副校长丙打招呼，甲还交付给乙 10 万元现金，其中 5 万元用于酬谢乙，另 5 万元请乙转交给丙。乙向丙打了招呼，并将 5 万元转交给丙。丙收下 5 万元，并答应尽量帮忙，但仍然没有录取甲的女儿。1 个月后，丙的妻子丁知道此事后，对丙说："你没有帮人家办事，不能收这 5 万元，还是退给人家吧。"丙同意后，丁将 5 万元退给甲。关于本案，下列说法错误的是：（　　　）[2]

  A. 乙的行为成立不当得利与介绍贿赂罪

  B. 丙没有利用职务上的便利为他人牟取利益，所以不成立受贿罪

  C. 丙在未能为他人牟取利益之后退还了财物，所以不成立受贿罪

  D. 丁将 5 万元贿赂退给甲而不移交司法机关，构成帮助毁灭证据罪

四、行贿罪

[法条引述]

第 389 条　[行贿罪]　为谋取不正当利益，给予国家工作人员以财物的，是行贿罪。

在经济往来中，违反国家规定，给予国家工作人员以财物，数额较大的，或者违反国家规定，给予国家工作人员以各种名义的回扣、手续费的，以行贿论处。

因被勒索给予国家工作人员以财物，没有获得不正当利益的，不是行贿。

第 390 条　[行贿罪的处罚规定]　对犯行贿罪的，处 5 年以下有期徒刑或者拘役，并处罚金；因行贿谋取不正当利益，情节严重的，或者使国家利益遭受重大损失的，处 5 年以上 10 年以下有期徒刑，并处罚金；情节特别严重的，或者使国家利益遭受特别重大损失的，处 10 年以上有期徒刑或者无期徒刑，并处罚金或者没收财产。

行贿人在被追诉前主动交待行贿行为的，可以从轻或者减轻处罚。其中，犯罪较轻的，对侦破重大案件起关键作用的，或者有重大立功表现的，可以减轻或者免除处罚。

（一）行贿罪的概念和构成要件（2009 年法硕非法学专业基础课简答题）

1. 概念

行贿罪，是指为谋取不正当利益，给予国家工作人员以财物的行为。

2. 犯罪构成要件

（1）犯罪客体是国家工作人员职务行为的廉洁性。

---

〔1〕　B
〔2〕　ABCD

（2）客观方面表现为给予国家工作人员以财物的行为。在经济往来中，违反国家规定，给予国家工作人员以财物，数额较大的，或者违反国家规定，给予国家工作人员以各种名义的回扣、手续费的，以行贿论处。根据司法解释的规定，行贿数额在 3 万元以上的，应追究刑事责任。

（3）犯罪主体是自然人，即一般主体。

（4）主观方面表现为故意，并且具有谋取不正当利益的目的。"谋取不正当利益"，是指行贿人谋取的利益违反法律、法规、规章、政策规定，或者要求国家工作人员违反法律、法规、规章、政策、行业规范的规定，为自己提供帮助或者方便条件。

（二）行贿罪的认定

1. 行贿必须是行为人的主动行为，如果行为人是被勒索而给予国家工作人员以财物，没有获得不正当利益的，不是行贿罪。

2. 行贿人在被追诉前主动交待行贿行为的，可以从轻或者减轻处罚。其中，犯罪较轻的，对侦破重大案件起关键作用的，或者有重大立功表现的，可以减轻或者免除处罚。

练一练

1. 下列应当认定为行贿罪的是：（　　）[1]

A. 通过赌博给领导输送资金

B. 给领导提供子女入学机会

C. 单位向领导行贿

D. 被胁迫向领导输送资金未获得不正当利益

2. 甲为某市交通局副局长，负责公路建设工程招标工作。乙为承揽工程，送给甲 30 万元。不料甲在数日后被调离，不再负责工程招标。乙闻讯后要甲退回 30 万元，遭拒绝。乙到检察机关投案，交代了给甲 30 万元欲请甲帮助承揽工程的事实。检察机关遂对甲、乙立案查处，并立即将 30 万元追缴。下列选项中，正确的是：（　　）[2]

A. 甲构成受贿罪未遂　　　　　　B. 乙构成行贿罪中止

C. 乙成立立功　　　　　　　　　D. 对乙可以从轻或者减轻处罚

3. 甲为某国有企业出纳，为竞争公司财务部主任职位欲向公司副总经理乙行贿。甲通过涂改账目等手段从公司提走 20 万元，委托总经理办公室秘书丙将 15 万元交给乙，并要丙在转交该款时一定为自己提升一事向乙"美言几句"。乙收下该款。8 天后，乙将收受钱款一事报告了公司总经理，并将 15 万元交到公司纪检部门。

（1）关于甲从公司提出公款 20 万元并将其中一部分行贿给乙的行为，下列选项错误的是：（　　）[3]

---

[1]　A
[2]　D
[3]　ABD

A. 甲构成贪污罪，数额是 20 万元；行贿罪与贪污罪之间是牵连关系，不再单独定罪

B. 甲构成贪污罪、行贿罪，数罪并罚，贪污数额是 5 万元，行贿 15 万元

C. 甲构成贪污罪、行贿罪，数罪并罚，贪污数额是 20 万元，行贿 15 万元

D. 甲对乙说过要"去把公司钱款补上"，应当构成挪用公款罪，数额是 20 万元，再与行贿罪并罚

（2）关于乙的行为，下列选项错误的是：（　　　）[1]

A. 乙构成受贿罪既遂

B. 乙构成受贿罪中止

C. 乙犯罪以后上交赃物的行为，属于酌定从轻处罚情节

D. 乙不构成犯罪

（3）关于丙的行为，下列选项正确的是：（　　　）[2]

A. 丙构成受贿罪共犯　　　　　　B. 丙构成介绍贿赂罪

C. 丙构成行贿罪共犯　　　　　　D. 丙没有实行行为，不构成犯罪

4. 甲为帮乙摆脱罪责，送给正审理乙涉嫌非法拘禁一案的合议庭审判员丙 5 万元。在审判委员会上，丙试图为乙开脱罪责，但未能得逞，于是丙将收受的 5 万元还给甲。甲经过思想斗争，到司法机关主动交代了自己向丙行贿的行为。关于本案的处理，下列说法正确的是：（　　　）[3]

A. 对甲的行为应以行贿罪论处

B. 对丙的行为应当认定为受贿中止

C. 对甲应当适用刑法总则关于自首的处罚规定

D. 对甲可以从轻或者减轻处罚

五、利用影响力受贿罪

[法条引述]

第 388 条之一 [利用影响力受贿罪]　国家工作人员的近亲属或者其他与该国家工作人员关系密切的人，通过该国家工作人员职务上的行为，或者利用该国家工作人员职权或者地位形成的便利条件，通过其他国家工作人员职务上的行为，为请托人谋取不正当利益，索取请托人财物或者收受请托人财物，数额较大或者有其他较重情节的，处 3 年以下有期徒刑或者拘役，并处罚金；数额巨大或者有其他严重情节的，处 3 年以上 7 年以下有期徒刑，并处罚金；数额特别巨大或者有其他特别严重情节的，处 7 年以上有期徒刑，并处罚金或者没收财产。

离职的国家工作人员或者其近亲属以及其他与其关系密切的人，利用该离职的国家工作人员原职权或者地位形成的便利条件实施前款行为的，依照前款的规定定罪处罚。

---

[1]　ABC

[2]　C

[3]　AD

（一）利用影响力受贿罪的概念和构成要件

1. 概念

利用影响力受贿罪，是指国家工作人员的近亲属或者其他与该国家工作人员关系密切的人，通过该国家工作人员职务上的行为，或者利用该国家工作人员职权或者地位形成的便利条件，通过其他国家工作人员职务上的行为，为请托人谋取不正当利益，索取请托人财物或者收受请托人财物，数额较大或者有其他较重情节的行为，或者离职的国家工作人员或者其近亲属以及与其关系密切的人，利用该离职的国家工作人员原职权或者地位形成的便利条件，通过其他国家工作人员职务上的行为，为请托人谋取不正当利益，索取或者收受请托人财物，数额较大或者有其他较重情节的行为。

2. 犯罪构成要件

（1）犯罪客体是国家工作人员职务行为的廉洁性；

（2）客观方面表现为行为人利用影响力与请托人交易财物，数额较大或者情节较重的行为；

（3）犯罪主体是特殊主体，包括国家工作人员的近亲属、其他关系密切的人，离职国家工作人员及其近亲属、其他关系密切的人；（2012 年法硕非法学专业基础课简答题）

（4）主观方面表现为故意而且要求为请托人谋取不正当利益。

（二）利用影响力受贿罪的认定

1. 本罪与斡旋受贿之间的区别：利用职权或者地位形成的便利条件的主体不同。

2. 本罪与受贿罪的共同犯罪之间的区别：有无与国家工作人员共谋。也即如果国家工作人员对行为人的行为知情，并许诺为请托人谋取不正当利益的，则国家工作人员构成受贿罪，而行为人构成受贿罪共犯，不再构成利用影响力受贿罪。

练一练

1. 甲（市政府工作人员）接受请托人乙的 30 万元，通过妹夫刘某（市公安局干警）违规撤销了对乙的网上追逃信息。甲的行为应认定为：（   ）[1]

　　A. 滥用职权罪　　　　　　　　　　B. 受贿罪

　　C. 介绍贿赂罪　　　　　　　　　　D. 利用影响力受贿罪

2. 交通协管员甲隐瞒其真实身份从多名请托人处收受巨额财物，后向与之关系密切的某交警"打招呼"，让其对请托人的违章行为减免处罚。甲的行为应认定为：（   ）[2]

　　A. 诈骗罪　　　　　　　　　　　　B. 受贿罪

　　C. 职务侵占罪　　　　　　　　　　D. 利用影响力受贿罪

3. 某国有控股公司董事长甲收受钱某的现金30 万元，通过其丈夫（某市市委书记）帮

---

[1] D

[2] D

助钱某升迁。甲的行为构成：（　　　）[1]

    A. 受贿罪　　　　　　　　　　　　B. 介绍贿赂罪

    C. 利用影响力受贿罪　　　　　　　D. 非国家工作人员受贿罪

4. 甲收受乙公司50万元现金后，请求在某市交通局当处长的堂兄丙"帮助"乙公司承包某工程。丙遂利用职权，违规操作，帮助乙公司承包了该工程。甲的行为：（　　　）[2]

    A. 不构成犯罪　　　　　　　　　　B. 构成受贿罪

    C. 构成利用影响力受贿罪　　　　　D. 构成非国家工作人员受贿罪

5. 关于受贿相关犯罪的认定，下列选项正确的是：（　　　）[3]

    A. 甲知道城建局长张某吸毒，以提供海洛因为条件请其关照工程招标，张某同意。甲中标后，送给张某50克海洛因。张某构成受贿罪

    B. 乙系人社局副局长，乙父让乙将不符合社保条件的几名亲戚纳入社保范围后，收受亲戚送来的3万元。乙父构成利用影响力受贿罪

    C. 国企退休厂长王某（正处级）利用其影响，让现任厂长帮忙，在本厂推销保险产品后，王某收受保险公司3万元。王某不构成受贿罪

    D. 法院院长告知某企业经理赵某"如给法院捐赠500万元办公经费，你们那个案件可以胜诉"。该企业胜诉后，给法院单位账户打入500万元。应认定法院构成单位受贿罪

6. 根据《刑法》有关规定，下列说法正确的是：（　　　）[4]

    A. 甲系某国企总经理之妻，甲让其夫借故辞退企业财务主管，而以好友陈某取而代之，陈某赠甲一辆价值12万元的轿车。甲构成犯罪

    B. 乙系已离职的国家工作人员，请接任处长为缺少资质条件的李某办理了公司登记，收取李某10万元。乙构成犯罪

    C. 丙系某国家机关官员之子，利用其父管理之便，请其父下属将不合条件的某企业列入政府采购范围，收受该企业5万元。丙构成犯罪

    D. 丁系国家工作人员，在主管土地拍卖工作时向一家房地产公司通报了重要情况，使其如愿获得黄金地块。丁退休后，该公司为表示感谢，自作主张送与丁价值5万元的按摩床。丁构成犯罪

7. 乙的孙子丙因涉嫌抢劫被刑拘。乙托甲设法使丙脱罪，并承诺事成后付其10万元。甲与公安局副局长丁早年认识，但多年未见面。甲托丁对丙作无罪处理，丁不同意，甲便以揭发隐私要挟，丁被迫按甲的要求处理案件。后甲收到乙10万元现金。关于本案，下列选项错误的是：（　　　）[5]

    A. 甲与国家工作人员丁关系恶劣，不构成利用影响力受贿罪

---

[1]　C

[2]　C

[3]　ABCD

[4]　ABC

[5]　ABD

B. 甲恐吓国家工作人员丁，构成敲诈勒索罪

C. 丁构成徇私枉法罪，甲构成徇私枉法罪的教唆犯

D. 甲的行为同时触犯利用影响力受贿罪与徇私枉法罪，应从一重罪论处

8. 大学生甲为获得公务员面试高分，送给面试官乙（某机关领导）2瓶高档白酒，乙拒绝。次日，甲再次到乙家，偷偷将一块价值1万元的金币放在茶几上离开。乙不知情。保姆以为乙知道此事，将金币放入乙的柜子。对于本案，下列选项错误的是：（　　）[1]

A. 甲的行为成立行贿罪

B. 乙的行为不构成受贿罪

C. 认定甲构成行贿罪与乙不构成受贿罪不矛盾

D. 保姆的行为成立利用影响力受贿罪

六、对有影响力的人行贿罪

[法条引述]

第390条之一 [对有影响力的人行贿罪]　为谋取不正当利益，向国家工作人员的近亲属或者其他与该国家工作人员关系密切的人，或者向离职的国家工作人员或者其近亲属以及其他与其关系密切的人行贿的，处3年以下有期徒刑或者拘役，并处罚金；情节严重的，或者使国家利益遭受重大损失的，处3年以上7年以下有期徒刑，并处罚金；情节特别严重的，或者使国家利益遭受特别重大损失的，处7年以上10年以下有期徒刑，并处罚金。

单位犯前款罪的，对单位判处罚金，并对其直接负责的主管人员和其他直接责任人员，处3年以下有期徒刑或者拘役，并处罚金。

（一）对有影响力的人行贿罪的概念和构成要件

1. 概念

对有影响力的人行贿罪，是指为谋取不正当利益，向国家工作人员的近亲属或者其他与该国家工作人员关系密切的人，或者向离职的国家工作人员或者其近亲属以及其他与其关系密切的人行贿的行为。

2. 犯罪构成要件

（1）犯罪客体是国家工作人员的职务廉洁性。

（2）客观方面表现为向有影响力的人行贿的行为。

（3）犯罪主体既可以是自然人，也可以是单位。

（4）主观方面表现为故意，并且具有谋取不正当利益的目的。"谋取不正当利益"，是指行贿人谋取的利益违反法律、法规、规章、政策规定，或者要求国家工作人员违反法律、法规、规章、政策、行业规范的规定，为自己提供帮助或者方便条件。

---

[1]　D

(二) 对有影响力的人行贿罪的认定

1. 本罪与利用影响力受贿罪属于对向犯。行为人将财物交付给有影响力的人,有影响力的人仅成立利用影响力受贿罪,国家工作人员不成立受贿罪时,行为人成立对有影响力的人行贿罪。

2. 行为人将财物交付给有影响力的人,有影响力的人虽然与国家工作人员构成受贿罪的共犯,但行为人没有认识到该受贿事实时,行为人仍然成立对有影响力的人行贿罪。反之,行为人将财物交付给有影响力的人,有影响力的人与国家工作人员构成受贿罪的共犯,行为人也明知该受贿共犯事实时,不管财物是否最终由国家工作人员占有,行为人均成立行贿罪。

七、巨额财产来源不明罪

[法条引述]

第 395 条第 1 款 [巨额财产来源不明罪] 国家工作人员的财产、支出明显超过合法收入,差额巨大的,可以责令该国家工作人员说明来源,不能说明来源的,差额部分以非法所得论,处 5 年以下有期徒刑或者拘役;差额特别巨大的,处 5 年以上 10 年以下有期徒刑。财产的差额部分予以追缴。

(一) 巨额财产来源不明罪的概念和构成要件

1. 概念

巨额财产来源不明罪,是指国家工作人员的财产或者支出明显超过合法收入,差额巨大(即"非法所得"),而本人又不能说明其来源合法的行为。

2. 犯罪构成要件

(1) 犯罪客体是国家工作人员的职务廉洁性。

(2) 客观方面表现为行为人持有的财产或者支出的财产明显超过合法收入,差额巨大,而本人又不能说明其来源是合法的行为。所谓"不能说明",包括以下情况:

❶ 行为人拒不说明财产来源;

❷ 行为人无法说明财产的具体来源;

❸ 行为人所说的财产来源经司法机关查证并不属实;

❹ 行为人所说的财产来源因线索不具体等原因,司法机关无法查实,但能排除存在来源合法的可能性和合理性的。

(3) 犯罪主体是特殊主体,即国家工作人员。

(4) 主观方面表现为故意。

(二) 巨额财产来源不明罪的认定 (2014 年法硕非法学专业基础课法条分析题)

1. 巨额财产来源不明罪中"非法所得"的计算方式,一般应将行为人的全部财产与能够认定的所有支出的总和减去能够证实的有真实来源的所得。

2. 国家工作人员拥有的明显超过合法收入的财产或支出,无论是以何种方式取得,只要行为人不能举出证据证明其来源是合法的，即构成本罪。当然，如果能够查明财产来源的合法性，不能以犯罪论；如果能够查明财产确系贪污、受贿等犯罪所得，则应以贪污罪、受贿罪等犯罪追究刑事责任。

练一练

国家工作人员甲与民办小学教师乙是夫妻。甲、乙支出明显超过合法收入，差额达 300 万元。甲、乙拒绝说明财产来源。一审中，甲交代 300 万元系受贿所得，经查证属实。关于本案，下列选项正确的是：(   )[1]

A. 甲构成受贿罪
B. 甲不构成巨额财产来源不明罪
C. 乙不构成巨额财产来源不明罪
D. 乙构成掩饰、隐瞒犯罪所得罪

八、其他罪名

[法条引述]

第 387 条 [单位受贿罪] 国家机关、国有公司、企业、事业单位、人民团体，索取、非法收受他人财物，为他人谋取利益，情节严重的，对单位判处罚金，并对其直接负责的主管人员和其他直接责任人员，处 5 年以下有期徒刑或者拘役。

前款所列单位，在经济往来中，在帐外暗中收受各种名义的回扣、手续费的，以受贿论，依照前款的规定处罚。

第 391 条 [对单位行贿罪] 为谋取不正当利益，给予国家机关、国有公司、企业、事业单位、人民团体以财物的，或者在经济往来中，违反国家规定，给予各种名义的回扣、手续费的，处 3 年以下有期徒刑或者拘役，并处罚金。

单位犯前款罪的，对单位判处罚金，并对其直接负责的主管人员和其他直接责任人员，依照前款的规定处罚。

第 392 条 [介绍贿赂罪] 向国家工作人员介绍贿赂，情节严重的，处 3 年以下有期徒刑或者拘役，并处罚金。

介绍贿赂人在被追诉前主动交待介绍贿赂行为的，可以减轻处罚或者免除处罚。

第 393 条 [单位行贿罪] 单位为谋取不正当利益而行贿，或者违反国家规定，给予国家工作人员以回扣、手续费，情节严重的，对单位判处罚金，并对其直接负责的主管人员和其他直接责任人员，处 5 年以下有期徒刑或者拘役，并处罚金。因行贿取得的违法所得归个人所有的，依照本法第 389 条、第 390 条的规定定罪处罚。

第 396 条第 1 款 [私分国有资产罪] 国家机关、国有公司、企业、事业单位、人民团体，违反国家规定，以单位名义将国有资产集体私分给个人，数额较大的，对其直接负责的主管人员和其他直接责任人员，处 3 年以下有期徒刑或者拘役，并处或者单处罚金；数额巨大的，处 3 年以上 7 年以下有期徒刑，并处罚金。

---

[1]　ABC

渎职罪 第二十一章

第一节　渎职罪的概念和构成要件

1. 概念

渎职罪，是指国家机关工作人员在公务活动中滥用职权、玩忽职守、徇私舞弊，妨害国家管理活动，致使公共财产或者国家和人民的利益遭受重大损失的行为。

2. 渎职罪的构成要件（2016年法硕法学专业基础课简答题/2011年法硕非法学专业基础课简答题）

（1）犯罪客体是国家机关的正常管理活动。

（2）客观方面表现为行为人实施了滥用职权、玩忽职守等致使公共财产、国家和人民利益遭受重大损失的行为。

❶滥用职权，是指国家机关工作人员不依法行使职权而任意扩大自己的职务权限；

❷玩忽职守，是指国家机关工作人员不按规程或规章行使职权或者疏于职守；

❸渎职的行为方式既可以是作为，也可以是不作为，但只有给国家、人民利益或公共财产造成重大损失的行为才能以犯罪论处。

（3）犯罪主体，除故意泄露国家秘密罪和过失泄露国家秘密罪的主体外，都是特殊主体，即国家机关工作人员。国家机关工作人员的界定：

❶在国家各级立法机关、各级行政机关、各级司法机关、各级军事机关中从事公务的人员，不包括国有公司、企业中从事公务的人员；

❷根据立法解释的规定，在依照法律、法规规定行使国家行政管理职权的组织中从事公务的人员，或者在受国家机关委托代表国家机关行使职权的组织中从事公务的人员，或者虽未列入国家机关人员编制但在国家机关中从事公务的人员，在代表国家机关行使职权时，有渎职行为，构成犯罪的，依照刑法关于渎职罪的规定追究刑事责任。

（4）主观方面既有故意也有过失。

第二节　本章的重点罪名

一、滥用职权罪

[法条引述]

第397条 ［滥用职权罪］［玩忽职守罪］　国家机关工作人员滥用职权或者玩忽职守，

致使公共财产、国家和人民利益遭受重大损失的，处 3 年以下有期徒刑或者拘役；情节特别严重的，处 3 年以上 7 年以下有期徒刑。本法另有规定的，依照规定。

国家机关工作人员徇私舞弊，犯前款罪的，处 5 年以下有期徒刑或者拘役；情节特别严重的，处 5 年以上 10 年以下有期徒刑。本法另有规定的，依照规定。

（一）滥用职权罪的概念和构成要件（2015 年法硕非法学专业基础课法条分析题）

1. 概念

滥用职权罪，是指国家机关工作人员违反法律规定的权限和程序，滥用职权，致使公共财产、国家和人民利益遭受重大损失的行为。

2. 犯罪构成要件

（1）犯罪客体是国家机关的正常管理活动。

（2）客观方面表现为违反法律规定的权限和程序，滥用职权，致使公共财产、国家和人民利益遭受重大损失的行为。

❶"职权"是由法律、法规和规章所规定的职务范围内的权力。

❷"滥用职权"在客观上有两种情形：一种是行为人不依法正当行使职权，另一种是行为人任意扩大自己的职务权限。

❸"致使公共财产、国家和人民利益遭受重大损失"的危害后果与滥用职权行为必须具有刑法上的因果关系。

（3）犯罪主体为特殊主体，即国家机关工作人员。

（4）主观方面表现为故意。

（二）滥用职权罪的认定

1. 本罪与非罪行为的界限：是否给公共财产、国家和人民利益造成重大损失。

2. 滥用职权罪与其他滥用职权犯罪行为之间的界限：法条竞合，特别法优于普通法。

二、玩忽职守罪

（一）玩忽职守罪的概念和构成要件★

1. 概念

玩忽职守罪，是指国家机关工作人员玩忽职守，致使公共财产、国家和人民利益遭受重大损失的行为。

2. 犯罪构成要件

（1）犯罪客体是国家机关的正常管理活动。

（2）客观方面表现为行为人严重不负责任，在工作中草率马虎，不履行或者不正确履行职务，致使公共财产、国家和人民利益遭受重大损失。

❶"不履行职务"包含擅离职守和未履行职务；

❷"不正确履行职务"，是指应该而且能够履行职务，但因不严肃认真导致错误地履行职务。

（3）犯罪主体为特殊主体，即国家机关工作人员。

（4）主观方面表现为过失。行为人玩忽职守的行为本身常常是故意的，但对损害结果，则是过失的。

（二）玩忽职守罪的认定

1. 本罪与非罪的界限：是否给公共财产、国家和人民利益造成重大损失。

2. 本罪与滥用职权罪的界限

（1）行为方式不同。本罪主要表现为以不作为的方式，不履行职责或者怠于履行职责；而滥用职权罪则主要表现为以作为的方式超越权限，处理无权处理的事务或者不顾职责的程序和宗旨随心所欲地处理事务。

（2）主观方面不同。本罪的主观方面为过失，而滥用职权罪的主观方面是故意。

3. 渎职罪法条竞合的处理

（1）国家机关工作人员实施滥用职权或者玩忽职守犯罪行为，触犯《刑法》分则第九章第398~419条规定的（特殊的滥用职权行为或者特殊的玩忽职守行为），依照特别罪名定罪处罚。

（2）国家机关工作人员滥用职权或者玩忽职守，因不具备徇私舞弊等情形（比如，放纵制售伪劣商品犯罪行为罪要求行为人具有徇私舞弊的动机），不符合《刑法》分则第九章第398~419条的规定，但依法构成第397条规定的犯罪的，以滥用职权罪或者玩忽职守罪定罪处罚。

4. 渎职罪罪数问题的处理

（1）国家机关工作人员实施渎职犯罪并收受贿赂，同时构成受贿罪的，除刑法另有规定外，应以渎职犯罪和受贿罪数罪并罚。"另有规定"，是指司法工作人员收受贿赂，同时触犯徇私枉法罪，民事、行政枉法裁判罪，执行判决、裁定失职罪，执行判决、裁定滥用职权罪，同时又构成受贿罪的，依照处罚较重的规定定罪处罚。

（2）国家机关工作人员与他人共谋，利用其职务行为帮助他人实施其他犯罪行为，同时构成渎职犯罪和共谋实施的其他犯罪的共犯的，应依照处罚较重的规定定罪处罚。

（3）国家机关工作人员与他人共谋，既利用其职务行为帮助他人实施其他犯罪，又以非职务行为与他人共同实施该其他犯罪行为，同时构成渎职犯罪和其他犯罪的共犯的，应依照数罪并罚的规定定罪处罚。

5. 国家机关负责人员违反决定，或者指使、授意、强令其他国家机关工作人员违法履行职务或者不履行职务，构成《刑法》分则第九章规定的渎职犯罪的，应当依法追究刑事责任。

练一练

1. 派出所所长陈某在"追逃"专项斗争中，为得到表彰，在网上通缉了7名仅违反治安管理处罚条例并且已受过治安处罚的人员。虽然陈某通知本派出所人员不要"抓获"

这7名人员，但仍有5名人员被外地公安机关"抓获"后关押。关于陈某行为的性质，下列说法错误的是：（　　　）[1]

    A. 陈某的行为构成滥用职权罪　　　　　B. 陈某的行为构成玩忽职守罪

    C. 陈某的行为构成非法拘禁罪　　　　　D. 陈某的行为不构成犯罪

2. 关于渎职犯罪，下列选项正确的是：（　　　）[2]

    A. 县财政局副局长秦某工作时擅离办公室，其他办公室人员操作电炉不当，触电身亡并引发大火将办公楼烧毁。秦某触犯玩忽职守罪

    B. 县卫计局执法监督大队队长武某，未能发现何某在足疗店内非法开诊所行医，该诊所开张三天即造成一患者死亡。武某触犯玩忽职守罪

    C. 负责建房审批工作的干部柳某，徇情为拆迁范围内违规修建的房屋补办了建设许可证，房主凭此获得补偿款90万元。柳某触犯滥用职权罪

    D. 县长郑某擅自允许未经环境评估的水电工程开工，导致该县水域内濒危野生鱼类全部灭绝。郑某触犯滥用职权罪

3. 朱某系某县民政局副局长，率县福利企业年检小组到同学黄某任厂长的电气厂年检时，明知该厂的材料有虚假、残疾员工未达法定人数，但朱某以该材料为准，使其顺利通过年检。为此，电气厂享受了不应享受的退税优惠政策，获取退税300万元。黄某动用关系，帮朱某升任民政局局长。检察院在调查朱某时发现，朱某有100万元财产明显超过合法收入，但其拒绝说明来源。在审查起诉阶段，朱某交代100万元系在澳门赌场所赢，经查证属实。

    （1）关于朱某帮助电气厂通过年检的行为，下列说法正确的是：（　　　）[3]

    A. 其行为与国家损失300万元税收之间，存在因果关系

    B. 属滥用职权，构成滥用职权罪

    C. 属徇私舞弊，使国家税收遭受损失，同时构成徇私舞弊不征、少征税款罪

    D. 事后虽获得了利益（升任局长），但不构成受贿罪

    （2）关于朱某100万元财产的来源，下列分析正确的是：（　　　）[4]

    A. 其财产、支出明显超过合法收入，这是巨额财产来源不明罪的实行行为

    B. 在审查起诉阶段已说明100万元的来源，故不能以巨额财产来源不明罪提起公诉

    C. 在澳门赌博，数额特别巨大，构成赌博罪

    D. 作为国家工作人员，在澳门赌博，应依属人管辖原则追究其赌博的刑事责任

三、徇私枉法罪（2020年法硕非法学、法学专业基础课简答题）

[法条引述]

第399条 [徇私枉法罪] 司法工作人员徇私枉法、徇情枉法，对明知是无罪的人而

---

  [1]　BCD

  [2]　CD

  [3]　ABD

  [4]　B

使他受追诉、对明知是有罪的人而故意包庇不使他受追诉，或者在刑事审判活动中故意违背事实和法律作枉法裁判的，处 5 年以下有期徒刑或者拘役；情节严重的，处 5 年以上 10 年以下有期徒刑；情节特别严重的，处 10 年以上有期徒刑。

[民事、行政枉法裁判罪]　在民事、行政审判活动中故意违背事实和法律作枉法裁判，情节严重的，处 5 年以下有期徒刑或者拘役；情节特别严重的，处 5 年以上 10 年以下有期徒刑。

[执行判决、裁定失职罪]　[执行判决、裁定滥用职权罪]　在执行判决、裁定活动中，严重不负责任或者滥用职权，不依法采取诉讼保全措施、不履行法定执行职责，或者违法采取诉讼保全措施、强制执行措施，致使当事人或者其他人的利益遭受重大损失的，处 5 年以下有期徒刑或者拘役；致使当事人或者其他人的利益遭受特别重大损失的，处 5 年以上 10 年以下有期徒刑。

司法工作人员收受贿赂，有前三款行为的，同时又构成本法第385条规定之罪的，依照处罚较重的规定定罪处罚。

1. 概念

徇私枉法罪，是指司法工作人员徇私枉法、徇情枉法，在刑事诉讼中，对明知是无罪的人而使其受到追诉，对明知是有罪的人而故意包庇使其不受追诉，或者在刑事审判活动中故意违背事实和法律作枉法裁判的行为。

2. 犯罪构成要件

（1）犯罪客体是国家司法机关的正常活动和司法公正。

（2）客观方面表现为利用司法职务上的便利，违背事实和法律，在追诉或者刑事审判活动中实施了下列枉法行为：

❶对明知是无罪的人而使其受到追诉。

❷对明知是有罪的人而故意包庇不使其受到追诉。对于故意违背事实真相，违法变更强制措施，或者虽然采取强制措施，但实际放任不管，致使人犯逃避刑事追诉的，也视为枉法包庇的情形。

❸在刑事审判活动中故意违背事实和法律作枉法裁判。所谓枉法裁判，是指行为人故意对有罪者作出无罪判决，对无罪者作出有罪判决，或者重罪轻判，轻罪重判。

（3）犯罪主体是特殊主体，即司法工作人员。所谓司法工作人员，根据《刑法》第94条的规定，是指有侦查、检察、审判、监管职责的工作人员。

（4）主观方面表现为故意，且必须出于徇私、徇情的动机，否则不构成本罪。

练一练

1. 关于徇私枉法罪，下列选项正确的是：（　　　）[1]

A. 甲（警察）与犯罪嫌疑人陈某曾是好友，在对陈某采取监视居住期间，故意对其

放任不管，导致陈某逃匿，司法机关无法对其追诉。甲成立徇私枉法罪

B. 乙（法官）为报复被告人赵某对自己的出言不逊，故意在刑事附带民事判决中加大赵某对被害人的赔偿数额，致使赵某多付10万元。乙不成立徇私枉法罪

C. 丙（鉴定人）在收取犯罪嫌疑人盛某的钱财后，将被害人的伤情由重伤改为轻伤，导致盛某轻判。丙不成立徇私枉法罪

D. 丁（法官）为打击被告人程某，将对程某不起诉的理由从"证据不足，指控犯罪不能成立"擅自改为"可以免除刑罚"。丁成立徇私枉法罪

2. 法官甲违背事实和法律，判决赵某的儿子无罪。事后，赵某按照和甲事前的约定，将5万现金送给甲的妻子乙，乙打电话向甲问明情况后收下礼金。关于甲、乙的行为，下列判断正确的是：（　　）[1]

A. 甲只构成徇私枉法罪，乙构成受贿罪

B. 甲只构成徇私枉法罪，乙构成利用影响力受贿罪

C. 甲构成徇私枉法罪和受贿罪，乙构成受贿罪

D. 甲构成徇私枉法罪，乙不构成犯罪

3. 检察员甲在承办一起组织、领导传销活动案件的审查起诉工作时，接受一名本应被提起公诉的犯罪嫌疑人的家属5万元贿赂后弄虚作假，致使检察机关对该犯罪嫌疑人作出了不起诉决定。甲的行为：（　　）[2]

A. 只构成受贿罪

B. 构成徇私枉法罪与受贿罪，应择一重罪定罪处罚

C. 构成滥用职权罪与受贿罪，应择一重罪定罪处罚

D. 构成受贿罪与徇私枉法罪，应实行数罪并罚

4. 下列选项错误的是：（　　）[3]

A. 公安局副局长甲收受犯罪嫌疑人家属10万元现金，允诺释放犯罪嫌疑人，因为局长不同意未成。由于甲并没有为他人谋取利益，所以不构成受贿罪

B. 国家机关工作人员乙在退休前利用职务便利为钱某谋取了不正当利益，退休后收受了钱某10万元。尽管乙与钱某事前并无约定，仍应以受贿罪论处

C. 基层法院法官丙受被告人孙某家属之托，请中级法院承办法官李某对孙某减轻处罚，并无减轻情节的孙某因此被减轻处罚。事后，丙收受孙某家属10万元现金。丙不具有制约李某的职权与地位，不成立受贿罪

D. 海关工作人员丁收受10万元贿赂后徇私舞弊，放纵走私，触犯受贿罪和放纵走私罪。由于具有牵连关系，应从一重罪论处

5. 丙实施抢劫犯罪后，分管公安工作的副县长甲滥用职权，让侦办此案的警察乙想办法使丙无罪。乙明知丙有罪，但为徇私情，采取毁灭证据的手段使丙未受追诉。关于本

---

［1］ C

［2］ B

［3］ ABCD

案的分析，下列选项正确的是：（　　　）[1]

　　A. 因甲是国家机关工作人员，故甲是滥用职权罪的实行犯

　　B. 因甲居于领导地位，故甲是徇私枉法罪的间接正犯

　　C. 因甲实施了两个实行行为，故应实行数罪并罚

　　D. 乙的行为同时触犯徇私枉法罪与帮助毁灭证据罪、滥用职权罪，但因只有一个行为，应以徇私枉法罪论处

　　6. 刘某以赵某对其犯故意伤害罪，向法院提起刑事附带民事诉讼。因赵某妹妹曾拒绝本案主审法官王某的求爱，故王某在明知证据不足、指控犯罪不能成立的情况下，毁灭赵某无罪证据，认定赵某构成故意伤害罪，并宣告免予刑罚处罚。对王某的定罪，下列选项正确的是：（　　　）[2]

　　A. 徇私枉法罪　　　　　　　　　　B. 滥用职权罪

　　C. 玩忽职守罪　　　　　　　　　　D. 帮助毁灭证据罪

四、民事、行政枉法裁判罪

1. 概念

民事、行政枉法裁判罪，是指司法工作人员在民事、行政审判活动中故意违背事实和法律作枉法裁判，情节严重的行为。

2. 犯罪构成要件

（1）犯罪客体是司法机关的正常活动。

（2）客观方面表现为在民事、行政审判活动中作出违背事实和法律的裁判的行为。

（3）犯罪主体是特殊主体，限于在民事、行政诉讼活动中负有审判职责的人员。

（4）主观方面表现为故意，即行为人明知案件的事实或应当适用的法律而故意违背事实和法律作枉法裁判。如果行为人过失作出不公正判决或者因为业务水平不高而作出错误判决，都不能以犯罪论处。

练一练

甲伪造金额为100万元的欠条向人民法院提起民事诉讼，法官乙发现欠条有假，甲于是送乙10万元钱，希望乙"睁一只眼，闭一只眼"，乙最终作出甲胜诉的判决。关于甲、乙的行为定性，正确的是：（　　　）[3]

　　A. 甲构成诈骗罪与虚假诉讼罪，择一重罪处罚

　　B. 甲、乙构成诈骗罪的共犯

　　C. 甲、乙构成虚假诉讼罪的共犯

　　D. 乙不构成民事枉法裁判罪

---

[1] AD

[2] A

[3] C

五、私放在押人员罪

[法条引述]

第400条 [私放在押人员罪] 司法工作人员私放在押的犯罪嫌疑人、被告人或者罪犯的，处5年以下有期徒刑或者拘役；情节严重的，处5年以上10年以下有期徒刑；情节特别严重的，处10年以上有期徒刑。

[失职致使在押人员脱逃罪] 司法工作人员由于严重不负责任，致使在押的犯罪嫌疑人、被告人或者罪犯脱逃，造成严重后果的，处3年以下有期徒刑或者拘役；造成特别严重后果的，处3年以上10年以下有期徒刑。

（一）私放在押人员罪的概念和构成要件★

1. 概念

私放在押人员罪，是指司法工作人员利用职务上的便利，私自将被关押的犯罪嫌疑人、被告人或罪犯放走，使其逃离监管的行为。

2. 犯罪构成要件

（1）犯罪客体是司法机关的正常活动。

（2）客观方面表现为利用职务上的便利，私自将被关押的犯罪嫌疑人、被告人或罪犯放走的行为。如果释放的不是犯罪嫌疑人、被告人或者罪犯，而是劳教人员或被行政拘留、司法拘留的人员，则不构成本罪。

（3）犯罪主体为特殊主体，限于司法工作人员。

（4）主观方面表现为故意，即明知在押的是犯罪嫌疑人、被告人、罪犯而故意将其放走。

（二）私放在押人员罪的认定

本罪与脱逃罪的界限：本罪的成立要求行为人利用了职务便利或者职权，如果行为人没有利用职务便利，而是利用自己熟悉监所地理环境等条件，帮助犯罪嫌疑人、被告人、罪犯脱逃的，应以脱逃罪的共犯论处。

练一练

1. 监狱司法工作人员甲接受在押人员乙的妻子请托，在押送乙外出就医途中，违规打开乙的戒具，并暗示乙逃跑。乙成功逃跑后，甲收受了乙妻所送的50万元。对此，下列说法正确的是：（　　）[1]

A. 对甲按私放在押人员罪和受贿罪并罚

B. 对甲按脱逃罪（共犯）和受贿罪并罚

C. 对甲按私放在押人员罪和受贿罪从一重处断

D. 对甲按脱逃罪（共犯）和受贿罪从一重处断

---

[1] A

2. 看守所值班武警甲擅离职守，在押的犯罪嫌疑人乙趁机逃走，但刚跑到监狱外的树林即被抓回。关于本案，下列选项正确的是：（　　　）[1]

A. 甲主观上是过失，乙是故意　　　　B. 甲、乙是事前无通谋的共犯

C. 甲构成私放在押人员罪　　　　　　D. 乙不构成脱逃罪

3. 下列选项错误的是：（　　　）[2]

A. 引诱幼女卖淫后，又容留该幼女卖淫的，应认定为引诱、容留卖淫罪

B. 既然对绑架他人后故意杀害他人的不实行数罪并罚，那么对绑架他人后伤害他人的就更不能实行数罪并罚

C. 发现盗得的汽车质量有问题而将汽车推下山崖的，成立盗窃罪与故意毁坏财物罪，应当实行并罚

D. 明知在押犯脱逃后去杀害证人而私放，该犯果真将证人杀害的，成立私放在押人员罪与故意杀人罪，应当实行并罚

六、食品、药品监管渎职罪

[法条引述]

第408条之一 [食品、药品监管渎职罪] 负有食品药品安全监督管理职责的国家机关工作人员，滥用职权或者玩忽职守，有下列情形之一，造成严重后果或者有其他严重情节的，处5年以下有期徒刑或者拘役；造成特别严重后果或者有其他特别严重情节的，处5年以上10年以下有期徒刑：

（一）瞒报、谎报食品安全事故、药品安全事件的；

（二）对发现的严重食品药品安全违法行为未按规定查处的；

（三）在药品和特殊食品审批审评过程中，对不符合条件的申请准予许可的；

（四）依法应当移交司法机关追究刑事责任不移交的；

（五）有其他滥用职权或者玩忽职守行为的。

徇私舞弊犯前款罪的，从重处罚。

（一）食品、药品监管渎职罪的概念和构成要件

1. 概念

食品、药品监管渎职罪，是指负有食品、药品安全监督管理职责的国家机关工作人员，滥用职权或者玩忽职守，造成严重后果或者有其他严重情节的行为。

2. 犯罪构成要件（2013年法硕法学专业基础课简答题）

（1）犯罪客体是国家正常的食品、药品安全监督管理活动；

（2）客观方面表现为滥用食品、药品安全管理的职权或者对食品、药品安全管理严重不负责任，即滥用职权或者玩忽职守，造成严重后果或者有其他严重情节的行为；

（3）犯罪主体是对食品安全负有监督管理职责的国家机关工作人员；

---

[1]　A

[2]　ABCD

（4）主观方面表现为故意或者过失。

（二）食品、药品监管渎职罪的认定

1. 负有食品、药品安全监督管理职责的国家机关工作人员与他人共谋，利用其职务行为帮助他人实施危害食品、药品安全犯罪行为，同时构成渎职犯罪和危害食品、药品安全犯罪共犯的，依照处罚较重的规定定罪处罚。

2. 负有食品、药品安全监督管理职责的国家机关工作人员，滥用职权或者玩忽职守，导致发生重大食品、药品安全事故或者造成其他严重后果，同时构成食品、药品监管渎职罪和徇私舞弊不移交刑事案件罪、放纵制售伪劣商品犯罪行为罪等其他渎职犯罪的，依照处罚较重的规定定罪处罚。

练一练

1. 甲负有食品监管职责，甲发现自己的朋友有食品生产中的违法行为，应当移交司法机关而没有移交。对甲的行为应认定为：（   ）[1]

A. 滥用职权罪

B. 放纵制售伪劣商品犯罪行为罪

C. 徇私枉法罪

D. 食品、药品监管渎职罪

2. 食品安全监管人员甲收受张某的巨额财物后，对其销售不符合安全标准食品的行为不履行监管职责，导致了重大食品安全事故，后果特别严重。甲的行为应当：（   ）[2]

A. 直接以受贿罪一罪定罪处罚

B. 以食品监管渎职罪与受贿罪并罚

C. 直接以食品监管渎职罪一罪定罪处罚

D. 以食品监管渎职罪与受贿罪从一重罪处断

七、传染病防治失职罪 ★

[法条引述]

第 409 条 [传染病防治失职罪]　从事传染病防治的政府卫生行政部门的工作人员严重不负责任，导致传染病传播或者流行，情节严重的，处 3 年以下有期徒刑或者拘役。

1. 概念

传染病防治失职罪，是指从事传染病防治的政府卫生行政部门的工作人员严重不负责任，导致传染病传播或者流行，情节严重的行为。

2. 犯罪构成要件

（1）犯罪客体是国家正常的传染病防治管理活动。

（2）客观方面表现为行为人在从事传染病防治管理活动中严重不负责任，由此导致了

---

[1]　D
[2]　B

传染病传播或者流行，并且达到情节严重的程度。所谓"严重不负责任"，是指行为人不履行或者不认真履行传染病防治职责。

（3）犯罪主体只能是从事传染病防治的政府卫生行政部门的工作人员。

（4）主观方面表现为过失。

八、放纵制售伪劣商品犯罪行为罪

[法条引述]

第414条 [放纵制售伪劣商品犯罪行为罪] 对生产、销售伪劣商品犯罪行为负有追究责任的国家机关工作人员，徇私舞弊，不履行法律规定的追究职责，情节严重的，处5年以下有期徒刑或者拘役。

（一）放纵制售伪劣商品犯罪行为罪的概念和构成要件 ★

1. 概念

放纵制售伪劣商品犯罪行为罪，是指对生产、销售伪劣商品犯罪行为负有追究责任的国家机关工作人员，徇私舞弊，不履行法律规定的追究职责，情节严重的行为。

2. 犯罪构成要件

（1）犯罪客体是国家机关的正常活动。

（2）客观方面表现为对于生产、销售伪劣商品的犯罪行为徇私舞弊，不履行法律规定的追究职责，情节严重的行为。

（3）犯罪主体为特殊主体，即对生产、销售伪劣商品犯罪行为负有追究责任的国家机关工作人员。

（4）主观方面表现为故意。行为人主观上出于徇私舞弊的动机，不履行法律规定的查处、追究制售伪劣商品犯罪行为的职责。

（二）放纵制售伪劣商品犯罪行为罪的认定

如果行为同时符合生产、销售伪劣商品罪（共犯）、徇私舞弊不移交刑事案件罪、食品监管渎职罪的，应当从一重罪处罚。

练一练

质监局局长甲明知某食品加工厂违法使用食品添加剂，但未依法采取措施，致食用该厂食品的多名消费者食物中毒，社会影响恶劣。甲的行为应认定为：（   ）[1]

A. 食品监管渎职罪　　　　　　B. 玩忽职守罪

C. 放纵制售伪劣商品犯罪行为罪　　D. 滥用职权罪

----

[1] A

九、故意泄露国家秘密罪

[法条引述]

第398条 [故意泄露国家秘密罪] [过失泄露国家秘密罪] 国家机关工作人员违反保守国家秘密法的规定，故意或者过失泄露国家秘密，情节严重的，处3年以下有期徒刑或者拘役；情节特别严重的，处3年以上7年以下有期徒刑。

非国家机关工作人员犯前款罪的，依照前款的规定酌情处罚。

（一）故意泄露国家秘密罪的概念和构成要件

1. 概念

故意泄露国家秘密罪，是指国家机关工作人员或非国家机关工作人员违反保守国家秘密法的规定，故意泄露国家秘密，情节严重的行为。

2. 犯罪构成要件

（1）犯罪客体是国家的保密制度。

（2）客观方面表现为违反保守国家秘密法的规定，泄露国家秘密，情节严重的行为。所谓泄露，是指行为人把自己掌握的或知道的国家秘密泄露给不应知悉的人。构成本罪，要求情节严重。

（3）犯罪主体一般是国家机关工作人员，非国家机关工作人员也可以构成本罪，但应酌情处罚。

（4）主观方面表现为故意，即明知是国家秘密而故意泄露，至于行为人出于何种目的和动机，不影响犯罪的成立。但若出于危害国家安全的目的，而将国家秘密提供给境外的机构、组织或人员，则应按为境外窃取、刺探、收买、非法提供国家秘密罪定罪处罚。

（二）故意泄露国家秘密罪的认定

1. 本罪与为境外窃取、刺探、收买、非法提供国家秘密、情报罪的界限★

（1）侵犯的客体不同。本罪侵犯的客体是国家的保密制度，后者侵犯的客体是国家安全。

（2）犯罪对象不同。本罪泄露的是各种秘密级别的国家秘密，而后者的犯罪对象包括国家秘密和情报。

（3）犯罪主体不同。本罪的主体一般是有权知悉国家秘密的国家机关工作人员，而后者则为一般主体。

（4）本罪与非罪的标准不同。本罪的成立要求情节严重，而后者则无此要求。

2. 本罪与侵犯商业秘密罪的界限★

（1）侵犯的客体不同。本罪侵犯的客体是国家的保密制度，关系国家安全和利益；侵犯商业秘密罪的客体是他人的商业秘密专有权和国家对商业秘密的管理制度。

（2）行为对象不同。本罪的行为对象是保守国家秘密法规定的国家秘密，而后罪侵犯的对象仅限于商业秘密。

（3）犯罪主体不同。本罪的主体主要是国家机关工作人员，而后者的主体则为一般主体。

（4）对于国家机关工作人员将自己知悉的属于国家秘密范畴内的商业秘密泄露出去的，属于想象竞合犯，择一重罪处罚。

练一练

下列行为中，应以故意泄露国家秘密罪定罪处罚的是：（　　）[1]

A. 公安机关办案人员甲打电话告知犯罪嫌疑人张三将对其执行逮捕的机密，张三听后随即潜逃

B. 国家机关工作人员乙接受国外情报机构收买，为其提供所掌握的国家秘密

C. 有限责任公司工程师丙未经许可，私自出售本单位保密的专有技术配方

D. 国家机关工作人员丁为筹措儿子的留学费用，将掌握的国家秘密出售给境外媒体

---

[1] A

厚大法硕 2022 年（2023 届）网络课程教学计划

班次系列		上课日期	标准学费（元）	2022 年阶段优惠（元）				赠送教材
				1. 10 日前	2. 10 日前	3. 10 日前	—	
金牌通关系列	1V1 网络私塾班	随报随学	39800（不过退 30000 或重读同等班次）	服务内容：1V1 专属老师 VIP 名师答疑、专属学习计划沟通与制定、真题模拟题试卷批改（共 48 套试卷）、专属志愿填报指导、每周激励班会、英语单词私服带背、语法私服指导、反向教学及指导、背诵阶段定期抽背、全阶段心理辅导、复试个性化指导。				法硕包＋内部讲义
	1V5 网络尊享班	随报随学	29800（不过重读同等班次）	服务内容：1V5 专属老师 VIP 名师答疑、专属学习计划沟通与制定、真题模拟题试卷批改（共 48 套试卷）、专属志愿填报指导、每周激励班会、英语单词私服带背、语法私服指导、反向教学及指导、背诵阶段定期抽背、全阶段心理辅导、复试个性化指导。				
高端VIP系列	法律硕士全科全程VIP 班	3~12 月	19800（不过重读全科全程特训班）	14800	15800	16800	17800	法硕包＋内部讲义
	法律硕士专业课全程VIP 班	3~12 月	15800（不过重读专业课全程特训班）	11800	12800	13800	14800	专业课包＋内部讲义
旗舰系列	法律硕士全科全程特训班	3~12 月	3980	3480	3580	3680	3780	法硕包＋内部讲义
	法律硕士专业课全程特训班	3~12 月	3680	3180	3280	3380	3480	专业课包＋内部讲义
法硕包	配套免费直播课程	3~9 月	全阶段免费直播授课时长为 231 课时，在 @厚大法硕教育官方微博定期直播。 阶段一：通关宝典阶段共 174 课时，由崔红玉、卢杨、周悟阳三位主讲老师授课。 阶段二：简答背诵阶段共 57 课时，由崔红玉、刘伟、周悟阳三位主讲老师授课。					

厚大法硕 APP 安卓/iOS 通用　　　　厚大法硕官方微博　　　　厚大法硕官方微信

咨询热线：4009-900-600 转 5

厚大法硕 2022 年（2023 届）面授课程教学计划

厚大法硕名师荟萃，辅导图书享誉业界，全面包含知识点，教学服务专业、贴心，培训效果深得学员好评。厚大法硕在北京、上海均设有面授基地，全部由厚大全程独立办学，全程名师统一授课，并拥有区别于直播课程和免费课程的单独面授授课体系以及良好的教学住宿环境。

班次系列		上课日期	标准学费（元）	2022 年阶段优惠（元）								班次特色
				2.10前	3.10前	4.10前	5.10前	6.10前	7.10前	8.10前	9.10前	
轩成集训系列	全年VIP集训班	5.10~12.15	35800	23800	24800	25800	26800	—				入学测评、定制学习计划、督导督学、集中答疑。主要针对基础较弱或立志冲击名校的同学。
	暑期VIP集训班	7.10~8.30	15800	6800	7300	7800	8300	8800	9300	—		入学测评、优先开始学习、定制学习计划、督导督学、集中答疑。主要针对基础较弱或立志冲击名校的同学。
	冲刺VIP集训班	9.25~12.15	25800	12800			14300	14800	15300	15800	16800	包含最后冲刺阶段全面背诵重点突破的针对性课程。主要针对在校大三学生和最后阶段全职备考的考生。课程同时包含新大纲解析、考点专题精讲，及后期全科冲刺、点睛课程。
	法考接力VIP集训班	10.25~12.15	22800	10300			10800	11300	11800	12800	13800	针对法考后考生或专业问题不大、公共课提分需求大的考生。包含全面冲刺背诵及技巧讲解。
	大二长训班	2022 年暑期 + 2023 年全程	25800	25800								包含 2022 年暑期集训班和 2023 年全程集训班。入学测评、定制学习计划、督导督学、集中答疑。主要针对大二学生。
金牌通关系列	一对一私塾班	报名起~复试结束	128000（不包住宿）	1. 名师制订全程学习背诵计划并根据个人情况随时沟通调整。 2. 全程专享私服小课服务，累计不低于 100 小时，按天制订学习计划，按天串讲、总结，按天抽背带背及按天问题反馈。 3. 一对一专享辅导课程，全学年累计 40 小时。 4. 周测试、结课考、月考、阶段模考及一对一试卷问题剖析，随时答疑、每日督学、跟踪学习进度、督导学习效果。								不过全退或重读同等班次
	一对五尊享班	报名起~复试结束	68000（不包住宿）	1. 名师制订全程学习背诵计划。 2. 全程专享私服小课服务，累计不低于 100 小时，按周制订学习计划、串讲和总结。 3. 周抽背，结课考、月考和阶段模考。 4. 专属小班教辅服务，全天候答疑、跟踪学习进度。								不过重读同等班次或不重读报其他班次打七折

厚大法硕 APP 安卓/iOS 通用　　　　厚大法硕官方微博　　　　厚大法硕官方微信

咨询热线：4009-900-600 转 5